JN272196

事例詳解
インサイダー取引規制

白井 真／大久保曉彦／渋谷武宏
加藤 豪／長谷川紘之
［著］

Case commentary
Insider Trading
Regulations

一般社団法人 金融財政事情研究会

はしがき

　本書は、インサイダー取引規制に関する事例集形式の解説書です。
　インサイダー取引規制に関しては、近年数度にわたる改正が行われてきましたが、特に平成24年以降については、増資インサイダー事案を含む社会の注目を集めるインサイダー取引規制違反事件が相次いで起こったことや、それらの事案等を契機になされた平成25年の金融商品取引法改正によって情報伝達行為・推奨行為の禁止や上場リートの規制対象化をはじめとする大幅な制度変更が施されることなどを受け、従前にも増して活発な議論がなされている状況にあります。執筆者らは、日頃、弁護士として金融商品取引法に関わる諸問題に接する機会が多いのですが、そのなかでもインサイダー取引規制に関わる相談が増えており、社会のインサイダー取引規制に対する関心の高まりを日々実感しております。
　執筆者らは、いずれも、かつて任期付公務員として、インサイダー取引規制の執行当局（証券取引等監視委員会またはその委託先である関東財務局）において勤務し、課徴金調査や国際関係事案の調査、あるいは取引審査や証券検査といった業務を通じてインサイダー取引規制のエンフォースメントの現場を経験した経歴を有しております。そのため、一同皆、インサイダー取引規制については強い関心を有しており、このような経験を有する現場の実務家ならではの観点から、わかりやすく、かつ使いやすい実務書をつくることができないかという希望をかねてから有しておりました。
　そのようななか、幸いにも、インサイダー取引規制について基本的な内容を網羅したわかりやすい事例集形式の解説書を執筆してみないかとのお声掛けをいただき、執筆したのが本書です。本書のコンセプトを検討するに当たり、執筆者らは、いかにして幅広い読者の関心に合致し、かつ実務の要望に応えられるかを繰り返し吟味し、検討を重ねました。
　その結果、読者が臨場感を感じられる題材をテーマにした事例を掲げること、インサイダー取引規制自体の解説に加えて、企業や銀行、証券会社等に

おいて実際に証券実務に携わる関係者にとって考慮すべき関連する問題点等にも言及すること、またエンフォースメントに関わる行政手続までをも含めた解説を設けることなど、多角的な視点から執筆者らならではのメッセージを伝えたいという考えを基本的なコンセプトとするに至りました。

　このようなコンセプトに基づき、本書は、まず、最新の法改正部分等に限らず、インサイダー取引規制の基本的な論点を解説する事例を網羅しています。その上で、近時の問題点をふまえた事案やさらに実務上起こり得る複雑な事案についても取り上げており、これらにつき、可能な限り平易な解説を心がけ、読みやすさと理解のしやすさを最優先し、各テーマについて事例と回答、および解説を加えたスタイルを採用しています。

　具体的には、以下の点を本書の内容上の特徴としてあげることができると考えています。

① 　インサイダー取引規制を定める条文の文言を重視し、各論点においてなぜそれが問題になるのかが、インサイダー取引規制に必ずしも精通していない方にも理解できるように心がけています。

② 　狭義のインサイダー取引規制（金商法166条および167条）、その予防制度（法163条～165条）のほか、いわゆる業規制（金融商品取引業等に関する内閣府令等）や自主規制規則などの関連制度についての解説も加え、事業会社担当者だけでなく、銀行や証券会社などの金融実務担当者、行政当局担当者の日常業務や研修等の利用にも耐え得るものとすることを心がけています。

③ 　論点の解釈については、できる限りその解釈の根拠を明示するとともに、実務に沿った立場を採用するようにしております。

④ 　インサイダー取引規制に関する近時のトピック（増資インサイダー問題やこれをふまえた平成25年金商法改正）や類書であまり触れられていない先端的な問題意識（金商法の域外適用の問題など）も取り上げています。なお、本書は、平成26年1月1日時点で施行されている法令をベースとしつつ、本年4月に施行が予定されている平成25年金商法改正について、一章を設けてその解説をするとともに、必要に応じて言及するものとしています。

⑤ 　課徴金制度の導入により、金商法166条および167条のインサイダー取引

規制は、規制導入時の刑罰法規としての性質に加えて、行政法規としての性質を有することになったものですが、これらの性質の違いを意識して記載するようにしています。また、課徴金摘発事案の増加にかんがみ、実際の事案を参考に作成した事案を多数題材に取り上げ、刑罰法規とは異なる課徴金独自の論点についても解説を加えています。
⑥ 執筆者らの経験を生かし、インサイダー取引のエンフォースメントの観点を重視して、手続を意識した記載を心がけるとともに、実際の手続上の論点に焦点を当てた事例も取り上げています。

　これらのねらいがどの程度達成できているかは率直にいって執筆者として心許なく、今後の補筆等に期する点も多いところではありますが、この点、ぜひ、読者の方々の批判的ご意見を賜ることができればと考えている次第です。

　最後になりますが、今回の執筆に当たって、上記当局においてインサイダー取引規制の実務に従事した際の経験や、弁護士としてご相談をいただくなかで得た知見をあらためて振り返る機会を何度となくいただきました。これらを活かすことにより、先達による優れた類書のあるなかにあっても本書がなおなんらかの意義のある書籍となるのであれば望外の喜びです。

　なお、この場を借りて、ご多忙のところ原稿をお読みいただき貴重なアドバイスをくださった日本証券業協会松田俊明様、および執筆編集に当たり力強いサポートをくださった一般社団法人金融財政事情研究会出版部および同部髙野雄樹氏に心から感謝を申し上げます。

平成26年1月

執筆者一同

＊本書に記載する各設問は、いずれも過去の事例等を参照にしつつ、執筆者らが独自に想定したものであり、実際に発生した事案等とは内容が異なります。また、紙面の都合上、すべての前提条件を付することが困難であるため、個別具体的な事実によっては、本書で示した結論と規制当局または裁判所等の判断等が異なることがあり得ることをあらかじめご了承ください。本設問の事例が、読者の皆様において当該事例に係る様々な論点について問題意識を深めていただける契機となれば幸いです。

［著者略歴］

白井　真（しらい　まこと）
光和総合法律事務所・弁護士
2001年早稲田大学法学部卒。2003年10月弁護士登録。同月光和総合法律事務所入所。2008年4月から2010年3月まで財務省関東財務局証券取引等監視官部門証券検査官、2010年4月から2012年6月まで証券取引等監視委員会事務局証券検査課専門検査官（任期付公務員）。2012年7月より同事務所復帰。前記証券取引等監視官部門および証券検査課では、証券検査を行うとともに、インサイダー取引・相場操縦等の不公正取引審査等も行う。共編著書として、『詳説新会社法の実務』（財経詳報社）、『実務解説会社法Q&A』（ぎょうせい）。

大久保　暁彦（おおくぼ　あきひこ）
白石綜合法律事務所・弁護士
2000年早稲田大学法学部卒。2002年10月弁護士登録。岩田合同法律事務所、新保法律事務所等を経て、2008年12月から2010年12月まで財務省関東財務局証券取引等監視官部門証券検査官（任期付公務員）。2011年1月から現職。前記証券取引等監視官部門では、証券検査を行うとともに、インサイダー取引・相場操縦等の不公正取引審査も行う。共著書として、『新会社法A2Z非公開会社の実務』（第一法規）、『契約書式実務全書(2)(3)』（ぎょうせい）など。

渋谷　武宏（しぶや　たけひろ）
アンダーソン・毛利・友常法律事務所・弁護士
1995年東京大学経済学部卒。大手証券会社勤務を経て2003年弁護士登録。都内の法律事務所勤務を経て2006年1月から2008年12月まで財務省関東財務局証券取引等監視官部門証券検査官（任期付公務員）。2009年1月から現職。前記証券取引等監視官部門では、証券検査を行うとともに、インサイダー取引・株価操縦等の不公正取引審査も行う。共編著書として、『投資信託の検査とプロセス別留意点』（金融財政事情研究会）、『金融商品取引法違反への実務対応―虚偽記載・インサイダー取引を中心として』（商事法務）、『金融商品取引法の諸問題』（商事法務）など。

加藤　豪（かとう　たける）
アメリカンファミリー生命保険会社・弁護士
2001年東京大学経済学部卒。2002年10月弁護士登録。アンダーソン・毛利・友常法律事務所を経て、2010年7月から2012年7月まで証券取引等監視委員会事務局取引調査課証券調査官（任期付公務員）。前記取引調査課では、インサイダー取引・相場操縦等の不公正取引事案の調査を行うとともに、指定職員として課徴金審判事件に従事する。2012年8月より現職。

長谷川　紘之（はせがわ　ひろゆき）
片岡総合法律事務所・弁護士
1999年東京大学法学部卒・2007年University of Southern California Gould School of Law卒業。2001年10月弁護士登録。同月長島・大野・常松法律事務所入所、2011年4月から2012年10月まで証券取引等監視委員会事務局市場分析審査課課長補佐・取引調査課国際取引等調査室証券調査官（兼任・任期付公務員）として不公正取引事案の調査に従事するとともに、インサイダー取引等の不公正取引審査を行う。2013年2月より現職。共著書として、『新しい信託30講』（弘文堂）。

凡　例

1　主要法令等の略記方法

金商法	金融商品取引法
平成20年改正金商法	金融商品取引法の一部を改正する法律（平成20年法律第65号）
平成24年改正金商法	金融商品取引法の一部を改正する法律（平成24年法律第86号）
平成25年改正金商法	金融商品取引法の一部を改正する法律（平成25年法律第45号）
金商法施行令	金融商品取引法施行令
業等府令	金融商品取引業等に関する内閣府令
課徴金府令	金融商品取引法第六章の二の規定による課徴金に関する内閣府令
課徴金納付省令	金融商品取引法に基づく課徴金等の納付手続の特例に関する省令
平成21年課徴金事例集	金融商品取引法における課徴金事例集（平成21年6月）
平成22年課徴金事例集	金融商品取引法における課徴金事例集（平成22年6月）
平成23年課徴金事例集	金融商品取引法における課徴金事例集（平成23年6月）
平成24年課徴金事例集	金融商品取引法における課徴金事例集（平成24年7月）
平成25年課徴金事例集〔不公正取引編〕	金融商品取引法における課徴金事例集〜不公正取引編〜（平成25年8月公表）
平成25年課徴金事例集〔開示規制違反編〕	金融商品取引法における課徴金事例集〜開示規制違反編〜（平成25年6月公表）
監督指針	金融商品取引業者等向けの総合的な監督指針
検査マニュアル	金融商品取引業者等検査マニュアル
検査指針	証券検査に関する基本指針
情報伝達・取引推奨Q&A	金融庁平成25年9月12日付「情報伝達・取引推奨規制に関するQ&A」
平成24年2月10日パブコメ	平成23年金融商品取引法等改正（1年以内施

	行）に係る政令・内閣府令案等に対するパブリックコメントの結果等（コメントの概要及びコメントに対する金融庁の考え方）
平成24年インサイダーWG報告書	金融審議会「インサイダー取引規制に関するワーキング・グループ」報告書「近年の違反事案及び金融・企業実務を踏まえたインサイダー取引規制をめぐる制度整備について」
外債開示府令	外国債等の発行者の内容等の開示に関する内閣府令
買付府令	発行者以外の者による株券等の公開買付けの開示に関する内閣府令
開示府令	企業内容等の開示に関する内閣府令
財務監査府令	財務諸表等の監査証明に関する内閣府令
財規	財務諸表等規則
上場株券買付府令	発行者による上場株券等の公開買付けの開示に関する内閣府令
清算機関府令	金融商品取引清算機関等に関する内閣府令
大量保有府令	株券等の大量保有の状況の開示に関する内閣府令
特定有価証券開示府令	特定有価証券の内容等の開示に関する内閣府令
取引規制府令	有価証券の取引等の規制に関する内閣府令
社債振替法	社債、株式等の振替に関する法律
犯罪収益移転防止法	犯罪による収益の移転防止に関する法律
投信法	投資信託及び投資法人に関する法律
投信法施行令	投資信託及び投資法人に関する法律施行令
投信法規則	投資信託及び投資法人に関する法律施行規則
投信計算規則	投資信託財産の計算に関する規則
平成24年投信WG最終報告書	金融審議会「投資信託・投資法人法制の見直しに関するワーキング・グループ」最終報告

2　主要文献等の略記方法（刊行年順）

横畠裕介『逐条解説　インサイダー取引規制と罰則』（商事法務研究会、1989）

→横畠

東京弁護士会会社法部編『インサイダー取引規制ガイドライン』(商事法務研究会、1989) →東弁・ガイドライン

インサイダー取引規制実務研究会編『インサイダー取引規制実務Q&A』(財経詳報社、1989) →取引規制実務Q&A

野村證券編著『事例 インサイダー取引〔新版〕』(金融財政事情研究会、1990) →野村・事例

三國谷勝範編著『インサイダー取引規制詳解』(資本市場研究会、1990) →三國谷

平野龍一=藤永幸治=佐々木史朗編『注解特別刑法(補巻(2))(プリペイドカード法・証券取引法)』(青林書院、1996) →平野ほか・注解特別刑法(補巻2)

服部秀一『インサイダー取引規制のすべて』(商事法務研究会、2001) →服部

経営法友会法務ガイドブック等作成委員会編『新インサイダー取引規制ガイドブック』(商事法務研究会、2001) →経営法友会・ガイドブック

大塚仁=河上和雄=佐藤文哉ほか『大コンメンタール刑法〔第2版〕(1)』(青林書院、2004) →大塚ほか・大コンメ刑法(1)

三井秀範編著『課徴金制度と民事賠償責任～条解証券取引法』(金融財政事情研究会、2005) →三井・課徴金制度

松本真輔『最新インサイダー取引規制』(商事法務、2006) →松本

池田唯一=三井秀範=増田直弘ほか『逐条解説 2008年金融商品取引法改正』(商事法務、2008) →池田ほか・逐条解説金商法

河本一郎=関要監修『逐条解説 証券取引法〔3訂版〕』(商事法務、2008) →河本=関・逐条解説証取法

木目田裕監修・西村あさひ法律事務所・危機管理グループ編『インサイダー取引規制の実務』(商事法務、2010) →木目田

岸田雅雄監修『注釈金融商品取引法(2)』(金融財政事情研究会、2010) →岸田・注釈(2)

岸田雅雄監修『注釈金融商品取引法(3)』(金融財政事情研究会、2010) →岸田・注釈(3)

岩原紳作=神作裕之=神田秀樹ほか『金融商品取引法セミナー〔開示制度・不公正取引・業規制編〕』(有斐閣、2011) →岩原ほか・開示制度等

江頭憲治郎『株式会社法〔第4版〕』(有斐閣、2011) →江頭・会社法

神崎克郎=志谷匡史=川口恭弘『金融商品取引法』(青林書院、2012) →神崎ほか・金商法

鈴木克昌=峯岸健太郎=石井絵梨子ほか『詳説ライツ・オファリング』(中央経

済社、2012）　　　　　　　　　　　　　→鈴木ほか・ライツ・オファリング
東京証券取引所「インサイダー取引に関する取引相談ＦＡＱ集」（東証HP、
　　2012）　　　　　　　　　　　　　　　　　　　　　　→東証・ＦＡＱ集
松尾直彦『金融商品取引法〔第2版〕』（商事法務、2013）　→松尾・金商法
松尾直彦『最新インサイダー取引規制～平成25年改正金商法のポイント』（金融
　　財政事情研究会、2013）　　　　　　　　　　　→松尾・最新インサイダー
三浦章生『金商法の行為規制の手引』（商事法務、2013）　→三浦・行為規制

3　主な判例集、法律雑誌の略記方法

《判例集》

民　集　　最高裁判所民事判例集
刑　集　　最高裁判所刑事判例集

《法律雑誌》

金　法　　金融法務事情
判　時　　判例時報
判　タ　　判例タイムズ
金　商　　金融・商事判例

目 次

第1章

「会社関係者等」（会社関係者・元会社関係者・情報受領者・法人の他の役員等）の範囲

1 役員および使用人その他の従業員（金商法166条1項1号） ……… 2
　Q1 「役員」の意義①──社外監査役は「役員」に当たるか ………… 2
　Q2 「役員」の意義②──相談役は「役員」に当たるか ……………… 4
　Q3 「役員」の意義③──実質的経営者は「役員」に当たるか ……… 6
　Q4 「親会社」の意義と「役員」──親会社の取締役は「役員」
　　　に当たるか……………………………………………………………… 9
　Q5 「職務に関し」知ったの意義 ……………………………………… 12
　Q6 「子会社」の意義と「役員」──子会社の取締役は「役員」
　　　に当たるか……………………………………………………………15
　Q7 「使用人その他の従業者」の意義──派遣社員は該当するか① …17
　Q8 「使用人その他の従業者」の意義──派遣社員は該当するか② …19
　Q9 上場会社からの出向社員①………………………………………23
　Q10 上場会社からの出向社員②………………………………………25
　Q11 上場会社への出向社員……………………………………………27
　Q12 「使用人その他の従業者」が「職務に関し」知ったの意義① …29
　Q13 「使用人その他の従業者」が「職務に関し」知ったの意義② …32
　Q14 「使用人その他の従業者」が「職務に関し」知ったの意義③ …34
2 会計帳簿閲覧謄写請求権を有する株主（金商法166条1項2号） ………36
　Q15 単独で会計帳簿閲覧謄写請求権を行使した場合……………………36
　Q16 共同で会計帳簿閲覧謄写請求権を行使した場合……………………38
　Q17 権限行使を背景に情報を入手した場合（実際には権限を行使し
　　　なかった）……………………………………………………………40

  Q18 会計帳簿閲覧謄写請求権を有する株主が他の権限を行使して重要事実を知った場合……………………………………………42
3　法令に基づく権限を有する者（金商法166条1項3号）……44
  Q19 権限行使によりインサイダー情報を入手した場合…………44
  Q20 任意調査によりインサイダー情報を入手した場合…………46
  Q21 民事裁判における文書提出命令と申立権限………………48
4　契約を締結しまたはその交渉をしている者（金商法166条1項4号）…50
  Q22 「契約」の意義①──「重要事実」との関係のある契約に限られるか………………………………………………………50
  Q23 「契約」の意義②──契約書が作成されていない場合など………53
  Q24 「契約」の意義③──労働組合による会社との交渉…………55
  Q25 「契約」の意義④──公開買付実施者と対象者との間の秘密保持契約……………………………………………………57
  Q26 「履行に関し知った」の意義①……………………………60
  Q27 「履行に関し知った」の意義②……………………………62
  Q28 契約関係に立たないが重要事実にアプローチし得る者（アナリスト、ジャーナリストなど）のインサイダー取引規制における位置づけ………………………………………………64
5　法人等の他の役員等（金商法166条1項5号）……………67
  Q29 法人等の他の役員等………………………………………67
6　元会社関係者……………………………………………………70
  Q30 元会社関係者………………………………………………70
7　情報受領者（金商法166条3項）…………………………………72
  Q31 「情報受領者」の範囲①──クラブのホステスが接客中に顧客から重要事実を伝えられた……………………………72
  Q32 「情報受領者」の範囲②──ニュース番組のディレクターが番組編集の過程で重要事実を知った場合における「法人の他の役員等」………………………………………………75
  Q33 「情報受領者」の範囲③──情報受領者の妻名義の取引が行

われていた……………………………………………………………79
Q34　「情報受領者」の範囲④——法人は情報受領者となるか …………81
Q35　「情報受領者」の範囲⑤——医師がカウンセリングの際に重
　　　要事実を知った場合と「会社関係者」………………………………84
Q36　「情報受領者」の範囲⑥——偶然の立ち聞きにより知った場
　　　合と「伝達」……………………………………………………………86
Q37　「情報受領者」の範囲⑦——バーのマスターが酔った客から
　　　聞いた場合と「伝達」…………………………………………………89
Q38　「情報受領者」の範囲⑧——タクシーの運転手が乗客から聞
　　　いた場合と「伝達」……………………………………………………91
Q39　「情報受領者」の範囲⑨——バイク便業者が宅配物の内容を
　　　みて知った場合と「伝達」……………………………………………93
Q40　「情報受領者」の範囲⑩——決算発表前の資料を拾った者と
　　　「伝達」……………………………………………………………………96
Q41　「情報受領者」の範囲⑪——具体的事実を伴わずに購入を勧
　　　められた者 ……………………………………………………………98
Q42　「情報受領者」の範囲⑫——情報受領者が認識を欠く場合 …… 100
Q43　「第２次情報受領者」の範囲①——バーのマスターからの又
　　　聞き…………………………………………………………………… 102
Q44　「第２次情報受領者」の範囲②——グループ会社の担当者を
　　　介して情報を伝達された者………………………………………… 104
Q45　不明確な言い回しと「伝達」…………………………………………… 107

第 2 章

重要事実

1　重要事実の該当性（重要事実の具体性）…………………………………… 112
　　Q46　１年以内に時価発行増資を行うという情報……………………… 112
　　Q47　噂………………………………………………………………………… 115

2　重要事実の決定 …………………………………………………… 116
- Q48　「経営会議」による決定 …………………………………… 116
- Q49　「行うことの決定」①──第三者割当増資の調査・準備の開始 … 118
- Q50　「行うことの決定」②──業務提携の準備の開始等 ………… 121
- Q51　「行うことの決定」③──決定手続に瑕疵があった場合 …… 124
- Q52　「行わないこと」の決定（中止の決定）……………………… 126
- Q53　決定した事実の変更…………………………………………… 128

3　重要事実の内容（決定事実）……………………………………… 130
- Q54　株式の募集……………………………………………………… 130
- Q55　公募増資の情報………………………………………………… 133
- Q56　資本金の額の減少……………………………………………… 139
- Q57　新株予約権の無償割当て……………………………………… 141
- Q58　剰余金の配当…………………………………………………… 143
- Q59　株主優待の廃止………………………………………………… 145
- Q60　株式交換………………………………………………………… 146
- Q61　株式移転………………………………………………………… 148
- Q62　合　　併………………………………………………………… 149
- Q63　会社分割………………………………………………………… 151
- Q64　新製品の企業化………………………………………………… 153
- Q65　人材の獲得……………………………………………………… 155
- Q66　新製品の売上予想……………………………………………… 156
- Q67　業務提携………………………………………………………… 159
- Q68　ライセンスと業務提携該当性………………………………… 162
- Q69　資本提携の解消………………………………………………… 164
- Q70　子会社の異動①………………………………………………… 167
- Q71　子会社の異動②………………………………………………… 170
- Q72　役員の異動……………………………………………………… 173
- Q73　資産の取得計画………………………………………………… 174
- Q74　企業買収による新規事業の開始……………………………… 176

	Q75	新株予約権付社債	179
	Q76	アナリストのレーティングと重要事実	182
4	重要事実の内容（発生事実）		184
	Q77	時価評価と損失の発生	184
	Q78	特別損失の計上①（損害の発生時点）	186
	Q79	特別損失の計上②（損害の範囲）	188
	Q80	主要株主の異動	190
	Q81	訴訟提起	193
	Q82	重要事実に該当する訴訟の結審	195
	Q83	行政庁による処分	197
	Q84	不 渡 り	199
	Q85	物上保証を提供した相手先の破産手続開始の申立て	201
	Q86	事業再生ADRによる債務免除	203
5	重要事実の内容（決算情報）		206
	Q87	業績の修正	206
	Q88	決算短信と重要事実	210
	Q89	持株会社の売上高と軽微基準	213
	Q90	業績予想と「公表」	217
	Q91	四半期開示	219
6	重要事実の内容（バスケット条項）		221
	Q92	非包摂事実（製品の売行き）	221
	Q93	過年度決算数値の過誤	224
	Q94	事業再生ADRの申請の決定	226
	Q95	大株主による売出し	228
	Q96	有価証券報告書の提出遅延	231
	Q97	第三者委員会の設置	235
7	重要事実の内容（子会社情報）		238
	Q98	新株引受者の募集	238
8	軽微基準に特有の問題		240

| Q99 | 予測が難しい場合 | 240 |
| Q100 | 逸失利益と軽微基準 | 242 |

第3章

売買等

Q101	担保の差入れ・実行	246
Q102	信託銀行への委託	249
Q103	他人名義の取引	252
Q104	チャイニーズウォール	254
Q105	事業譲渡に伴う株式の承継について（金商法166条6項8号）	257

第4章

公表

Q106	重要事実の公表の方法	260
Q107	記者発表	263
Q108	新聞にスクープの記事が出た場合	265
Q109	インサイダー情報の公表内容の程度	267
Q110	公表の有無とインサイダー取引の成否	270
Q111	発行登録の公表	272

第5章

インサイダー取引規制の適用除外（金商法166条6項）

Q112	株式買取請求権の行使への対応	276
Q113	独占禁止法の定めに基づく株式の売却	278
Q114	親会社株式取得の制限に基づく親会社株式の処分	280
Q115	防戦買いの要請	282

- Q116　自己株式取得に関する大枠の決定後における個別の買付け … 284
- Q117　普通社債の売買 …………………………………………………… 287
- Q118　ストックオプションの行使後の株券売却 …………………… 289
- Q119　知る者同士の取引①──立会外取引との関係 ……………… 291
- Q120　知る者同士の取引②──第１次情報受領者から第三者へ開示しての取引 …………………………………………………… 293
- Q121　知る者同士の取引③──契約書上の留意点 ………………… 296
- Q122　新株予約権無償割当（ライツ・オファリング）と「適用除外規定」………………………………………………………………… 298
- Q123　組織再編の対価としての自己株式の交付について ………… 304

第 6 章

公開買付け関係

- Q124　公開買付けの実施を知りながら買うこと …………………… 308
- Q125　公開買付け・設立前の公開買付者の意思決定等 …………… 312
- Q126　公開買付者本人からの情報受領者 …………………………… 315
- Q127　買集めの実施を知りながら買うこと ………………………… 317
- Q128　買集め行為の実施を知りながら売ること ………………… 320
- Q129　公開買付者等関係者の範囲 …………………………………… 322
- Q130　公開買付け等事実の公表 ……………………………………… 323
- Q131　伝達情報の認識の程度 ………………………………………… 325
- Q132　伝達される情報に関する内容の程度 ………………………… 328
- Q133　買集めの軽微基準 ……………………………………………… 331

第 7 章

役員および主要株主の売買規制

- Q134　短期売買利益の提供義務 ……………………………………… 334

Q135　役員について ……………………………………………………… 336
　Q136　８％から12％に持分比率を上げた場合、いつの取引から対
　　　　象か ………………………………………………………………… 337
　Q137　売買報告書の提出義務 ……………………………………………… 339

第 8 章

課徴金制度に特有な事項

1　課徴金額の計算 …………………………………………………………… 342
　Q138　課徴金の額の計算方法（買付け） ………………………………… 342
　Q139　課徴金の額の計算方法（売付け） ………………………………… 345
　Q140　親族等の計算 ………………………………………………………… 348
　Q141　親族等の計算・共犯関係 …………………………………………… 351
　Q142　自己株式取得・課徴金減額報告制度 ……………………………… 354

2　課徴金調査（不公正取引調査の実務と対応） ……………………… 358
　Q143　調査受忍義務 ………………………………………………………… 358
　Q144　弁護士立会い ………………………………………………………… 361
　Q145　課徴金調査で得た資料の犯則事件への利用 …………………… 363

3　審判手続 ……………………………………………………………………… 365
　Q146　審判手続開始決定に関する除斥期間 ……………………………… 365
　Q147　審判手続開始決定 …………………………………………………… 367
　Q148　審判手続の主宰者 …………………………………………………… 370
　Q149　指定職員 ……………………………………………………………… 372
　Q150　審判期日 ……………………………………………………………… 374
　Q151　情報伝達者の不服申立ての機会の有無 ………………………… 376
　Q152　審判手続の終結 ……………………………………………………… 378
　Q153　証拠の開示 …………………………………………………………… 380

4　課徴金に関するその他の手続 ………………………………………… 382
　Q154　課徴金の納付・徴収 ………………………………………………… 382

Q155	取消訴訟 …………………………………………………………	384
5	刑罰法規と行政法規 ………………………………………………	386
Q156	課徴金事件と刑事事件の関係 ……………………………………	386
Q157	証券取引等監視委員会における課徴金事件と犯則事件の区別 ……………………………………………………………………	389
Q158	課徴金納付命令と刑事告発の併存の有無 ………………………	392
Q159	法人としての取引① ………………………………………………	394
Q160	法人としての取引② ………………………………………………	398

第 9 章

国際関係

Q161	国外から発注された取引 …………………………………………	402
Q162	外国法規との関係 …………………………………………………	404
Q163	海外市場における株取引 …………………………………………	406
Q164	執行管轄権・当局間の協力関係 …………………………………	409
Q165	被審人が外国会社の場合の手続 …………………………………	412

第 10 章

証券会社等におけるインサイダー取引の防止に関するその他の規制等

Q166	証券会社のアウト部門によるイン情報の入手と「職務に関し知った」………………………………………………………………	416
Q167	インサイダー取引に該当する場合およびそのおそれがある場合の受託等の禁止 ………………………………………………	419
Q168	法人関係情報を提供した勧誘（業等府令117条1項14号）………	423
Q169	法人関係情報に基づく自己取引（業等府令117条1項16号）……	428
Q170	法人関係情報の適切な管理態勢等の構築義務（業等府令123	

条1項5号）①……………………………………………………… 430
　Q171　法人関係情報の適切な管理態勢等の構築義務（業等府令123
　　　条1項5号）②……………………………………………………… 434
　Q172　インサイダー取引の未然防止態勢と取引時確認等および疑
　　　わしい取引の届出義務との関係 ………………………………… 440
　Q173　上場会社としての情報管理態勢 ……………………………… 443

第11章

平成25年金商法改正

1　総　　論………………………………………………………………… 448
　Q174　平成25年金商法改正の経緯・インサイダー取引規制に関す
　　　る改正事項等 ……………………………………………………… 448
2　公募増資インサイダー取引事案等をふまえた改正………………… 454
　Q175　情報伝達行為と推奨行為 ……………………………………… 454
　Q176　「他人の計算」による違反行為に対する課徴金の引上げ・氏
　　　名公表 ……………………………………………………………… 463
3　近年の金融・企業実務をふまえた規制の見直しについて………… 467
　Q177　重要事実を知っている者同士の取引の適用除外について
　　　（金商法166条6項7号）………………………………………… 467
　Q178　公開買付者等関係者の範囲の拡大 …………………………… 470
　Q179　公開買付情報の伝達を受けた者の適用除外 ………………… 472
4　Ｊリート等に関するインサイダー取引規制の適用………………… 476
　Q180　Ｊリート等に関するインサイダー取引規制の適用 ………… 476
5　その他………………………………………………………………… 484
　Q181　課徴金調査に関する見直し …………………………………… 484

「会社関係者等」
（会社関係者・元会社関係者・情報受領者・法人の他の役員等）
の範囲

1 役員および使用人その他の従業員
（金商法166条1項1号）

Q1 「役員」の意義①――社外監査役は「役員」に当たるか

私は、上場会社A社の社外監査役（非常勤）を務めています。先日、A社取締役会に出席し、A社が5億円の増資を計画していることを知ったのですが、この計画の公表前にA社の株式を購入することは、インサイダー取引規制の対象となるでしょうか。

A インサイダー取引規制の対象となる「役員」とは、代表取締役、その他の取締役、会計参与および監査役等をいい、社外役員であるか社内役員であるか、常勤か非常勤かを問いません。

よって、本事例の社外監査役はインサイダー取引規制の対象となります。

解　説

上場会社、その親会社または子会社などの「上場会社等」の「役員」は、「その者の職務に関し」、上場会社等に係る業務等に関する「重要事実」を知ったときは、当該重要事実の公表がされた後でなければ当該上場会社等の株券などの「特定有価証券等」の「売買その他の有償の譲渡若しくは譲受け、合併若しくは分割による承継（合併又は分割により承継され、又は承継することをいう。）又はデリバティブ取引」（「売買等」）をしてはならず（金商法166条1項柱書および同項1号）、これに違反することはインサイダー取引に該当し、刑事罰（同法197条の2第13号）または課徴金納付命令（同法175条1項）の対象となります。

インサイダー取引規制の対象となる「役員」の意義については、金融商品取引法上定義が設けられておらず[1]、その意義は解釈に委ねられています

が、一般に、社外か社内か、常勤か非常勤かを問わず、代表取締役、その他の取締役、会計参与（会計参与が法人であるときはその社員）および監査役（委員会設置会社においては執行役を含む。）は「役員」に含まれ[2]、これらの者の職務代行者やいわゆる仮取締役や仮監査役も含まれると解されています[3]。

　質問者は、非常勤の社外監査役ですが、このような解釈に照らせば、「役員」に該当することとなり、インサイダー取引規制の対象となります。

　そして、社外監査役として、取締役会に出席した際に、Ａ社がインサイダー取引規制の対象となる重要事実となる1億円を超える（取引規制府令49条1号イ）5億円の増資を計画していることを知ったというのですから、「その者の職務に関し」、上場会社等に係る業務等に関する「重要事実」を知ったと認められる典型的な場面であるといえ、この事実が公表される前に、質問者がＡ社の株式を購入することは、インサイダー取引規制の対象となると考えられます。

1　金商法21条1項1号において「役員」の定義が規定されているが、ここでは「第163条から第167条までを除き、以下同じ」と規定され、同法163条〜167条までの「役員」について規定する条文はない。
2　神崎ほか・金商法1221頁
3　河本一郎ほか編『証券取引ハンドブック〔第4版〕』（ダイヤモンド社、2000）574頁

Q2 「役員」の意義②——相談役は「役員」に当たるか

私は、上場会社A社の社長を務めていましたが、5年前に社長を辞め、同時に取締役も辞任してからは相談役に就任し、時々役員から経営の相談を受けています。先日、財務担当役員からプレスリリースのための案文に関する相談を受けた際、A社が業務遂行の過程で大きな損害を発生させたことを知りました。そこで、長年保有していたA社の株式を売却しようかと思いますが、これはインサイダー取引規制の対象となるでしょうか。

A 相談役は、インサイダー取引規制の対象者となる者のうち、「役員」には含まれないと考えられますが、「使用人その他の従業員」には含まれると解されますのでインサイダー取引規制の対象となります。

よって、質問者がA社の株式を売却することはインサイダー取引規制の対象となると考えられます。

解　説

【Q1】で述べたとおり、インサイダー取引規制の対象となる「役員」とは、代表取締役、その他の取締役、会計参与および監査役等をいい、社外役員か社内役員か、常勤か非常勤かを問いませんが、質問者は、5年前に取締役を退任しており、また相談役については、会社法上の役員に該当しない執行役員や顧問・相談役等は「役員」には含まれないと解することが一般であることから[4]、「役員」には該当しません。

もっとも、インサイダー取引規制の対象となる者は、「役員」のほか、「代理人、使用人その他の従業者」とされており（金商法166条1項1号）、一般に、「使用人その他の従業者」には、法人との間の雇用関係その他の契約関

---

[4] 平野ほか・注解特別刑法（補巻2）211頁［土持＝榊原］

係の有無にかかわらず、また、形式上の地位や呼称にかかわらず、当該会社の業務に従事する者が含まれると解されています[5]。質問者のような相談役や顧問といった地位にある者についても、会社との間で業務委託契約や顧問契約といった契約関係に基づき当該会社の業務に従事していると考えられますので、「使用人その他の従業者」に該当すると考えられ、インサイダー取引規制の対象となります。

　実際の課徴金事例（平成24年課徴金事例集事例２）でも上場会社の顧問の地位にある行為者に対して証券取引等監視委員会が課徴金納付命令勧告を発出したものがありますが、上記のような解釈を前提としていると考えられます。

　よって、質問者はインサイダー取引規制の対象となると考えられます。

　そして、本事例における「Ａ社が業務遂行の過程で大きな損害を発生させたこと」との事実は金商法166条２項２号イで規定される「業務遂行の過程で生じた損害」に該当し、その損害額が軽微基準である「災害若しくは業務に起因する損害又は業務遂行の過程で生じた損害の額が最近事業年度の末日における純資産額の100分の３に相当する額未満であると見込まれる」（取引規制府令50条１号）場合でないのであれば重要事実に該当するところ、これを満たして重要事実に該当する場合、質問者は、当該重要事実を財務担当役員からプレスリリースのための案文に関する相談を受けた際に知ったというのですから、その職務に関し知ったということができます。

　したがって、これらの事実が公表される前に、質問者がＡ社の株式を売却することは、インサイダー取引規制の対象となると考えられます。

---

[5]　同上

Q3 「役員」の意義③——実質的経営者は「役員」に当たるか

私は、上場会社であるA社の大株主であり同社の財務・資本政策や役員人事なども実質的に自ら判断、決定しているX氏から、今度、同社が数億円規模の第三者割当による新株発行を行うことについて自分が決定したという話を聞き、X氏が考えている発行条件などを詳しく聞きました。

X氏のA社における影響力からすると、そのとおりになる公算は高いと思います。X氏は、法律上は取締役でも使用人でもありませんから、この情報をもとに私がA社株式を購入しても問題はないと思いますが、インサイダー取引に該当するでしょうか。

A X氏はA社の法律上の役職員ではありませんが、実質的経営者として「役員等」に該当すると考えられ、かつ、その影響力からするとX氏が自ら第三者割当増資の実施を決断したことをもって「決定」もされたと考えられます。

すると、このようなX氏から第三者割当増資という新株発行情報の伝達を受けた質問者は「情報受領者」としてインサイダー取引規制の対象となると考えられますので、質問者がA社の株式を購入することはインサイダー取引に該当すると考えられます。

解　説

質問者は、A社の大株主であるX氏からA社が第三者割当増資による新株発行を行うことについての情報を得ています。

そこで、質問者が、「会社関係者……から当該会社関係者が第1項各号に定めるところにより知った同項に規定する業務等に関する重要事実の伝達を受けた者」すなわち情報受領者（金商法166条3項前段）に該当すればインサイダー取引規制の対象となることとなりますので、情報伝達者であるX氏が

「会社関係者」に該当するかが問題となります。

　まず、X氏のような大株主については、会計帳簿の閲覧等の請求権を有する総株主の議決権の3％以上の数の株式を有する株主は「会社関係者」に該当することとされています（金商法166条1項2号）が、情報受領者に該当するには上述のとおり「当該会社関係者が第1項各号により知った同項に規定する業務等に関する重要事実の伝達を受けた」場合であることを要するため、X氏が「当該権利の行使に関し知ったとき」（同号）でなければ質問者が情報受領者に該当することはありません。本事例では、X氏は実質的な経営者として自ら第三者割当増資を決断しているのですから、会計帳簿閲覧等請求権の「行使に関し知った」情報を質問者に伝達したとは言いがたいと考えられます。

　では、X氏を「役員等」（金商法166条1項1号）として会社関係者に該当すると考えることはできないでしょうか。

　この点、すでに述べたとおり（【Q1】）、インサイダー取引規制の対象となる「役員」とは、代表取締役、その他の取締役、会計参与および監査役等をいい、社外役員か社内役員か、常勤か非常勤かを問わないとされ、また、「使用人その他の従業者」には、法人との間の雇用関係その他の契約関係の有無にかかわらず、また、形式上の地位や呼称にかかわらず、当該会社の業務に従事する者が含まれると解されています。

　ここで、本事例のモデルとした課徴金事例（平成22年課徴金事例集事例4）において、証券取引等監視委員会は、X氏のように役職員ではないものの上場会社の「相当程度の保有割合を有し」「財務・資本政策や役員人事等について実質的に判断・決定を行うことができる立場にある者」については、「内部者取引規制の対象となりうる。」と述べた上で、かかる者からの情報受領者を違反行為者として課徴金納付命令を勧告しています。

　これは、証券取引等監視委員会は、X氏のようないわば実質的経営者についても、「役員」または「使用人その他の従業者」（「役員等」）に該当すると解釈していることを示したものと考えられます。

　そして、X氏がA社に対して有する影響力からすると、X氏が自ら数億円

規模という重要事実に該当する第三者割当増資（金商法166条2項1号イ、取引規制府令49条1号イ）を行うことを決断したことをもって「当該上場会社等の業務執行を決定する機関が次に掲げる事項を行うことについての決定」（金商法166条2項柱書）もされたと考えられます[6]。

　すると、このような「役員等」に該当し、自ら当該第三者割当増資の実施を決断することによって当該重要事実を「職務に関し知った」X氏から当該第三者割当増資という新株発行情報の伝達を受けた質問者は「情報受領者」（金商法166条3項前段）としてインサイダー取引規制の対象となることとなりますので、質問者がA社の株式を購入することはインサイダー取引に該当すると考えられます。

---

[6] 事実認定の問題としては、内心の決断のみで「決定」があったと認定することは難しいことから、X氏が自身の決断を何らかのかたち（例えば、役員会など）で表明した際に「決定」がされたと認定されるものと思われる。この点、日本織物加工事件最高裁判決（最判平成11・6・10刑集53巻5号415頁）では、社長が第三者割当増資について「今回は是非実現したいので、よろしくお願いします。」と発言したことをもって「決定」がされたと認定されており、これにつき、業務執行機関である社長がそれまでに内心においてすでに行っていた第三者割当増資についての決断を外部にわかるかたちで表明したものと説明されている（平成11年度版最高裁判例解説90頁）。

Q4 「親会社」の意義と「役員」——親会社の取締役は「役員」に当たるか

私は、B社の取締役ですが、上場会社A社は直近の四半期報告書にB社を親会社として記載していました。しかし、B社は先日A社株式のすべてを譲渡してA社の親会社ではなくなっています。A社はまだ新しい四半期報告書を提出していませんが、私がA社の株式を売買した場合、インサイダー取引規制の対象となるでしょうか。

A 「親会社」の定義は、有価証券報告書や四半期報告書等に親会社と「記載され、又は記録された」会社とされていますので、直近の四半期報告書で親会社として記載されている場合は、その後親会社でなくなったとしても、インサイダー取引規制の関係では親会社であることとなりますので、この場合でもインサイダー取引規制の対象となり得ます。

解　説

インサイダー取引規制は、「会社関係者」として「当該上場会社等」の「役員等」を規制の対象としていますが（金商法166条1項1号）、条文上、「当該上場会社等（当該上場会社等の親会社及び子会社を含む。以下この項において同じ。）の役員」と規定されているとおり（同号）、当該上場会社の親会社および子会社の役員等も規定対象とされています。このようにインサイダー取引規制の対象に当該上場会社の親会社および子会社も含まれるようになったのは、平成10年の証券取引法改正により、当時進んでいた企業グループの持株会社化や連結重視の傾向などを反映することがその理由とされています[7]。

このうち、「親会社」とは、有価証券報告書、四半期報告書もしくは半期報告書等の開示書類（以下、「有価証券報告書等」といいます。）のうち公衆縦

---

[7] 松尾・金商法536頁

覧された直近のものにおいて親会社と記載され、または記録された会社をいいます（金商法166条5項、同法施行令29条の3）。なお、有価証券報告書等において親会社として記載または記録される会社は「他の会社等の財務及び営業又は事業の方針を決定する機関（株主総会その他これに準ずる機関をいう。以下「意思決定機関」という。）を支配している会社等」をいい（開示府令1条26号、財規8条3項）、具体的には、おおむね、以下のとおり規定されています（同条4項）。

① 他の会社等の議決権の過半数を自己の計算において所有している会社等（同項1号）
② 他の会社等の議決権の40％以上、50％以下を自己の計算において所有している会社等であって、かつ、次に掲げるいずれかの要件に該当する会社等（同項2号）
　イ　自己の計算において所有している議決権と自己と出資、人事、資金、技術、取引等において緊密な関係があることにより自己の意思と同一の内容の議決権を行使すると認められる者および自己の意思と同一の内容の議決権を行使することに同意している者が所有している議決権とを合わせて、他の会社等の議決権の過半数を占めていること（同号イ）
　ロ　役員もしくは使用人である者、またはこれらであった者で自己が他の会社等の財務および営業または事業の方針の決定に関して影響を与えることができる者が、当該他の会社等の取締役会その他これに準ずる機関の構成員の過半数を占めていること（同号ロ）
　ハ　他の会社等の重要な財務および営業または事業の方針の決定を支配する契約等が存在すること
　ニ　他の会社等の資金調達額（貸借対照表の負債の部に計上されているものに限る。）の総額の過半について融資（債務の保証および担保の提供を含む。）を行っていること（自己と出資、人事、資金、技術、取引等において緊密な関係のある者が行う融資の額を合わせて資金調達額の総額の過半となる場合を含む。）
　ホ　その他他の会社等の意思決定機関を支配していることが推測される事

実が存在すること
③　自己の計算において所有している議決権と自己と出資、人事、資金、技術、取引等において緊密な関係があることにより自己の意思と同一の内容の議決権を行使すると認められる者および自己の意思と同一の内容の議決権を行使することに同意している者が所有している議決権とを合わせた場合（自己の計算において議決権を所有していない場合を含む。）に他の会社等の議決権の過半数を占めている会社等であって、かつ、前号ロからホまでに掲げるいずれかの要件に該当する会社等

　質問者は、上場会社Ａ社が直近の四半期報告書に親会社として記載したＢ社の取締役ですので、有価証券報告書等のうち公衆縦覧された直近のものにおいて親会社と記載され、または記録された会社の役員であるため、「当該上場会社等」の「役員等」に該当します。

　この点、Ｂ社は、Ａ社が直近の四半期報告書を提出した後に、Ａ社株式のすべてを譲渡してすでにＡ社の親会社ではなくなっていますが、インサイダー取引規制の対象となるかという観点からは、あくまでも公衆縦覧された直近の有価証券報告書等において親会社と記載されまたは記録された会社であるかどうかにより判断されるため、質問者はいまだ「当該上場会社等」の「役員等」に該当し、インサイダー取引規制の対象となります。なお、Ｂ社がＡ社の親会社ではなくなったことは、臨時報告書（金商法24条の5第4項）によってすでに開示されていることも予想されますが、「親会社」の定義を定める上記の金商法166条5項および同法施行令29条の3は臨時報告書をあげておらず、臨時報告書によってこの事実が開示されていたとしても、インサイダー取引規制の対象となるかどうかの結論については影響がありません。

　よって、質問者が未公表の重要事実を知ってＡ社の株式を売買した場合、インサイダー取引規制の対象となります。

Q5　「職務に関し」知ったの意義

私は、上場会社である電機メーカーA社の総務担当の取締役です。先日A社の新製品開発部門を統括する取締役X氏とプライベートでゴルフに行き、その際にX氏から、以前から企画開発していた新製品の開発がいよいよ完了したので来年度は広告宣伝費のほうを宜しく頼むと言われました。この情報が公表される前に私がA社の株式を購入することは、「役員等」が「職務に関し」てインサイダー情報を知ったものとして、インサイダー取引規制の対象となるでしょうか。

A　このようなケースであっても、「職務に関し」てインサイダー情報を知ったものと考えられるため、本事例の質問者はインサイダー取引規制の対象となると考えられます。

解　説

質問者は、プライベートでゴルフに出かけた際に、X氏から以前から企画開発していた新製品の開発が完了したとの情報を聞いていますが、このような場合でも「職務に関し」知った重要事実であるといえるかどうかが問題となります。

この点、「職務に関し」については、以下のような考え方があります。

① 職務行為自体により知った場合のほか、職務と密接に関連する行為により知った場合を含むとする見解[8]

② 職務行為自体により知った場合のほか、職務と密接に関連する行為により知った場合も含むが、その者の職務が当該重要事実を知り得るようなものでなければならないとする見解（東弁・ガイドライン25頁）

③ その職務の実行に関して知る必要のある情報または知る立場にある情報

8　横畠36頁

を知った場合とする見解（野村・事例130頁）
④　有価証券の投資判断に影響を及ぼすべき特別な情報に自ら関与し、または接近し得る特別な立場にある者が、その特別な立場ゆえに重要な情報を知ったときとする見解（服部32頁）
⑤　役員等がその職務の内容として内部情報を知り得る立場にあることに直接起因して未公表の重要事実を知った場合は規制対象としてよいが、他の部署や会議室等に立ち入るといった単なる物理的アクセスを通じて他部署の内部情報を知ったにすぎない場合は、かかる売買を許しても投資家の信頼を損なわないとして規制対象外と考えることができるとする見解（木目田44〜47頁）

　このようにさまざまな見解がありますが、共通することはいずれも「職務行為」それ自体により知った場合に限定されないという点であると説明されます。また、具体的事例における当てはめ（帰結）は必ずしもこれらの各見解から必然的に導かれるものではないとの実務的な認識もあるところであり、インサイダー取引規制の趣旨に即して「職務に関し」に該当すると判断される場合は広くあるとの認識をもっておくことが望ましいと考えられます。なお、「職務行為」とはその者の地位に応じて取り扱うべきすべての職務をいい、現に担当している職務である必要はないと解されます[9]。

　そこで、本事例をみますと、質問者は、総務担当の取締役であり、製品の販売等についての予算措置を講ずることは質問者の職務行為であると考えられ、その意味でX氏が質問者に新製品の開発が完了したので広告宣伝費を宜しく頼むと言っているのは、かような質問者の地位ゆえのことと考えられます。

　このような点にかんがみると、上記いずれの見解に立ったとしても、質問者が「職務に関し」当該情報を知った点については肯定されると考えられます。また、この結論はインサイダー取引規制の趣旨（一般投資家と異なる特別な地位にある者がその地位ゆえに入手した情報により取引を行うことは市場の

---

[9]　松本45頁

公正性に対する信頼を害するため規制の必要がある。）に照らしても是認し得るものといえるでしょう。なお、後述の【Q36】の事例における質問者（弁当宅配業者のアルバイト）の事例と比較すると、当該事例の質問者については宅配業務の途中のエレベーター内で偶然立ち聞きしてしまったというもので質問者の契約の履行行為とまったく無関係に知ったにすぎないと評価すべきものと考えられる一方、本事例の質問者は上記のとおり一般投資家と異なるその地位ゆえに重要事実を知り得たと評価すべきと考えられ、この点がいずれの見解に立っても質問者が「職務に関し」当該情報を知ったと認めるべきことの実質的な根拠となるように思われます。

そして、本事例で述べられている新製品の開発が重要事実である「新製品又は新技術の企業化」（金商法166条2項1号カ）に該当し、その軽微基準である「事業年度開始の日から3年以内に開始する各事業年度においていずれも当該新製品又は新技術の企業化による売上高の増加額が最近事業年度の100分の10に相当する額未満であると見込まれ、かつ、当該新製品の販売又は新技術を利用する事業の開始のために特別に支出する額の合計額が最近事業年度の末日における固定資産の帳簿価額の100分の10に相当する額未満であると見込まれること。」（取引規制府令49条9号）との事実がないのであれば、質問者が当該事実の公表前にA社の株式を購入することはインサイダー取引に該当することとなります。

Q6 「子会社」の意義と「役員」——子会社の取締役は「役員」に当たるか

私は、ある会社の代表取締役を務めています。当社は、取引先である上場会社A社に親会社になってもらっており、一応A社の子会社なのですが、規模が小さいためA社の有価証券報告書等には「その他連結子会社」のなかに社数として含まれているかたちで記載されているにすぎません。私は、先般、引退を決め、近く会社を解散することを決定したのですが、私が、A社の株式を売却することはインサイダー取引規制の対象となるでしょうか。

A インサイダー取引規制の適用対象とはならないと考えられます。

解　説

質問者は上場会社A社の子会社の代表取締役ですが、重要事実である「子会社の解散」の事実を知りながらこれが公表される前に取引を行った場合、インサイダー取引規制の適用対象となるのでしょうか。まず、質問者が「会社関係者」である「役員」（金商法166条1項1号）に該当するかが問題となります。

この点、金商法166条1項1号には「当該上場会社等（当該上場会社等の親会社及び子会社を含む。……）の役員」と規定されています。

そこで、この「子会社」の意義が問題となりますが、法律上、「子会社」とは他の会社が提出し、公衆縦覧された有価証券届出書、有価証券報告書、または四半期報告書等のうち直近のものにおいて「当該他の会社の属する企業集団に属する会社として記載され、又は記録されたものをいう。」（金商法166条5項）とされています。質問者の会社は、A社の有価証券報告書中の「その他連結子会社数」の社数中に含まれているにすぎず、具体的に社名があげられているものではありませんが、この場合でも「子会社」に該当する

のでしょうか。

　この点、結論からいえば、「関係会社の状況」欄に社名が記載されていない会社やその他の箇所にも社名が記載されていない会社は「子会社」には含まれないと解されます。なお、金融庁は平成20年12月25日付における法令解釈に係る照会手続の回答中でこのような考え方を示しています。これは「その他連結子会社数」のなかに含まれているだけでは「企業集団に属する会社として記載され、又は記録された」との文言にそぐわないことや、インサイダー取引規制が刑罰の適用対象となるため行為者にとっての規範の明確性を確保する必要があるところ（罪刑法定主義）、社数中に含まれているだけであることをもって「子会社」に該当すると解すると、行為者にとって自らがインサイダー取引規制の適用対象となるかどうかが判断できない場合もあり得ると考えられること（金商法166条1項2号以下の会社関係者にとっては特にそのような懸念があり得ると考えられます。）、などを勘案したものと思われます。

　よって、この事例の質問者は「当該上場会社等」の「役員等」には含まれずインサイダー取引規制の適用対象にはならないと考えられます。

　なお、重要事実である「子会社の解散」（金商法166条2項5号ヘ）の軽微基準（取引規制府令52条1項5号の2）も、「解散……による当該上場会社等の属する企業集団の資産の減少額が当該企業集団の最近事業年度の末日における純資産額の100分の30に相当する額未満であると見込まれ、かつ、当該解散の予定日の属する当該企業集団の事業年度及び翌事業年度の各事業年度においていずれも当該解散による当該企業集団の売上高の減少額が当該企業集団の最近事業年度の売上高の100分の10に相当する額未満であると見込まれること。」とされており、質問者が代表取締役を務める会社のA社との関係を考えると、その解散はかかる軽微基準の範囲内と思われ、仮に「子会社」に含まれていたとしても、重要事実に該当しないと思われますので、この観点からもインサイダー取引規制の適用対象とならないと考えられます[10]。

10　上記の金融庁による法令解釈に係る回答がされた当時は「子会社の解散」につき軽微基準が存在しなかったため、本事例のような事例が実務上の問題となっていた。

Q7 「使用人その他の従業者」の意義──派遣社員は該当するか①

私は、派遣社員として働いており、数日前から上場会社A社の総務課という部署に派遣され事務作業などをしています。昨日、A社の経営会議の資料を整理する仕事をしていて経営会議の資料をみているうちに、A社の業績が上がっていて、A社の売上高が直近公表値と比べて10%以上上振れすることが確実となっていることがわかりました。この事実が公表される前に、私が、A社の株式を購入することはインサイダー取引規制の対象となるでしょうか。

A インサイダー取引規制の対象となると考えられます。

解 説

質問者は派遣社員であり、A社に派遣されて事務職を行っていますが、派遣社員はあくまで派遣する会社側の従業員でありA社と雇用契約関係にはありません。このような派遣社員であってもA社における「使用人その他の従業者」(金商法166条1項1号)に該当し、A社の「会社関係者」となるかが問題となります。

この点、インサイダー取引規制の対象者となる「使用人その他の従業者」のうち、「使用人」は当該会社と雇用契約を締結している者(正社員のほか、アルバイト、パートなど)を意味しますが、それ以外の者であっても当該会社の指揮命令を受けて現実に当該会社の業務に従事する者であれば雇用契約がなくとも「その他の従業者」に含まれると解されています[11]。

---

11 平野ほか・注解特別刑法(補巻2)211頁は「法人との間に雇用その他の契約関係の有無にかかわらず、また、形式上の地位や呼称にかかわらず、当該会社の業務に従事する者、例えばアルバイト、パートの従業員及び派遣社員等も、当該法人の業務に従事する限り、本号の会社関係者に該当する。」と述べる。

すなわち、このような関係が認められるのであれば、質問者のような派遣社員、出向社員などであっても名称、形態を問わず「その他の従業者」に含まれ得ることとなります[12]。

　とすると、質問者は、数日前からＡ社の総務課で事務作業などをして働いているのですから、Ａ社の指揮命令を受けて現実に当該会社の業務に従事していますので「その他の従業者」に該当するため、インサイダー取引規制の対象者である「会社関係者」に該当します。

　そして、経営会議の資料を整理する仕事をしている際に、Ａ社の業績が上がっていて売上高が直近公表値と比べて10％以上上振れすることが確実となっていることを知ったのですから、重要事実となる当該上場会社等の売上高等の予想値等に差異が生じたこと（金商法166条２項３号、取引規制府令51条１号）を「その者の職務に関し知った」（金商法166条１項１号）と認められます。

　したがって、当該事実が未公表であるうちに、質問者がＡ社の株式を購入することはインサイダー取引規制の適用対象となると考えられます。

---

[12] 横畠36頁

Q8 「使用人その他の従業者」の意義——派遣社員は該当するか②

　私は、人材派遣会社からコンサルティング会社のA社に派遣され、A社コンサルタントX氏の部下としてリサーチ資料等の作成の補助業務をしている女性です。ある時、A社とコンサルティング契約を締結しているクライアントである上場企業B社の経営企画部長Y氏がA社を訪問され、X氏と会議をしている際に、私はX氏から「極秘」と書かれた資料のコピーを指示されました。コピーをとりつつなかをみてみると、B社が国内における長年のライバル企業のC上場会社と合併して、国際的競争力を強化することにより売上げを大幅に増加させるという計画を実行することが両社のトップ同士で合意に至ったという内容でした。
　この事実が公表されないうちにB社かC社のどちらかの株式を買っておけば儲かるかもしれないと思いますが、私がこれらの株式を買うことはインサイダー取引に該当するでしょうか。

A　本事例において、派遣社員である質問者が、B社とC社の合併に係る事実が公表される前にB社またはC社の株式を購入することは、B社の株式購入については金商法166条1項5号に、C社の株式購入については同条3項に該当し、いずれもインサイダー取引に該当すると考えられます。

解　説

　まず、B社の株式の購入について検討します。質問者は、金商法166条1項各号に定める「会社関係者」のいずれに該当するでしょうか。
　本事例におけるA社はB社とコンサルティング契約を締結している者ですので「当該上場会社等と契約を締結している者……であって、当該上場会社等の役員等以外のもの」（金商法166条1項4号）に該当します。
　そして、上記4号に続いて規定されている金商法166条1項5号は「第2

号又は前号に掲げる者であって法人であるものの役員等（その者が役員等である当該法人の他の役員等が、それぞれ第２号又は前号に定めるところにより当該上場会社等に係る業務等に関する重要事実を知った場合におけるその者に限る。）」が「その者の職務に関し知ったとき。」にはその者は会社関係者に該当すると規定しています。

ここで、【Ｑ１】などで説明のとおり、「役員等」とは、「役員、代理人、使用人その他の従業者」をいい（金商法166条１項１号）、【Ｑ７】のとおり派遣会社に所属する派遣社員であっても派遣先との関係で「使用人その他の従業者」に該当すると解釈されます。

とすると、質問者は、上場企業Ｂ社とコンサルティング契約を締結しているＡ社の「役員等」に該当するため、金商法166条１項５号に規定する「前号に掲げる者であって法人であるものの役員等」、すなわち、「当該上場会社等と契約を締結している者……（その者が法人であるときはその役員等を、その者が法人以外の者であるときはその代理人又は使用人を含む。）であって、当該上場会社等の役員等以外のもの」（同項４号）に該当します。

そして、このような者が金商法166条１項５号により会社関係者となる要件として、さらに「（その者が役員等である当該法人の他の役員等が、それぞれ第２号又は前号に定めるところにより当該上場会社等に係る業務等に関する重要事実を知った場合におけるその者に限る。）」との要件がありますが、質問者は、Ｘ氏とＹ氏とが会議をしている際にＸ氏の指示で、業務としてその極秘情報が書かれた資料をコピーしている際に、Ｂ社とＣ社の合併に関する情報を知ったというのですから、「当該法人の他の役員等」であるＸ氏は、質問者にコピーをとるよう指示するにあたり、その資料の内容であるＢ社とＣ社の合併に関する情報を知っていると考えられますので、「前号に定めるところにより当該上場会社等に係る業務等に関する重要事実を知った場合」との要件は満たされる上、Ｘ氏の指示によって質問者が資料のコピーをとった際に当該情報を知ったことからすれば、質問者が「その者の職務に関し知ったとき」との要件も満たされると考えられます。

したがって、質問者は金商法166条１項５号により「会社関係者」として

インサイダー取引規制の適用対象となり、質問者がB社の株式をB社とC社の合併に関する事実が公表される前に購入することはインサイダー取引に該当すると考えられます。

次に、C社の株式の購入についてはどうでしょうか。本事例では、A社がコンサルティング契約を締結しているのはB社であって合併の相手方となるC社との契約関係はありませんので、金商法166条1項4号の適用はなく、A社の役員等であるX氏はC社との関係ではC社の会社関係者には当たりません。

したがって、4号の適用を前提とする5号の適用もないため、同じA社に働く質問者も、C社の会社関係者には該当しないといえます。

もっとも、ここで、Y氏についてみると、Y氏はC社がB社と合併しようとしている事実をB社の担当者として知った者であるといえますので、Y氏はC社との関係で「当該上場会社等と契約を締結している者又は締結の交渉をしている者（その者が法人であるときはその役員等を……含む。）」（金商法166条1項4号）が「当該契約の締結若しくはその交渉又は履行に関し知ったとき」（同号）に該当すると考えられます[13]。

そして、この事実を会議の際にY氏から聞いたであろうX氏は「会社関係者から……重要事実の伝達を受けた者」、すなわち情報受領者（金商法166条3項前段）に該当するところ、金商法166条3項はさらに「職務上当該伝達を受けた者（※X氏）が所属する法人の他の役員等（※質問者）であって、その者の職務に関し当該業務等に関する重要事実を知ったもの」も情報受領者に含まれるとしています（同項後段）。

上述のとおり、質問者は上司のX氏の指示を受けて機密資料のコピーをした際にこの事実を知ったのですから、「その者の職務に関し当該業務等に関する重要事実を知った」といえます。

---

[13] B社をC社との合併契約の締結に向けて「交渉をしている者」あるいは合併契約の締結交渉当事者間においては合併契約の締結に至る前に一定の合意書や覚書といった予備的な契約が締結されることが通常であるため、B社はC社との間でかかる契約を「締結している者」に該当するといえ、Y氏はその役員等であるということができる。

したがって、質問者は金商法166条3項後段によりインサイダー取引規制の適用対象となり、質問者がC社の株式をこの合併の事実が公表される前に購入することもインサイダー取引に該当すると考えられます。

Q9 上場会社からの出向社員①

私は、上場会社B社の取引先である非上場会社のオーナーですが、上場会社A社が上場会社B社と業務提携を行うという事実をB社の従業員であったX氏から聞きました。

X氏は、現在、他の会社に転籍出向しており、A社とB社の業務提携の件については、X氏が出向前に担当していた仕事で、X氏の出向前に行われた送別会に私が出席した際に聞いたのです。

私は、B社の株式を買いたいと思っていますが、X氏が現在B社の従業員でないことからインサイダー取引に該当しないでしょうか。

A インサイダー取引に該当すると考えられます。

解　説

本事例では質問者が情報受領者（金商法166条3項前段）としてインサイダー取引規制の対象者となるのであれば、B社の株式を購入することはインサイダー取引に該当することになると考えられます。この判断の際、情報受領者について「会社関係者……から当該会社関係者が第1項（注：金商法166条1項）各号に定めるところにより知った同項に規定する業務等に関する重要事実の伝達を受けた者」と規定されていることから、質問者に情報を伝達したX氏が「会社関係者」、すなわちB社の「使用人」（金商法166条1項1号）に該当するのかが問題となります。

この点、X氏は、すでに他の会社に転籍してB社の従業員ではなくなっていますので「使用人」には該当しないようにも思えますが、現在出向先の業務に従事している者であっても、出向元の情報を出向元の職務に関し知った場合は、出向元会社の「使用人その他の従業者」に該当すると解されます。

そして、X氏は、出向前のB社に在籍していた時に担当していた仕事で重

第1章　「会社関係者等」の範囲　23

要事実に該当し得るＡ社とＢ社の業務提携の事実（金商法166条2項1号ヨ、同法施行令28条1号）について知ったものであり、当該事実が軽微基準（取引規制府令49条10号）を満たさないことを前提とすれば、当該事実は重要事実に該当し、この事実を出向元の情報を出向元の職務に関し知ったものと認められますので、Ｂ社の「使用人」に該当します。

よって、Ｘ氏は「会社関係者」（金商法166条1項1号）に該当し、Ｘ氏から情報の伝達を受けた質問者は「情報受領者」（同条3項前段）に該当しますので、本事例の取引を行えばインサイダー取引に該当すると考えられます。

なお、平成23年課徴金事例集事例6においても同様の判断により、このような立場の者から情報の伝達を受けた者に対して課徴金が課せられています。

Q10　上場会社からの出向社員②

私は、上場会社である大手都市銀行Ａの従業員ですが、２年前からＡ銀行グループのＡＴＭシステム管理・開発などの業務を手がけている非上場のシステムエンジニアリング会社Ｂ社に出向して、役員を務めています。

ところが、本日の朝、Ｂ社が管理するＡＴＭのプログラムに大きなエラーがあることが判明し、明日Ａ銀行のＡＴＭがシステムダウンし、全国のＡ銀行のＡＴＭで取引ができなくなってしまうことがわかりました。Ａ銀行ではこの事実を極秘に監督官庁に報告したようですが、この事態が世間に公表されれば、Ａ銀行の信用問題に発展し、また、監督官庁から行政処分を受けることは確実と思います。

そこで、私は、保有するＡ銀行の株式が値下りする前のいまのうちに売却したいと思っていますが、これはインサイダー取引に該当するでしょうか。

A　インサイダー取引に該当すると考えられます。

解　説

まず、質問者が、インサイダー取引規制の対象者となるＡ銀行の「使用人その他の従業者」に該当するかが問題となります。

「使用人その他の従業者」には、【Ｑ７】で説明のとおり、正社員のほか、指揮命令を受けて当該会社の職務に従事する者であれば、アルバイト、パート、派遣社員、出向社員など名称、形態を問わず含まれますが、質問者はＡ銀行から出向しており、Ａ銀行の指揮命令を受けてＡ銀行の職務に従事していないため、「使用人その他の従業者」には当たらないと考えられます。

しかし、出向先の業務を行う際に出向元の重要事実を知った場合は、「当

該上場会社等と契約を締結している者（その者が法人であるときはその役員等を……含む。）」（金商法166条1項4号）として規制の対象となると解されるところ、B社はA銀行のATMシステムの管理・開発などの業務を行うにあたり、A銀行と業務委託契約等の契約関係にあると考えられます。

すると、質問者はA銀行とかかる業務委託契約を締結する法人であるB社の役員ですから、金商法166条1項4号により、契約締結者に該当します。

そして、質問者は、「当該契約の締結……に関し」（金商法166条1項4号）て管理するA銀行のATMプログラムに大きなエラーがあることを知ったと考えられ、このエラーはATMがシステムダウンし全国のATMで取引ができなくなる上、監督官庁から行政処分を受けることも確実という重大なものですから、損害の発生（同条2項2号イ、取引規制府令50条1号）もしくは行政庁の法令に基づく処分（金商法166条2項2号ニ、同法施行令28条の2第3号、取引規制府令50条5号）といった重要事実（ただし、これらについてはそれぞれ軽微基準に該当すると見込まれるかおよび発生したと認められるかといった点を検討する必要はあります。）または「前3号に掲げる事実を除き、当該上場会社等の運営、業務又は財産に関する重要な事実であって投資者の投資判断に著しい影響を及ぼすもの」（いわゆるバスケット条項、金商法166条2項4号）といった「重要事実」（同項）に該当する可能性は高いと考えられます。

よって、この事実が未公表のうちに質問者が保有するA銀行の株式を売却することはインサイダー取引に該当する可能性が高いと考えられます。

Q11　上場会社への出向社員

私は、大手食品メーカーの上場会社A社の子会社の従業員ですが、親会社であるA社が業務繁忙のため人手が足りないということで、3カ月程前から半年程の期間でA社に出向して勤務しています。

今朝、上司から、「社運をかけた大きな新製品が開発され、その販売が決定し、その製造・流通のためのプロジェクトチームを立ち上げることになり、君もそのチームのメンバーに選ばれた。君には製品の材料になる食材の調達先の確保などの調達業務に従事してもらう予定だ。よって出向期間は延長してもらうことになった。」と告げられました。私は、A社の株を購入しようと思っていたのですが、このような話を受けてしまったからにはA社の株式を購入するとインサイダー取引規制の対象となってしまうでしょうか。

A　インサイダー取引規制の対象となると考えられます。

解　説

質問者は、もともと上場会社A社の子会社の従業員でしたが、3カ月程前からA社に出向して勤務しています。

とすると、現在の質問者はA社の支配下にあってA社の業務を行っているのですからA社の「使用人その他の従業者」に該当します。

そして、「社運をかけた大きな新製品が開発され、その販売が決定し、その製造・流通のためのプロジェクトチーム」が立ち上げられ、そのメンバーに選ばれたから出向期間を延長すると上司から告げられており、「社運をかけた大きな新製品の開発」は「新製品又は新技術の企業化」（金商法166条2項1号カ）といった重要事実に該当する可能性が高いと考えられるところ（ただし、取引規制府令49条9号に規定される軽微基準に該当しないことが要件と

第1章　「会社関係者等」の範囲　27

なります。以降、軽微基準に該当しないことを前提に記載します。)、そうだとすると、出向社員である質問者に上司がこれを理由に出向期間延長を告げるという措置までとっていることは、かかる事実はすでに「業務執行を決定する機関」による「行うことについての決定」（以上、同号柱書）もされていると考えられます。

　さらに、質問者が上司から出向期間延長の理由としてかかる事実を聞いたことは、質問者が「その者の職務に関し知った」（金商法166条1項1号）と認められます。

　以上から、質問者は、インサイダー取引規制の対象となる未公表の重要事実を知ったと考えられますので、この「新製品の開発プロジェクト」に関する事実が公表される前にA社の株式を購入すれば、インサイダー取引規制の対象となると考えられます。

Q12 「使用人その他の従業者」が「職務に関し」知ったの意義①

　私は、上場会社A社に本年4月に新卒で入社した新入社員ですが、財務部への配属を命じられました。財務部では、有価証券報告書、四半期報告書、臨時報告書といった開示書類の作成を担当することとなったのですが、先日、有価証券報告書の作成業務を行っている過程で上司から財務部のメンバー宛てに送られたメールをみて当社の今年度の業績が前期を大幅に上回る見通しであることが確定したことを知りました。
　私は、1年目の新入社員で何か権限をもっているわけでもありませんが、こんな私でもA社の株式を購入するとインサイダー取引規制の対象となってしまうでしょうか。

A　インサイダー取引規制の対象となると考えられます。

解　説

　これまでの事例で説明したとおり、「使用人その他の従業者」は正社員のほか、指揮命令を受けて当該会社の職務に従事する者であれば、アルバイト、パート、派遣社員、出向社員など名称、形態を問わず含まれます。
　よって、1年目の新入社員で特段の権限があるかどうかにかかわらず、このような指揮命令下にあって当該会社の職務に従事する者であれば、「使用人」に該当します。新入社員の皆さんは、この点を十分認識し、自分が会社の「インサイダー」であることを自覚する必要があります。
　そして、業績が前期を大幅に上回る見通しであるという事実は、これだけでは具体的にどのくらい上回るのかがわかりませんが、「売上高、経常利益若しくは純利益……若しくは配当又は当該上場会社等の属する企業集団の売上高等」について「公表がされた直近の予想値」またはこれがない場合は「公表がされた前事業年度の実績値」と比較して、それぞれ、

① 売上高であれば10％以上上回ること、
② 経常利益であれば30％以上上回り、かつ新たに算出した予想値または当事業年度の決算における数値と公表がされた直近の予想値（ない場合は、公表された前事業年度の実績値）とのいずれか少なくない数値から他方を減じて得たものを前事業年度の末日における純資産額と資本金の額とのいずれか少なくない金額で除して得た数値が５％以上であること、純利益であれば、30％以上上回り、かつ新たに算出した予想値または当事業年度の決算における数値と公表がされた直近の予想値（ない場合は、公表された前事業年度の実績値）とのいずれか少なくない数値から他方を減じて得たものを前事業年度の末日における純資産額と資本金の額とのいずれか少なくない金額で除して得た数値が2.5％以上であること、
③ 剰余金の配当であれば20％以上上回ること（公表がされた直近の予想値または当該予想値がない場合における公表がされた前事業年度の実績値が０である場合はすべてこの基準に該当）、

といった条件を満たすものであれば、重要事実に該当し（金商法166条２項３号、取引規制府令51条１号ないし４号）、このような重要事実を質問者は自己が所属する財務部における有価証券報告書の作成業務を行っている過程で知ったというのですから、「職務に関し知った」（金商法166条１項１号）と認められます。

なお、このような見通しが不確実なものであれば、いまだ重要事実と認められないのではないか（同条２項３号にいう「当該上場会社等が新たに算出した予想値又は当事業年度の決算において差異……が生じたこと」とはいえないのではないか。）という点も問題となり得ます。この点につき、「新たに算出した」とは会社の判断として確定されたものであることが必要であり、当該会社の業務執行を決定する機関において報告了承された数値である[14]、当該会社において予想値や決算を算出する機関が算出したものであれば足りる[15]といった解釈が示されているところですが、１年目の新入社員である質問者までが

---

14 横畠114頁
15 神崎ほか・金商法1242頁

上司からのメールで「確定した」と理解する程度までに知るに至った事実は、当然しかるべき権限のある役職者が相応の確実性のあるものと判断した事実であるといってよいと考えられますから、本事例ではこの点は問題とはならないと考えてよいでしょう。

　よって、質問者は、業績が前期を大幅に上回る見通しであるとの重要事実に該当すると思われる情報を業務の過程で知ったと認められますので、これが重要事実に該当することを前提とすればこの事実が未公表のうちにA社の株式を購入することはインサイダー取引規制の対象となると考えられます。

Q13 「使用人その他の従業者」が「職務に関し」知ったの意義②

私は、上場会社A社がある非上場会社B社を子会社化するため同社株式を取得することについて決定した旨の情報を、A社の役員であり友人のX氏から、彼と電話で話をしていた際に聞きました。X氏はA社がB社を子会社化する案件に直接従事しているわけではなく、同じ部署の同僚から聞いただけであるということです。

このような場合であれば、私がA社の株を買っても大丈夫ではないかと思いますがインサイダー取引には該当しないでしょうか。

A インサイダー取引に該当する可能性が高いと考えられます。

解説

A社が非上場会社B社を子会社化するために同社株式を取得することについて決定した旨の情報は子会社の異動を伴う株式の取得（金商法166条2項1号ヨ、同法施行令28条2号）などの重要事実に該当する可能性があるものです。よって、この情報が重要事実に該当するとすれば、この情報を質問者に伝えたX氏はA社の役員ですから「使用人その他の従業者」（金商法166条1項1号）に該当しますので、質問者は、「使用人その他の従業者」などの「会社関係者」から重要事実の伝達を受けた者、すなわち情報受領者（同条3項前段）に該当するとしてインサイダー取引規制の適用を受け、当該情報が公表された後でなければA社の株を購入してはならないことになると思われます。

しかし、X氏はA社がB社を子会社化する案件に直接従事しているわけではなく、同じ部署の同僚から聞いただけです。この点、質問者が情報受領者に該当するには、情報を伝達した「会社関係者」であるX氏が「第1項各号に定めるところにより知った」（金商法166条3項前段）こと、すなわちX氏

がその「職務に関し知った」と認められることが要件となりますが、本事例ではこれを満たすかが問題となります。

この点、「職務に関し」の意義については学説上さまざまな見解が主張され、具体的にどのような場合がこれに該当するのかについてもさまざまなケースが想定されているところです。

証券取引等監視委員会が公表している課徴金事例集によると、証券取引等監視委員会は、「職務に関し知った」とは、職務に密接に関連する行為により知った場合を含み、職務とは、その者の地位に応じた任務として取り扱うべきいっさいの執務をいい、現に具体的に担当している事務であることを要しない、との解釈を採用しているようです（例えば、平成23年課徴金事例集事例9の解説を参照。）。

本事例のＸ氏にこれを当てはめて考えると、Ｘ氏は同じ部署の同僚からＢ社の子会社化に関する情報を聞いており、同僚であり、かつ同じ部署、という点からすると、職務上密接な関係を有する人物から情報を聞いているのですから、少なくとも職務に密接に関連する行為により当該情報を知ったと認められると考えられます。そして、上記の基準からすると、Ｘ氏がＢ社の子会社化の案件に直接従事していないことは、「職務に関し」て知ったことを肯定する妨げにはなりません（なお、【Ｑ５】で取り上げたプライベートでゴルフに出かけた際に以前から企画開発していた新製品の開発が完了したとの情報を聞いたとの事例でも「職務に関し」知った重要事実であると考えるべきとの解説も思い出していただければよりご理解いただけるのではないかと思います。）。

よって、Ｘ氏は、「職務に関し」てＡ社がＢ社を子会社化するという重要事実（上記のとおり、金商法施行令28条2号に規定する「子会社……の異動を伴う株式……の譲渡又は取得」に該当する可能性が高いと考えられますので該当することを前提としています。）を知り、これをＸ氏との電話での会話で知った質問者は「重要事実の伝達を受けた者」（金商法166条3項前段）に該当するため、情報受領者としてインサイダー取引規制の対象となると考えられます。

よって、本事例で質問者がＡ社の株式を購入することはインサイダー取引規制の対象となると考えられます。

第1章　「会社関係者等」の範囲

Q14 「使用人その他の従業者」が「職務に関し」知ったの意義③

　私は、上場会社A社に勤務するサラリーマンです。先日、同期入社で総務部秘書課に配属になった友人Xとプライベートで食事をしていた際、Xが専務から重役会議のための資料の作成を命じられてコピーをとっていたところ、その資料にA社が近々ライバル企業のB社を吸収合併する予定であることが書かれていたという話を聞きました。
　この場合に、私がA社の株式を購入するとインサイダー取引規制の対象となるでしょうか。

A　インサイダー取引規制の対象となると考えられます。

解　説

　質問者は、上場会社A社に勤務するサラリーマンですから同社の「使用人その他の従業者」に該当しますが、本事例の場合は同期入社の友人Xとのプライベートな食事の際に、XからA社がライバル企業のB社を吸収合併する予定であるとの重要事実に該当すると思われる情報（金商法166条2項1号ヌ）を聞いているため、このような場合が「職務に関し」て当該事実を知ったといえるのかがまず問題となります。

　この点、【Q13】で述べた「職務に関し知った」の解釈（職務に密接に関連する行為により知った場合を含み、職務とは、その者の地位に応じた任務として取り扱うべきいっさいの執務をいい、現に具体的に担当している事務であることを要しない。）をとったとしても、プライベートにおける食事がその者の地位に応じた任務として取り扱うべき執務とはいえないと思われますので、本事例では「職務に関し知った」には該当しないと考えられます。

　他方で、このケースにおける質問者の友人Xは、専務から重役会議のための資料作成を命じられてコピーをとっていたところそこに書かれていたA社

がライバル企業B社を吸収合併する予定であるとの重要事実（ただし、取引規制府令49条6号に軽微基準が規定されていますので、これに該当しないことを前提とします。）に該当する情報を入手したのであり、まさに「使用人その他の従業者」が「職務に関し知った」ものといえます。

すると、この友人Xは「第1項各号に定めるところにより」、「業務等に関する重要事実」を知った「会社関係者」（金商法166条3項）に該当し、質問者は、かかる会社関係者から「重要事実の伝達を受けた者」（同項）、すなわち、情報受領者に該当すると考えられます。

したがって、質問者が、当該情報が未公表の段階でA社株式を購入することは、やはりインサイダー取引規制の対象となると考えられます。

2 会計帳簿閲覧謄写請求権を有する株主
（金商法166条1項2号）

Q15 単独で会計帳簿閲覧謄写請求権を行使した場合

　私は、当社の自己運用部門を統括する財務担当の取締役ですが、先般、当社が運用先として保有しており、議決権割合で5％の株式を保有している上場会社A社について、業績の大幅な悪化の可能性が市場で噂されているため会計帳簿閲覧謄写請求権を行使し、A社の財務状況の調査を行いました。
　すると、A社の経営成績が今期大きく落ち込む見込みであることがわかりました。当社が、損失回避のため、A社の株式をいまのうちに売却することはインサイダー取引規制の対象となるでしょうか。または、当社の勘定ではなく、私が個人的にA社の株式の売り取引（信用取引）を行うことはどうでしょうか。

A 　インサイダー取引規制の対象となると考えられます。

解　説

　総株主の議決権の3％以上の議決権を有する株主は会計帳簿閲覧謄写請求権を有する株主（会社法433条1項）としてインサイダー取引規制の対象者となります。そして、かかる権利の行使に関して重要事実を知ったときは、当該重要事実が公表されるまで、その上場会社等の特定有価証券等を取引することが禁止されます（金商法166条1項2号）。
　かかる株主が法人であるときはその役員等を含みます。
　質問者は、上場会社A社の議決権割合の5％を保有する会社の財務担当取

締役ですが、当該会社はＡ社にとって会社法433条１項に規定する会計帳簿閲覧謄写請求権を有する株主に該当します。

　そして、質問者が株主である当該会社の財務担当取締役として会計帳簿閲覧謄写請求権を行使してＡ社の財務状況の調査を行い、これによってＡ社の経営成績が今期大きく落ち込む見込みであることを知ったというのですから、まさに「当該権利の行使に関し知ったとき」に該当することになります。また、経営成績が大きく落ち込む見込みということから、これが金商法166条２項３号に規定される売上高等の変動に関する重要事実に該当する可能性は高いと考えられます。

　よって、これが重要事実に該当するとすれば、質問者が、株主である会社の保有するＡ社の株式の損失回避のために当該事実が公表される前にＡ社株式を売却することはインサイダー取引規制の対象となると考えられます[16]。

　また、質問者が個人的にＡ社株式の売り取引を信用取引で行うことも同様です。なぜなら、株主が法人であるときはその役員等も規制の対象とされており（金商法166条１項２号）、質問者は財務担当取締役として会計帳簿閲覧謄写請求権の行使を実行した者ですので、これに該当するからです。

---

[16] 会社の業務として取引を行っているため、刑罰の観点からは、法人たるＡ社自体も処罰される（金商法207条）。

Q16 共同で会計帳簿閲覧謄写請求権を行使した場合

【Q15】の質問者ですが、当社が議決権割合で1％の株式を保有している上場会社B社についても、同じくB社の株式を議決権割合で2％保有するC社と共同してB社に対して会計帳簿閲覧謄写請求権を行使し、B社の財務状況の調査を行いました。

すると、B社についても経営成績が今期大きく落ち込む見込みであることがわかりました。この場合についても、当社が、損失回避のため、B社の株式をいまのうちに売却することはインサイダー取引規制の対象となるでしょうか。

A インサイダー取引規制の対象となると考えられます。

解　説

【Q15】で説明のとおり、総株主の議決権の3％以上の議決権を有する株主は会計帳簿閲覧謄写請求権を有する株主（会社法433条1項）としてインサイダー取引規制の対象者となりますが、他の株主と共同してこの権利を有することとなる株主もこれに含まれると解釈されます[17]。

よって、質問者の所属する会社がB社株式を単体では1％しか保有していなくても、2％を保有するC社と共同して会計帳簿閲覧謄写請求権を行使する場合は、「会社法第433条第1項に定める権利を有する株主」（金商法166条1項2号）に該当しますので、かかる権利の行使に関して重要事実を知ったときは、当該重要事実が公表されるまで、その上場会社等の特定有価証券等

---

[17] 松本46、47頁ほか。なお、会社法433条の解釈として「1人の株主が単独でこの権利を行使することができるほか、数人の株主が有する議決権または株式の数を合算すると少数株主要件を充足する場合には、その数人の株主が共同して会計帳簿・資料の閲覧を請求することもできる。」（江頭憲治郎＝弥永真生編『会社法コンメンタール─計算等(1)』（商事法務、2011）135頁）とされている。

を取引することが禁止されます。

　よって、質問者が質問者の所属する会社の計算でＢ社の株式を譲渡することはインサイダー取引規制の対象となると考えられます。

Q17 権限行使を背景に情報を入手した場合(実際には権限を行使しなかった)

同じく【Q15】および【Q16】の質問者ですが、実際に会計帳簿閲覧謄写請求権を行使してしまうとインサイダー取引規制に該当してしまうということかと思います。そこで、会計帳簿閲覧謄写請求権の行使をほのめかしつつ交渉して、その結果、実際に権限を行使することなく、先方が情報を開示してくれた場合であればどうでしょうか。

A インサイダー取引規制の対象となる可能性が高いと考えられます。

解説

本事例では会計帳簿閲覧謄写請求権を有する株主が当該権利を実際には行使していない場合であっても、「当該権利の行使に関し知ったとき」(金商法166条1項2号)に該当するかどうか、という点が問題となります。

この点、「当該権利の行使に関し」の解釈については、会計帳簿閲覧謄写請求権の行使それ自体で知った場合に限らず、当該権利の行使に密接に関連する行為により知った場合を含み、これが認められる限り、株主が実際に権利行使を行ったことを要しないと解することが一般的です[18]。

このような解釈は、会計帳簿閲覧謄写請求権を有する株主がその地位により会社の未公表の内部情報を知り得る可能性が類型的に高いことから、インサイダー取引規制の適用対象となる「会社関係者」に含まれていることを考えれば妥当なものといえるでしょう。

本事例の場合、会計帳簿閲覧謄写請求権の行使をほのめかしつつ交渉し

---

18 横畠38頁など。なお、木目田55、56頁は、その理由として、①条文の文言上、会計帳簿閲覧等請求権の行使に「よって」とは規定されていないこと、②会計帳簿閲覧等請求権等を行使できる株主は上場会社等の内部情報を知りうる立場にあることから「当該権利の行使に関し」知った場合と規定されていることからして実際に権利行使がされたかどうかはかかる規制趣旨とは無関係であること、をあげる。

て、その結果、実際には権限を行使することなく、先方が情報を開示したというのですから、当該権利の行使に密接に関連する行為により知った場合に該当すると考えることが妥当ではないかと思われます[19]。

したがって、このような場合も「当該権利の行使に関し知ったとき」に該当する可能性が高いと考えられますので、やはり、インサイダー取引規制の対象となる可能性が高いと考えられます。

19　野村・事例146頁などは本稿と同旨の結論を述べている。

Q18 会計帳簿閲覧謄写請求権を有する株主が他の権限を行使して重要事実を知った場合

当社は、先般、当社が議決権の5％を保有する株主となっている上場会社A社について、裁判所の許可を得て、取締役会議事録の閲覧謄写請求権を行使しました。

すると、閲覧謄写した取締役会議事録中にA社の未公表の重要事実と思われる情報が記載されていたのですが、これを知った当社が、A社の株式を売買することはインサイダー取引規制の対象となるでしょうか。

A インサイダー取引規制の対象となる可能性があると考えられます。

解 説

まず、質問者が所属する会社がA社に対し行使した権限は会社法371条に基づく取締役会議事録の閲覧謄写請求権ですが、ここで同社は、議決権の5％を保有する株主であることから会計帳簿閲覧謄写請求権を有する株主としてインサイダー取引規制の対象となるのでしょうか。

【Q17】で述べたとおり、会計帳簿閲覧謄写請求権の「権利の行使に関し」の解釈については、会計帳簿閲覧謄写請求権の行使それ自体で知った場合に限らず、当該権利の行使に密接に関連する行為により知った場合を含み、これが認められる限り、株主が実際に権利行使を行ったことを要しないと解することが一般的です。

しかし、質問者が行使した権利は取締役会議事録の閲覧謄写請求権という別箇の権利であり、【Q17】の事例のように会計帳簿閲覧謄写請求権の行使に密接に関連する行為があったということもできません[20]。

よって、本事例の場合、会計帳簿閲覧謄写請求権の「権利の行使に関し」知ったとは認められませんので、この点からインサイダー取引規制の対象とはならないと考えられます。

この点、このような場合についてどのように考えるべきか明確な見解はないようですが、金商法166条1項3号の「法令に基づく権限」に本事例における取締役会議事録閲覧謄写請求権のような会計帳簿閲覧謄写請求権以外の権限が該当すると解し、このような「法令に基づく権限」を有する者が「当該権限の行使に関し知った」ものとして、あるいは情報受領者（同条3項）に該当する場合には情報受領者として[21]、インサイダー取引規制の対象となる可能性があると考えられます[22]。

　したがって、質問者の所属する会社が保有するA社の株式の売買をすることはこの点からインサイダー取引規制の対象となる可能性があると考えられます。

20　会社法371条に基づく取締役会議事録閲覧謄写請求権は、監査役設置会社または委員会設置会社については裁判所の許可を得る必要があるが、単独株主権（保有株式数等の要件が課せられていない株主権）であり、少数株主権（保有株式数等の要件が課せられている株主権）である会計帳簿閲覧謄写請求権とは別個のものと考えられる。

21　ただし、法令に基づく権限に応じて情報を伝達した側に重要事実に該当する情報を伝達する意図が認められるかが事実認定上の問題となると思われる（情報受領者に関する問題の詳細については後述「7　情報受領者（金商法166条3項）」を参照）。

22　服部41頁は、純然たる私法上の権限まで含まれるかどうかについて疑問を呈する。また、神崎ほか・金商法1226頁は、「その権利を行使するため必要があるとき」（会社法371条2項柱書）の意義につき、株主が株主としての地位に基づき有する権利を行使する場合と解することが通説であるとし、例えば取締役の責任を追及するために必要な場合がこれに当たること、持株の売却をすべきかどうか判断する場合などもこれに当たるとする学説があること、などをあげたうえ、（立法論として述べているものと理解されるが）このような場合には株主も内部者取引規制に服するべきとする。

3 法令に基づく権限を有する者
（金商法166条1項3号）

Q19 権限行使によりインサイダー情報を入手した場合

私は、ある省庁に勤務する公務員ですが、当庁が所轄監督する上場会社A社に対して担当官として報告命令を発出したところ、A社に法令違反の事実があることがわかりました。これにより当庁は、A社に対して直ちに行政処分を発令することを決定し、近く公表する予定です。

この場合、私が、A社の株式を売却することはインサイダー取引規制の対象となるでしょうか。私が、報告命令の直接の担当者でなく、部下からの報告を受けただけであった場合はどうでしょうか。

A インサイダー取引規制の対象となると考えられます。

解　説

本事例では、質問者が「当該上場会社等に対する法令に基づく権限を有する者」に該当し、設問にある事実（重要事実に該当することを前提として以降検討します。）は「当該権限の行使に関し知ったとき」（金商法166条1項3号）に該当するかが問題となります。

この点、「法令に基づく権限」は、一般的に、上場会社等に対する法令に基づくなんらかの権限を指し、具体的には、許認可権限や立入検査・調査・捜査権限等の行政権に属する権限、国政調査権（憲法62条）等の立法権に属する権限、文書提出命令（民事訴訟法223条）や差押・提出命令（刑事訴訟法99条以下）等の司法権に属する権限、地方公共団体に属する権限、弁護士照会権限（弁護士法23条の2）なども含まれると解されています[23]。

また、「当該権限の行使に関し知った」とは、既述した会計帳簿閲覧謄写請求権の場合と同様に、当該権限の行使の結果として知った場合のほか、当該権限の行使と密接に関連する行為により知った場合を含むと解されています[24]。よって、会計帳簿閲覧謄写請求権の場合の結論と同じく、当該権限を背景として、事実上、当該権限を有する者が上場会社等から重要事実を聞いた場合なども「当該権限の行使に関し知った」に該当することとなります。なお、行政指導については、同様に、上場会社等に対する許認可権限等を背景にして当該行政指導が行われた場合には、その過程で重要事実を知った場合も「当該権限の行使に関し知った」に該当すると解されています[25]。

　本事例の場合、質問者は上場会社A社の所轄官庁の担当官として報告命令を発出したというのですから、まさに「法令に基づく権限を有する者」に該当し、当該権限行使の結果、質問者の所属する官庁においてはA社に対して行政処分を発令することを決定したというのですから「当該権限の行使に関し」重要事実に該当すると認められる事実を「知った」と認められます。

　よって、質問者が、A社の株式を譲渡することはインサイダー取引規制の対象となると考えられます。質問者が部下からの報告を受けただけであった場合も、上司として報告を受けるということは当該報告命令発出の結果得られた事実の報告を受けるべき地位にあったとと考えられますので、やはり「当該権限の行使に関し知った」と認められると考えられます。

23　横畠39頁など
24　横畠39頁など
25　横畠40頁。なお、「行政指導」は「行政機関がその任務又は所掌事務の範囲内において一定の行政目的を実現するため特定の者に一定の作為又は不作為を求める指導、勧告、助言その他の行為であって処分に該当しないもの」と定義される（行政手続法2条6号）。

Q20　任意調査によりインサイダー情報を入手した場合

　私は、ある省庁に勤務する公務員ですが、当省の所轄分野に関する実態把握や法令改正の参考にさせてもらうという意味もあり、いくつかの上場会社との間で任意の意見交換会を行っております。先日、上場会社A社が出席した意見交換会の際、同社が現在行っている新規商品の開発が完了して販売が決定されたこと、この新規商品の販売事業は非常に有望であり、A社が競合他社に対して相当に有利な競争上の地位を獲得するだろうということがわかりました。

　この説明によればA社の業績は大幅に向上すると思いますので、いまのうちにA社の株式を購入したいと思いますが、これはインサイダー取引規制の対象となるでしょうか。

A　インサイダー取引規制の対象となると考えられます。

解　説

　質問者が知った情報は、A社が行っている新規商品の開発が完了して販売が決定されたこと、当該事業が非常に有望で相当に有利な競争上の地位を獲得すると思われるようなものであること、というものですから、「新製品又は新技術の企業化」（金商法166条2項1号カ）などの重要事実に該当するものと思われますが（ただし、当該事実には取引規制府令49条9号に規定される軽微基準が存在しますが、本事例では軽微基準に該当しないことを前提とします。）、このような情報を意見交換会で知った質問者にインサイダー取引規制は適用されるでしょうか。

　まず、質問者が行ったこの意見交換会は所轄官庁としての報告命令などの法令上の権限を行使したものではなく、あくまで任意ベースで実施されたものであるように思われます。もっとも、任意の意見交換であっても、その実

施が法令上の権限（報告命令権限等）の行使を背景としたものであった場合も考えられます（報告命令権限の発出の前提として予備的なヒアリングを実施した場合など）のでそのような場合をまず考えてみます。

　【Q19】において説明したとおり、「当該権限の行使に関し知った」（金商法166条1項3号）とは実際に権限を行使した場合に限らず当該権限の行使と密接に関連する行為により知った場合を含むと解されていることから、ヒアリングが法令上の権限の行使を背景としたものであれば当該権限の行使と密接に関連する行為により知った場合、すなわち「当該権限の行使に関し知った」場合に該当すると考えられます。

　次に、このような場合でなく、意見交換会が官庁と民間企業との間の純粋な任意の意見交換としてされたものであり、これに応じて情報が提供されたということである場合を考えてみます。

　このような場合は、「当該権限の行使に関し知った」とは認められないであろうと考えられますので、この点からインサイダー取引規制の対象となることはないと考えられます。

　しかし、質問者は意見交換会において出席したA社の役員あるいは従業者から当該情報を聞いたと考えられますから、質問者に対して当該情報を伝えたA社の担当者は「会社関係者」（金商法166条3項）に該当するであろうと考えられます。そして、A社の担当者も「その者の職務に関し知った」（同条1項1号）と考えられますので、結局、質問者は、金商法166条3項前段に規定される「会社関係者……から当該会社関係者が第1項各号に定めるところにより知った同項に規定する業務等に関する重要事実の伝達を受けた者」（情報受領者）に該当する可能性が高いと考えられます。

　したがって、このような場合であったとしても、質問者は情報受領者に該当し、インサイダー取引規制の対象となる可能性が高いと考えられます。

Q21　民事裁判における文書提出命令と申立権限

　私は、弁護士であり、現在、ある裁判で上場会社A社を相手に民事訴訟を行っています。訴訟手続で文書提出命令の申立てを行ったところ、裁判所が文書提出命令をA社に発令したのですが、これにより公開された文書中に、A社が開発し、まもなく発売が開始される新商品に関する情報が記載されています。

　私は偶然秘密情報を知っただけと考えられますから、仮にこの情報がインサイダー取引規制の対象となる情報だとしても、インサイダー取引規制は適用されるでしょうか。

A　インサイダー取引規制の対象となると考えられます。

解　説

　本事例の場合、質問者は「法令に基づく権限を有する者」に該当し、質問のような経緯で重要事実（金商法166条2項）に該当すると思われる、A社が開発しまもなく発売が開始される新商品に関する情報（「新製品又は新技術の企業化」同項1号カ。ただし、当該事実には取引規制府令49条9号に規定される軽微基準が存在しますが、本事例では軽微基準に該当しないことを前提とします。）を知ったことが「当該権限の行使に関し知ったとき」（金商法166条1項3号）に該当するかが問題となります。

　この点、【Q19】において説明のとおり、「法令に基づく権限」には司法権に属する文書提出命令権限（民事訴訟法223条。以下、「民訴法」といいます。）も含まれると説明されることが多いところです。もっとも、上記の文書提出命令権限はあくまで裁判所が権限の主体です。すなわち、文書提出命令は裁判の当事者（原告または被告）による命令発出の申立て（同法221条）を理由があると認めるときに裁判所が発出するものであり、本事例のように申立権

を有するにすぎない弁護士も「法令に基づく権限」を有すると認めるべきでしょうか。

　この点、文書提出命令権限が「法令に基づく権限を有する者」に含まれるのに、その申立権者が含まれないとすると、本事例の質問者のように弁護士が文書提出命令の申立てを行い、その結果、当該命令が発出され、その結果、申立てを行った弁護士が重要事実を知ったという場合に弁護士は金商法166条1項3号に基づくインサイダー取引規制の対象とならないことになりますが、これが妥当な結論でないことは明らかであろうと思われます（このような解釈をとれば、裁判所を構成する裁判官らのみが適用対象となることとなってしまいます。）。

　よって、文書提出命令の申立権限（民訴法221条）も「法令に基づく権限」に含まれると解され[26]、申立てを行い、文書提出命令が裁判所により発出され、その結果、開示された文書を通じて重要事実に該当する情報を知った場合も「当該権限の行使に関し知ったとき」に該当すると考えられます。

　なお、同じく「法令に基づく権限」に含まれる例として一般にあげられる弁護士照会権限（弁護士法23条の2）も権限自体は弁護士会が保有するもので（同条2項）、各弁護士は照会を行うよう弁護士会に申し出ることができるということになっています（同条1項）[27]が、同様に、各弁護士が保有する、この照会を行うよう申出を行う権限もまた「法令に基づく権限」に該当すると考えられます。

　したがって、質問者が、A社の株式の売買をすることは、本事例記載の事実が重要事実であるとすれば、インサイダー取引規制の対象となると考えられます。

---

[26]　木目田59頁も同旨
[27]　第一東京弁護士会業務改革委員会第8部会編『弁護士法第23条の2照会の手引〔5訂版〕』（第一東京弁護士会、2012）2頁

4 契約を締結しまたはその交渉をしている者
（金商法166条１項４号）

Q22 「契約」の意義①──「重要事実」との関係のある契約に限られるか

　私は、某グローバル企業Ａ社の日本法人ａ社の従業員です。Ａ社が近時決定したグローバル戦略により、ａ社が行っていたＡ社商品の日本国内の販売業務は日本の上場会社Ｂ社に引き継がれることになり、先日、Ａ社、ａ社、およびＢ社との間で、Ａ社商品の販売に関する独占ライセンスを付与することを目的とした基本合意書が締結され、私も担当者として契約締結の作業などを行いました。基本合意書では、ライセンス付与に伴い、ａ社がＢ社に吸収合併されることが規定されています。
　この事実が公表されればＢ社の株価は上がると思いますので、いまのうちにＢ社の株を買っておきたいのですが、インサイダー取引に該当するでしょうか。

A インサイダー取引に該当すると考えられます。

解　説

　本事例では、質問者が、上場会社Ｂ社と基本合意書を締結したａ社の従業員であり、その基本合意書の締結作業に関与するなかで、ａ社が行っていたＡ社商品の日本国内の販売業務がＢ社に引き継がれること、Ａ社商品の販売に関する独占ライセンスがＢ社に付与されること、Ｂ社がａ社を吸収合併することなどのＢ社における重要事実に該当し得る事実（金商法166条２項１号ヌの「合併」、同号ヨおよび同法施行令28条１号の「業務上の提携」）を認識しているところ、これらの事実に係る軽微基準（「合併」については取引規制府令

49条6号、「業務上の提携」については同条10号）に該当しない場合は重要事実となるため、「当該上場会社等と契約を締結している者又は締結の交渉をしている者（その者が法人であるときはその役員等を……含む。）」がこのような重要事実を「当該契約の締結若しくはその交渉又は履行に関し知ったとき」（金商法166条1項4号）に該当するかが問題となります。

まず、ここでいう「当該契約」については、重要事実を前提として締結される契約に限定されないとする見解が通説と考えられます[28]。最高裁判所の判例も同趣旨の内容を判示しています[29]。これは、上場会社等となんらかの契約を締結、締結の交渉あるいは履行するといった関係にある者は類型的に上場会社等のインサイダー情報を知り得る立場にあることから本号が規定されたものをふまえたものであり妥当な見解と考えられます。

よって、質問者はB社と基本合意書という名称の契約を締結したa社の従業員ですので、「当該上場会社等と契約を締結している者……（その者が法人であるときはその役員等を……含む。）」に該当します。

次に、「当該契約の締結若しくはその交渉又は履行に関し知った」の意義については、これまでに説明したところ（会計帳簿閲覧謄写請求権の行使の場合、法令に基づく権限の行使の場合）と同様に、契約の締結、交渉、履行行為自体によって知った場合のみならず、これと密接に関連する行為により知った場合も含まれると解することが通常です[30]。

本事例の質問者は、上記基本合意書の締結作業に従事し、その過程で、B社がa社を吸収合併することなどの重要事実に該当すると思われる事実を知ったのですから、契約の締結と密接に関連する行為により当該事実を知ったものと認められます。なお、細かい点ですが、契約の締結に関して知ったのか、契約締結の交渉に関して知ったのか、という点については、「契約の……交渉に関し知った」という文言が平成10年の証券取引法改正の際に、契約の交渉は行ったが締結に至らなかった場合についての処罰の空隙を埋める

---

[28] 横畠41頁
[29] 最判平成15・12・3判時1845号147頁
[30] 横畠42頁など

ために加えられたことを考えると、本事例については基本合意書の締結に至っていることから契約の締結に関して知ったときに該当するものと考えれば足りると考えられます。

したがって、質問者はインサイダー取引規制の対象となり、質問にある事実が未公表のうちにＢ社株を購入することはインサイダー取引に該当すると考えられます。

Q23 「契約」の意義②——契約書が作成されていない場合など

　私は、証券会社の営業担当従業員です。上場会社に対して資金調達に関するご提案などを行うことが業務です。
　昨日、担当しているA社の経理部長と会い話をしていたところ、部長から今期の決算に関する具体的な数字を示され、A社が公表ずみの直近の予想値と比較して売上高にして10％以上上乗せされることがわかりました。
　私が勤務する証券会社はA社の上場時やその後の増資時に主幹事証券会社を務めたことがありますが、現在は、A社との間で具体的なファイナンスの検討はしておりません。
　私が他の証券会社に発注してA社株式を売買するとインサイダー取引に該当するでしょうか。

A　インサイダー取引に該当する可能性があると考えられます。

解　説

　本事例では、質問者の所属する証券会社は以前A社の主幹事証券会社を務めたことがあるものの、現時点では具体的なファイナンスの検討は行っていないということですので、こういった場合も金商法166条1項4号に規定される「契約」の締結もしくはその交渉に関して重要事実（決算情報。同条2項3号、取引規制府令51条）を知ったものとしてインサイダー取引規制の対象となるかどうかがまず問題となります。
　この点、「契約」は具体的な重要事実を前提として締結されるものに限定されないと解されるという点は【Q22】の解説で述べたところですが、さらに「契約」は書面によるものに限られず、口頭によるものも含む[31]と解されていることから、「契約」の有無については、当該上場会社等との関係で慎

第1章　「会社関係者等」の範囲　53

重に判断する必要があります。

　この点、本事例のようなケースについては、上場会社等の主幹事証券会社は、具体的な引受契約等を締結していなくても、将来のファイナンスの実現のために、発行体側で必要と思われる未公表の重要事実を主幹事証券会社に提供し、情報の提供を受けた主幹事証券会社側はその情報を発行体のファイナンスに関連する業務以外に使用しないという一種の契約関係が存在し、それゆえ契約締結者に該当するという見解も示されているところから[32]、そのような見解もふまえると、また、情報受領者（金商法166条3項）としてインサイダー取引規制の適用を受ける可能性もあると考えられることからすると、いずれにせよ、インサイダー取引規制の適用を受ける可能性があるとの前提で対応する必要があるでしょう。

　なお、質問者は、証券会社の営業担当従業員ですから、このような立場でありながら、担当する上場会社の決算情報を知りつつ、当該会社の株式を売買することは、別途、質問者および質問者が所属する証券会社それぞれが、金融商品取引業を行う者に課せられる金商法に基づく業規制（業等府令）に定められた違反行為に該当する可能性が高いと考えられます（例えば、同府令117条1項12号・16号、および123条1項5号など。これらは、重要事実に日常的に触れる立場にある証券会社およびその役職員らに対して、インサイダー取引の未然予防の観点から特に課せられた業規制であると理解されるものです。）[33]。

31　横畠41頁
32　野村・事例170、171頁
33　また、日本証券業協会の規則上、証券会社の従業員は、所属証券会社の承諾を受けないで他の証券会社に有価証券の売買その他の取引等の注文を出すことが禁止されており（協会員の従業員に関する規則7条3項4号）、これもインサイダー取引等の不公正取引をさせないための予防的規制とみることができる。

Q24 「契約」の意義③──労働組合による会社との交渉

　私は、上場会社A社の従業員組合の委員長をしていますが、先日、会社とのボーナス交渉の席で、財務担当の取締役から、決算が大幅減益となる見通しであることからボーナスは支給しないことでお願いしたい旨を伝えられました。
　私がA社株式を売却するとインサイダー取引に該当するでしょうか。

A　インサイダー取引に該当する可能性が高いと考えられます。

解　説

　本事例では、従業員組合の委員長である質問者が会社とのボーナス交渉の席で財務担当の取締役から決算が大幅減益となる見通しであるとの情報を入手しています。大幅減益の情報が決算情報に関する重要事実（金商法166条2項3号、取引規制府令51条）に該当する可能性は高いと思われますが（以降は該当することを前提に検討します。）、本事例のケースは「当該上場会社等と契約を締結している者又は締結の交渉をしている者」が「当該契約の締結若しくはその交渉又は履行に関し知った」（金商法166条1項4号）に該当するでしょうか。

　すでに説明しましたとおり、「契約」は具体的な重要事実を前提として締結されるものに限定されません。

　そこで、本事例で「契約」に該当するものがあるかが問題となりますが、この点、委員長はボーナス交渉という労働組合と会社との間の「契約の締結若しくはその交渉又は履行に関し」（金商法166条1項4号）てインサイダー情報を知ったものであるから、内部者に該当すると述べる見解があります[34]。

---

[34] 野村・事例183頁

この点、従業員組合のような労働組合と使用者である会社との間では労働条件その他に関する労働協約が作成されることがあり（労働組合法14条）、その性格は契約であると考えられます。この場合、質問者は、Ａ社と労働協約という契約を締結する従業員組合の代理人として会社と交渉を行っていると考えることができます。また、労働組合に加入する組合員は会社との間で雇用契約などの労働契約を締結しており、組合は労働者を代表して会社と交渉をしているのであり、質問者はかかる労働者の代表（代理人）であると考えることもできるでしょう。

　このような意味での「契約」の「締結若しくはその交渉又は履行に関し知った」と考えることができることや、また、【Ｑ23】同様、情報受領者（金商法166条3項）としてインサイダー取引規制の適用を受ける可能性もあると考えられることからすると、いずれにせよ、質問者は、本事例の事実関係においてはインサイダー取引規制の適用を受ける可能性があるとの前提で対応する必要があり、Ａ社株式を売却することはインサイダー取引に該当する可能性が高いと考えられます。

Q25 「契約」の意義④——公開買付実施者と対象者との間の秘密保持契約

　私は、公開買付者であるA社が上場会社B社の株式の公開買付けを行う意向である旨の事実を、先日、親友であるB社の役員X氏から、一緒に食事をした際に聞きました。X氏によると、先日、A社はB社に対して公開買付けの実施に先立つ買収監査（デューディリジェンス）というものを実施したそうなのですが、その際に秘密保持について両社で合意はしたものの、いまのところ特に書面で契約が作成されたわけでもないということでした。買収監査をB社側で担当したのがX氏だったため、その目的である公開買付けの事実を知ったそうです。
　B社株式についてはちょうど買いたいと思っていたのですが、私が購入することはインサイダー取引に該当するでしょうか。

A　インサイダー取引に該当すると考えられます。

解　説

　本事例の質問者は、「契約」の締結もしくはその交渉に関して重要事実（公開買付け等の実施に関する事実、金商法167条2項）を知ったX氏から情報の伝達を受けた者（同条3項前段に規定される情報受領者）としてインサイダー取引規制の対象者となることから、B社の株式を購入することは、インサイダー取引に該当すると考えられます。
　以下、説明します[35]。
　まず、A社がB社に対する公開買付けを実施する意向であることを、X氏は、公開買付けの対象企業であるB社側の買収監査（デューディリジェンス[36]）

---

[35] なお、本事例は「公開買付者等関係者」に係るインサイダー取引規制の問題であり、本章の対象とする「会社関係者等」に係るインサイダー取引規制の問題ではないが、理解の便宜上、本章に記載することとした。

の担当者として知っています。A社とB社の間では秘密保持について合意はされているものの現時点で書面による契約書は作成されていません。

　そこで、このような場合、X氏が「当該公開買付者等と契約を締結している者又は締結の交渉をしている者」であり、「当該契約の締結若しくはその交渉又は履行に関し知ったとき」に該当するでしょうか。

　この点、本事例のモデルとした課徴金事例において、証券取引等監視委員会は、「本件におけるA社とB社との間の秘密保持契約は「口頭」で行われていた。……「契約」の範囲には、社会的に契約とみなされるものが幅広く含まれ、契約の締結とは書面によるものに限られるわけではなく、「口頭」によるものも含まれる。」との解釈を示しています[37]。

　証券取引等監視委員会は、【Q24】までにあげた事例でも説明しましたように、「契約」の意義について、重要事実を前提とした契約である必要はなく、また、相当程度広範な範囲のものがこれに含まれると解することが一般的な理解であることなどをふまえて上記の解釈をとっているものと思われます。

　本事例では、書面による「契約書」は作成されていませんが、A社とB社において秘密保持の合意がされていたというのですから、口頭による契約が成立していたことが認められ、「当該公開買付者等と契約を締結している者……（その者が法人であるときはその役員等を……含む。）」との要件は充足されます。そして、当該秘密保持契約のもとで実施された買収監査の過程でX氏は当該重要事実を知ったのですから、「当該契約の締結若しくは……履行に関し知った」との要件も充足されることになります。

　よって、X氏は「公開買付者等関係者」（金商法167条1項柱書）に該当し、このような公開買付者等関係者から、質問者は、当該重要事実を一緒に食事をした際に聞いたのですから、「当該公開買付者等関係者が第1項各号に定めるところにより知った同項に規定する公開買付け等の実施に関する事

36　一般的に、買収対象先企業等の企業価値の算定やビジネス上、法律上などの問題点の有無等を精査するために買収者が買収に先立って実施する監査を意味する。
37　平成24年課徴金事例集11、平成23年課徴金事例集事例1

実……の伝達を受けた者」(同条3項前段)に該当します。

したがって、冒頭記載のとおり、質問者がB社の株式を購入することは、インサイダー取引に該当すると考えられます。

[参考]　平成25年改正金商法による整理

本事例のような公開買付けによる買収の対象となる企業およびその役職員(本事例のX氏のような人)は、本書執筆時点で適用される法律上、直ちに「公開買付者等関係者」と位置づけられていません(本事例の参考とした課徴金事例のように公開買付者との秘密保持契約をもとに「当該公開買付者等と契約を締結している者……(その者が法人であるときはその役員等を……含む。)」に該当するとして「公開買付者等関係者」と認定するケースが多いようです。)。

しかし、わが国における公開買付けの大半は「友好的買収」であり、買収対象企業およびその役職員も未公表の公開買付け等の実施に関する事実を知る立場に立つことが通常といわれています[38]。

このような指摘をふまえ、平成25年改正金商法は、被買付企業およびその役職員を、独立の類型として、「公開買付者等関係者」の範囲に加える改正を行うこととしています(平成25年改正金商法については、詳細は第11章を参照してください。)。

なお、この平成25年改正金商法を前提としても、本事例の質問者が情報受領者としてインサイダー取引規制の対象となることに変わりはないと解されます。

---

[38]　平成25年インサイダーWG報告書8頁

Q26 「履行に関し知った」の意義①

当社は、上場会社Aと、当社が売主、A社が買主となる売買契約を締結し、当社は売買の目的物の引渡しを履行し、A社からの代金の支払を待っておりましたところ、A社から内々に同社が手形の不渡りを出してしまったとの情報を得ました。

当社としては、損失回避のため、この不渡情報が公表される前に当社が保有するA社株式を売却しておきたいと考えていますが、これはインサイダー取引に該当するでしょうか。

A インサイダー取引に該当すると考えられます。

解　説

本事例では、質問者の所属する会社（以下、本事例において「当社」といいます。）は、A社と売買契約を締結しているので、金商法166条1項4号に規定される「当該上場会社等と契約を締結している者」に該当し、さらに、当該売買契約の代金支払を待っていたところ、A社が手形の不渡りを出してしまったとの重要事実に該当する情報（同条2項2号ニ、同法施行令28条の2第6号）を入手したものです。

しかし、当社は、売り手としてすでに自己の義務である目的物の引渡しを履行ずみであり、買い手であるA社から代金支払を待っていたにすぎません。

このような場合でも「当該契約の……履行に関し知った」といえるのでしょうか。

この点、これまでの事例でも何度か説明したところですが、「履行に関し」知ったとは、契約の履行行為それ自体によって知った、というのみでなく、これと密接に関連する行為によって知った場合を含むと解することが通常で

す[39]。

　この基準からすれば、当社は売買契約における自己の債務を履行ずみとなった後に、相手方の債務である代金の支払を待っているなかで手形の不渡情報を入手したのですから、売買契約が有償双務契約とされ、自己の債務の履行（目的物の引渡し）と代金の支払とは密接不可分の関係にあることからすると、契約の履行行為と密接に関連する行為によって、当該情報を知ったと認めることができるでしょう。

　したがって、本事例の場合でもやはり「当該契約の……履行に関し」知ったと認められると考えられるため、当社がこの不渡情報を知って保有するＡ社株式を売却することはインサイダー取引に該当すると考えられます。

---

[39]　横畠42頁など

Q27 「履行に関し知った」の意義②

　私は、パソコン機などのオフィス用IT機器の設定やメンテナンスなどを委託されて行っているシステムエンジニア企業のエンジニアです。本日、クライアント企業である上場会社A社において、共用スペースに設置されている共用パソコンの設定やメンテナンスのためログインしてA社の社内ネットワークを閲覧していたところ、偶然、機密書類らしき書類を開いてしまいその内容が目に入ってしまいました。そこには、A社が、近々、会社更生を申請するといった内容が書かれていました。
　この情報を知った私がA社株式を売買するとインサイダー取引に該当するでしょうか。
　また、この情報を知ったきっかけが、休憩時間中にA社の入っているオフィスビルのいくつかパーテーションで区切られた喫煙スペースで、隣のスペースから聞こえたA社従業員と思われる人たちの会話を偶然聞いてしまったという場合はどうでしょうか。

A 　質問の前段は、インサイダー取引に該当する可能性が高く、後段は該当しない可能性が高いと考えられます。

解　説

　この事例では、質問者が所属する会社がA社とオフィス用IT機器の設定やメンテナンスを受託しているということになるため、「当該上場会社等と契約を締結している者（その者が法人であるときはその役員等を……含む。）」が「当該契約の……履行に関し知った」（金商法166条1項4号）場合に該当するでしょうか。
　【Q26】まででにすでに説明しましたように、「契約」は重要事実を前提とした契約に限られず、また、「履行に関し」知ったとは、契約の履行行為それ自体によって知った、というのみでなく、これと密接に関連する行為によっ

て知った場合を含むと解することが通常です[40]。

　本事例では、それぞれの場合が契約の履行と密接に関連する行為によって知った場合に該当するかが問題となります。

　まず、質問前段の場合ですが、質問者は、直接的には偶然みてしまったものであるとはいえ、Ａ社と質問者が所属する会社との間で締結されたオフィス用IT機器の設定やメンテナンスの契約の履行作業の一環として質問者が社内のパソコンにログインして行っていたＡ社社内ネットワークの閲覧中にみてしまったということからすると、少なくとも履行行為と密接に関連する行為によって知ったということは肯定されると考えられます。

　次に、質問後段の場合ですが、質問者は休憩時間中に隣のパーテーションから偶然聞こえてきたＡ社従業員らしき人たちの会話から情報を知ってしまったというものであり、契約の履行行為によって知ったものではありませんし、密接に関連する行為によって知ったとすることも困難でしょう。

　すなわち、質問前段の場合は「履行に関し知った」と認められ、質問後段の場合は「履行に関し知った」とは認められないと考えられます。なお、質問後段の場合の質問者が別途情報受領者（金商法166条3項）に該当してインサイダー取引規制の適用を受けるかという点も問題とはなり得ますが、このように偶然会話を聞いてしまったことをもって「伝達を受け」たということに該当すると認めることは困難であると考えられるため、質問後段の場合はこれにも該当せず、結局、インサイダー取引には該当しないと考えられます。

---

[40] 横畠42頁など

Q28 契約関係に立たないが重要事実にアプローチし得る者(アナリスト、ジャーナリストなど)のインサイダー取引規制における位置づけ

私は、ある民間シンクタンクの研究員ですが、先日、担当する上場会社Aの財務担当取締役X氏に対する当シンクタンクが公刊している雑誌記事のためのインタビューにおいて、同氏から、同社の今期の売上げについて本年発表した新製品の効果により1.5倍程度の増加を期待しているという話を伺いました。なお、A社は公式にはX氏が話したような売上増加についてそのような見通しであるなどといった公表は行っていません。

私が所属するシンクタンクとA社との間には契約関係などはなく、あくまでも外部アナリストとしてA社を分析しているものです。インタビューでX氏は特に具体的な数値や根拠などをあげたわけではありませんでしたが、これまでにA社を分析してきた私の分析では、X氏の期待が現実化する可能性は高いのではないかと思っています。

私がA社株式を購入するとインサイダー取引に該当するでしょうか。

A インサイダー取引には該当しない可能性が高いと考えられます。

解　説

まず、質問者の所属するシンクタンクはA社と契約関係などはありませんので、質問者が契約締結者(金商法166条1項4号)に該当することはなく、その他に「会社関係者」に該当するような事情はありません[41]。

では、質問者はいわゆる「情報受領者」(金商法166条3項前段)に該当してインサイダー取引規制の適用を受ける可能性があるでしょうか。

この点、X氏は、質問者とのインタビューにおいて、発表した新製品の効果により売上げが1.5倍程度増加することを期待していると述べたものです

が、金商法166条3項により、「会社関係者」（本事例のX氏）からある情報を受領した者が情報受領者としてインサイダー取引規制の適用対象となるには、その会社関係者が同条1項各号に定めるところにより知った（例えば、役員等が職務に関し知った、など）重要事実の「伝達を受けた」ことが要件となります。

そして、この事例では、まず、X氏が述べた、売上げが1.5倍程度増加することを期待している、という内容にそもそも重要事実が含まれているのかどうかが判然としません。なぜなら、売上げの増加という事実が重要事実になるのは、「売上高等……について、公表がされた直近の予想値（当該予想値がない場合は、公表がされた前事業年度の実績値）に比較して当該上場会社等が新たに算出した予想値又は当事業年度の決算において差異（……投資判断に及ぼす影響が重要なものとして内閣府令で定める基準に該当するものに限る。）が生じたこと。」（金商法166条2項3号）といった一定の場合に限られますが、上記X氏の発言から、このような一定の「差異」が生じているのかどうかが定かでないからです。

また、仮に客観的には、このような重要事実が生じていたとしても、X氏が質問者に述べた「期待している」という発言のみから質問者が重要事実の「伝達を受けた」と認めるまでには至らないであろうと考えられます。すなわち、「伝達」とは、一般的に、会社関係者から物理的に直接伝えられたかどうかといったように形式的に判断されるのではなく、伝達する側の意図、伝達の態様等を総合勘案の上、個別具体的に実質的に判断される、と解されています[42]。この判断基準に照らして考えると、X氏は、「期待している」と述べただけですので、そのほかにX氏と質問者との関係等に照らして特段

41　黒沼悦郎「インサイダー取引規制と法令解釈」（金法1866号42頁）は、本事例の質問者のようなアナリストや新聞記者などは、「職業ゆえに情報に接近し得る者」と整理し、会社と契約関係にない者は、たとえその職務上、未公開情報に接近し得る地位にあっても会社関係者に当たらないとの現行法の立場を説明した後、立法論として、契約関係の有無ではなく、その職務により未公開情報へ接近し得る地位にある者をインサイダーとすべきことを提案している。

42　横畠122頁など

の事情が認められないのであればＸ氏に重要事実を質問者に伝える意図はなかったと考えることが自然であろうと思われますし、その態様も雑誌記事のためのインタビューで述べたもので、特に数値や根拠をあげたものでもありませんので、これらを総合勘案すれば、「伝達」があったとは認められないと考えられます。

　よって、質問者は、情報受領者にも該当しないと考えられますので、質問者がＡ社株式を購入することはインサイダー取引には該当しない可能性が高いと考えられます。

5 法人等の他の役員等（金商法166条1項5号）

Q29 法人等の他の役員等

　私は、上場会社A社と製品の取引関係があるB社の従業員で、B社の総務・経理を担当しております。
　先日、上司のX氏から、極秘情報として、A社が製造しB社に納入しているある製品の強度試験の検査数値に大きな改ざんがあることがA社の社内調査で確認され、取引先であるB社にA社から報告があったため、当該製品の納入実績に関する資料を作成してもらいたいという命令を受けました。
　数値の改ざんがあったという製品はA社の看板商品として知られており、売上げに占める割合が全体の半分を超えるとされる基幹商品であり、A社の業績に著しい影響を及ぼすことは確実ですので、いまのうちにA社の株式を信用売りしておけば一儲けできると思いますが、これはインサイダー取引に該当するでしょうか。

A　インサイダー取引に該当すると考えられます。

解　説

　質問者は、上司のX氏から、極秘情報として、事例にあるようなA社の情報を聞いていますが、この情報は、上場会社であるA社の基幹商品に関するもので、A社の業績に著しい影響を及ぼすことが確実というものである上に、製品の強度試験の検査数値に大きな改ざんがあったことなどA社の市場からの信用に大きく影響する事実があったことをふまえても「当該上場会社等の運営、業務又は財産に関する重要な事実であって投資者の投資判断に著

しい影響を及ぼすもの」（金商法166条2項4号。いわゆるバスケット条項に該当する事実）という重要事実に該当する可能性が高いものと考えられます[43]。

そこで、以下、この事実が重要事実に該当することを前提に検討しますが、このような重要事実をＡ社の取引先であるＢ社の従業員であり、上司のＸ氏から伝達を受けている質問者はインサイダー取引規制の適用対象となるでしょうか。

まず、Ｂ社はＡ社との間で製品の取引関係がありますので、「当該上場会社等と契約を締結している者」（金商法166条1項4号）に該当します。そして、かかる契約締結者が法人である場合は「その者が法人であるときはその役員等を……含む。」（同号）とされ、当該法人のその役員等が、当該契約の「締結若しくはその交渉又は履行に関し知ったとき」（同号）に、当該法人のその役員等は、「会社関係者」に該当してインサイダー取引規制の対象となりますが、さらに、当該法人の当該役員等以外の役員等についてはどうでしょうか。

この点、金商法166条1項5号は「第2号又は前号に掲げる者であって法人であるものの役員等（その者が役員等である当該法人の他の役員等が、それぞれ第2号又は前号に定めるところにより当該上場会社等に係る業務等に関する重要事実を知った場合におけるその者に限る。）」が「その者の職務に関し」重要事実を「知ったとき」（同号）においてもインサイダー取引規制の適用対象となると規定しています。

これらの規定を本事例に即して考えると、Ｘ氏[44]（「他の役員等」）が、Ａ社との取引に関する契約の「履行に関し」当該重要事実を「知ったとき」には、質問者（「法人であるものの役員等」）が「その職務に関し」て当該重要事実を「知ったとき」には、質問者はインサイダー取引規制の適用対象となるということです。

このような規制がされている趣旨については、通常、法人は1つの組織体

---

[43] 本事例の参考とした課徴金事例（平成21年課徴金事例集事例28）においても、同様の事例についてバスケット条項に該当するとの説明がなされている。
[44] Ｘ氏以外の他のＢ社の役員等が「他の役員等」に該当する可能性もある。

であり、ある部門が取得した情報が他の部門に流れることは当然予想されることから、これを一体としてとらえ、単なる情報受領者（金商法166条3項）としてではなく、独立の会社関係者として、規制の対象としたものといった説明がなされています[45]。

　本事例におけるX氏が、どのような経緯で当該重要事実を知ったのかについては明確ではありませんが、質問者に対して、A社から当該重要事実の報告があったことを伝えた上、当該製品の納入実績に関する資料を作成してもらいたいという命令を与えていることからすると、X氏が、A社とB社との間の取引契約の履行に関して（これまで説明のとおり、当該契約の履行と密接に関連する行為も含むと解されます。）、当該重要事実を知ったと認められる可能性は高いと考えます。また、X氏以外のB社の他の役員等がA社とB社との間の取引契約の履行に関して当該重要事実を知ったと認められる可能性もあるでしょう。そして、いずれにせよ、質問者が上司たるX氏からの業務命令によって当該重要事実を知ったことは、質問者の「職務に関し知ったとき」との要件も満たされると考えられます。

　以上から、質問者がA社の株式を売却（信用売り）することはインサイダー取引に該当すると考えられます。

45　横畠43頁

6　元会社関係者

Q30　元会社関係者

　私は、先月まで、B社の従業員として関係会社の管理等に関する業務に従事しておりましたが、在職中、B社の親会社である上場会社A社がC社を吸収合併することを決定したことを、同僚との業務のために行っていた社内メールのやりとりのなかで知りました。
　私が、いまA社の株を購入した場合、インサイダー取引に該当するでしょうか。

A　インサイダー取引に該当すると考えられます。

解　説

　質問者は、先月まで、上場会社A社の子会社であるB社に在職し、その業務を遂行中にA社がC社を吸収合併するとの重要事実に該当し得る情報（金商法166条2項ヌ。なお、取引規制府令49条6号に規定される軽微基準に該当しないことを以下前提とします。）を入手したものです。
　この点、金商法166条1項1号には「当該上場会社等（当該上場会社等の親会社及び子会社を含む。以下この項において同じ。）の役員……、代理人、使用人その他の従業者」が「役員等」であると規定されていますので、上場会社A社の子会社の従業員であった質問者はA社の「役員等」であったことになります。
　そして、このような役員等その他の「会社関係者」（金商法166条1項柱書第一文）が退職等により会社関係者でなくなると直ちにインサイダー取引規制の適用対象外となってしまうのでは規制の実効性を保つことができないこ

とから、金商法は、「当該上場会社等に係る業務等……を……知った会社関係者であって、……会社関係者でなくなった後1年以内のものについても、同様とする。」と規定し（同法166条1項柱書第二文）、会社関係者が会社関係者でなくなった後1年間は会社関係者と同様にインサイダー取引規制の対象となることとしています（いわゆる元会社関係者）。このようにして取引を規制される期間を1年間としたのは、会社関係者でなくなった後いつまでも取引を禁止する必要はなく、通常1年間のうちに重要事実は有価証券報告書等によって公表されるためと説明されます[46]。

　よって、質問者は、先月までB社の従業員として上場会社A社の「役員等」の地位にあり「会社関係者」であった者であったところ、会社関係者であるときに金商法166条1項各号に定めるところにより未公表の重要事実を知った者で会社関係者でなくなってから1年以内の者はインサイダー取引規制の対象となりますので、質問の取引はインサイダー取引に該当すると考えられます[47]。

---

[46] 横畠46、47頁など
[47] 平成21年課徴金事例集事例11において、元会社関係者によるインサイダー取引に対して課徴金納付命令が発出された事例が報告されている。

7 情報受領者(金商法166条3項)

Q31 「情報受領者」の範囲①——クラブのホステスが接客中に顧客から重要事実を伝えられた

私は、あるクラブのホステスをしていますが、先日、私の勤務する店にお得意様の某上場会社A社の取締役であるX様がいらっしゃり、X様が大変ご機嫌でしたので会社のお話を伺っていたところ、A社の業績が好調で、まだ公表していないが業績予想と比べて会社の売上高が倍増する見込みで、近く上方修正を発表する予定だとおっしゃっていました。

私がA社の株式を購入するとインサイダー取引に該当するでしょうか。

A インサイダー取引に該当すると考えられます。

解説

本事例の質問者はいわゆる「情報受領者」(金商法166条3項前段)に該当するため、この取引はインサイダー取引に該当すると考えられます。

このような事例は、非常に典型的なインサイダー取引の事例ですが、証券取引等監視委員会が公表している課徴金事例集をみても、いまだにこの類型に該当すると思われる事例が多くみられることから[48]、「情報受領者」の基本的な事例として取り上げることとしました。

まず、「情報受領者」については金商法166条3項において以下のとおり規

---

[48] 本事例のもととした平成24年課徴金事例集事例4などを例として、証券取引等監視委員会も「不用意に自社の内部情報を社外の者に伝えたことにより、内部者取引が行われた事例が見受けられた。」(6頁)などとしてこのような事例がいまだ多くみられることを明らかにしている。

定されています。

「会社関係者(第1項後段に規定する者を含む。以下この項において同じ。)から当該会社関係者が第1項各号に定めるところにより知った同項に規定する業務等に関する重要事実の伝達を受けた者(同項各号に掲げる者であって、当該各号に定めるところにより当該業務等に関する重要事実を知ったものを除く。)又は職務上当該伝達を受けた者が所属する法人の他の役員等であって、その者の職務に関し当該業務等に関する重要事実を知ったものは、当該業務等に関する重要事実の公表がされた後でなければ、当該上場会社等の特定有価証券等に係る売買等をしてはならない。」

上記のうち、「会社関係者……から当該会社関係者が第1項各号に定めるところにより知った同項に規定する業務等に関する重要事実の伝達を受けた者」が典型的な情報受領者の類型であり、本事例の質問者が該当する類型ですので、本事例ではまずこれについて説明します(上記のうち「又は職務上当該伝達を受けた者が所属する法人の他の役員等であって……重要事実を知ったもの」も別の類型の情報受領者ですが、こちらは次問で取り上げます。)。

このような情報受領者がインサイダー取引規制の対象とされた理由は、会社関係者および元会社関係者のみをインサイダー取引規制の対象としたのでは容易に脱法的な取引が行われると考えられること、会社関係者または元会社関係者から重要事実の伝達を受ける者は、通常、会社関係者または元会社関係者となんらかの特別な関係があるものと考えられることから、証券市場の公正性と健全性に対する投資家の信頼を確保する観点から規制の対象とする必要がある、という点にあります[49]。

そして、情報受領者は、会社関係者(元会社関係者を含む。)から重要事実の伝達を受けたという関係が満たされるものであれば、情報受領者自身の地位や会社あるいは会社関係者との関係はどのようなものであっても関係がありません[50]。

よって、本事例の質問者のようにクラブのホステスという立場であって、

---

49 横畠121頁など
50 横畠122頁

上場会社Ａ社自体と特段の関係がなくとも情報受領者になり得ることになります。

そして、Ａ社の業績が好調でまだ公表していないが業績予想と比べて売上高が倍増する見込みで近く上方修正を発表する予定だという内容については、Ｘ氏の立場が取締役であることや、「まだ公表していないが」と断りをつけて述べていること、などから、売上高等に関する重要事実（金商法166条2項3号）に該当する可能性が高いと考えられます[51]。

次に、「伝達を受けた」との点については、「伝達」があったかどうかは、伝達する側の意図、伝達の態様等を総合勘案の上、個別具体的に実質的に判断される、と解されており[52]、伝達の方法や伝達を受けた際の状況に特に限定はありません。

本事例のように、上場会社の役職員などの会社関係者が、酔ったはずみでホステスに対し、あるいは知り合いに対して気安さのあまり、といった状況で重要事実を話してしまうというケースは現在でもしばしば見受けられます。

以上から、本事例については、質問者は情報受領者に該当し、Ｘ氏が質問者に伝えた情報が重要事実に該当するものであることを前提とすれば、質問者がＡ社の株式を購入することはインサイダー取引に該当すると考えられます。

---

[51] 売上高については新たなに算出した予想値または当該事業年度の決算において公表された数値を公表された直近の予想値（ない場合は公表された前事業年度の実績値）で除して得た数値が1.1以上または0.9以下である場合に重要事実となる（つまり10％の変動があった場合に重要事実となる。）。

[52] 横畠122頁など

Q32 「情報受領者」の範囲②――ニュース番組のディレクターが番組編集の過程で重要事実を知った場合における「法人の他の役員等」

　私は、某テレビ局の社長をしております。先般、当局が放送している夜のニュース番組の担当ディレクターＸが報道情報を管理するシステムに番組編集業務のために自己の権限を使ってアクセスしていたところ、スクープ扱いとされていた上場企業Ａ社が実施予定の未公表の大型企業買収の事実（以下、「当該重要事実」といいます。）を知り、Ａ社株を購入したという不祥事があったとの報告を受けました。
　これはインサイダー取引に該当するでしょうか。

A　　インサイダー取引に該当すると考えられます。

解　説

　金商法166条1項は、上場会社等の重要事実を職務等に関し知った「会社関係者」または「会社関係者でなくなった後1年以内のもの」（以下、これらを総称して「会社関係者等」といいます。）が、重要事実が公表される前に当該上場会社等の特定有価証券等の売買等を行うことを、インサイダー取引として規制しています。

　もっとも、【Q28】で説明しましたように、ジャーナリスト（本事例におけるテレビ局のようなマスコミを含みます。）やアナリストなどはインサイダー取引規制上の重要事実を含め上場会社等の機密情報に接近し得る立場にありますが、通常、上場会社等となんらかの契約関係にあるわけではなく「契約を締結している者」（金商法166条1項4号）に該当するものではありませんし、その他の会社関係者の類型（同項1号～3号および5号）に該当するものでもないと考えられます。

　すなわち、現行法上、ジャーナリスト等は直ちに「会社関係者」には該当

しません。

　しかし、金商法166条3項では、「会社関係者（第1項後段に規定する者を含む。以下この項において同じ。）から当該会社関係者が第1項各号に定めるところにより知った同項に規定する業務等に関する重要事実の伝達を受けた者（同項各号に掲げる者であって、当該各号に定めるところにより当該業務等に関する重要事実を知ったものを除く。）又は職務上当該伝達を受けた者が所属する法人の他の役員等であって、その者の職務に関し当該業務等に関する重要事実を知ったものは、当該業務等に関する重要事実の公表がされた後でなければ、当該上場会社等の特定有価証券等に係る売買等をしてはならない。」と規定し、いわゆる会社関係者等からの情報受領者によるインサイダー取引を規制しています。

　そこで、質問者のように、会社関係者等に該当しない類型の者がインサイダー取引規制の適用対象となるかどうかは、情報受領者（金商法166条3項）に該当するかどうかという点の判断による場合が多いこととなります。

　この点、情報受領者には、
① 　会社関係者から重要事実の伝達を受けた者（金商法166条3項前段）
② 　職務上当該伝達を受けた者が所属する法人の他の役員等であって、その者の職務に関し当該重要事実を知ったもの（同項後段）
という2つの類型があります。

　このような情報受領者がインサイダー取引規制の対象とされた理由については、会社関係者および元会社関係者のみをインサイダー取引規制の対象としたのでは容易に脱法的な取引が行われると考えられ、会社関係者または元会社関係者から重要事実の伝達を受ける者は、通常、会社関係者または元会社関係者となんらかの特別な関係があるものと考えられることから、証券市場の公正性と健全性に対する投資家の信頼を確保する観点から規制の対象とされたものです[53]。

　ここで①の類型の情報受領者該当性の判断にあたって留意すべきは、会社

---

[53] 横畠121頁など

関係者または元会社関係者からの情報受領者（いわゆる第１次情報受領者）に該当する者に限られ、当該情報受領者から、さらに情報の伝達を受けた第２次以降の情報受領者についてはインサイダー取引規制の対象とはされないということです。その趣旨は、第２次以降の情報受領者について規制の対象とすると、処罰範囲が不明確となり現状では無用の社会的混乱が生ずることが懸念されるためと説明されています[54]。ただし、第１次情報受領者であるか、第２次以降の情報受領者であるかは個別具体的な事実関係に応じて実質的に判断されていますので、単に形式的、物理的に会社関係者または元会社関係者から情報の伝達を受けていないことをもって、情報受領者に該当しないとは即断できないことに留意が必要です。

さらに、②の類型が情報受領者としてインサイダー取引規制の対象とされたのは平成10年の証券取引法改正（平成10年法律第107号）によるものですが、その趣旨は、これら法人の役員等は当該法人の内部情報を容易に入手できる立場にあるため、第２次情報受領者でなく、第１次情報受領者として規制の対象に含めるべきと考えられたことによると思われます[55]。

本事例をみると、「報道情報を管理するシステム」に当該重要事実が管理されているところ、当該重要事実は、スクープ扱いされているというのですから、Ｘ氏が所属するテレビ局（法人）の記者がその取材活動により会社関係者から入手したものであり、当該記者は「会社関係者……から当該会社関係者が第１項各号に定めるところにより知った同項に規定する業務等に関する重要事実の伝達を受けた者」、つまり情報受領者（第１次情報受領者）に該当すると考えられます。すると、Ｘ氏は、このような情報受領者が所属する法人に所属する者、つまり「職務上当該伝達を受けた者が所属する法人の他の役員等」に該当すると考えられます。さらに、Ｘ氏は、ニュース番組の担当ディレクターであり、番組編集業務のため当該システムへのアクセス権限を有しており、その権限を行使してアクセスしていたところ、当該重要事実を知ったのですから、「その者の職務に関し当該業務等に関する重要事実を

---

[54] 横畠122頁
[55] 木目田69頁

知った」と認められます。

　したがって、Ｘ氏は、上記の②の類型の「情報受領者」（金商法166条３項後段）に該当すると考えられるため、本事例の取引はインサイダー取引に該当すると考えられます。

Q33 「情報受領者」の範囲③——情報受領者の妻名義の取引が行われていた

【Q32】に関して、さらに内部調査を進めたところ、Xは自分の妻であるYにもA社株を購入するように指示しており、実際にY名義の取引が行われていたようですが、こちらもインサイダー取引に該当するでしょうか。

A インサイダー取引に該当する可能性もあると考えられます。

解　説

　【Q32】の解説で説明しましたとおり、情報受領者は第1次情報受領者に限定されており、第2次情報受領者以降の情報受領者は、インサイダー取引規制の適用対象とはなっていません。

　本事例においては、Xは自身の妻Yに対してA社株を購入するよう指示していたということですが、この取引が、Xが当該重要事実を妻Yに伝達し、この伝達を受けたYによる独立した株取引であるということであれば、その取引は第2次情報受領者による取引として原則としてインサイダー取引に該当しないと考えられます。

　もっとも、これも【Q32】の解説で説明しましたとおり、第1次情報受領者であるか、第2次以降の情報受領者であるかは個別具体的な事実関係に応じて実質的に判断されますので、単に形式的、物理的に会社関係者または元会社関係者から情報の伝達を受けていないことをもって、情報受領者に該当しないとは言い切れません。

　本事例についていえば、行われた取引が実質的にXの取引であると認められるような場合（形式的に取引が行われた証券口座の名義がYであるが、実際の取引はXが行っているいわゆる借名口座あるいは仮名口座であるなど）にはX自身の取引の一部、すなわち第1次情報受領者による取引であると認められる

こととなり、インサイダー取引に該当します。

　なお、実際に証券取引等監視委員会が課徴金納付命令勧告を行ったインサイダー取引にはこのような借名口座等を用いて行われているケースが少なくありません[56]。

　この点、証券口座を開設する証券会社は、口座がインサイダー取引を含む不公正な取引に用いられることを未然に防止するなどの観点から、口座開設時に犯罪収益移転防止法に基づく本人確認義務等（同法4条）を負い、またインサイダー取引を含む一定の犯罪行為が行われている疑いがあると認められる場合には疑わしい取引の届出を行う義務があります（同法8条）。また、日常の業務においても借名口座や仮名口座が利用されていないかどうかをチェックできる態勢を構築すべきことが要請されています（詳細は【Q168】を参照してください。）[57]。

　また、刑事罰の観点からは、本事例のような場合であっても、Yも共犯に該当するなど（例えば、口座名義人になることによってXのインサイダー取引を容易にするなどの行為をしたことをもって幇助犯に問われる、あるいは主体的にXと共同してインサイダー取引を実行したとして共同正犯に問われるなど）として処罰される可能性はあります。

---

[56] 平成21年課徴金事例集事例7において、証券取引等監視委員会は、いずれも他人名義の証券口座を用いて取引を行った違反行為者について、①当該他人名義口座が違反行為者の指示で開設され、おおむね違反行為の対象となった株式の買付けしか行われていないこと、②買付けが違反行為者の指示に基づき実行され、口座名義人は指示されるまま機械的に発注手続を行っていること、③買付けが違反行為者の資金で行われていること、④買付けの経済的効果が違反行為者に帰属していること、から買付けが違反行為者の計算で行われたものと認定している。

[57] 金融商品取引業者等向けの総合的な監督指針Ⅳ－3－2－3⑴①ホ.では、「証券会社等が、顧客が仮名口座を利用しているおそれがあると認識した場合に、実取引者の解明に努めるとともに、特に注意してモニタリングを行うこととしているか。」とされています。また、同③ハ.では「インサイダー取引を行っていると疑われる場合には、犯収法第9条（筆者注：規定当時の条文番号）の規定に基づき速やかに監督当局に届出を行うこととしているか。」との留意点も規定されています。

Q34 「情報受領者」の範囲④――法人は情報受領者となるか

　私は、上場会社A社の取締役であり、また、その子会社B社の取締役も兼ねています。今般、B社社長と私を含む複数の取締役は、B社がその子会社（A社の孫会社）に当たるC社の全株式を他社に譲渡することを決定し、譲受先との交渉に着手しました。私は、A社の筆頭株主であるD社の代表取締役も務めているのですが、上記譲渡の公表前に、D社名義の証券口座でD社の資金を用いてA社株式を買い付けるのは、インサイダー取引規制の対象になるのでしょうか。

A 　インサイダー取引規制の対象になると考えられます。

解　説

　金商法166条1項は、上場会社等の重要事実を職務等に関し知った「会社関係者」または「会社関係者でなくなった後1年以内のもの」（以下、これらを総称して「会社関係者等」といいます。）が、重要事実が公表される前に当該上場会社等の特定有価証券等の売買等を行うことを、インサイダー取引として規制しています。

　上場会社A社の子会社B社は、B社社長と質問者を含む複数の取締役で、A社の孫会社C社の異動（本事例では、孫会社でなくなること）を伴う株式の譲渡を行うことを決定し、譲受先との交渉に着手しているので、このような決定は、軽微基準（取引規制府令52条1項8号）に該当しない限り、A社に係る業務等に関する重要事実となります（金商法166条2項5号チ、同法施行令29条2号、取引規制府令54条）。質問者は、A社およびB社の取締役であり、この重要事実に係る決定に自ら関与し、当然、その職務上これを知ったものです（金商法166条1項1号）。

　したがって、A社の会社関係者である質問者がA社株式を買い付けたこと

はインサイダー取引規制の対象になります。刑事責任を問われる場面では、質問者に対し刑事罰が科されます（金商法197条の2第13号）。また、質問者は、自身が取締役を務めるD社名義の証券口座でD社の資金でA社株式を買い付けていますが、これはD社の業務または財産に関し行われたということができるので、両罰規定により、D社も罰金刑の対象になります（同法207条1項2号、197条の2第13号）。

　他方で、課徴金が課されるか否かが問題となる場面では、質問者はD社の資金を用いて買い付けているから、D社の計算における買付けとなり、質問者自身は、課徴金を課すための「自己の計算」の要件を満たさず、原則として、課徴金納付命令の対象とはなりません。では、その場合、D社が課徴金納付命令の対象となり得るかが問題となります。法人に対して課徴金が課され得るかについては、【Q160】で詳述しますが、課徴金が行政処分の1つであるとの観点からは、法人が法人の取引として行った売買について、金商法166条1項または3項違反の行為をしたものとみることができると考えます。

　本事例では、D社は、A社の株主ですが、帳簿閲覧権の行使に関し（金商法166条1項2号）重要事実を知ったものではなく、また、A社と契約締結関係（同項4号）にあるとの事情もないので、金商法166条1項に掲げられるいずれの会社関係者にも該当しません。

　次に、D社が金商法166条3項に定める情報受領者に該当し得ないかという点が検討の対象となりますが、平成22年課徴金事例集事例14において、法人も情報受領者に該当し得る場合があることを認めています[58]。その課徴金事例は、重要事実（孫会社の異動を伴う株式の譲渡）を知った上場会社の役員が、（自らの計算における当該上場会社の株式の買付けのみならず）自らが役員を務める（当該上場会社とは異なる）法人2社の計算においても同株式の買付けを行った事例です。その課徴金事例において、証券取引等監視委員会は、法人2社は、当該役員が重要事実を知った際に、当該法人2社に情報伝達がなされたものと構成しました。ただし、当該役員が、法人2社における買付

---

[58] インサイダー取引規制の対象となる金商法166条3項の名宛人に法人も含まれることについて言及した文献として、三井・課徴金制度94頁。

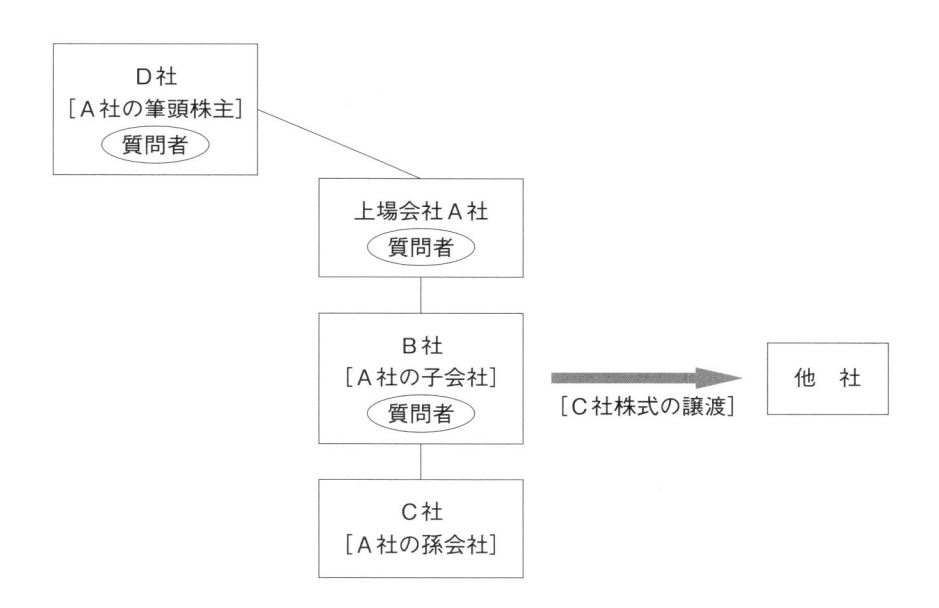

```
┌──────────────┐
│     D社      │
│[A社の筆頭株主]│
│   (質問者)   │
└──────┬───────┘
       │
┌──────┴───────┐
│  上場会社A社  │
│   (質問者)   │
└──────┬───────┘
       │
┌──────┴───────┐                        ┌──────┐
│     B社      │    [C社株式の譲渡]     │      │
│ [A社の子会社] │ ─────────────────────▶ │ 他 社 │
│   (質問者)   │                        │      │
└──────┬───────┘                        └──────┘
       │
┌──────┴───────┐
│     C社      │
│ [A社の孫会社] │
└──────────────┘
```

けの判断について当該法人2社の「意思決定を行うことができる立場にあったことがポイント」とされており、法人2社における株式の「買付けの判断を、実質的に一人で決定することができる立場にある者」であったことが重視されています。

　したがって、本事例でも、質問者がD社におけるA社株式の買付けについて意思決定を行うことができる立場にあったのであれば、質問者が重要事実を知った際にD社に重要事実の伝達がなされたこととなり、D社自体が情報受領者として課徴金納付命令の対象となる可能性があります。

Q35 「情報受領者」の範囲⑤——医師がカウンセリングの際に重要事実を知った場合と「会社関係者」

私は、A上場会社の本社付近で、メンタルケアを行っている医師です。当院の患者であるA社財務担当取締役Xから、先日A社で巨額の粉飾決算の事実が判明したため、もしその事実が公表されれば、会社が上場廃止になってしまうかもしれないので、どうしたらいいか悩んでおり、心労の負担が大きいとの相談を受けました。私は、その話の内容を聞いて、保有しているA社の株式を売却することにしました。当該売却行為はインサイダー取引規制の対象になりますか。

A インサイダー取引規制の対象になると考えられます。

解　説

　金商法166条1項は、上場会社等の重要事実を職務等に関し知った「会社関係者」または「会社関係者でなくなった後1年以内のもの」（以下、これらを総称して「会社関係者等」といいます。）が、重要事実が公表される前に当該上場会社等の特定有価証券等の売買等を行うことを、インサイダー取引として規制しています。

　A社において巨額の粉飾決算が判明したことは、同社の「運営、業務又は財産に関する重要な事実であって投資者の投資判断に著しい影響を及ぼすもの」と考えられるため、いわゆるバスケット条項に該当し（金商法166条2項4号）、重要事実に該当すると考えられます[59]。

　もっとも、本事例において、医師がA社と診療契約をして、A社に勤める役職員等のメンタルケアをしているなどの事実がない限り、質問者は、金商

---

[59] 証券取引等監視委員会HP「フタバ産業株式会社社員からの情報受領者による内部者取引に対する課徴金納付命令の勧告について」（平成21年11月20日）参照

法166条1項に規定する会社関係者等のいずれにも該当しておらず、会社関係者等によるインサイダー取引として規制の対象にはならないといえます。

しかし、金商法166条3項では、「会社関係者（第1項後段に規定する者を含む。以下この項において同じ。）から当該会社関係者が第1項各号に定めるところにより知った同項に規定する業務等に関する重要事実の伝達を受けた者（同項各号に掲げる者であって、当該各号に定めるところにより当該業務等に関する重要事実を知ったものを除く。）」は、「当該業務等に関する重要事実の公表がされた後でなければ、当該上場会社等の特定有価証券等に係る売買等をしてはならない。」と規定し、いわゆる会社関係者等からの第1次情報受領者によるインサイダー取引を規制しており、質問者は、会社関係者であるXより重要事実の伝達を受けているため、第1次情報受領者に該当すると考えられます。

したがって、本事例において、質問者が、前記重要事実が公表される前にA社株式を売却すれば、インサイダー取引規制の対象になると考えられます。

Q36 「情報受領者」の範囲⑥——偶然の立ち聞きにより知った場合と「伝達」

私は、A上場会社に弁当の配達をしている弁当宅配業者のアルバイトです。私は、先日、A社から注文を受けて会議用の弁当の配達をした際に、エレベーター内で偶然に、いつも弁当の注文をいただいているA社財務部長Xとその部下らしきYとが、小さな声で「売上予想の下方修正をすることが取締役会で決まった。」という話をしているのを聞きました。私は、2人の会話から、そのことがA社の業績を指しているとすぐにわかり、保有しているA社株式を売却することにしました。これはインサイダー取引規制の対象になるのでしょうか。

A インサイダー取引規制の対象になる可能性は低いと考えられます。

解説

金商法166条1項は、上場会社等の重要事実を職務等に関し知った「会社関係者」または「会社関係者でなくなった後1年以内のもの」が、重要事実が公表される前に当該上場会社等の特定有価証券等の売買等を行うことを、インサイダー取引として規制しています。

本事例において、売上予想の下方修正は、重要基準に該当する場合には（取引規制府令51条）、重要事実に該当します（金商法166条2項3号）。

もっとも本事例において、弁当宅配業者はA上場会社から弁当の購入注文を受けたことから、会社関係者、すなわち上場会社等と売買「契約」を締結している者（金商法166条1項4号）に当たるのか問題となります。「契約」については、「企業の未公表重要事実を取得しうることを内容としている契約（ただし、未公表重要事実の取得を直接の目途としているものに限られません。）」として契約の範囲を限定的に解する見解もありますが[60]、文言上もこのように限定的に解することは難しく、契約の種類、内容および形式は問わ

ないと解すべきと考えられます[61]。

　また、当該アルバイトが、売上予想の下方修正をすることを取締役会で決定したという事実（以下、「本件事実」といいます。）を知ったことが、「当該契約の履行に関して知ったとき」に当たるといえるかも問題となります。

　「当該契約の締結若しくはその交渉又は履行に関し知ったとき」とは、契約の締結行為または履行行為自体により知った場合のほか、当該契約の締結または履行に密接に関連する行為により知った場合を含み、例えば、契約の締結または履行のための準備・調査・交渉等の過程で知った場合などもこれに当たるという見解や[62]、単なる物理的アクセスによって知ったにすぎないような場合には契約締結等に「関し」知ったとはいえないと解する見解[63]があります。いずれの見解によっても、宅配中のエレベーター内でたまたま立ち聞きしたような場合には、偶然に知ったというのが自然であり[64]、契約の履行に「関し」知ったとまではいえないと考えられます[65]。

　以上から、当該アルバイトは、Ａ社の「会社関係者」には当たらず、会社関係者によるインサイダー取引規制の対象にはならないと考えられます。

　しかし、金商法166条3項では、「会社関係者（第1項後段に規定する者を含む。以下この項において同じ。）から当該会社関係者が第1項各号に定めるところにより知った同項に規定する業務等に関する重要事実の伝達を受けた者（同項各号に掲げる者であって、当該各号に定めるところにより当該業務等に関する重要事実を知ったものを除く。）」は、「当該業務等に関する重要事実の公表

60　野村・事例165頁
61　横畠41頁、三國谷21頁、最判平成15・12・3判時1845号147頁
62　横畠42頁
63　木目田65頁
64　契約締結者やその役員等が当該契約の締結・交渉・履行のために上場会社等の社屋を訪問した際にたまたま社内の立ち話が耳に入って知った場合などは、「関し」との文言だけをみれば該当するといえそうであるが、（中略）単なる物理的アクセスによって知ったにすぎず、契約の締結等に「関し」知ったとはいえないと解しています（木目田65頁）。
65　ただし、【Q4】で説明したように、具体的な事例における当てはめ（帰結）は必ずしもこれらの各見解から必然的に導かれるものではなく、個別具体的な事案によっては、インサイダー取引規制の趣旨に即して、「契約の履行に関して」に該当する場合があることに留意を要すると考えられます。

がされた後でなければ、当該上場会社等の特定有価証券等に係る売買等をしてはならない。」と規定し、いわゆる会社関係者等からの第1次情報受領者によるインサイダー取引を規制しています。

　本事例において、XおよびYは、社名を伏せて本件事実を話していますが、当該アルバイトは、話の状況からそれがA社を指すものと理解しています。このように情報提供者において伝達意思が明らかにあるといえない場合に「伝達」がされたといえるのか問題となります。

　「情報の伝達を受けた者」に該当するか否かは、会社関係者から物理的に直接伝えられたかどうかといったように形式的基準によって判断されるのではなく、伝達する側の意図、伝達の態様等を総合勘案の上、個別具体の実例に即して、実質的に判断されることになると考えられます[66]。

　本事例において、XおよびYは、自社名（A社）は明らかにしていませんが、会話の状況から、質問者には、A社取締役会において、売上予想の下方修正を行うことを決定したことが明らかとなっています。もっとも、XおよびYは、社名を伏せた上で、あくまで2人で会話をしており、エレベーターという密室であるがゆえに、当該アルバイトに聞こえてしまっているといえ、本件事実をたまたまその場に居合わせた当該アルバイトに本件事実を伝える意図までを有していたとまでは直ちにいえない状況にあると考えられます。

　したがって、XおよびYから、当該アルバイトへの重要事実の伝達行為はなく、質問者は「第1次情報受領者」には当たらないと考えられます。

　したがって、本事例において質問者がA社株式を売却したとしても、インサイダー取引規制の対象になる可能性は低いと考えられます。

---

[66] 三國谷24頁

Q37 「情報受領者」の範囲⑦——バーのマスターが酔った客から聞いた場合と「伝達」

私は、都内でバーを経営し、バーテンをしています。常連客でA上場会社の財務部長であるX氏は、先日、酔った状態で私に、A社が業績予想の大幅な上方修正を決めたから、いまが買い時だと言いました。私は、X氏が酔っているので、半信半疑でしたが、ひょっとしたらと思い、業績予想の上方修正の公表される前に、A社株式を購入しました。後日、私は、X氏と会いましたが、X氏からは、私にそのような話をした記憶はないと言われています。私の買付けはインサイダー取引規制の対象になるのでしょうか。

A インサイダー取引規制の対象になる可能性が高いと考えられます。

解　説

　金商法166条1項は、上場会社等の重要事実を職務等に関し知った「会社関係者」または「会社関係者でなくなった後1年以内のもの」が、重要事実が公表される前に当該上場会社等の特定有価証券等の売買等を行うことを、インサイダー取引として規制しています。A社の業績予想の修正決定は、重要基準に該当する場合には（取引規制府令51条）、重要事実となります（金商法166条2項3号）。もっとも、本事例において、質問者は、【Q36】で解説したのと同様に、飲食物を提供する際にA社の社員が重要事実を話し始めたことを偶然に聞いたにすぎず、契約の履行行為そのものとは無関係に、重要事実を偶然に知ったというのが自然であり、契約の履行に「関し」知ったとはいえないと考えられます。したがって、会社関係者等によるインサイダー取引として規制の対象にはならないと考えられます。

　しかし、金商法166条3項では、「会社関係者（第1項後段に規定する者を含む。以下この項において同じ。）から当該会社関係者が第1項各号に定めると

ころにより知った同項に規定する業務等に関する重要事実の伝達を受けた者（同項各号に掲げる者であって、当該各号に定めるところにより当該業務等に関する重要事実を知ったものを除く。）」は、「当該業務等に関する重要事実の公表がされた後でなければ、当該上場会社等の特定有価証券等に係る売買等をしてはならない。」と規定し、いわゆる会社関係者等からの第1次情報受領者によるインサイダー取引を規制しています。

そして、「情報の伝達を受けた者」に該当するか否かは、【Q36】で解説したとおり、会社関係者から物理的に直接伝えられたかどうかといったように形式的基準によって判断されるのではなく、伝達する側の意図、伝達の態様等を総合勘案の上、個別具体の実例に即して、実質的に判断されることになると考えられます[67]。

本事例において、X氏が酔った上で、情報を伝える場合にも、伝達する者の意思があるといえるのかが問題となりますが、泥酔していても、X氏に情報提供時点において意識があるのであれば、基本的には伝達する者の意思があると考えられます。酔いがさめて覚えていないことと、当該伝達時に伝える意思があったかは別の問題です。したがって、本事例でも、酔ってしまって完全に意識を失い、寝言で重要事実を話してしまったような場合は別ですが、普通に泥酔したという程度では、意識はあり伝達意思があるものといえるでしょう。

したがって、本事例において、質問者は第1次情報受領者に該当し、A社株式を購入する行為は、インサイダー取引規制の対象になる可能性が高いと考えられます。

---

[67] 三國谷24頁

Q38 「情報受領者」の範囲⑧——タクシーの運転手が乗客から聞いた場合と「伝達」

　私は、個人タクシー業者です。先日、タクシーの乗客が、大手上場会社Aの社章をつけ、後部座席において、携帯電話で部下らしき人と、翌日に行う予定の会社の業績予想の下方修正についてのリリース内容を打ち合わせていることがわかりました。私が保有しているA社の株式を売却することはインサイダー取引の規制の対象になりますか。

A　インサイダー取引規制の対象になる可能性は低いと考えられます。

解　説

　金商法166条1項は、上場会社等の重要事実を職務等に関し知った「会社関係者」または「会社関係者でなくなった後1年以内のもの」が、重要事実が公表される前に当該上場会社等の特定有価証券等の売買等を行うことを、インサイダー取引として規制しています。

　A社の業績予想の下方修正の決定は、重要基準に該当する場合には（取引規制府令51条）、重要事実となります（金商法166条2項3号）。もっとも、本事例において、質問者は、【Q36】で解説したのと同様に、タクシーによる運送中にA社の社員が重要事実を話していることを聞いたにすぎず、偶然に知ったというのが自然であり、契約の履行に「関し」知ったとはいえないと考えられます。したがって、会社関係者によるインサイダー取引規制の対象にはならないと考えられます。

　しかし、金商法166条3項では、「会社関係者（第1項後段に規定する者を含む。以下この項において同じ。）から当該会社関係者が第1項各号に定めるところにより知った同項に規定する業務等に関する重要事実の伝達を受けた者（同項各号に掲げる者であって、当該各号に定めるところにより当該業務等に関する重要事実を知ったものを除く。）」は、「当該業務等に関する重要事実の公表

がされた後でなければ、当該上場会社等の特定有価証券等に係る売買等をしてはならない。」と規定し、いわゆる会社関係者等からの第1次情報受領者によるインサイダー取引を規制しています。

そして、【Q36】で解説したとおり、「情報の伝達を受けた者」に該当するか否かは、会社関係者から物理的に直接伝えられたかどうかといったように形式的基準によって判断されるのではなく、伝達する側の意図、伝達の態様等を総合勘案の上、個別具体の実例に即して、実質的に判断されることになります[68]。

本事例において、タクシーの乗客に運転手への重要事実の伝達意図があったかが問題となりますが、伝達意図は、相手方に情報を伝達する積極的な意思がなくても、相手方が情報を知ることを認識・認容していれば、あるものと考えられます[69]。乗客は社章をつけてはいるものの、社名をあげることなく、電話の相手方と業績予想の下方修正のリリース内容について話をしています。社章をつけて話をしているという状況だけから、乗客がA社の重要事実をタクシー運転手に伝達することを認識し、認容していたとまで直ちに判断することは困難であると考えられます。

よって、乗客の言動は軽率ではあるものの、当該状況において、乗客にA社の重要事実をタクシーの運転手に対して伝達する意図があったとはいえないと考えられます。

したがって、乗客の話を偶然に聞いた質問者が、A社の株式を売却してもインサイダー取引規制の対象になる可能性は低いと考えられます。ただし、乗客が以前にも当該質問者が運転するタクシーを利用するなどして、顔なじみの状況にあり、乗客が質問者に勤務先を話したことがあるような状況において、当然に運転手にも聞こえる声で話をしていたような事情がある場合には、乗客は、運転手に伝わることを認識し、認容していると思われます。このような場合には、重要事実の伝達意思があると判断され、インサイダー取引規制の対象になる可能性があると考えられます。

---

[68] 三國谷24頁
[69] 木目田71頁同旨

Q39 「情報受領者」の範囲⑨──バイク便業者が宅配物の内容をみて知った場合と「伝達」

　私は、バイク便業者で配達のアルバイトをしています。私は、先日、A上場会社の経営企画部長Xから、この封筒を至急B社のY氏に配達するように依頼されました。私は、封筒を受け取った後に当該封筒に封印がされていないことに気づき、中身をみてしまったところ、そこにはB社との業務提携をA社が決定した事実を記載した資料、翌日公表予定のリリース文書およびA社の記名・捺印がされた業務提携契約書の原本が入っていました。私は、これをみてすぐにA社の株式を購入しましたが、これはインサイダー取引規制の対象になるのでしょうか。

A　インサイダー取引規制の対象になる可能性は低いと考えられます。

解　説

　金商法166条1項は、上場会社等の重要事実を職務等に関し知った「会社関係者」または「会社関係者でなくなった後1年以内のもの」が、重要事実が公表される前に当該上場会社等の特定有価証券等の売買等を行うことを、インサイダー取引として規制しています。A社によるB社との業務提携決定の事実は、軽微基準に該当しない限り（取引規制府令49条10号）、重要事実となります（金商法166条2項1号ヨ、同法施行令28条1号）。

　本事例において、質問者は、A上場会社との間で、宅配便の配送契約を締結し、その義務の履行として、A社がB社と業務提携を決定した事実が記載された資料、翌日公表予定のリリース文書およびA社の記名・捺印がされた業務提携契約書の原本（以下、「本件資料」といいます。）が入った封筒の配送を行っているため、「上場会社等と契約を締結している者（その者が法人である時はその役職員等を含む。）」が、「当該契約」の「履行に関し知ったとき」に該当しないかが問題になります（金商法166条1項4号）。

【Q36】において解説したとおり、本事例における配送契約も上記「契約」に該当しますが、質問者であるアルバイトは、バイク便業者の補助者として、依頼者から預けられた封筒を、紛失することなく安全に配達することが本来的な業務であり、封筒の内容物を確認することは、その履行義務またはこれに密接に関連する行為に予定されているとは言いがたいと考えられます。したがって、質問者は「当該契約の締結若しくはその交渉又は履行に関し知ったとき」には含まれないと考えられます[70]。

　しかし、金商法166条3項では、「会社関係者（第1項後段に規定する者を含む。以下この項において同じ。）から当該会社関係者が第1項各号に定めるところにより知った同項に規定する業務等に関する重要事実の伝達を受けた者（同項各号に掲げる者であって、当該各号に定めるところにより当該業務等に関する重要事実を知ったものを除く。）」は、「当該業務等に関する重要事実の公表がされた後でなければ、当該上場会社等の特定有価証券等に係る売買等をしてはならない。」と規定し、いわゆる会社関係者からの第1次情報受領者によるインサイダー取引を規制しています。

　この「情報の伝達を受けた者」に該当するか否かは、【Q36】において解説したように、会社関係者から物理的に直接伝えられたかどうかといったように形式的基準によって判断されるのではなく、伝達する側の意図、伝達の態様等を総合勘案の上、個別具体の実例に即して、実質的に判断されることになると考えられます[71]。

　本事例において、会社関係者であるX部長に質問者への重要事実の伝達意図があったかが問題となりますが、X部長は、本件資料に封印をすることを失念していますが、質問者に依頼したのは、あくまで本件資料の入った封筒の配達であり、封筒の内容物をみることの承諾はしていません。よって、X部長においては、本件資料の内容を質問者に伝達する意図は通常は有していないと考えられます。

　したがって、質問者の行為は、「情報の伝達を受けた者」には当たらず、

70　野村・事例239頁
71　三國谷24頁

第1次情報受領者としてインサイダー取引規制の対象になる可能性は低いと考えられます[72]。

---

[72] 野村・事例239頁

Q40 「情報受領者」の範囲⑩──決算発表前の資料を拾った者と「伝達」

私は、ビルメンテナンス業者の社員ですが、A上場会社のビル内で、社長室を清掃している時に、社長席の後ろにA社の本事業年度の中間期の決算資料で、大幅な増配が決定されたということが書かれている資料が落ちているのを見つけました。私が、重要事実の公表前にA社の株式を購入した場合、インサイダー取引の対象になるのでしょうか。

A インサイダー取引規制の対象にはならないと考えられます。

解 説

　金商法166条1項は、上場会社等の重要事実を職務等に関し知った「会社関係者」または「会社関係者でなくなった後1年以内のもの」(以下、これらを総称して「会社関係者等」といいます。)が、重要事実が公表される前に当該上場会社等の特定有価証券等の売買等を行うことを、いわゆるインサイダー取引として規制しています。A社による大幅な増益は、重要基準に該当する場合には(取引規制府令51条)、重要事実となります(金商法166条2項3号)。

　本事例において、質問者は、A上場会社との間で、ビルの清掃契約を締結している業者の義務の履行として、清掃をしている時に、A社が増益を決定した事実を記載した資料(以下、「本件資料」といいます。)をみたため、「当該契約」の「履行に関し知ったとき」に該当しないかが問題になります(金商法166条1項4号)。

　【Q36】において解説したとおり、本事例における清掃契約も上記「契約」に該当しますが、質問者の業務は、A社から依頼を受けた清掃業務であり、落ちていた資料の内容を確認することは、その履行義務またはこれに密接に関連する行為として予定されているとは言いがたいと考えられます。したがって、質問者は「当該契約の締結若しくはその交渉又は履行に関し知った

とき」には含まれないと考えられます[73]。

　しかし、金商法166条3項では、「会社関係者（第1項後段に規定する者を含む。以下この項において同じ。）から当該会社関係者が第1項各号に定めるところにより知った同項に規定する業務等に関する重要事実の伝達を受けた者（同項各号に掲げる者であって、当該各号に定めるところにより当該業務等に関する重要事実を知ったものを除く。）」は、「当該業務等に関する重要事実の公表がされた後でなければ、当該上場会社等の特定有価証券等に係る売買等をしてはならない。」と規定し、いわゆる会社関係者等からの第1次情報受領者によるインサイダー取引を規制しています。

　そして、「情報の伝達を受けた者」に該当するか否かは、【Q36】において解説したとおり、会社関係者から物理的に直接伝えられたかどうかといったように形式的基準によって判断されるのではなく、伝達する側の意図、伝達の態様等を総合勘案の上、個別具体の実例に即して、実質的に判断されることになると考えられます[74]。

　本事例において、会社関係者である社長に質問者への重要事実の伝達意思があったかが問題となりますが、本件資料が偶然床に落ちている状況だけでは、社長が質問者に対し本件資料の内容を伝達する意思を有していたと判断するのは困難であると考えられます。

　したがって、重要事実の公表がなされる前に、質問者がA社の株式を購入してもインサイダー取引規制の対象にはならないと考えられます[75]。

---

[73]　野村・事例239頁
[74]　三國谷24頁
[75]　野村・事例239頁

Q41 「情報受領者」の範囲⑪——具体的事実を伴わずに購入を勧められた者

私は、A上場会社の社長です。先日、友人であるB上場会社のX社長から、「当社の株式を買っておくといいよ。」と勧められたため、B社株式を買い付けました。その後、B社新製品の企業化について公表があり、株価が上昇しました。私がB社株式を買い付けたことは、インサイダー取引に該当するのでしょうか。

A 原則として、インサイダー取引には該当しないと考えられます。

解　説

　金商法166条1項は、上場会社等の重要事実を職務等に関し知った「会社関係者」または「会社関係者でなくなった後1年以内のもの」（以下、これらを総称して「会社関係者等」といいます。）が、重要事実が公表される前に当該上場会社等の特定有価証券等の売買等を行うことを、いわゆるインサイダー取引として規制しています。B社による新製品の企業化の決定は、軽微基準に該当しない限り（取引規制府令49条9号）、重要事実に該当します（金商法166条2項1号カ）。本事例において、質問者は、金商法166条1項に規定する「会社関係者等」のいずれにも該当しないため、会社関係者等によるインサイダー取引として規制の対象にはならないと考えられます。

　また、金商法166条3項では、「会社関係者（第1項後段に規定する者を含む。以下この項において同じ。）から当該会社関係者が第1項各号に定めるところにより知った同項に規定する業務等に関する重要事実の伝達を受けた者（同項各号に掲げる者であって、当該各号に定めるところにより当該業務等に関する重要事実を知ったものを除く。）」は、「当該業務等に関する重要事実の公表がされた後でなければ、当該上場会社等の特定有価証券等に係る売買等をしてはならない。」と規定され、いわゆる会社関係者等からの第1次情報受領

者によるインサイダー取引が規制されています。

　しかし、第1次情報受領者として、インサイダー取引の規制対象になるには、「業務等に関する重要事実の伝達を受けた者」であり、単に銘柄名のみを言われ、購入を勧められただけでは、業務に関する重要事実の伝達があったとまではいえないと考えられます。したがって、本事例において、質問者がB社の株式を購入しても原則としてインサイダー取引には該当しないものといえます。

　もっとも、質問者は、X社長と友人の関係にあるため、普段から両社の業務状況等を話し合うなどして、B社が新製品の開発を行っており、近々完成することが把握できていた場合には、具体的な重要事実の内容の全部が伝達されなくても、情報受領者が伝達者の職務をどの程度把握していたかによっては、重要事実を伝達したものと認められる可能性があります[76]。本事例においても、質問者とX社長との関係いかんによっては、X社長から質問者に重要事実の伝達があったものと判断される場合があり、その場合には、質問者がB社の株式を購入することは、第1次情報受領者によるインサイダー取引規制の対象になると考えられます。

---

[76] 平成22年課徴金事例集事例19、49頁においては、伝達者が違反行為者に対し、具体的に公開買付けには言及しないものの銘柄名を伝えるとともに、購入を促したという事例につき、具体的な重要事実の全部が伝達されなくても、情報受領者が把握している伝達者の職務内容によっては、重要事実の伝達が認められる可能性があるという事案が紹介されている。

Q42 「情報受領者」の範囲⑫——情報受領者が認識を欠く場合

私は、クラブのホステスをしています。接客したＸ氏から「俺が勤めるＡ会社は、大幅な増配をするので株を買っておくと儲かるよ。」と言われました。私は、Ｘ氏が以前から勤めていたＢ社に勤めているはずで、Ａ社には勤めていないと思っていましたが、今後のＸ氏との話の材料になればと思い、Ａ上場会社の株式を買いました。この買付けは、インサイダー取引規制の対象になるのでしょうか。

A インサイダー取引規制の対象になると考えられます（ただし、刑事罰の対象にはならず、課徴金の対象になると考えられます。）。

解　説

　金商法166条1項は、上場会社等の重要事実を職務等に関し知った「会社関係者」または「会社関係者でなくなった後1年以内のもの」（以下、これらを総称して「会社関係者等」といいます。）が、重要事実が公表される前に行うインサイダー取引を規制しています。Ａ社による大幅な増配の決定は、重要基準に該当する場合には（取引規制府令51条）、重要事実となります（金商法166条2項3号）。もっとも、質問者は会社関係者等には該当しないため、会社関係者等によるインサイダー取引規制の対象にはならないと考えられます。

　もっとも、金商法166条3項では、「会社関係者（第1項後段に規定する者を含む。以下この項において同じ。）から当該会社関係者が第1項各号に定めるところにより知った同項に規定する業務等に関する重要事実の伝達を受けた者（同項各号に掲げる者であって、当該各号に定めるところにより当該業務等に関する重要事実を知ったものを除く。）」は、「当該業務等に関する重要事実の公表がされた後でなければ、当該上場会社等の特定有価証券等に係る売買等をしてはならない。」と規定し、いわゆる会社関係者等からの第1次情報受

領者によるインサイダー取引が規制されています。

　本事例において、質問者は、Xが「会社関係者等」であるという認識がなく、また、前記重要事実を「その者の職務に関し知った」かどうかについても、認識を有していません。このような場合にも、「業務等に関する重要事実の伝達を受けた者」に該当するかが問題になると考えられます。

　この問題は、課徴金納付命令が出される場合と刑事罰が科される場合とで分けて考えるべきといえます。課徴金については、「金融商品取引法上の課徴金については、故意やこれに相当する違反事実の認識の存在を一般に必要とする規定はない一方、特に主観的要件を必要とする場合には別途明文がおかれている。これは、金融商品取引法の課徴金制度は、証券市場の公正性と投資家の市場に対する信頼を保護するという目的を達成するために設けられたものであり、課徴金納付命令は、こうした金融商品取引法の規制の実効性確保を目的とした行政上の措置であって、刑罰のように行為者の責任非難を目的とするものではないから、原則として故意は要件とされないものと解される。そうすると、課徴金の納付を命じるためには、特に明文で求められている場合を除いて、故意やこれに相当する認識の存在を必要としないものというべきである。」との見解が示されています[77]。

　したがって、金融庁が課徴金納付命令（金商法175条）を行う場合には、Xが「会社関係者等」に該当し、前記重要事実を「その者の職務に関し知った」ことについての認識（故意）がなくても、インサイダー取引規制の対象になるものと考えられます。

　これに対して、刑事罰（金商法197条の2第13号）を科す場合には、故意犯処罰の原則にのっとり、質問者に故意（未必の故意も含みます。）が必要となるため、この故意がない場合には、インサイダー取引規制に違反するものとして刑事罰を科すことはできないものと考えられます。

---

[77] 金融庁HP「ジェイオーグループホールディングス株式会社との契約締結者からの情報受領者による内部者取引に対する課徴金納付命令の決定について」（平成23年7月20日）参照

Q43 「第2次情報受領者」の範囲①——バーのマスターからの又聞き

私は、バーSOSの常連客です。先日、バーに行ったところ、バーのマスターXから、「うちには、A上場会社の取締役を務めている常連客Yさんが来ていて、この前、彼が『近々2割増配を発表するよ。君が買うとインサイダーになってしまうけど、お客さんを通じて買ってもらえば大丈夫じゃない？』と言ったので、どう？ A社の株式を買って、儲かったら半分回してよ。」ということを言われました。この状況で私がA社株式を購入しても、インサイダー取引規制の対象にはならないのでしょうか。

A インサイダー取引規制の対象になるものと考えられます。

解説

金商法166条3項では、「会社関係者（第1項後段に規定する者を含む。以下この項において同じ。）から当該会社関係者が第1項各号に定めるところにより知った同項に規定する業務等に関する重要事実の伝達を受けた者（同項各号に掲げる者であって、当該各号に定めるところにより当該業務等に関する重要事実を知ったものを除く。）」は、「当該業務等に関する重要事実の公表がされた後でなければ、当該上場会社等の特定有価証券等に係る売買等をしてはならない。」と規定し、いわゆる会社関係者等からの第1次情報受領者によるインサイダー取引を規制しています。

しかし、当該第1次情報受領者からさらに情報の伝達を受けた「第2次情報受領者」には、インサイダー取引の規制は及びません。このように第2次情報受領者がインサイダー取引規制の対象外とされているのは、その処罰範囲が不明確となって、現状では無用の社会的混乱が生ずるということも考慮されたからと解されています[78]。

したがって、本事例においては、第1次情報受領者はバーのマスターであり、客である質問者は第2次情報受領者に当たるため、インサイダー取引の規制の対象に当たらないとも考えられます。しかし、Yは、バーの客である質問者の立場を利用して、インサイダー取引を行わせ、その分け前をXに受領させることを企図して、Xに前記重要事実を伝えています。このような状況において、質問者がXから前記重要事実を聞く場合に、「業務等に関する重要事実の伝達を受けた者」に該当するといえるのか問題となります。

　【Q36】で解説したとおり、「情報の伝達を受けた者」に該当するか否かは、会社関係者から物理的に直接伝えられたかどうかといったように形式的基準によって判断されるのではなく、伝達する側の意図、伝達の態様等を総合勘案の上、個別具体の実例に即して、実質的に判断されることになります[79]。

　本事例において、会社関係者であるYの意図としては、バーの客を利用することによって、Xにインサイダー取引を行わせる意図があり、Xのみならずバーの客に対しても、前記重要事実を伝達する意図があると考えられます。その結果、質問者はXを介して、前記重要事実の伝達を受けています。このような状況においては、質問者は、X同様、「業務等に関する重要事実の伝達を受けた者」として、第1次情報受領者に当たると考えられます。

　したがって、質問者がA社の株式を購入した場合には、インサイダー取引規制の対象になると考えられます。なお、【Q175】において解説するとおり、本事例におけるXは、平成25年改正金商法によって、情報伝達者として、インサイダー取引規制の対象になる場合もあることに注意が必要になります。

78　横畠122頁
79　三國谷24頁

Q44 「第2次情報受領者」の範囲②——グループ会社の担当者を介して情報を伝達された者

私は、投資一任業を行うAアセットマネージメントのファンドマネージャーをしているXです。私は、グループ会社のB総合研究所のアナリストYから、YがC上場会社の常務取締役Zを取材した時にZから「現在は業績が不振であるが、業界最大手のD社と業務提携をすることが決まり先行きが明るくなったので、公表する前に、当社の株式を購入しておくようにと、AアセットマネージメントでファンドマネージャーをしているXにも内々で伝えてほしい。」と言われたということを聞きました。私は、当社運用の一環とととともに個人的にも、Yは個人的に、上記業務提携の決定の事実が公表される前に、それぞれC社の株式を買い付けました。この場合、A社、私およびYの当該各買付けは、インサイダー取引規制の対象になるのでしょうか。

A A社、質問者XおよびYのいずれの買付けもインサイダー取引規制の対象になると考えられます。

解 説

金商法166条1項は、上場会社等の重要事実を職務等に関し知った「会社関係者」または「会社関係者でなくなった後1年以内のもの」(以下、これらを総称して「会社関係者等」といいます。)が行うインサイダー取引を規制しています。

C社による、D社との業務提携の決定の事実は、軽微基準に該当しない限り(取引規制府令49条10号)、重要事実となります(金商法166条2項1号ヨ、同法施行令28条1号)。

本事例において、Zは、C社の常務取締役であって「会社関係者等」に該当し、C社がD社との業務提携の交渉等を行うことは、Zの職務に当たりますが、質問者、YおよびAアセットマネージメントは、いずれもC社の「会

社関係者等」には該当しません。

　もっとも、金商法166条3項では、「会社関係者（第1項後段に規定する者を含む。以下この項において同じ。）から当該会社関係者が第1項各号に定めるところにより知った同項に規定する業務等に関する重要事実の伝達を受けた者（同項各号に掲げる者であって、当該各号に定めるところにより当該業務等に関する重要事実を知ったものを除く。）」は、「当該業務等に関する重要事実の公表がされた後でなければ、当該上場会社等の特定有価証券等に係る売買等をしてはならない。」と規定され、いわゆる会社関係者等から「重要事実の伝達を受けた者」、すなわち第1次情報受領者によるインサイダー取引を規制しています。

　この「重要事実の伝達を受けた者」に該当するか否かは、【Q36】で解説したとおり、会社関係者から物理的に直接伝えられたかどうかといったように形式的基準によって判断されるのではなく、伝達する側の意図、伝達の態様等を総合勘案の上、個別具体の実例に即して、実質的に判断されることになります[80]。

　本事例において、会社関係者等であるZ取締役は、Yの取材に答えており、Yに上記重要事実を伝達する意図があったことは明らかです。したがって、YがC社株式を購入することは第1次情報受領者によるインサイダー取引規制の対象になると考えられます。

　また、Z取締役は、Yに上記重要事実を伝える際に、質問者にも伝えるように述べています。このようなZの依頼を受けたYから、質問者は、前記重要事実の伝達を受けているため、形式的にはYからの第2次情報受領者に当たるようにも思われます。しかし、Z取締役としては、初めから質問者に前記重要事実を伝達する意図を有した上で、前記重要事実を伝達することをYに依頼しているのであり、YはZの使者としての立場も有していると考えられます。このような状況からしますと、質問者は、Y同様、第1次情報受領者になると考えられます。したがって、質問者が個人として、C社株式を購

---

[80] 三國谷24頁

入することは、第1次情報受領者によるインサイダー取引規制の対象になると考えられます。

さらに、質問者は、個人の立場とともにAアセットマネージメントのファンドマネージャーとしての立場も有しており、質問者としては、個人のみならず、ファンドマネージャーとしても、前記重要事実の伝達を受けたと考えられます。

したがって、質問者が、ファンドマネージャーとして、C社株式を購入することは、A社にとっても、インサイダー取引規制の対象になるものと考えられます。なお、アナリストYからAアセットマネージメントが入手した情報は法人関係情報（業等府令1条4項14号）に該当しますが、投資運用業者（金融商品取引業者）であるAアセットマネージメントがC社の株式を買い付ける行為は、法人関係情報に係る不公正な取引の防止を図るために必要かつ適切な措置を講じていないと認められる状況（同府令123条5号）に該当し、行政処分の対象となる可能性もあるといえます。また、本事例において、質問者はAの従業員であるところ、C社の株式を購入する行為は、「金融商品取引業者等の役員若しくは使用人が、……もっぱら投機的利益の追求を目的として有価証券の売買」をする行為として禁止行為（同府令117条1項12号）に該当する可能性があります。

Q45　不明確な言い回しと「伝達」

　私は、上場会社のA社に勤務している友人Xと居酒屋で飲んだ際に、友人Xに「A社はB社と業務提携するらしいじゃないか。雑誌に記事が出ていたぞ。」と尋ねたところ、Xは、「立場上そんな話はできないけど、火のないところに煙は立たないものだし、その雑誌も相当詳しく書いてるし、何か根拠があるのじゃないか。まあ、ここだけの話、うちの株を買っておいて絶対損はないよ。」と答えました。私は、Xの言い方やニュアンスから、業務提携の話は本当であると思い、A社の株を買いました。私が買った後に、A社とB社の業務提携が公表され、Xの話が本当であったことがわかりました。私はインサイダー取引を行ったことになるのでしょうか。

A　質問者によるA社株の買付けは、状況によっては、インサイダー取引に該当する可能性が高いと考えられます。

解　説

　金商法166条3項では、「会社関係者（第1項後段に規定する者を含む。以下この項において同じ。）から当該会社関係者が第1項各号に定めるところにより知った同項に規定する業務等に関する重要事実の伝達を受けた者（同項各号に掲げる者であって、当該各号に定めるところにより当該業務等に関する重要事実を知ったものを除く。）」は、「当該業務等に関する重要事実の公表がされた後でなければ、当該上場会社等の特定有価証券等に係る売買等をしてはならない。」と規定され、いわゆる会社関係者等から「重要事実の伝達を受けた者」、すなわち第1次情報受領者によるインサイダー取引を規制しています。このケースでは、質問者が、A社の役職員であるXから業務提携という重要事実の伝達を受けた第1次情報受領者に該当するかが問題になりますが、Xが質問者に対してはっきりと業務提携の決定について伝えているので

はなく、不明確な言い回しをしている点が問題になります。

　この点、同項の文言からは伝達の意義は一義的に明らかではありませんが、書面、口頭、暗号などの手段は問わないと解されています。そして、金商法166条3項の情報受領者に該当するかどうかは、【Q36】等で解説したとおり、会社関係者から物理的に直接伝えられたかどうかといったように形式的基準によって判断されるのではなく、伝達する側の意図、伝達の態様等を総合勘案の上、個別具体の実例に即して、実質的に判断されることになります[81]。

　本事例では、Xは、質問者が具体的な業務提携に関する雑誌記事に言及して確認をしているところ、それに対して「立場上そんな話はできない」「火のないところに煙は立たない」「その雑誌も相当詳しく書いてるし、何か根拠があるのじゃないか」として、自らが重要事実を知っていることを示唆した上で、「買っておいて損はない」と話しているので、その状況から業務提携の事実を質問者が察知することは容易に予想され、Xもそれを認識した上で話していると考えられることから、Xの言い方やそのニュアンス等の具体的な状況によっては、これが伝達に該当し、質問者が情報受領者に該当する可能性が十分あると考えられます。

　したがって、このケースにおいては、状況によっては、質問者の売買がインサイダー取引に該当する可能性が高いと考えられます。

　なお、このケースにおいて、質問者が、Xが業務提携のことを知っているという認識を有していたかは必ずしもはっきりしませんが、もし、質問者がXは業務提携等にはまったく関係ない部署に所属しているので職務に関して知っているはずがないと思い込んでいた場合はインサイダー取引が成立するでしょうか。いわゆる情報受領者について、情報伝達者がインサイダー取引規制上の会社関係者であり、金商法166条1項各号の定めるところにより[82]知った旨の認識を有することを要するか、という問題になります。

81　三國谷24頁
82　例えば、会社関係者が会社の役職員である場合には、「職務に関し知った」（金商法166条1項1号）旨の認識が必要か否か、という問題になる。

この問題については、【Q156】で解説しているとおり、刑事処分と行政処分を分けて考える必要があります。
　まず、刑事事件の場合には、刑法総則が適用されますので、刑法38条の故意犯処罰の原則[83]に従って罪となるべき事実の認識が必要です。したがって、情報受領者についても情報伝達者が会社関係者であることおよび金商法166条1項各号の定めるところにより知ったことを認識する必要があります。質問者が、Xが業務提携のことを知っているはずがないと思い込んでいた場合には、罪となるべき事実の認識がないため、質問者の買付けがインサイダー取引規制違反に該当するとして質問者が罰せられることはないと考えられます。
　一方、行政処分である課徴金納付決定に関しては、上記の刑法38条の適用がありませんので、情報受領者が上記の認識を有する必要はないように思われます。この点、認識を要するという議論もありますが[84]、現時点において、金融庁の審判手続においても、課徴金が刑罰のように行為者の責任非難を目的とするものではないこと等を理由に不要との見解が示されています[85]。したがって、質問者が、Xが業務提携のことを知っているはずがないと思い込んでいた場合でも、課徴金納付命令の対象になります。
　なお、Xの行為との関係で、未公表の重要事実を知っている会社関係者による情報伝達・売買推奨行為について平成25年改正金商法において新たに規制対象になったことに留意する必要があります（【Q175】参照）。

---

[83] 刑法38条1項は、「罪を犯す意思がない行為は、罰しない。ただし、法律に特別の規定がある場合は、この限りでない。」と定め、罪を犯す意思がない行為は、過失犯を罰するという別途の規定がない限り処罰しないと定めている。
[84] 岩原ほか・開示制度等444頁以降の議論参照
[85] 金融庁HP「ジェイオーグループホールディングス株式会社との契約締結者からの情報受領者による内部者取引に対する課徴金納付命令の決定」（平成23年7月20日付）

第 2 章

重要事実

1 重要事実の該当性（重要事実の具体性）

Q46　1年以内に時価発行増資を行うという情報

　私は、A証券会社の企業情報部の部長です。私は、先日、B上場会社の財務部長から「財務体質を改善するために、来期中、当社は、第三者割当増資を行うことが経営会議で決まったので、発行価額、時期等について、いくつかプランを検討してください。」との依頼を受けました。これを聞いて、私は、その情報を親しい友人でもある顧客Xに伝えました。XがB社株式を売却することは、インサイダー取引規制の対象になるのでしょうか。

A　インサイダー取引規制の対象になる可能性は低いと考えられます。

解　説

　金商法166条1項は、上場会社等の「重要事実」を職務等に関し知った「会社関係者」または「会社関係者でなくなった後1年以内のもの」が、重要事実が公表される前に当該上場会社等の特定有価証券等の売買等を行うことを、インサイダー取引として規制しています。この「重要事実」は、大別すると、上場会社等に係るものとして、決定事実（同条2項1号）、発生事実（同項2号）、決算情報（同項3号）およびバスケット条項（同項4号）ならびにこれらに対応して、上場会社等の子会社に係るものがあります（同項5号ないし8号）。

　このうち、決定事実は、当該上場会社等の「業務執行を決定する機関」が法定事項（金商法166条2項1号）を「行うことについての決定をしたこと」または、当該機関が当該決定（公表がされたものに限る。）に係る事項を「行

わないことを決定したこと」をいいます。

　B社では業務執行を事実上決定しているのが経営会議であれば、経営会議が「業務執行を決定する機関」に当たると考えられます。

　また、「行うことについて決定をしたこと」とは、最判平成11・6・10が、「機関において、株式の発行それ自体や株式の発行に向けた作業等を会社の業務として行う旨を決定したことをいうものであり、右決定をしたというためには右機関において株式の発行の実現を意図して行ったことを要するが、当該株式の発行が確実に実行されるとの予測が成り立つことは要しないと解するのが相当である」と解していますが[1]、その決定事項の内容としては、ある程度具体的に、すなわち、新株発行決議においては、少なくとも発行時期はもちろん、発行額については、例えば、最低1億円以上というように、情報を取得した投資家が適切な投資判断を行い得るような程度に具体化されていることが必要であると考えられます[2]。前記最高裁判決に関する第1審判決も「最終的には、取締役会での新株発行の決定がなされることを前提に、一定の障害事由がなくなれば新株発行を行う旨の事前の決定は、その障害事由がなくなったときに、新株発行を行う時期、内容等が具体的、明確なものとなっているものである限り、投資者の投資判断に影響を及ぼす事実に該当することは明らかであるから、前記立法目的に照らせば、このような決定も、右のような障害事由がなくなった時点で、規制対象とすることに合理性がある。」と判示し[3]、決定内容の具体化を求めています。

　本事例では、B社経営会議においてされた株式の募集に関する決定の内容は、発行時期も来期中と未確定であり、また発行価額についても、これから検討を開始する状況にあり、いまだ募集株式の発行について具体的な決定がされたとまでは言いがたい状況にあると考えられます。

　したがって、当該時点においては、B社が来期中に第三者割当増資を行うということを決定したという事実は、重要事実には該当しないと考えられま

---

[1] 刑集65巻4号385頁（日本織物加工事件）
[2] 野村・事例252頁
[3] 東京地判平成9・7・28判タ950号294頁

す。

　なお、証券会社の使用人は、「有価証券の売買その他の取引又は有価証券に係るデリバティブ取引若しくはその媒介、取次ぎ若しくは代理につき、顧客に対して当該有価証券の発行者の法人関係情報を提供して勧誘する行為」、すなわち法人関係情報を利用した勧誘行為が禁止されています（業等府令117条1項14号）。この法人関係情報とは、「法第163条第1項に規定する上場会社等の運営、業務又は財産に関する公表されていない重要な情報であって顧客の投資判断に影響を及ぼすと認められるもの」（同府令1条4項14号）と定義され、インサイダー取引における重要事実となるバスケット条項よりも広い概念となります。したがって、B社が来期中に第三者割当増資を行うということを決定したという情報は、インサイダー取引における重要事実に該当しなかったとしても、B社の財務体質を改善する規模でされるものであり、その情報は、投資家の投資判断に影響を及ぼすものと考えられ、法人関係情報には該当し、質問者が前記情報をXに伝えた上で、B社株式の売却を勧めた場合には、法人関係情報を提供した勧誘行為に該当し（同府令117条1項14号）、禁止行為に当たる可能性があることに留意が必要となります。

Q47 噂

　私は銀行員ですが、融資担当をしているＡ上場会社が更生手続開始の申立てを行ったことを知りました。Ａ社のメイン取引先である新興市場に上場のＢ社の株価が急落しており、連鎖倒産の噂がインターネットに多数書き込まれています。私が以前から保有しているＢ社の株式を売却することは、インサイダー取引に該当するのでしょうか。

A　インサイダー取引には該当しないと考えられます。

解　説

　金商法166条1項は、上場会社等の重要事実を職務等に関し知った会社関係者または会社関係者でなくなった後1年以内のものが、重要事実が公表される前に当該上場会社等の特定有価証券等の売買等を行うことを、インサイダー取引として規制しています。このインサイダー取引規制の対象となる情報は、法律上規定された「重要事実」（同条2項）であって、「噂」や「風説」は事実でない以上、これに含まれません。

　したがって、質問者が噂をもとに、Ｂ社株式を売却しても、インサイダー取引には該当しないと考えられます[4]。

---

[4] 野村・事例256頁

2 重要事実の決定

Q48 「経営会議」による決定

　私は、A上場会社の取締役です。当社の意思決定は、正式な意思決定機関としての取締役会を開催する前に、その下部機関に当たる経営会議において重要事項を諮り、そこで決定されたものを取締役会において正式に決議するという仕組みになっています。経営会議は主に社長を始めとする取締役を中心にメンバーが構成され、そこで決定された事項は、そのまま取締役会においても決定されるのが通常です。本日の経営会議において、B社との業務提携が決まりました。当社の取締役会が開催される前に、当社株式を購入することはインサイダー取引規制の対象になるのでしょうか。

A　インサイダー取引規制の対象なる可能性が高いと考えられます。

解　説

　金商法166条1項は、上場会社等の「重要事実」を職務等に関し知った「会社関係者」または「会社関係者でなくなった後1年以内のもの」が、重要事実が公表される前に当該上場会社等の特定有価証券等の売買等を行うことを、インサイダー取引として規制しています。この「重要事実」は、大別すると、上場会社等に係るものとして、決定事実（同条2項1号）、発生事実（同項2号）、決算情報（同項3号）およびバスケット条項（同項4号）ならびにこれらに対応して、当該上場会社等の子会社に係るものがあります（同項5号ないし8号）。

　このうち、決定事実は、当該上場会社等の「業務執行を決定する機関」が

法定事項（金商法166条2項1号）を「行うことについての決定をしたこと」または、当該機関が当該決定（公表がされたものに限る。）に係る事項を「行わないことを決定したこと」をいい、本事例では、「業務執行を決定する機関」が「業務上の提携」（同号ヨ、同法施行令28条1号）[5]を「行うことについての決定をした」といえるのであれば、重要事実に該当することになると考えられます。

　この「業務執行を決定する機関」とは、会社法所定の決定権限のある機関には限られず、実質的に会社の意思決定と同視されるような意思決定を行うことのできる機関であれば足りると解されています[6]。通常、「業務を執行する機関」とは、取締役会、経営会議、常務会あるいは取締役会の委任を受けた取締役（通常は代表取締役）をいいます。会社の内部で具体的にいかなる機関が業務執行を決定するかは、会社により、また決定する事柄によって異なるものと考えられ、当該会社における意思決定の実情に照らして個別判断されると解されます[7]。

　A社では、重要事項を判断する実質的役割を担っているのは経営会議であり、そこで決定された事項は、特段の事情がない限り、取締役会でもそのまま決定されていると考えられます。そうであるならば、経営会議における業務提携の決定が重要事実に該当すると考えられます。

　したがって、会社関係者である質問者が、B社と業務上の提携を行うことが経営会議で決定された後、当該重要事実が公表される前に、A社株式を購入することはインサイダー取引規制の対象になると考えられます。

---

[5] ただし、軽微基準（取引規制府令49条10号）に該当する場合は重要事実に当たりません。
[6] 最判平成11・6・10刑集53巻5号415頁（日本織物加工事件）
[7] 横畠52頁

Q49 「行うことの決定」①――第三者割当増資の調査・準備の開始

　私は、A上場会社の顧問先の公認会計士をしています。先日、A社社長から3カ月後に取引先のB社を引受先とする3億円の第三者割当増資を行いたいと思っているので、3カ月後の発行に向けて調査、準備を開始するようにとの指示を受けた経営企画部長から相談を受けました。A社では取締役会はあるものの、重要事項については、実際には社長の一声で決まっているのが実情です。まだ現時点においては、B社において検討中で引き受けてもらえるかは不明である上、A社で当該増資に関する取締役会は開催されておらず、当該増資が正式に実現可能であるかはわからない状況にあります。このような状況のなか、私が当社株式を売却することはインサイダー取引規制の対象になるのでしょうか。

A　　インサイダー取引規制の対象になると考えられます。

解　説

　金商法166条1項は、上場会社等の「重要事実」を職務等に関し知った「会社関係者」または「会社関係者でなくなった後1年以内のもの」が、重要事実が公表される前に当該上場会社等の特定有価証券等の売買等を行うことを、インサイダー取引として規制しています。この「重要事実」は、大別すると、上場会社等に係るものとして、決定事実（同条2項1号）、発生事実（同項2号）、決算情報（同項3号）およびバスケット条項（同項4号）ならびにこれらに対応するものとして、当該上場会社等の子会社に係るものがあります（同項5号ないし8号）。

　このうち、決定事実として重要事実になるには、当該上場会社等の「業務執行を決定する機関」が法定事項（金商法166条2項1号）を「行うことについての決定をしたこと」または、当該機関が当該決定（公表がされたものに

限る。)に係る事項を「行わないことを決定したこと」が必要となり、本事例では、「業務執行を決定する機関」が「株式の募集」(同号イ)を「行うことについての決定をした」といえるのであれば、重要事実に該当することになると考えられます[8]。この「業務執行を決定する機関」とは、会社法所定の決定権限のある機関には限られず、実質的に会社の意思決定と同視されるような意思決定を行うことのできる機関であれば足りると解されています[9]。【Q48】において解説したとおり、通常、「業務を執行する機関」とは、取締役会、経営会議、常務会あるいは取締役会の委任を受けた取締役(通常は代表取締役)をいいます。会社の内部で具体的にいかなる機関が業務執行を決定するかは、会社により、また決定する事柄によって異なるものと考えられ、当該会社における意思決定の実情に照らして個別判断されると解されます[10]。

A社では、取締役会において最終決定が行われるものの、事実上社長の決定が取締役会においてそのまま承認されるのが確実である実情からすると、重要事項については社長が実質的な決定権限を有しているものと考えられます。したがって、A社においては、実質的には社長自身が業務を執行する機関に位置づけられると考えられます。

また、「行うことについて決定をしたこと」とは、当該機関において、株式の発行それ自体や株式の発行に向けた作業等を会社の業務として行う旨を決定したことをいうものであり、当該決定をしたというためには当該機関において株式の発行の実現を意図して行ったことを要しますが、当該株式の発行が確実に実行されるとの予測が成り立つことは要しないと解するのが相当であると解されます。これは、そのような決定の事実は、それのみで投資者の投資判断に影響を及ぼし得るものであり、その事実を知ってする会社関係者らの当該事実の公表前における有価証券の売買等を規制することは、証券

---

[8] ただし、軽微基準(取引規制府令49条1号)に該当する場合は重要事実に当たりません。
[9] 最判平成11・6・10刑集53巻5号415頁(日本織物加工事件)
[10] 横畠52頁

市場の公正性、健全性に対する一般投資家の信頼を確保するという法の目的に資するものであるとともに、規制範囲の明確化の見地から株式の発行を行うことについての決定それ自体を重要事実として明示した法の趣旨にも沿うものと考えられるからです[11]。

本事例では、B社においてはまだ検討中にすぎない状況ですが、A社では、業務執行を決定する機関である社長の指示によって、B社に対する新株発行に向けた準備は開始されている状況にあり、新株発行を「行うことについての決定」があったと考えられます。

そして、公認会計士である質問者は、上場会社であるA社と顧問契約を締結しているところ、その契約に基づく業務の一環として、A社の第三者割当増資の事実を知ったと考えられ、会社関係者に当たり（金商法166条1項4号）、また本事例における増資の額も3億円と見込まれ、軽微基準（取引規制府令49条1号イ）に該当しないため、前記株式募集の決定は重要事実に該当するものと考えられます。

したがって、質問者が、当該重要事実の公表前にA社株式を売却することは、インサイダー取引規制の対象になると考えられます。

---

[11] 最判平成11・6・10刑集53巻5号415頁（日本織物加工事件）

Q50 「行うことの決定」②——業務提携の準備の開始等

　私は、A上場会社の経営企画部長をしています。当社は、半年にわたり当社と業界最大手のB上場会社との業務提携プロジェクトを進めております。このプロジェクトは、当社の経営会議の決定を受けて進められており、私もそれを担当しているのですが、B社との交渉も大詰めを迎えており、当社がB社の提案を最終的に受け入れれば、業務提携は実現するところまできています。このような状況において、担当取締役から、明日の経営会議で最終的にB社との業務提携を行うかを決めるとの話を聞きました。私としては、業務提携はきっとうまくいくものと思っていますが、まだ正式に経営会議において、B社との業務提携を行うことが決まってはいないため、いまなら当社株式を買っても問題ないと思い、当社株式を買い付けようと思っています。これはインサイダー取引規制の対象になるのでしょうか。

A　インサイダー取引規制の対象になると考えられます。

解　説

　金商法166条1項は、上場会社等の「重要事実」を職務等に関し知った「会社関係者」または「会社関係者でなくなった後1年以内のもの」が、重要事実が公表される前に当該上場会社等の特定有価証券等の売買等を行うことを、インサイダー取引として規制しています。この「重要事実」は、大別すると、上場会社等に係るものとして、決定事実（同条2項1号）、発生事実（同項2号）、決算情報（同項3号）およびバスケット条項（同項4号）ならびにこれらに対応するものとして、当該上場会社等の子会社に係るものがあります（同項5号ないし8号）。

　このうち、決定事実として重要事実になるには、当該上場会社等の「業務

執行を決定する機関」が法定事項（金商法166条2項1号）を「行うことについての決定をしたこと」または、当該機関が当該決定（公表がされたものに限る。）に係る事項を「行わないことを決定したこと」が必要となり、本事例では、「業務執行を決定する機関」が「業務上の提携」（同号ヨ、同法施行令28条1号）を「行うことについての決定をした」といえるのであれば、重要事実に該当することになると考えられます[12]。

　この「業務執行を決定する機関」とは、会社法所定の決定権限のある機関には限られず、実質的に会社の意思決定と同視されるような意思決定を行うことのできる機関であれば足りると解されています[13]。通常、「業務を執行する機関」とは、取締役会、経営会議、常務会あるいは取締役会の委任を受けた取締役（通常は代表取締役）をいいます。会社の内部で具体的にいかなる機関が業務執行を決定するかは、会社により、また決定する事柄によって異なるものと考えられ、当該会社における意思決定の実情に照らして個別判断されると解されます[14]。

　また、「行うことについて決定をしたこと」とは、当該機関において、「株式の発行それ自体や株式の発行に向けた作業等を会社の業務として行う旨を決定したことをいうものであり、右決定をしたというためには右機関において株式の発行の実現を意図して行ったことを要するが、当該株式の発行が確実に実行されるとの予測が成り立つことは要しないと解するのが相当である」と解されていることからすれば[15]、当該事項そのものの決定に限らず、当該各事項の実施に向けた調査・準備・交渉等の諸活動を会社の業務として行うことの決定を含むものと解されます[16]。

　本事例において、A社で重要事項の決定を経営会議において行っているのであれば、経営会議が重要事実の決定を行う機関に当たると考えられます。

12　ただし、軽微基準（取引規制府令49条10号）に該当する場合は重要事実に当たりません。
13　最判平成11・6・10刑集53巻5号415頁（日本織物加工事件）
14　横畠52頁
15　最判平成11・6・10刑集53巻5号415頁（日本織物加工事件）
16　横畠53頁、三國谷31頁、松本69頁、木目田32頁、服部73頁

そして、半年にわたり当社と業界最大手のＢ上場会社との業務提携プロジェクトを進め、大詰めを迎えている状況にありますが、経営会議において、当該プロジェクトの調査・準備・交渉等を開始することを決定した時点で、すでに「行うことについて決定した」といえ、重要事実が生じていたことになると考えられます。

　したがって、最終的な業務提携の是非を決める当該経営会議の前であっても、質問者が当社株式を買い付けることは、インサイダー取引規制の対象になると考えられます。

Q51 「行うことの決定」③——決定手続に瑕疵があった場合

当社は、取締役会においてA社との業務提携の決定を行いましたが、取締役会の招集手続に瑕疵があったため、再度、招集手続を行い、あらためてA社との業務提携を行うことの決定をしました。最初に行われた取締役会の招集手続に瑕疵があり、その決議が無効となるはずですから、あらためて取締役会決議を行う前に、当社株式を購入したとしてもインサイダー取引規制の対象にはならないでしょうか。

A インサイダー取引規制の対象になると考えられます。

解　説

　金商法166条1項は、上場会社等の「重要事実」を職務等に関し知った「会社関係者」または「会社関係者でなくなった後1年以内のもの」が、重要事実が公表される前に当該上場会社等の特定有価証券等の売買等を行うことを、インサイダー取引として規制しています。この「重要事実」は、大別すると、上場会社等に係るものとして、決定事実（同条2項1号）、発生事実（同項2号）、決算情報（同項3号）およびバスケット条項（同項4号）ならびにこれらに対応するものとして、当該上場会社等の子会社に係るものがあります（同項5号ないし8号）。

　このうち、決定事実として重要事実になるには、当該上場会社等の「業務執行を決定する機関」が法定事項（金商法166条2項1号）を「行うことについての決定をしたこと」または、当該機関が当該決定（公表がされたものに限る。）に係る事項を「行わないことを決定したこと」が必要となり、本事例では、「業務執行を決定する機関」が「業務上の提携」（同号ヨ、同法施行令28条1号）を「行うことについての決定をした」といえるのであれば、重要事実に該当することになると考えられます[17]。

本事例において、取締役会が重要事項についての決定を行っておりますが、その取締役会の招集手続に瑕疵があった場合には、それを前提になされた取締役会の決議は、会社法上無効となる場合もあります[18]。仮に取締役会の決議が無効となる場合には、「行うことについての決定」がなかったものとして、再度重要事実が決定される前に株式を購入したとしてもインサイダー取引に該当しなくなるのか問題となりますが、この取締役会の決定は、「それが投資者の投資判断に影響を及ぼしうるものであれば足り、それが法律上有効であることを要しない」[19]とする見解があるように、仮に取締役会の決議に瑕疵があったとしても、すでに決定がされれば投資者の投資判断に重要な影響が生じているものと考えられます。よって、取締役会の招集手続に瑕疵があり、取締役会の決議が無効になったとしても、インサイダー取引との関係においては、当初の取締役会決議によって、B社との業務上の提携を行うことについての決定はされたと考えられます。

　したがって、新たに取締役会決議がされる以前であっても、当初取締役会においてB社との業務提携の決定がされた後、その重要事実の公表前に自社の株式を購入することは、インサイダー取引規制の対象になるものと考えられます。

17　ただし、軽微基準（取引規制府令49条10号）に該当する場合は重要事実に当たりません。
18　江頭・会社法396、397頁
19　服部73頁

Q52 「行わないこと」の決定（中止の決定）

私は、大手上場製薬会社の取締役を務めています。当社は、半年前に難病に効果のある新薬の製品化に関する決定を行い、その重要事実を公表しましたが、先日、当該新薬に含まれる特定の成分に重大な副作用を引き起こす可能性があるとの論文が学会で公表されたため、直ちにその事実の有無について調査を開始するとともに、当該新薬を製品化することを中止する決定をしました。私は、このような状況において当社の株価が下落するのは必至と判断し、当該中止の決定事実が公表される前に保有している自社の株式を売却しようと思っていますが、これはインサイダー取引規制の対象になるのでしょうか。

A インサイダー取引規制の対象になると考えられます。

解　説

金商法166条1項は、上場会社等の「重要事実」を職務等に関し知った「会社関係者」または「会社関係者でなくなった後1年以内のもの」が、重要事実が公表される前に当該上場会社等の特定有価証券等の売買等を行うことを、インサイダー取引として規制しています。この「重要事実」は、大別すると、上場会社等に係るものとして、決定事実（同条2項1号）、発生事実（同項2号）、決算情報（同項3号）およびバスケット条項（同項4号）ならびにこれらに対応するものとして、当該上場会社等の子会社に係るものがあります（同項5号ないし8号）。

このうち、決定事実として重要事実になるには、当該上場会社等の「業務執行を決定する機関」が法定事項（金商法166条2項1号）を「行うことについての決定をしたこと」または、当該機関が当該決定（公表がされたものに限る。）に係る事項を「行わないことを決定したこと」が必要となり、本事

例では、「業務執行を決定する機関」が「新製品の企業化」(同号カ)を「行うことについての決定をした」といえるのであれば、重要事実に該当することになると考えられます[20]。

そして、当該重要事実が公表されている場合には、いったん決定したことを行わないことを決定した場合にも重要事実に当たります(金商法166条2項1号柱書)。これは、当該事項を行うことの決定が公表された場合には、当該情報はすでに相場に反映されているため、当該事項を行わないことを決定した場合にも投資者の投資判断に影響を及ぼし得るものと考えられるからです。

したがって、新薬販売の中止決定を公表する前に当該事実を知った上で、自社株式を売却すれば、インサイダー取引規制の対象になると考えられます。

---

[20] ただし、軽微基準(取引規制府令49条9号)に該当する場合は重要事実に当たりません。

Q53 決定した事実の変更

私は、ゲーム機の製造を行うA上場会社の商品開発部長です。当社は、3カ月前に新製品の企業化について決定し、当該決定内容を公表しました。この決定時の見込みでは、新製品の企業化による売上高の増加額を最近事業年度の売上高の3年連続11％アップと見込んでいました。しかし、企業化の内容に変更が生じたため、その見込みを7％に減少させる必要が生じました。私は、当社株価の下落を見込んで、保有する自社株式を売却することを考えていますが、これはインサイダー取引規制の対象になるのでしょうか。

A インサイダー取引規制の対象になると考えられます。

解 説

金商法166条1項は、上場会社等の「重要事実」を職務等に関し知った「会社関係者」または「会社関係者でなくなった後1年以内のもの」が、重要事実が公表される前に当該上場会社等の特定有価証券等の売買等を行うことを、インサイダー取引として規制しています。この「重要事実」は、大別すると、上場会社等に係るものとして、決定事実（同条2項1号）、発生事実（同項2号）、決算情報（同項3号）およびバスケット条項（同項4号）ならびにこれらに対応するものとして、当該上場会社等の子会社に係るものがあります（同項5号ないし8号）。

このうち、決定事実として重要事実になるには、当該上場会社等の「業務執行を決定する機関」が法定事項（金商法166条2項1号）を「行うことについての決定をしたこと」または、当該機関が当該決定（公表がされたものに限る。）に係る事項を「行わないことを決定したこと」が必要となり、本事例では、「業務執行を決定する機関」が「新製品の企業化」（同号カ）を「行

うことについての決定をした」といえるのであれば、重要事実に該当することになると考えられます[21]。

本事例では、公表した新製品の企業化による売上高の増加額が3年連続で最近事業年度の売上高の10％を超えると見込んでいるため、軽微基準に該当せず（取引規制府令49条9号）、重要事実に当たると考えられます。

その後、この売上高の見込みを下方修正することとなり、その見込額が軽微基準に該当することとなった場合、その変更の決定も重要事実に該当するのか問題となります。

いったん、重要事実として新製品の企業化を公表すれば、市場においてすでに評価を受けているはずですから、その見込みを下方修正するということは投資者の投資判断に重要な影響を及ぼす重要な情報といえ、たとえ下方修正後の売上高の増加見込額が軽微基準に該当する場合であっても、決定された重要事実を行わないことを決定した場合に当たり得ると考えられます[22]。

したがって、本事例において、A社が売上高の見込額を下方修正した結果、その見込額が軽微基準に該当するような場合であっても、当該変更の決定を公表する前に、質問者が当該変更の事実を知ってA社株式を売却することは、インサイダー取引規制の対象になると考えられます。

---

21 ただし、軽微基準（取引規制府令49条9号）に該当する場合は重要事実に当たりません。
22 取引規制実務Q&A56頁

3 重要事実の内容（決定事実）

Q54 株式の募集

　私は、上場会社の財務部長です。当社は、新たな資金調達を考えており、具体的には、取引先のA社を新株の引受先として、2,000株の第三者割当増資を行うこととし、取締役会において、前日の株価終値（1株当り5万1,000円）をもとに払込金額を算定した上で決定し、公表しましたが、実際に新株が発行された時の株価が1億円を割れていました。取締役会決定後、公表前に当社株式を購入した場合、インサイダー取引に該当するのでしょうか。

A 　インサイダー取引に該当すると考えられます。

解　説

　会社法199条1項に規定する株式会社の発行する株式もしくはその処分する自己株式を引き受ける者（協同組織金融機関が発行する優先出資を引き受ける者を含む。）の募集（処分する自己株式を引き受ける者の募集をする場合にあっては、これに相当する外国の法令の規定（当該上場会社等が外国会社である場合に限る。）によるものを含む。）についての決定は、軽微基準に当たらない限り、重要事実に該当します。

　軽微基準は、
① 当該募集による払込金額の総額が1億円（外国通貨をもって表示される証券の募集の場合にあっては、1億円に相当する額）未満であると見込まれること、

または、

②　優先出資をその券面額を発行価額として優先出資法に規定する優先出資者に対しその有する優先出資の数に応じて発行する場合においては、優先出資者の有する優先出資一口に対し発行する優先出資の数の割合が0.1未満であること、

とされています（取引規制府令49条1号）。

本事例においては、新株の募集を行う場合の払込金額について、取締役会決定時には、総額が1億円を超えるものと評価していましたが、実際に発行する際には、1億円を下回っています。このような場合、「見込まれること」は、発行決定時または発行日のいずれの時点において判断されるべきかが問題となります。

そもそも「見込み」とは、客観的・合理的に予測されることをいい、通常当該会社自身によるものが最も合理的であり、信頼のおけるものと考えられます。したがって、通常の場合は、見込みを行う判断主体は、会社ということになると考えられます[23]。

そして、見込みの有無は、決定の時点で判断されるのが原則となり、決定の時点において、軽微基準に該当する「見込み」があったものの、実際には、結果として軽微基準を満たさなかったとしても、重要事実には当たらない考えられます。これとは反対に、決定時に軽微基準に該当する「見込み」がなく、重要事実には当たると判断しましたが、結果として、軽微基準に該当したとしても、インサイダー取引規制の適用を免れるものではないと考えられます[24]、[25]。

本事例のような新株発行の時価発行を行う場合の「見込み」については、発行決定時には、払込金額の総額は決まらないため、発行決定日の前日の株価終値を参考に払込金額の総額が1億円未満になると「見込まれる」かどう

---

[23] 横畠55頁、取引規制実務Q&A39頁
[24] 三國谷38頁、木目田100頁
[25] なお、この場合には、結果として投資者の投資判断に重要な影響を与えるものではなかったとして、決定事実には該当しないと考えられることが多いのではないかという見解もある（木目田101頁）。

かを判断することになると考えられます[26]。

　本事例では、前記上場会社は、時価発行による募集株式の発行決定時には、払込金額を1億円以上であると合理的に見込んでいたのですから、軽微基準に該当せず、重要事実に該当すると考えられます。

　したがって、取締役会決定後、公表前に当社株式を購入することはインサイダー取引に該当するものと考えられます。

---

[26] 東弁・ガイドライン145頁参照、木目田110頁

Q55　公募増資の情報

　私は、A証券会社で取引を行うB信託銀行のアセットマネージャーです。先日、A証券会社の機関投資家へのセールスを行う営業部に所属する担当営業者X氏から、「再来月末日にC上場会社が公募増資10億円を実施するという噂がありますよ。うちのYが言ってました。」と言われました。私は、A証券会社から、営業部のX氏、Y部長と法人関係情報を取り扱う引受部門のZ部長を交えて、何度か接待を受けたことがあり、Y部長がそのつどZ部長から情報を「噂」と称して聞き出しているようすを側で聞いていて、Y部長が聞き出す銘柄を売買するといつも儲かっていたため、今回のC社の増資の噂もY部長がZ部長から聞き出したものと理解し、当社が運用するファンドで保有していたC社の株式を、X氏に連絡してA証券会社で直ちに売却するともに、増資の公表後には、引受けの主幹事証券会社であるA証券会社を通じて、C社の公募増資に係る新株取得の申込みを行い、ファンドでも一部新株を引き受けました。なお、X氏は「噂」と言っていましたが、それはいつも事実を伏せるために、Y部長およびその部下のX氏が使っていることは、暗黙の了解事項となっていました。
　このような状況で、C社の増資の決定が行われ、その事実が公表される前に、私がその権限においてB信託銀行が保有するC社株式を売却することは、インサイダー取引規制の対象になるのでしょうか。また、この場合のX氏、A証券会社にも何か問題が生じてしまうのでしょうか。

A　質問者による売却行為は、インサイダー取引規制の対象になるものと考えられます。

　この場合、質問者の売却行為は法人の業務としてなされていることから、質問者が刑事罰の対象になるとともに（金商法207条柱書、同法197条の2第13号）、法人にも罰金刑が科される可能性があります（同法207条1項2号）。な

第2章　重要事実　133

お、課徴金納付命令が出される場合の名宛人はＢ信託銀行になるものと考えられます（同法175条）。

　また平成25年金商法改正による改正後の金商法におけるインサイダー取引規制によれば、Ｘ氏は、未公表の重要事実の伝達者として（同法167条の２）、規制の対象になる可能性が高いと考えられます。さらに、当該株式募集の決定事実は、法人関係情報にも該当するところ、Ｘ氏の勧誘は法人関係情報を提供した勧誘として禁止行為に該当し（業等府令117条１項14号）、かつ質問者による売却注文を受ける行為はインサイダー取引に該当するおそれがあることを知りながら、その売買を受託することになり、禁止行為に該当する可能性があります（同項13号）。

　Ａ証券会社についても、このような法人関係情報が容易に営業部にもれてしまっていることから、チャイニーズウォールも機能していない可能性も高く、法人関係情報に関する管理について不公正取引を防止するために必要かつ適切な措置を講じていない業務状況（業等府令123条１項５号）にあるとして、行政処分の対象になる可能性があると考えられます。

解　説

１　質問者およびＢ信託銀行について

　会社法199条１項に規定する株式会社の発行する株式もしくはその処分する自己株式を引き受ける者（協同組織金融機関が発行する優先出資を引き受ける者を含む。）の募集（処分する自己株式を引き受ける者の募集をする場合にあっては、これに相当する外国の法令の規定（当該上場会社等が外国会社である場合に限る。）によるものを含む。）についての決定は、軽微基準に当たらない限り（取引規制省令49条１号）、重要事実に該当します。

　株式を募集する場合の軽微基準は、当該募集による払込金額の総額が１億円（外国通貨をもって表示される証券の募集の場合にあっては、１億円に相当する額）未満であると見込まれることとされており（取引規制府令49条１号）、本事例において、Ｃ社は10億円の増資を見込んでいるため、軽微基準には当

たらず、重要事実に該当します（金商法166条2項1号イ）。なお、本事例では、公募増資の実施の事実が「噂」として話されていますが、「噂」という言葉を用いたとしても、【Q47】で解説したようななんら根拠のない「噂」ではなく、前記株式募集の決定事実が、現実に存在し、かつその事実を伏せるために、「噂」と称しているにすぎないのですから、事実であると考えられます。

そして、A証券会社は、C社の公募増資について引受契約を締結していることから、その使用人であるZ部長は「会社関係者」（金商法166条1項4号）に該当し、前記重要事実を、「当該契約の締結若しくはその交渉又は履行に関して」知ったと考えられます。では、Z部長から前記重要事実を聞いたY部長についてはどうでしょうか。本事例では、Y部長もC上場会社と引受契約を締結している契約先の役員等には該当しますが（同号）、引受部門と営業部門では通常チャイニーズウォールがあるため、Y部長が「当該契約の締結若しくはその交渉又は履行に関して」知ったといえるのかが問題となりますが、Y部長をC社との契約履行または交渉をしている者と判断することは難しいと考えられます。

そこでY部長については、金商法166条1項5号の会社関係者、すなわち、「第2号又は前号に掲げる者であって法人であるものの役員等（その者が役員等である当該法人の他の役員等が、それぞれ第2号又は前号に定めるとこ

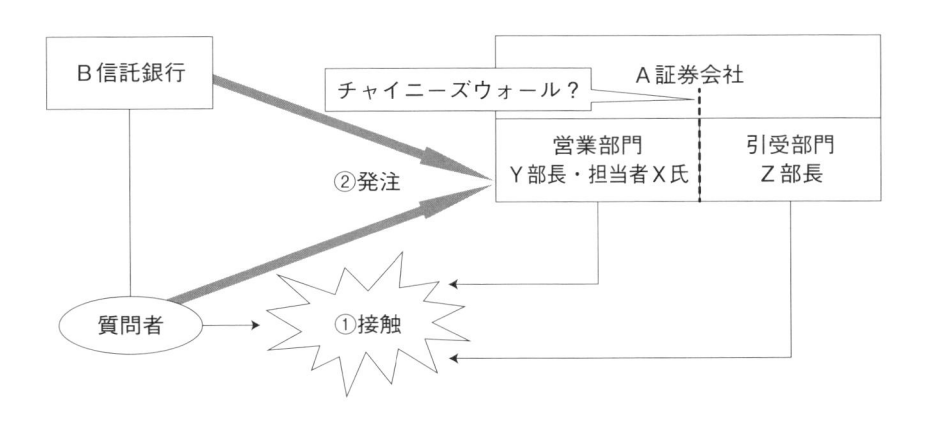

ろにより当該上場会社等に係る業務等に関する重要事実を知った場合におけるその者に限る。）」が「その者の職務に関し知った」（同号）といえるのか、問題となります。

　金商法166条1項5号による規制の趣旨は、「法人は1つの組織体であり、ある部門が取得した情報が他の部門に流れることは当然に予想されることから、これを一体として捉えている」[27]ことにあると解せられています。このような趣旨からしますと、チャイニーズウォールがある証券会社では、本来的には情報が他の部署に流れないことを前提にしているのですから、ある部署の役員等が入手した重要事実を他の部署等の役員等が知ることはなく、同一法人内による情報の共有が想定できず、同号による規制対象外とすることも考えられます。しかし、そのチャイニーズウォールが形骸化していて機能していない場合には、チャイニーズウォールたりえない以上、本来の規制の趣旨に戻って、1つの組織体とみるべきではないかと考えられます。

　本事例のように営業部の部長が継続的に引受部の部長から法人関係情報を含む重要事実を聞き出している状況においては、チャイニーズウォールが機能しているとは言いがたく、原則どおり営業部および引受部を1つの組織体としてみるべきであり、Y部長は、前記のとおり、金商法166条1項4号に定めるところにより前記重要事実を知ったZ部長以外の役員であり、自らの職務に関して、前記重要事実を知ったと考えられます。

　したがって、Y部長は金商法166条1項5号の会社関係者に該当すると考えられます[28]。同様に、Y部長の部下X氏も、その営業部の一員であり、その職務に関して前記重要事実を知った以上、同号の会社関係者に該当すると考えられます。

　次に、質問者が前記重要事実の第1次情報受領者に当たるか否かも問題となります。X氏は「噂」と称して株式募集の決定事実を伝えていますが、こ

---

[27] 三國谷23頁
[28] なお、金融庁「情報伝達・取引推奨規制に関するQ&A」（平成25年9月12日付）問1においても、会社内で会社関係者から重要事実の伝達を受けた役職員が「職務に関し」知ったといえるかに関連し、「業務上正当な行為として伝達を受けたものでない場合も含まれ得る」とされている。

れまでも重要事実を、「噂」と称して隠すことを暗黙の了解事項として繰り返し伝達してきた状況においては、本事例における募集の情報もあくまで前記重要事実を隠すための方法として「噂」と言っているにすぎず、実際には、前記重要事実を質問者に伝達する意図があるものと考えられます。また、質問者においても、「噂」という言葉は、前記重要事実を伏せるために用いられていることを暗黙の了解事項として認識していると考えられ、重要事実を受領している認識もあると考えられます。

したがって、本事例において質問者は、第1次情報受領者に当たると考えられます（金商法166条3項）。

その質問者が、前記重要事実の公表前に自らが所属するB信託銀行の運用業務の一環として、C社の株式を売却すれば、質問者自身がインサイダー取引を行った者として刑事罰の対象になるとともに（金商法207条柱書、197条の2第13号）、両罰規定の適用により、B信託銀行も罰金の対象になるものと考えられます（同法207条1項2号）。なお、課徴金納付命令が課される場合には、法人であるB信託銀行がその名宛人になります（同法175条）。

2　X氏およびA証券会社について

前記重要事実は、「法第163条第1項に規定する上場会社等の運営、業務又は財産に関する公表されていない重要な情報であって顧客の投資判断に影響を及ぼすと認められるもの」（業等府令1条4項14号）に当たり、法人関係情報にも該当すると考えられます。したがって、X氏による社株式の売買の勧誘は、法人関係情報を提供した勧誘として禁止行為に該当する可能性が高いと考えられます（同府令117条1項14号）。

また、X氏がB信託銀行によるC社株式の売却がインサイダー取引に該当するおそれがあることを知りながら、その売買を受託することも、禁止行為に該当する可能性があると考えられます（業等府令117条1項13号）。さらに、このような法人関係情報が容易に営業部にもれてしまっていることから、チャイニーズウォールが機能していないと評価され、A証券会社においては、法人関係情報に関する管理について不公正取引を防止するために必要

かつ適切な措置を講じていない業務状況（同府令123条5号）にあると判断される可能性もあると考えられます。

Q56 資本金の額の減少

　私は、A上場会社の財務担当取締役です。当社は、業績不振が長引き、現在も無配となっています。スポンサーを募り無配状態を解消するために、資本金の減少を行い、資本の欠損をてん補することを昨日の経営会議で決定しました。私が、当該事実の公表前に当社株式を買うことはインサイダー取引に当たるのでしょうか。

A　インサイダー取引に当たると考えられます。

解　説

　資本金の額の減少を行うことについての決定をしたことは、重要事実に該当します（金商法166条2項1号ロ）。資本金の減少を行うこと自体が会社にとって重要な事態であり、投資者の投資判断に著しい影響を及ぼすものと考えられるため、軽微基準は存在しません[29]。旧商法においては、資本の減少については、①計数のみを変動させる場合と、②計数の変動と株主への財産の交付を伴う場合とが規定されていましたが、会社法においては、資本金の額は、過去の出資の価額に関する貸借対照表上の計数にすぎないという位置づけしか与えられていないため、資本金の額の減少は、単なる貸借対照表上の払戻拘束のかからない計数の変動にすぎないとされました[30]。もっとも、資本金の額を減少して払戻拘束のかからない計数を増加させること自体、投資者の投資判断に重要な影響を及ぼす事項であるため、資本金の額の減少は重要事実とされました[31]。

　軽微基準がない以上、資本金の減少額にかかわらず、資本金の額の減少の

---

[29]　木目田113頁
[30]　郡谷大輔ほか「会社法における債権者保護〔下〕」商事法務1747号25頁
[31]　松本77頁

決定をした事実を公表する前に当社株式を購入することはインサイダー取引に当たると考えられます。

Q57 新株予約権の無償割当て

私の勤務している上場会社A社は、機関投資家の株主も多く、会社は株主の利益を重視した経営を行っています。今般、海外進出等に向けて多額の資金を調達する必要があるのですが、株主利益の希薄化が生じる公募増資ではなく、いわゆるライツ・オファリングを検討しているようです。私は、仕事上そのことを知ってしまったのですが、このライツ・オファリングの決定もインサイダー取引規制上の重要事実に該当するのでしょうか。

A 原則として該当します。

解 説

ライツ・オファリングとは、一般的には新株予約権無償割当てによる増資のことを指します[32]、[33]。公募増資や第三者割当増資と異なり、株式を取得する権利が既存株主にその持分割合に応じて与えられるため、既存株主は持分割合を維持する機会を与えられることになります。すなわち、新株予約権が無償で株主に対して持分割合に応じて付与されるため、新株予約権を行使してその持分を維持することを望む株主は、所定の払込金額を払い込むことによって新株を取得し、持分割合を維持することができます。この場合も、新株予約権の行使を望まない株主は、持分割合の低下を避けられないことになりますが、新株予約権を譲渡することによって株価の下落分の損失を補てんすることができます。この新株予約権の譲渡の機会を保証するため、ライ

---

[32] ライツ・オファリングとは、新株予約権を株主に無償で割り当てることによる増資手法をいい、会社法277条に規定する新株予約権無償割当てに係る新株予約権証券であって、金商法上は、取引所金融商品市場において売買を行うこととなるものをいう（開示府令3条5号）。
[33] その仕組みの詳細は、【Q122】解説参照。

ツ・オファリングの対象となる新株予約権は、証券取引所に上場することが前提になっています。このライツ・オファリングは、欧州では一般的な資金調達手段であり、今後の普及が期待されるところです。

　インサイダー取引規制との関係では、新株予約権の無償割当ての決定は、投資判断に影響を与えるものですが、従前、重要事実に該当するか明文上は明らかではありませんでした。そこで、平成23年改正金商法により、「新株予約権の無償割当て」が金商法166条2項1号ホに追加され、重要事実に該当することが明確化されました。なお、軽微基準については、新株予約権無償割当てを行う場合にあっては、当該新株予約権無償割当てにより割り当てる新株予約権の払込金額の合計額が1億円未満であると見込まれ、かつ、当該新株予約権無償割当てにより1株に対し割り当てる新株予約権の目的株式の数の割合が0.1未満であることと定められています（規制府令49条2号ロ）。

Q58 剰余金の配当

当社（上場会社）は、昨年は期末配当のみを実施し、1株当り10円の剰余金の配当を行いました。今期は、業績がよいため、定款の定めに従い、1株当り8円の中間配当を実施することを経営会議において決定したいと考えています。当該配当の決定は重要事実に該当するのでしょうか。

A 重要事実に該当すると考えられます。

解　説

剰余金の配当は、軽微基準に当たらない限り、重要事実に該当します（金商法166条2項1号ト）。軽微基準は、「1株又は1口当たりの剰余金の配当の額をそれぞれ前事業年度の対応する期間に係る1株又は1口当たりの剰余金の配当の額で除して得た数値が0.8を超え、かつ、1.2未満であること。」と規定され、1株当りの剰余金の配当額が「それぞれ前事業年度の対応する期間に係る」1株当りの剰余金の配当の額の増減比率20％未満である場合には、重要事実に当たらないとされています（取引規制府令49条4号）。この「対応する期間」がいかなる期間を指すのか明らかではないですが、例えば、四半期配当をする会社において、第1四半期の配当についての決定が軽微基準に該当するかどうかは前事業年度の第1四半期の配当から増減比率20％未満かどうかにより判断することになるとされています[34]。なお、今期に初めて第1四半期に配当を実施する場合には、前事業年度の第1四半期の配当額を基準として、今期の第1四半期の配当額が軽微基準に該当するか否かを判断することはできません。この場合には、前事業年度の通期または中

34　松本83頁

間期の配当額を第1四半期に換算して「前事業年度の対応する期間に係る剰余金配当額」を算出する考え方があります[35]。

　この考え方に基づけば、前年度の期末配当の額と、本年度の中間配当の額を単純に比較して、変動率を比較するのではなく、前年度の通期を半期に換算して、軽微基準の該当性を判断することになると考えられます。本事例では、前年度には中間配当を実施していませんが、前年度の期末配当を前事業年度の対応する期間（半期）に計算すると1株当りの剰余金の配当額は5円となります。これと本事業年度の中間配当額8円を比較すると、20％以上の変動となり、軽微基準には該当しないため、重要事実に該当することになると考えられます。

35　木目田119頁

Q59 株主優待の廃止

私は、A上場会社の総株主の議決権の4％を保有する大株主です。同社は、100株以上株式を保有する株主に対しては、全国百貨店共通商品券を贈呈するという株主優待制度を実施しており、私も、毎年それを受けることを楽しみにしています。先日、知人でもあるA社のX代表取締役から、経費削減のため同社の株主優待制度を廃止することにしたという話を聞きました。私が当該廃止決定の事実が公表される前に、保有するA社株式を売却することは、インサイダー取引に該当するのでしょうか。

A インサイダー取引に該当しないと考えられます。

解 説

株主優待制度の廃止の決定が、剰余金の配当の決定に当たるかが問題となり得ますが、原則として株主優待制度の創設、変更、廃止の決定が剰余金の配当には当たらないものと考えられます。ただし、ほとんどの株主が株主優待を期待して株式を保有している場合など、特別の事情がある場合には、その廃止の決定がバスケット条項（金商法166条2項4号）に該当する可能性もあると考えられます[36]。

---

[36] 東証・FAQ集15頁

Q60　株式交換

当社は、上場会社（最近事業年度末日の純資産1,000億円、最近事業年度の売上高1,800億円）です。3カ月後にA会社（最近事業年度末日の総資産100億円、最近事業年度の売上高90億円）と株式交換を行い、A社の完全親会社になることを決定する予定でいます。当社にとって、当該株式交換の決定は重要事実に該当するのでしょうか。

A 重要事実には該当しないと考えられます。

解　説

株式交換の決定は、軽微基準（取引規制府令49条5号）に当たらない限り、重要事実に該当します（金商法166条2項1号チ）。株式交換とは、株式会社が発行済株式（会社が発行している株式）の全部を他の株式会社または合同会社に取得させることをいいます（会社法2条31号）。

株式交換には、会社が全株式を取得することによって完全親会社になる場合と、会社が全株式を取得されることによって完全子会社になる場合があります。後者の場合には、上場会社等が完全子会社になることは投資者の投資判断に及ぼす影響も大きいため、軽微基準は設けられておらず、その決定はすべて重要事実になるのに対して、前者において完全子会社となる会社の規模が小さい場合または子会社を完全子会社にする場合には、投資者の投資判断に及ぼす影響も小さいため、軽微基準があり、以下の基準いずれかに該当する場合には重要事実には当たりません。

① 株式交換完全子会社（会社法第768条第1項第1号に規定する株式交換完全子会社をいう。）となる会社（子会社（法第166条第5項に規定する子会社をいう。）を除く。ロも同じ。）の最近事業年度の末日における総資産の帳簿価額が会社の最近事業年度の末日における純資産額の100分の30に相当する

額未満であり、かつ、当該株式交換完全子会社となる会社の最近事業年度の売上高が会社の最近事業年度の売上高の100の10に相当する額未満である場合において、当該株式交換完全子会社となる会社との間で行う株式交換
② 子会社との間で行う株式交換

①のうち、「最近事業年度」とは、重要事実の発生の日の属する事業年度の前事業年度であり、会社の決定に係る重要事実の軽微基準においては、当該決定が行われた日の属する事業年度の前事業年度と解されています[37]。

本事例において、当社はＡ社の完全親会社となることを予定しているところ、Ａ社の最近事業年度末日の総資産は当社の最近事業年度末日の純資産の30％未満であり、かつ、Ａ社の最近事業年度の売上高は当社の最近事業年度の売上高の10％未満であるため、軽微基準に該当し、重要事実には当たらないと考えられます。

---

[37] 横畠56頁

Q61 株式移転

A上場会社の代表取締役ですが、当社とB上場会社とは、株式移転により、新たに設立するC会社の完全子会社になることを決定する予定でいます。当該決定後公表前にA社株式を購入しておきたいと考えています。これはインサイダー取引に該当するのでしょうか。

A インサイダー取引に該当すると考えられます。

解説

株式移転とは、1または2以上の株式会社がその発行済株式の全部を新たに設立する株式会社に取得させることをいいます（会社法2条31号）。株式移転がなされると、従前の株主は、株主としての地位を失うことになるため、株主に与える影響が重大なものになると考えられます。そのため、株式移転を行うことの決定には軽微基準がなく、当該決定は、例外なく重要事実に該当します（金商法166条2項1号リ）。したがって、当該株式移転の決定事実が公表される前に職務に関し、当該決定事実を知ってA社株式を購入すればインサイダー取引に該当すると考えられます。

Q62 合併

当社は、上場会社です。本日、半年後に当社を存続会社、A上場会社を消滅会社として吸収合併することを決定しました。A社も当社との合併を決定しました。この場合、両社にとって合併の決定は重要事実に該当するのでしょうか。

A 合併の決定については、吸収合併によって存続会社となる場合には軽微基準があるため、これに当たる場合には重要事実に該当しないと考えられます。吸収合併によって消滅会社となる場合には軽微基準がないため、常に重要事実に該当すると考えられます。

解 説

合併には吸収合併と新設合併があります。吸収合併とは、会社が他の会社とする合併であって、合併により消滅する会社の権利義務の全部を合併後存続する会社に承継させるものをいい（会社法2条27号）、新設合併とは、2以上の会社がする合併であって、合併により消滅する会社の権利義務の全部を合併により設立する会社に承継させるものをいいます（同条28号）。

吸収合併によって、上場会社等が存続会社になる場合は、合併による資産および売上高の増加額の影響が少ないと見込まれる場合には、投資者に及ぼす影響も少ないため、以下の軽微基準があり（取引規制府令49条6号）、これらのいずれかを満たす場合には、存続会社にとって合併の決定は重要事実に該当しません。

① 合併による資産の増加額が最近事業年度の末日における純資産額の100分の30に相当する額未満であると見込まれ、かつ、当該合併の予定日の属する事業年度および翌事業年度の各事業年度においていずれも当該合併による売上高の増加額が最近事業年度の売上高の100分の10に相当する額未満であると見込まれること。

② 発行済株式または持分の全部を所有する子会社との合併（合併により解散する場合を除く。）。

①の軽微基準のうち、「合併による資産の増加額」とは、合併の相手方の資産の帳簿価額そのものではなく、当該合併を行った場合に存続会社において実際に増加する資産の額のことを指すと考えられます。したがって、例えば、合併の当事者間における債権は合併の結果、混同により消滅するため、存続会社の資産の増加を計算するためには、合併の相手方の資産の帳簿価格から合併の結果混同により消滅する債権の額を控除する必要があります。合併に際して、資産の時価への評価替えが行われる場合には、資産の増加額は評価替え後の時価で計算することになります[38]。

また、「合併による売上高の増加額」も当該合併によって存続会社において実際に増加する売上高の額を指し、合併によって消滅する会社に対する売上高は控除する必要があります[39]。その際、比較するのは、ⅰ「当該合併の予定日の属する事業年度の売上高の増加額」の見込みと合併決定日の「最近事業年度[40]の売上高」、ⅱ「合併予定日の翌事業年度の売上高の増加額」の見込みと合併決定日の「最近事業年度の売上高」になることに注意を要します[41]。

したがって、これら①または②のいずれかを満たす場合、当社にとってA社との合併の決定は重要事実にはなりません。

これに対して、合併によって、上場会社等が消滅会社となる場合には、株主は、従前有していた株主としての地位を失い、存続会社の株式等の財産の交付を受けることになり、投資者の投資判断に及ぼす影響が大きいことから[42]、軽微基準はなく、A社にとっては、常に重要事実になります。

---

[38] 横畠62頁
[39] 横畠62頁
[40] 「最近事業年度」とは、重要事実の発生の日の属する事業年度の前事業年度であり、決定事実における重要事実の軽微基準においては、当該決定の行われた日（決定日）の属する事業年度の前事業年度をいいます（横畠56頁）。
[41] 三國谷52、53頁
[42] 木目田124頁

Q63 会社分割

私は、A上場会社の常務取締役です。当社は、新設分割を行い、新たに設立する会社に半導体事業をすべて移転することを決定しましたが、新設分割によって、分割会社の最近事業年度の末日における当該分割に係る資産の帳簿価額が同日における純資産額の40％、かつ、当該分割の予定日の属する事業年度および翌事業年度の各事業年度において、いずれも当該分割による売上高の減少額が最近事業年度の売上高のそれぞれ12％、11％であると見込まれました。当該決定が公表される前に、私が保有するA社株式を売却した場合、インサイダー取引規制の対象になるのでしょうか。

A インサイダー取引規制の対象になると考えられます。

解　説

　会社分割には、吸収分割と新設分割があります。吸収分割は、株式会社または合同会社（分割会社）がその事業に関して有する権利義務の全部または一部を分割後他の会社（分割承継会社）に承継させることをいい（会社法2条29号）、新設分割とは、1または2以上の株式会社または合同会社（分割会社）がその事業に関して有する権利義務の全部または一部を分割により設立する会社（設立会社）に承継させることをいいます（同条30号）。

　本号における「会社の分割」には、上場会社等が①吸収分割または新設分割において分割会社となる場合、②吸収分割において分割承継会社となる場合があり、それぞれ、軽微基準に該当しない限り（取引規制府令49条7号）、重要事実に当たります。会社分割における軽微基準は、①吸収分割または新設分割において分割会社となる場合、②吸収分割において分割承継会社となる場合とで、以下のとおりとなります。

① 吸収分割または新設分割において分割会社となる場合：会社の分割により事業の全部または一部を承継させる場合であって、最近事業年度の末日における当該分割に係る資産の帳簿価額が同日における純資産額の100分の30未満であり、かつ、当該分割の予定日の属する事業年度および翌事業年度の各事業年度において、いずれも当該分割による売上高の減少額が最近事業年度の売上高の100分の10に相当する額未満であると見込まれること。

② 吸収分割において分割承継会社となる場合：会社の分割により事業の全部または一部を承継する場合であって、当該分割による資産の増加額が最近事業年度の末日における純資産額の100分の30に相当する額未満であると見込まれ、かつ、当該分割の予定日の属する事業年度および翌事業年度の各事業年度においていずれも当該分割による売上高の増加額が最近事業年度の売上高の100分の10に相当する額未満であると見込まれること。

すなわち、上場会社等が吸収分割または新設分割において分割会社となる場合（上記①）または上場会社等が吸収分割において分割承継会社となる場合（上記②）で、資産および売上高の増減が少ないときには、投資者の投資判断に与える影響が少ないと考えられるため、軽微基準を満たすと考えられます。

この場合の「当該分割による資産の減少額（増加額）」は、【Q62】において解説したことと同様に、分割会社または分割承継会社においても、上場会社等の資産が実際に減少または増加する額のことを指すことになります。また、同じく、分割会社または分割承継会社の「分割による売上高の減少額（増加額）」を比較するのは、「当該分割の予定日の属する事業年度の売上高の減少額（増加額）」の見込みと当該分割決定日の「最近事業年度の売上高」および「当該分割予定日の翌事業年度の売上高の減少額（増加額）」の見込みと当該分割決定日の「最近事業年度の売上高」との双方になります。

本事例で、会社分割により、分割会社であるA社の純資産額の減少は40％であり、かつ、売上高の減少額も2期とも10％を超えているため、前記軽微基準（上記①）を満たしておらず、前記会社分割の決定は重要事実に該当すると考えられます。

Q64　新製品の企業化

　私は、ゲーム機およびゲームソフトの製造販売を行う上場会社の専務取締役です。当社は三次元の立体映像（ホログラム）にてゲームを行うゲーム機の研究および開発をすることを決定しました。他社でもすでに同様のゲーム機の製造および販売を行うことを決定し、公表しているところもあります。当社が行った前記決定は重要事実に該当するのでしょうか。

A　原則として重要事実に該当しないと考えられます。

解　説

　「新製品又は新技術の企業化」を行うことの決定は、軽微基準（取引規制府令49条9号）に該当しない限り、重要事実に当たります（金商法166条2項1号カ）。
　「新製品」とは、会社が新たに市場に投入する製品であり、「新技術」とは会社において新たに開発あるいは採用した技術をいいます。製品または技術の新規性は、当該会社にとって新たなものであるかどうかという観点から社会通念に従って判断されますが、特に画期的なものである必要はなく、製品については、その名称、型式、性能等を、また技術については、その内容等を勘案して新たなものと判断されるものであればよいとされます。「企業化」とは、コマーシャルベースに乗せることであり、新製品についてはその製造、販売等を行うこと、新技術についてはそれを採用した製品の製造、販売等を行うことの他自社の生産ラインに新技術を導入することなどを含むと解されます。新製品または新技術の単なる「研究」ないし「開発」ではなく、その「企業化」としているのは、企業化の段階に至ってはじめて研究・開発された新製品あるいは新技術が企業の業績に反映するということを考慮した

ものと解されています[43]。

　本事例において、「当社が三次元の立体映像（ホログラム）にてゲームを行うゲーム機の研究及び開発をすること」を決定しただけでは、通常は、その製造、販売等を行うことまでの決定に至っておらず、いまだ企業化には至っているとまではいえないと考えられます。したがって、当該決定は、前記重要事実には当たらないと考えられます。もっとも、基礎研究、開発といっても、投資者の投資判断に影響を及ぼすようなケースについては、バスケット条項に該当する可能性はあり、その場合には重要事実に該当すると考えられます（金商法166条2項4号）。なお、他社で同様の製品について、すでに製造および販売を行うという企業化の決定がされていたとしても、「企業化」といえるか否かは当該上場会社等において判断することになるため、他社ですでに同種商品の企業化の決定がされていたとしても、当社で新製品の企業化の決定を行う場合には、重要事実になると考えられます[44]。

---

[43]　横畠66頁
[44]　野村・事例282頁

Q65　人材の獲得

　私は、A大学において、X教授と難病新薬を発明するための共同研究を行っています。この度、X教授は、難病の原因遺伝子を解明したことが世界的にも評価され、大手のB上場製薬会社の研究所長になることが決まったという知らせをX教授から聞きました。X教授が同社に入ることで、これまで製品化が困難とされてきた新薬の製品化が行われることは間違いないと思っています。この機会に、私がB社の株式を購入することはインサイダー取引に該当するのでしょうか。

A　インサイダー取引には該当しないと考えられます。

解　説

　【Q64】で解説したように、「企業化」とは、コマーシャルベースに乗せることであり、新製品についてはその製造、販売等を行うこと、新技術についてはそれを採用した製品の製造、販売等を行うことの他自社の生産ラインに新技術を導入することなどを含むと解されます。本事例では、「X教授が難病の原因遺伝子を解明したこと」、「B上場製薬会社の研究所長になることが決まったという」ことであり、X教授がB社に入社したとしても、これまで製品化が困難とされてきた新薬の製品化および販売が行われることが決まったわけではありません。また、X教授がB社に入社することだけで、「投資家の投資判断に著しい影響を及ぼす」とまではいえないため、いわゆるバスケット条項（金商法166条2項4号）にも該当しないと考えられます。

　したがって、この段階で質問者がB社株式を購入したとしても、インサイダー取引には該当しないと考えられます。

Q66　新製品の売上予想

私は、A上場会社の営業担当取締役ですが、新製品のゲーム機の企業化を経営会議で決定し、その際、当該ゲーム機の売上高予想を、販売を開始する来年度から向こう3年間は、各年とも200億円程度の増加と試算しており、当該ゲーム機の販売により既存商品の売上げが50億円減少すると判断しました。当社の昨年度の売上高は1,000億円でした。なお、本ゲーム機を販売するまでの設備費用、研究開発費、マーケティング費用等の特別支出は昨年度末の固定資産の帳簿価格の8％であると見込まれます。

私が、前記ゲーム機の企業化の決定後、公表前に自社の株式を購入した場合には、インサイダー取引規制の対象になるのでしょうか。

A　インサイダー取引規制の対象になると考えられます。

解　説

「新製品又は新技術の企業化」を行うことの決定は、軽微基準（取引規制府令49条9号）に当たらない限り、重要事実に該当します（金商法166条2項1号カ）。軽微基準は、以下の基準のいずれも満たす場合となります。

① 　新製品の販売または新技術を利用する事業の開始予定日の属する事業年度開始の日から3年以内に開始する各事業年度においていずれも当該新製品または新技術の企業化による売上高の増加額が最近事業年度の売上高の100分の10に相当する額未満であると見込まれること。

② 　当該新製品の販売または新技術を利用する事業の開始のために特別に支出する額の合計額が最近事業年度の末日における固定資産の帳簿価額の100分の10に相当する額未満であると見込まれること。

このうち、①基準（以下、「売上高基準」といいます。）における「当該新製

品又は新技術の企業化による売上高の増加額」とは、当該新製品または新技術の企業化が売上高の増加に寄与する額をいい、他の事由により会社の売上高の総額が減少することが予想されるとしても、当該新製品等の企業化が売上高の増加に寄与する部分があれば、これが売上高の増加額となります。新規の分野における新製品または新技術の企業化の場合は、各事業年度において見込まれる当該新製品または新技術の売上高の全額が各事業年度の売上高の増加額となり得ますが、新製品または新技術の企業化により売上高の減少が見込まれる当該会社の既存製品等がある場合は、各事業年度において見込まれる当該新製品または新技術の売上高から各事業年度において見込まれる当該既存製品等の売上減少額を控除したものが各事業年度において見込まれる当該新製品または新技術の企業化による売上高の増加額になると考えられます[45]。

本事例において、Ａ社が新製品を販売することによる売上高の増加額を200億円と予想した場合、そこから既存商品の売上高の減少額50億円を控除した150億円が新製品の企業化による当該会社の売上高の増加額となります。

これは最近事業年度（企業化を決定した事業年度の前年度）の売上高1,000億円の15％（150億円÷1000億円×100％）に当たり、軽微基準①の要件を満たしません。

なお、②の基準（以下、「特別支出基準」といいます。）における「当該新製品の販売又は新技術を利用する事業の開始のために特別に支出する額」とは、当該新製品または新技術の研究・開発のために特別に行った支出を始め、その製造を開発するために行う設備投資の額やその販売開始までに支出する広告宣伝費など、当該新製品の販売または新技術を利用する事業の開始のための支出であって、一般的、経常的な支出を除くものの額（実額）をいうと解されます[46]。

本事例において、当社の本ゲーム機販売に要した設備費用、研究開発費、マーケティング費用等は「特別に支出する額」に当たると考えられ、その特

---

[45] 横畠69、70頁
[46] 横畠70頁

別支出額は、最近事業年度の末日における固定資産の帳簿価額の8％であるため、②の基準については満たすものと考えられます。

　したがって、新製品のゲーム機の企業化の決定は、決定時において、売上高基準を満たさず、軽微基準に該当しないため、重要事実に該当すると考えられます。よって、当該決定の公表前に、質問者がA社株式を購入することは、インサイダー取引規制の対象になると考えられます。

Q67　業務提携

　私は、A非上場会社の常務取締役をしています。当社は、販売経費の合理化の観点から、B上場会社と業務提携を行い、B上場会社の販売ラインを利用する代わりに、当社が有する独自のノウハウをB上場会社に提供していくことを決定しました。
　当該業務提携に際し、将来はB社の傘下に入ることもあり得るため、B社には当社株式を3％保有してもらうことになり、B社もすでに当社との業務提携および当社株式保有について決定をしています。この場合に、私が、B社の株式を購入することはインサイダー取引規制の対象になるのでしょうか。

A　インサイダー取引規制の対象になると考えられます。

解　説

　「業務上の提携」を行うことの決定は、軽微基準（取引規制府令49条10号イ）に当たらない限り、重要事実に該当します（金商法166条2項1号ヨ、同法施行令28条1号）。「業務上の提携」とは、会社が他の企業と協力して一定の業務を遂行することをいうと解されます[47]。

　業務上の提携を行う場合の軽微基準は、当該業務上の提携の予定日の属する事業年度開始の日から3年以内に開始する各事業年度においていずれも当該業務上の提携による売上高の増加額が最近事業年度の売上高の100分の10に相当する額未満であると見込まれ、かつ、次の①～③に掲げる場合においては、当該①～③に定めるものに該当することになります。
① 　業務上の提携により相手方の会社（協同組織金融機関を含む。①および②

47　横畠73頁

において同じ。）の株式（優先出資を含む。①および②において同じ。）または持分を新たに取得する場合：新たに取得する当該相手方の会社の株式または持分の取得価額が会社の最近事業年度の末日における純資産額と資本金の額とのいずれか少なくない金額の100分の10に相当する額未満であると見込まれること。

② 業務上の提携により相手方に株式を新たに取得される場合：新たに当該相手方に取得される株式の数が会社の最近事業年度の末日における発行済株式（発行済優先出資を含む。）の総数の100分の5以下であると見込まれること。

③ 業務上の提携により他の会社（協同組織金融機関を含む。③において同じ。）と共同して新会社を設立する場合（当該新会社の設立が子会社の設立に該当する場合を除く。）：新会社の設立の予定日から3年以内に開始する当該新会社の各事業年度の末日における総資産の帳簿価額に新会社設立時の出資比率（所有する株式の数または持分の価額を発行済株式の総数または出資の総額で除して得た数値をいう。以下この条において同じ。）を乗じて得たものがいずれも会社の最近事業年度の末日における純資産額の100分の30に相当する額未満であると見込まれ、かつ、当該新会社の当該各事業年度における売上高に出資比率を乗じて得たものがいずれも会社の最近事業年度の売上高の100分の10に相当する額未満であると見込まれること。

このように、業務上の提携を行う場合の軽微基準には、売上高による基準を原則としつつ、さらに①相手方の会社の株式を取得する場合、②株式を取得される場合または③新会社を設立する場合とにおいて、これに追加して、それぞれ①取得する株式の取得価額が会社の純資産額と資本金の額とのいずれか少ない金額に占める割合を比較する基準、②取得される株式の数が会社の発行済株式総数に占める割合を比較する基準と、③新会社の総資産の帳簿価額に出資比率を乗じて得たものが会社の純資産額に占める割合および新会社の売上高に出資比率を乗じて得たものが会社の売上高に占める割合を比較する基準が適用されます（ただし、設立される新会社が子会社に該当する場合には、③の基準は適用されません。）。

したがって、本事例では、業務提携によってＢ社はＡ社の株式を３％保有することになるため、Ｂ社にとって、軽微基準のうち、売上高基準および前記①基準を満たすか否か確認が必要となり、これを満たす場合には重要事実には当たらないと考えられますが、満たさない場合には重要事実に当たると考えられます。

　重要事実に当たる場合、質問者は、上場会社であるＢ社と「契約を締結している者又は締結の交渉をしている者（その社が法人であるときはその役員等……）」に当たり、Ｂ社の会社関係者に当たります（金商法166条１項４号）。

　したがって、Ｂ社においてＡ社との業務上の提携をすることを決定したことが公表される前に、質問者がＢ社の株式を買い付ける行為は、インサイダー取引規制の対象になると考えられます。

Q68　ライセンスと業務提携該当性

　私が勤務している上場会社A社がその保有している特許権につき韓国のB社に利用許諾をすることになり、A社とB社の間でライセンス契約を締結することになりました。このA社によるB社とのライセンス契約締結の決定は、B社との「業務上の提携」の決定としてA社の重要事実に該当するのでしょうか。

A　A社とB社で、協力して一定の業務を行う合意が存在するかによって結論が異なります。単なるライセンス契約の締結では、「業務上の提携」に該当しない可能性があります。

解　説

　「業務上の提携又は業務上の提携の解消」の決定（金商法166条2項1号ヨ、同法施行令28条1号）は、軽微基準に当たらない限り（取引規制府令49条10号）、重要事実に該当します。

　そして、「業務上の提携」とは、会社が他の企業と協力して一定の業務を遂行することをいい、協力して行う業務の内容について限定はなく、また、協力の形式も問いません[48]。ライセンス契約の締結の決定がこの「業務上の提携」の決定に該当するものとして、インサイダー取引規制上の重要事実に該当するか否かは、当該契約内容およびそれに付随する合意に、一定の業務についてお互いに協力するとの合意があるか否かにより結論が異なるものと考えられます。

　この点、いわゆるライセンスは、特許権や著作権といった法律により定められた知的財産権を有する者が、その利用等を行う者に対して知的財産権に基づく損害賠償請求や差止請求を行わないことを約するものです。

---

[48]　横畠73頁

すなわち、特許権等を有する会社が、ライセンスを受ける会社に対して当該特許権を利用するかたちでのビジネスを行うことを認めるだけであって、これだけでは、必ずしも一定の業務についてお互いに協力するという合意があったとはいえません。

　もっとも、ライセンス契約を締結する際には、相手方に対して技術指導を行ったり、営業支援を行う合意がされることも一般的です。このような場合は、まさに一定の業務についてお互いに協力するという合意があるものといえます。

　本事例において、B社との間で、韓国における当該特許権に関するビジネスを協同して行う旨の合意が、ライセンス契約またはそれに付随する合意においてされていれば、重要事実に該当するものと考えられますが、そうでない場合は該当しないものと考えられます。

Q69　資本提携の解消

私は、A非上場会社の社長です。当社は、これまで5年間にわたり、輸出自動車用の自動車タイヤの製造をB上場会社と共同して行うために、共同出資によりC社を設立し（当社の出資比率30％、B社の出資比率70％）、合弁事業を行ってきました。しかし、当社は、長引く円高の影響から業績不振のため、B会社との合弁契約を解消し、C社の株式をすべてB社に譲渡することを決定しました。私は、当該決定内容が公表される前に、個人的に保有するB社の株式も売却しようと考えておりますが、インサイダー取引規制の対象になるのでしょうか。

A　インサイダー取引規制の対象になると考えられます。

解　説

「業務上の提携の解消」は軽微基準（取引規制府令49条10号ロ）に当たらない限り、重要事実に該当します（金商法施行令28条2号）。「業務上の提携の解消」とは、会社が他の企業と協力して一定の業務を遂行してきた関係を解消することをいうと解されます[49]。

業務上の提携の解消を行う場合の軽微基準は、当該業務上の提携の解消の予定日の属する事業年度開始の日から3年以内に開始する各事業年度においていずれも当該業務上の提携の解消による売上高の減少額が最近事業年度の売上高の100分の10に相当する額未満であると見込まれ、かつ、次の①～③に掲げる場合においては、当該①～③に定めるものに該当することになります。

① 業務上の提携により相手方の会社（協同組織金融機関を含む。①および②

---

[49]　横畠73頁

において同じ。）の株式（優先出資を含む。①および②において同じ。）または持分を取得している場合：取得している当該相手方の会社の株式または持分の帳簿価額が会社の最近事業年度の末日における純資産額と資本金の額とのいずれか少なくない金額の100分の10に相当する額未満であること。
② 業務上の提携により相手方に株式を取得されている場合：当該相手方に取得されている株式の数が会社の最近事業年度の末日における発行済株式（発行済優先出資を含む。）の総数の100分の5以下であること。
③ 業務上の提携により他の会社（協同組織金融機関を含む。③において同じ。）と共同して新会社を設立している場合：新会社の最近事業年度の末日における当該新会社の総資産の帳簿価額に出資比率を乗じて得たものが会社の最近事業年度の末日における純資産額の100分の30に相当する額未満であり、かつ、当該新会社の最近事業年度の売上高に出資比率を乗じて得たものが会社の最近事業年度の売上高の100分の10に相当する額未満であること。

このように業務上の提携の解消を行う場合の軽微基準には、売上高による基準を原則としつつ、さらに①相手方会社の株式を取得している場合、②相手方に株式を取得されている場合または③新会社を設立している場合とで、これに追加して、それぞれ①取得している相手方の株式の帳簿価額が会社の純資産額と資本金の額のいずれか少ない金額に占める割合を比較する基準、②取得されている株式の数が会社の発行済株式総数に占める割合を比較する基準、③新会社の総資産の帳簿価額に出資比率を乗じて得たものが会社の純資産額に占める割合および新会社の売上高に出資比率を乗じて得たものが会社の売上高に占める割合を比較する基準が適用されます。なお、業務上の提携の解消の決定については、設立した新会社が子会社であっても、③の基準が適用されることに注意が必要となります。

したがって、本事例では、業務提携の解消によってA社は保有するC社の株式（30％）をすべてB社に譲渡することになりますが、当該業務提携の解消は、A社は上場会社等ではないため、A社にとっては重要事実になりません。しかし、B社は上場会社等であるため、当該業務提携の解消がB社に

とっては、前記③の軽微基準を満たすか否かの確認が必要になると考えられます。前記③の基準を満たす場合には重要事実には当たりませんが、満たさない場合には重要事実に当たります。

重要事実に当たる場合に、質問者は、上場会社であるＢ社と「契約を締結している者又は締結の交渉をしている者（その者が法人であるときはその役員等……）」に当たり、Ｂ社の会社関係者に当たります（金商法166条1項4号）。

したがって、Ｂ社においてＡ社との業務上の提携を解消することを決定したことが公表される前に、質問者がＢ社の株式を売却すると、インサイダー取引規制の対象になります。なお、Ｂ社がＣ社の株式を取得することは、もともとの子会社株式の買増しにすぎず、子会社の異動は伴わないため、子会社の異動を伴う株式の取得の決定（金商法施行令28条2号）には当たりません。

Q70　子会社の異動①

　私は、A上場会社の専務取締役ですが、当社は、これまでB非上場会社と共同してC社を設立し（当社の出資比率55％、B社の出資比率45％）、合弁事業を行ってきましたが、この度、合弁事業の契約期間の満了を迎えるにあたり、双方において、当該契約を更新することをせず、合弁契約を解消し、当社が保有するC社株式をすべてB社に譲渡することを決定しました。当社において重要事実の公表がなされる前に私が保有している当社の株式を売却してもインサイダー取引規制の対象にはならないでしょうか。

A　インサイダー取引規制の対象になると考えられます。

解　説

　【Q69】記載のとおり、業務上の提携の解消を行うことの決定は軽微基準（取引規制府令49条10号ロ）に当たらない限り、重要事実に該当します（金商法施行令28条1号）。

　本事例は、業務提携である合弁事業の解消を行うことの決定に伴い、A社は、保有するC社の株式（55％）をB社に譲渡することの決定を行っています。当該譲渡が「子会社の異動を伴う株式の譲渡」（金商法施行令28条2号）に該当する場合には、軽微基準（取引規制府令49条11号）に該当しない限り、重要事実に当たります。

　子会社（金商法施行令28条2号）とは、
・金商法166条5項に規定する子会社、すなわち、他の会社（協同組織金融機関を含む。）が提出した有価証券届出書（同法5条1項）、有価証券報告書（同法24条1項）、四半期報告書（同法24条の4の7第1項・2項）もしくは半期報告書（同法24条の5第1項）で、同法25条1項の規定により公衆の

縦覧に供されたもの、
・金商法27条の31第2項の規定により公表した特定証券情報または同法27条の32第1項もしくは第2項の規定により公表した発行者情報のうち、直近のものにおいて、当該他の会社の属する企業集団に属する会社として記載され、または記録されたもの、

をいいます。

　子会社の異動とは、①子会社でない会社が新たに子会社に該当することとなること、②子会社が子会社でなくなること、または、③新たな子会社の設立、をいいます[50]。また、株式または持分の「譲渡」とは、売買や贈与等の特定承継を意味し、相続、合併等の包括承継は含まれないと解されています。したがって、会社分割によって株式が移転する場合をはじめ、合併または解散等によって、子会社でなくなる場合には「譲渡」には該当しません[51]が、株式譲渡の合意によって株式が移転する場合には、「譲渡」に該当すると考えられます。

　本事例においては、A社においては、C社が子会社でなくなるため、前記②に該当することになります。

　前記軽微基準は、以下の前記①②と③とで分けられており、次に掲げる子会社（金商法施行令29条8号に規定する特定の子会社（以下、「連動子会社」といいます。）を除きます。）の異動を伴うものであることです。

〈①②の場合〉

①　子会社または新たに子会社となる会社の最近事業年度の末日における総資産の帳簿価額が会社（協同組織金融機関を含む。）の最近事業年度の末日における純資産額の100分の30に相当する額未満であり、かつ、当該子会社または新たに子会社となる会社の最近事業年度の売上高が会社（協同組織金融機関を含む。）の最近事業年度の売上高の100分の10に相当する額未満である子会社。

〈③の場合〉

50　横畠80頁
51　木目田140頁

ⅱ 新たに設立する子会社の設立の予定日から3年以内に開始する当該子会社の各事業年度の末日における総資産の帳簿価額がいずれも会社（協同組織金融機関を含む。）の最近事業年度の末日における純資産額の100分の30に相当する額未満であると見込まれ、かつ、当該各事業年度における売上高がいずれも会社の最近事業年度の売上高の100分の10に相当する額未満であると見込まれる子会社。

　本事例において、合弁事業（業務提携）を行っていたときにはA社にとってC社は子会社であったため、合弁事業の解消によって、C社が子会社でなくなることが決定されたのですから、A社にとっては子会社の異動を伴う株式の譲渡になります（金商法施行令28条2号）。そのため、前記軽微基準ⅰに該当しない限り、重要事実となります。そして、質問者は当該事実を決定したことを、専務取締役という地位で知ったのですから、当然その職務に関し知ったものと考えられ、インサイダー取引規制の対象となります。

　したがって、本事例では、A社による子会社の異動を伴う株式の譲渡の決定について、公表がされていない段階で、質問者がA社の株式を売却すればインサイダー取引規制の対象になると考えられます。

Q71　子会社の異動②

　私の勤務している上場会社X社は、今般、別の上場会社Y社の株式を公開買付けにより買い付けて、子会社にすることを事実上決定しています。私は、公開買付けの対象となるY社株式を売買してはいけないことは理解しているのですが、自社株であるX社の株式を売買してもインサイダー取引に該当するのでしょうか。

A　インサイダー取引に該当する可能性が高いと考えられます。

解　説

　本事例において、X社はY社の株式に対する公開買付けを行うということですから、公開買付者であるX社の従業員である質問者は、公開買付者等関係者に該当します（金商法167条1項1号）ので、質問者は職務に関してかかる公開買付けの決定の事実を知ったのであれば、かかる公開買付けの決定の事実が公表されるまでY社株式の買付けを行うことはできません（なお、この場合において売付けは禁止されません。）。

　この点は、質問者の理解しているとおりですが、質問者はX社株式の売買も禁じられるか、X社によるY社株式の買付けの決定が金商法166条2項に定められる重要事実に該当するか否かが問題になります。

　この点、【Q70】で解説したとおり、金商法166条2項1号ヨ、同法施行令28条2号は、「子会社（法第166条第5項に規定する子会社をいう。以下第30条までにおいて同じ。）の異動を伴う株式又は持分の譲渡又は取得」の決定を重要事実と規定しています。本事例では、X社はY社を子会社化することを検討していますので、かかる子会社の異動を伴う株式の取得に該当しないかが問題になります。

　ここで、金商法施行令28条2号の定める「子会社」は、上記のとおり、同

法166条5項に規定する子会社であると規定されており、同項では、「この条において「子会社」とは、他の会社が提出した第5条第1項の規定による届出書、第24条第1項の規定による有価証券報告書、第24条の4の7第1項若しくは第2項の規定による四半期報告書若しくは第24条の5第1項の規定による半期報告書で第25条第1項の規定により公衆の縦覧に供されたもの、第27条の31第2項の規定により公表した特定証券情報又は第27条の32第1項若しくは第2項の規定により公表した発行者情報のうち、直近のものにおいて、当該他の会社の属する企業集団に属する会社として記載され、又は記録されたものをいう。」と定め、金商法166条における子会社とは他の会社が提出した有価証券届出書等の開示書類の直近のものにおいて、当該他の会社の属する企業集団に属する会社として記載され、または記録されたものをいうと定義しています[52]。すなわち、同条においては、ある会社（P社とします。）の直近の有価証券届出書等においてP社の属する企業集団に属する会社として記載された会社がP社の子会社ということになります。これをそのまま当てはめると、Y社はまだX社の子会社になっておらず、X社の直近の開示書類において企業集団に属する会社として記載されていないと思われるので、X社によるY社株式の買付けの決定は、「子会社の異動を伴う株式の取得」の決定として重要事実に当たることはないかのようにも思われます。

しかし、このような解釈は適当ではありません。なぜなら、そのように解した場合には、子会社の異動を伴う株式・持分の「取得」については、直近の開示書類において「子会社」として記載されているはずはないので、すべからく重要事実には該当しないということになってしまい、あえて「取得」も重要事実として定めた金商法施行令28条2号の趣旨に合致しないことが明らかであるためです。同号の解釈としては、将来記載されることになる場合も含めて「子会社」に該当するものと解するしかないと考えられます[53]。

---

52 金商法の開示書類における子会社の定義と同じであり、孫会社やひ孫会社等も含まれる。
53 ファミリーマート株式に関するインサイダー取引についての課徴金納付命令においても、同様の結論をとっている（平成23年3月16日付金融庁長官課徴金納付命令決定）。

以上より、本事例では、質問者は、職務に関してＸ社のＹ社株式買付けの決定を知った場合には、Ｙ社株式について金商法167条１項の「公開買付け等の実施に関する事実」に該当するものとして買付けを禁止されるほか、同時にＸ社について子会社の異動を伴う株式の取得の決定を知った場合にも該当し、Ｘ社の株式の売買をすることも原則としてインサイダー取引に該当するものと考えられます。

Q72 役員の異動

私は、A上場会社の監査役を務めております。本日、当社のX専務取締役が代表取締役社長に、Y代表取締役が代表権のない会長にそれぞれ異動になることを取締役会において決議しました。当該役員異動の決定を公表する前に、私が保有する当社株式を売却することはインサイダー取引に該当するのでしょうか。

A インサイダー取引には該当しないと考えられます。

解　説

取締役の異動の決定は、重要事実（金商法166条2項）とされていません。

したがって、その決定が公表される前に、当該決定の事実を知った監査役がA社株式を売却したとしてもインサイダー取引には当たりません。もっとも、旧代表取締役が創業者であるなど、A上場会社に対して、強い影響力があり、その辞任が株価に影響するなど投資者の投資判断に著しい影響を及ぼし得る場合には、バスケット条項（金商法166条2項4号）に該当する可能性があることに留意が必要です[54]。なお、取締役のうち、代表取締役の異動については、適時開示事項（東京証券取引所有価証券上場規程402条1号 aa）となっているため、東京証券取引所有価証券上場規程に従い、直ちにその内容を開示することが求められています。

54　東証・FAQ集15頁

Q73　資産の取得計画

私は、A上場会社の社長ですが、取引で懇意にさせていただいているB上場会社の社長Xとの会食の席で、X社長から経営会議でB社が長期経済成長戦略の一環で、今後10年間で固定資産の額を50％増加する方針を取り決めたという話を聞きました。私は、そのことを聞いてB社の業績は順調であると思い、B社株式を買い付けることとしました。これはインサイダー取引に該当するのでしょうか。

A インサイダー取引には該当しないと考えられます。

解　説

「固定資産の譲渡又は取得」は、軽微基準（取引規制府令49条12号）に当たらない限り、重要事実に該当します。

「固定資産」とは、法人税法2条22号に掲げる固定資産をいい、具体的には、棚卸資産、有価証券および繰延資産以外の資産のうち、①土地（土地の上に存する権利を含む。）、②減価償却資産（建物およびその附属設備（暖冷房設備、照明設備、通風設備、昇降機その他建物）に附属する設備をいう。）、構築物（ドック、橋、岸壁、桟橋、軌道、貯水池、坑道、煙突その他土地に定着する土木設備または工作物をいう。）、機械および装置、船舶、航空機、車両および運搬具、工具、器具および備品（観賞用、興行用その他これらに準ずる用に供する生物を含む。）等、③電話加入権、④①～③に掲げる資産に準じるものがあげられています（法人税法2条22号、同法施行令12条および13条）。

「譲渡」とは、所有権の移転その他の権利の移転をいい、売買、交換、贈与、現物出資等の任意譲渡のほか、競売、公売、収容等の強制譲渡も含みますが[55]、包括承継は含まれないと解されています[56]。「取得」には、他人からその有する既存の権利を譲り受ける承継取得の場合だけでなく、原始取得

の場合（自分で固定資産を形成する場合や、権利を時効取得する場合なども含む。）も含みます[57]。

　固定資産の取得については、その取得時期について特に規定されていないため、2事業年度あるいは5事業年度に分割して取得することを決定したとしても、全体の取得価額をみることになると考えられます。ただし、取得する固定資産は、具体的なものでなければなりませんので、設備投資計画でも具体的にその内容が固まっていれば対象となりますが、単に、例えば固定資産取得5カ年計画により今後5年間で固定資産の額を10％増加させる、といった抽象的な内容では規制の対象にはならないと考えられます[58]。

　なお、固定資産の譲渡または取得を行うことの決定における軽微基準は、譲渡する場合と取得する場合とで以下のとおり分けられています。

① 　固定資産を譲渡する場合にあっては、会社（協同組織金融機関を含む。）の最近事業年度の末日における当該固定資産の帳簿価額が同日における純資産額の100分の30未満であること。

② 　固定資産を取得する場合にあっては、当該固定資産の取得価額が会社の最近事業年度の末日における純資産額の100分の30に相当する額未満であると見込まれること。

　本事例では、B社の代表取締役が同社で固定資産を今後10年で50％増加する方針を決定していますが、前記決定では購入の対象も明らかにされておらず、かつ、購入額も未定です。このような不確定な情報では、具体性に欠け、固定資産の取得を決定したとまではいえないと考えられます。

　したがって、前記決定は重要事実に該当せず、B社株式を買い付けることは、インサイダー取引に該当しないと考えられます。

55 　東弁・ガイドライン189頁
56 　木目田143頁
57 　東弁・ガイドライン189頁、木目田144頁
58 　取引規制実務Q&A72頁

第2章　重要事実　　175

Q74　企業買収による新規事業の開始

　私は、M&Aのアドバイザリー業務を行うA社のコンサルタント部門の部長をしています。先日、クライアントのB上場会社は、当社のアドバイスを受け、福祉関連サービス事業（福祉関連施設を経営し、介護等のサービスを行う事業）を行うこととし、それに伴い、同事業を行うC社（非上場会社）がB社に対して発行した新株予約権をすべて行使することを決定しました。その結果、B社は、すでに保有するC社の株式（10％）とあわせて、C社の株式を合計54％取得することになります。
　私はアドバイザリー業務の過程において、当該決定を把握しました。当該決定の公表前に、私がB社の株式を取得する行為は、インサイダー取引規制の対象になるのでしょうか。

A　インサイダー取引規制の対象になると考えられます。

解　説

　「新たな事業の開始（新製品の販売又は新たな役務の提供の企業化を含む。）」（金商法施行令28条9号）は、軽微基準（取引規制府令49条14号）に当たらない限り、重要事実に該当します。本号は、「新製品又は新技術の企業化」（金商法166条2項1号カ）には該当しないが[59]、これらと同様に投資者の投資判断に重要な影響を及ぼすと考えられる事項を捕捉する規定であると考えられます[60]。

　「新たな事業」とは、会社が新たに行う事業であり、事業の新規性は、当該会社にとって新たなものであるかという観点から社会通念に従って判断さ

---

[59] 「新製品又は新技術」には、財以外のサービスは含まれないが、「新たな事業の開始」には、財以外のサービスも含まれると解される（木目田130頁）。
[60] 木目田149頁

れます。「開始」とあるのは、会社の業績に反映する段階をとらえているからとなります。「新製品の販売又は新たな役務の提供の企業化を含む」とされているのは、これらは、新たな事業の開始まではいかないものの、投資者の投資判断に及ぼす影響が大きいと判断されているからと考えられます。「新製品の販売」とは、新たな商品（売上げの対象となるものをいい、有体物に限りません。）を販売することをいい、「新たな役務の企業化」とは、新たな役務（サービス）をコマーシャルベースに乗せることをいいます[61]。

前記軽微基準は、

「新たな事業の開始（新商品の販売又は新たな役務の提供の企業化を含む。）の予定日の属する事業年度開始の日から3年以内に開始する各事業年度においていずれも当該新たな事業の開始による売上高の増加額が最近事業年度の売上高の100分の10に相当する額未満であると見込まれ、かつ、当該新たな事業の開始のために特別に支出する額の合計額が最近事業年度の末日における固定資産の帳簿価額の100分の10に相当する額未満であると見込まれること」

とされ（取引規制府令49条14号）、「新製品又は新技術の企業化」の軽微基準（同府令49条9号）と同様になります。したがって、同一の事項が両者に該当することがあるとしても、軽微基準の適用について実質的な差異は生じないと考えられます。

本事例において、B社は、C社を子会社として、福祉関連サービス事業という新たな役務の提供に関わるサービス事業を開始することを決定しています。したがって、前記軽微基準（取引規制府令49条14号）に該当しない限り、重要事実に当たると考えられます。

また、【Q70】で解説したとおり、「子会社の異動を伴う株式の譲渡又は取得」（金商法施行令28条2号）に該当する場合には、軽微基準（取引規制府令49条11号）に該当しない限り、重要事実に該当するところ、「取得」とは、譲受けまたは原始取得を指し、募集株式の発行を受けることおよび新株予約権

---

[61] 横畠88、89頁

の行使により株式の発行を受けること等も含まれると解されています[62]。

　したがって、本事例において、B社が新株予約権の行使により、C社株式を取得することは、前記軽微基準に該当しない限り、「子会社の異動を伴う株式の取得」（金商法施行令28条2号）という重要事実に該当すると考えられます。

　そして、質問者は、B社の契約締結先であるA社のコンサルタント業務の一環として、B社が福祉関連サービス事業を開始し、C社を子会社化する決定をしたことを把握しており、会社関係者に該当すると考えられます（金商法166条1項4号）。

　したがって、質問者が、前記重要事実の公表前にB社株式を買い付けた場合は、インサイダー取引規制の対象になると考えられます。

62　三國谷68頁、木目田140頁

Q75 新株予約権付社債

私の勤務している上場会社A社は、近々10億円の新株予約権付社債（いわゆる転換社債）を発行するのですが、これを職務上知ってしまった以上、私はA社株の売買はできないのでしょうか。

A 原則としてできないものと考えられます。

解　説

　金商法166条2項1号イは、「会社法第199条第1項に規定する株式会社の発行する株式若しくはその処分する自己株式を引き受ける者（協同組織金融機関が発行する優先出資を引き受ける者を含む。）の募集（処分する自己株式を引き受ける者の募集をする場合にあっては、これに相当する外国の法令の規定（当該上場会社等が外国会社である場合に限る。以下この条において同じ。）によるものを含む。）又は同法第238条第1項に規定する募集新株予約権を引き受ける者の募集」の決定を重要事実として定め、株式の募集に加えて、会社法238条1項に規定する募集新株予約権を引き受ける者の募集の決定を重要事実として規定しています。新株予約権付社債とは、新株予約権を付した社債であり、社債と新株予約権を分離して譲渡することができないものですが（同法2条22号、254条2項・3項）、この新株予約権付社債に付された新株予約権も同法238条の募集新株予約権に含まれます。したがって、新株予約権付社債の募集の決定は、軽微基準に当たらない限り（取引規制府令49条1号イ）、金商法166条2項1号イに定められる重要事実に該当します。

　そこで軽微基準に該当するか否かの確認をする必要があるところ、新株予約権の募集についての軽微基準は、「募集新株予約権を引き受ける者の募集の払込金額の総額が1億円未満であると見込まれること」と定められています（取引規制府令49条1号イ）。新株予約権付社債については、その払込金額

は、新株予約権部分と社債部分とそれぞれについて定める必要がありますが、実務上、新株予約権部分については払込みを要しないもの（すなわち無償）とするのが一般的です。

この点、上記の軽微基準における「募集新株予約権を引き受ける者の募集の払込金額の総額」が新株予約権部分の払込金額を指すのか、それとも新株予約権付社債全体の払込金額（社債の払込金額を加算するのか）が規定の文言からは明確ではないようにも思えます。もし、前者である場合には、新株予約権部分の払込金額が無償である多くの新株予約権付社債については、調達金額にかかわらずすべて軽微基準に該当するため、重要事実に該当しないということにもなりかねません。

しかし、結論的には、新株予約権付社債全体の払込金額の総額が1億円以上である場合には軽微基準に該当せず、その募集の決定は重要事実になるものと考えられます。

なぜなら、新株予約権付社債は、付された新株予約権の行使により発行済株式総数が増加するいわゆる潜在株式であって、その募集の決定が市場に与える影響は、株式の募集の場合とさほど変わりません。また、現在の取引規制府令49条1号イの文言になる以前は、新株予約権付社債全体の払込金額により軽微基準該当性を判断することになっていました。現在の文言は、平成18年の会社法施行に伴って、その関連法令の技術的な改正を行う整備法により、証券取引法が改正された際にあわせて内閣府令が改正されたものですが、この整備法による改正およびそれに伴う内閣府令の改正（平成18年4月20日号外内閣府令第49号）は、技術的な改正を目的としている上、当時、新株予約権付社債の軽微基準の趣旨を変更する必要性もなかったため、現在の規定もその改正の前と同様に新株予約権付社債全体の払込金額により軽微基準該当性を判断するべきものと考えられます。課徴金事例でも結論として同様に解した事例があります[63]。

本事例において、質問者の会社は10億円の新株予約権付社債を発行する予定ということですので、軽微基準にも当たらず、かかる発行の決定は重要事実に該当します。

質問者はこれを知った以上は原則としてＡ社株の売買をすることは許されないものと考えられます。

63　現在の取引規制府令49条１号イのもとでの新株予約権付社債の募集を重要事実とするインサイダー取引事例として、金融庁HP「ジェイオーグループホールディングス株式会社との契約締結交渉者による内部者取引に対する課徴金納付命令の決定について」（平成22年９月22日公表）がある。

Q76　アナリストのレーティングと重要事実

　私は大手の証券会社にトレーダーとして勤務しているのですが、同僚のアナリストXがその担当する上場会社A社の格付を上げることを聞きました。Xは投資家の間で著名なアナリストなので、彼がレーティングを上げると株価が上がると思われるのですが、私がA社株を売買することもインサイダー取引規制違反になるのでしょうか。

A インサイダー取引規制違反にはならないと考えられます。

解　説

　このケースは、著名なアナリストが上場会社のレーティング（格付）を引き上げることを知った質問者が上場会社の株式を売買することがインサイダー取引規制違反に該当するかというご質問です。

　証券会社のアナリストは顧客に対するサービスとして、その担当する銘柄についてレーティングを付すことがあります。このレーティングの変更については、証券会社やアナリストによっては、投資家の投資判断に大きく影響を及ぼすこともあります。

　もっとも、金商法のインサイダー取引規制は、同法166条2項に列挙された重要事実を知った者が、当該事実が公表される前に売買することを規制するものであり、同項に定められた重要事実以外の事実を知って売買することはインサイダー取引規制の対象にはなりません。

　そして、アナリストの格付の変更は、金商法166条2項1号～3号の重要事実（決定事実、発生事実、決算情報）に個別に列挙されていません。また、個別に列挙されていない事実であっても、上場会社の運営、業務または財産に関する重要な事実であって投資者の投資判断に著しい影響を及ぼすものについては重要事実に該当しますが（同項4号。いわゆるバスケット条項）、ア

ナリストによるレーティングについては、上場会社の運営、業務、財産のいずれに関する事項でもありませんので、バスケット条項に該当すると解することも難しいと思われます。したがって、アナリストによるレーティングの変更は重要事実には該当せず、本事例において、質問者がＡ社株式の売買をすることはインサイダー取引には該当しないものと考えられます。また、アナリストが取材を通じて取得した情報が金商法166条2項の重要事実に該当する場合であっても、アナリストは上場会社との間で契約締結者等の関係はないのが通常ですので、アナリストが第1次情報受領者となり、質問者は第2次情報受領者に該当すると思われますので、特段の事情がない限り、質問者の売買がインサイダー取引に該当することはないと思われます。

　もっとも、アナリストが取材を通じて取得した情報は、法人関係情報（上場会社等の運営、業務または財産に関する公表されていない重要な情報であって顧客の投資判断に影響を及ぼすと認められるもの。業等府令1条4項14号）に当たる可能性はありますので（アナリストが上場会社に対する取材のなかでたまたま重要事実を聞いてしまった場合など）、質問者がそれをアナリストから聞いて売買した場合には、法人関係情報に基づく有価証券の売買として業規制（金商法38条7号、業等府令117条16号）に違反する可能性があり、そのような売買を行うべきではありません。

4 重要事実の内容（発生事実）

Q77 時価評価と損失の発生

　私の勤務している上場会社のA社は、多数の有価証券を保有しています。そのうち、満期保有目的で保有していた債券について、その時価評価が著しく下落していました。決算期の期末までにまだ時間はあるのですが、見直しを行った時点で損失が発生したものとして、A社の重要事実に該当するものと考えるべきなのでしょうか。

A 重要事実に該当するものと考えられます。

解　説

　「災害に起因する損害又は業務遂行の過程で生じた損害」の発生は、軽微基準に当たらない限り（取引規制府令50条1号）、重要事実に該当します。ここでいう損害には、種々の事故等の災害または上場会社等の業務執行の過程で生じたすべての損害をいい、営業損失、営業外損失または特別損失に計上されるべきものと解されています[64]。前記軽微基準については、損害額が最近事業年度の末日における純資産額の3％に相当する額未満であると見込まれることと定められています（同号）。

　本事例において、A社が保有する債券の時価が著しく下落しているということですので、A社が会社の業務として行っている資産運用における損害の発生に当たる可能性があり、上記の規定の「業務遂行の過程で生じた損害」の発生に当たるかが問題になります。A社においては、当該債券を満期保有

64　横畠92頁参照

目的で保有しており、期末までに理論上は当該債券の時価が回復する可能性があるので、このような含み損が事業年度中に生じた場合であってもその時点で損失の発生したものとみるべきかどうかが問題になります。

この点、以前は、売却により損失が実現するまで損失が生じたとみる必要はないという見解も有力でした[65]。しかし、有価証券について時価会計が導入されて以降は、売却の予定の有無にかかわらず、含み損であったとしても、決算において特別損失等として計上する必要があり、投資判断に対して大きな影響を及ぼすものと考えられます。また、決算のタイミングを待たなくても、近い将来に特別損失に計上される可能性が高い場合には、やはり投資家の投資判断には大きな影響を及ぼすものと考えられます。したがって、含み損が事業年度中に生じた場合であっても損失の発生とみるべきであると考えられます[66]。

以上より、本事例において、当該A社保有の債券は会計処理が必要な程度に下落しており[67]、下落による損害が最近事業年度の末日におけるA社の純資産額の3％に相当する額以上であると見込まれる場合には、A社にとって「業務遂行の過程で生じた損害」が発生したものとして、重要事実に該当することになります。

65　三國谷80頁参照
66　平野ほか・注解特別刑法（補巻2）237、238頁、服部113頁参照。子会社関連株式についての事案であるが、金融庁HP「オックスホールディングス株式会社の子会社との契約締結者からの情報受領者による内部者取引に対する課徴金納付命令の決定について（1）」（平成23年7月22日付）も参考になる。
67　金融商品に関する会計基準20項参照

Q78 特別損失の計上①（損害の発生時点）

　私は、乳製品を製造販売する上場会社Ａの代表取締役ですが、当社は、業績不振のため、生産設備および体制の縮小の観点から、チーズ工場の稼働を３工場中止して、全体で２工場に集約することにしました。生産を中止した３工場は売却処分するために買い手を探しています。これを受けて、当社経営会議において、固定資産の減損に係る会計基準に基づき、今後使用見込みがなく売却等の方針を決定した資産については、帳簿価額を回収可能額まで減額し、当該減少額を減損損失として特別損失に計上することを決定しました。なお、土地の回収可能額は、不動産鑑定士による鑑定結果の評価額に基づき算定しています。かかる特別損失の計上は重要事実に該当するのでしょうか。

A 重要事実に該当すると考えられます。

解　説

　「災害に起因する損害又は業務遂行の過程で生じた損害」は、軽微基準（取引規制府令50条１号）に当たらない限り、重要事実に該当します（金商法166条２項２号イ）。

　「災害に起因する損害又は業務遂行の過程で生じた損害」とは、種々の事故等の災害または会社の業務遂行の過程で生じたすべての損害（営業損失、営業外損失または特別損失に計上されるべきもの）をいいます[68]。

　損害発生の時点は、個々の災害または業務活動によって損害が発生したときになり、決算において確定することは必要ではないと解されます[69]。これに関し、所有不動産に含み損が生じた場合に、いつ「損害が発生したとき」

68　横畠92頁
69　三國谷80頁

といえるかについて争いがあります。含み損の生じた資産を処分等して実現損が生じた時点でインサイダー取引規制上は損害が発生したとする見解もあります[70]。しかし、この見解によると、会計上、固定資産等について減損処理が必要となるだけの多額の含み損が生じた場合であっても、当該資産等を処分等して実現損が生じていなければ、本号の規制対象外となってしまいます。会計上、減損処理等が必要になる多額の含み損が生じた場合には、上場会社等の業務・財産にも重大な影響が生じているのが通常ですから、減損処理が必要になる多額の含み損が生じたときは、すでに「損害」が生じたと解すべきと考えられます[71]。

そして、前記軽微基準は、災害もしくは業務に起因する損害または業務遂行の過程で生じた損害の額が最近事業年度の末日における純資産額の100分の3に相当する額未満であると見込まれることになります。

本事例においても、A社は、固定資産の減損に係る会計基準に基づき、今後使用見込みがなく、売却等の方針を決定した資産については、帳簿価額を回収可能額まで減額し、当該減少額を減損損失として特別損失に計上することが必要になり、そのため、前記経営会議において前記特別損失を計上することを決定しています。したがって、前記軽微基準に当たらない限り、「業務遂行の過程で生じた損害」という重要事実が発生したと考えられます。

---

70 取引規制実務Q&A78頁、野村・事例306頁、東弁・ガイドライン202頁
71 木目田159、160頁、平野ほか・注解特別刑法（補巻2）237、238頁

Q79　特別損失の計上②（損害の範囲）

私は、玩具用品を製造販売するA上場会社の営業部長です。先日発生した地震により、当社の主力製品の製造工場の一部で天井板が落ち、同工場の生産が中断しました。天井の落下による損害は、当社の資産規模からみてわずかですが、工場が再稼働するまでに数カ月を要し、年末のクリスマスシーズンに向けた主力製品の販売が困難となり、売上高の大幅な減少が予想されます。このような事実を妻に説明したところ、妻は、保有する当社株式を直ちに売却しようとしていますが、これはインサイダー取引規制の対象になるのでしょうか。

A　インサイダー取引規制の対象になると考えられます。

解　説

「災害に起因する損害又は業務遂行の過程で生じた損害」は、軽微基準（取引規制府令50条1号）に当たらない限り、重要事実に該当します（金商法166条2項2号イ）。

「災害に起因する損害又は業務遂行の過程で生じた損害」とは、種々の事故等の災害または会社の業務遂行の過程で生じたすべての損害（営業損失、営業外損失または特別損失に計上されるべきもの）をいいます[72]。

この損害には、災害等がなければ得ることができた利益（逸失利益）が含まれるかが問題となります。

この逸失利益についても損害に含まれるという見解もありますが[73]、「損害」に逸失利益を含めると、不確定な要因となり、「損害」の額が確定できなくなるおそれがあります[74]。そうすると、軽微基準に該当するか否かにつ

72　横畠92頁
73　東弁・ガイドライン202頁

いても判断もできなくなるなど、株式等の売買等を不当に委縮させてしまう可能性もあります。したがって、逸失利益は損害には含まれないと解すべきです[75]。

　したがって、本事例でも、地震によってＡ社の売上高の減少が予想されても、それは逸失利益の減少にすぎませんので、「災害に起因する損害」の発生事実には該当しないと考えられます。しかし、地震によって工場の生産中断によって事業そのものに影響を及ぼし、「事業の全部又は一部の休止又は廃止」となれば当該事実は、重要事実（金商法166条2項1号、同法施行令28条4号）に当たり得ます。また、地震によって売上高が大幅に減少すれば、決算情報の予想が変動したとして、そのことが重要事実（金商法166条2項3号）に該当する可能性もあると考えられます。したがって、「事業の全部又は一部の休止又は廃止」や決算情報の予想の重大な変更が生じれば、重要事実に該当し、これらの事実が公表される以前に、会社関係者等に該当する質問者から当該重要事実の伝達を受けた第1次情報受領者である質問者の妻が、Ａ社の株式を売却すればインサイダー取引規制の対象になると考えられます。

---

[74]　証券取引法研究会「証券取引法の改正について(15)」インベストメント261号（43巻5号）46頁
[75]　取引規制実務Q&A77頁、木目田157頁

Q80　主要株主の異動

　私は、A上場会社の常務取締役です。私は、当社の取引先で主要株主であるB上場会社の財務部長から、昨日これまでB社が保有していた当社株式10％（議決権ベース）のうち、2％がC社に売却されることになったという話を聞きました。当該売却の事実が公表される前に、私が保有する当社株式を売却することはインサイダー取引に該当するのでしょうか。

A　原則としてインサイダー取引に該当しないと考えられます。

解　説

　主要株主の異動は、重要事実となります（金商法166条2項2号ロ）。「主要株主」とは、「自己又は他人（仮設人を含む。）の名義をもって総株主等の議決権の100分の10以上の議決権（取得又は保有の態様その他の事情を勘案して内閣府令[76]で定めるものを除く。）を保有している株主」をいいます（同法163条1項）。本事例において、B社はA社株式を議決権ベースで10％保有しているため、「主要株主」に該当します。この主要株主の「異動」とは、主要株主の地位に変更が生じたことで、①主要株主に該当していた者が主要株主に該当しなくなることまたは②主要株主でなかった者が主要株主に該当することとなることをいうと解されます[77]。したがって、B社におけるA社株式の保有割合が10％を下回った場合には、主要株主の異動がされたことになります。もっとも、異動が生じたか否かは、実際に主要株主の地位に変更が生じたか否かで判断されるため、本事例のように、A社の株式が譲渡されることになったという予定の段階では、いまだ地位の変動を生じているとはいえま

---

[76]　取引規制府令24条
[77]　取引規制実務Q&A79頁

せん。

　したがって、この段階では主要株主の異動は生じておらず、前記重要事実には該当しないと考えられます。ただし、個別具体的な事案によりますが、B社がA社の主要な取引先でもあった場合において、B社がA社株式をC社に売却する決定を行ったことに伴い、B社がA社との取引を停止または減少させるときには、A社における「主要取引先（前事業年度における売上高又は仕入高が売上高の総額又は仕入高の総額の100分の10以上である取引先をいう。第29条の2第8号において同じ。）との取引の停止」（金商法施行令28条の2第9号）に該当する可能性があることに留意が必要です。また、B社に対する売上高の減少が大きいことが見込まれる場合、または新たにC社と取引を行うことにより、同社に対する売上高の増加が大きいことが見込まれる場合には、いわゆる決算情報（金商法166条2項3号）に該当する可能性があることに留意が必要です。さらに、B社の高い評判や信用、関与の下でA社がビジネスを行っていた場合に、B社が関与等を止め、かつ社会的信用がいまだ低いC社が関与等を開始するような場合など、A社に対する投資者の投資判断に著しい影響を及ぼすときには、B社による当該決定がバスケット条項（同法166条2項4号）に該当する可能性があることに留意が必要と考えます。

　なお、平成21年1月に株券の電子化制度がスタートしたことにより[78]、実際にB社において保有するA社株式が譲渡された場合、その譲渡の効力は、振替えの申請により譲受人がその口座における保有欄に当該譲渡に係る数の増加または記録を受けることによって生じるため（社債振替法140条）、当該記録がされれば、異動が生じたといえ、この時点で重要事実が発生したことになると考えられます。そして、発行体であるA社は、この異動の事実を、通常は、大量保有報告書の変更報告書（金商法27条の25）によって把握することになると考えられるため、当該変更報告書において、主要株主の異動の事実を知った段階で、すみやかに主要株主の異動の事実を公表することになります。この公表前に主要株主の異動の事実を知った会社関係者等が自社の

---

[78] 「株式等の取引に係る決済の合理化を図るための社債等の振替に関する法律等の一部を改正する法律」（平成16年法律第88号）

株式を売却した場合にはインサイダー取引規制の対象になると考えられます。

Q81 訴訟提起

私はIT関連の上場会社の法務部の部長です。当社は、取引先のA上場会社から、納品したソフトの不具合で損害が拡大したという理由で損害賠償の請求を受け、この半年間、双方解決に向け協議を継続してきましたが、折合いがつかなかったことから、交渉が決裂していたところ、本日、A社のHPに、本件に関してA社が当社を相手に東京地方裁判所に損害賠償請求訴訟を提起したという事実がリリースされていることを確認しました。私は、当社株式を売却しようとしていましたが、まだ訴状は当社に届いていないため、売却しても問題ないと判断し、当社株式を売却しようと思っています。これはインサイダー取引規制の対象になるのでしょうか。

A インサイダー取引規制の対象になると考えられます。

解 説

「財産権上の請求に係る訴えが提起されたこと」は、軽微基準に当たらない限り（取引規制府令50条3号）、重要事実に該当します（金商法施行令28条の2第1号）。「財産権」とは、所有権等の物権、金銭債権その他の債権、特許権等の無体財産権など財産的価値のある権利をいいます[79]。「財産権上の請求」とは当該財産権を根拠として主張される具体的要求であり、金銭の支払、物の引渡し、一定の作為・不作為の給付を求める請求のほか、特定の権利関係の存在・不存在の確認を求める請求などがあります[80]。「訴え」とは、ある者（原告）が他の者（被告）に対する一定の権利主張（請求）について、裁判所に審理・判決を求める行為をいい、裁判所に対する申立てで

---

79 横畠97頁、三國谷87頁
80 横畠97頁、三國谷87頁

あっても、仮処分の申請や調停の申立てなどは訴えには当たらないとされています[81]。

そして、「訴えが提起されたこと」といえるためには、訴えが提起されれば足り（具体的には、相手方が裁判所に訴状を提出した時になります[82]。）、訴状が送達されることは不要となります。

「財産権上の請求に係る訴えが提起されたこと」の軽微基準としては、

「訴訟の目的の価額が最近事業年度の末日における純資産額の100分の15に相当する額未満であり、かつ、当該請求が当該訴えの提起後直ちに訴えのとおり認められて敗訴したとした場合、当該訴えの提起された日の属する事業年度開始の日から3年以内に開始する各事業年度においていずれも当該敗訴による売上高の減少額が最近事業年度の売上高の100分の10に相当する額未満であると見込まれること。」
となります。

したがって、前記軽微基準に該当しない限り、本事例における損害賠償請求は、X社が東京地方裁判所に訴状を提出した時点で重要事実になるといえ、実際に訴状が送達される前でも、質問者が当該事実をA社HPで閲覧し、さらには裁判所に問い合わせるなどして、提訴されている事実を確認することができた場合には、当該事実の公表前に、質問者が自社の株式を売却する行為は、インサイダー取引規制の対象になると考えられます。

81　横畠97頁
82　経営法友会・ガイドブック49頁

Q82 重要事実に該当する訴訟の結審

　当社は、工場用機械を製造している上場会社ですが、昨年、取引先のX社から製品の欠陥を理由に3億円の支払を求める損害賠償請求訴訟を提訴されました。当該請求額は当社の純資産の10％に相当する金額で、かつ、当該請求が直ちに判決において認容され、当社が敗訴した場合の当期事業年度開始から3年以内に開始する各事業年度（以下、「向こう3年の各事業年度」といいます。）においていずれも売上高の減少が最近事業年度の売上高の8％程度と見込まれるため、軽微基準に該当し、重要事実に当たらないと判断し公表をしませんでした。

　しかし、その後審理が継続するなかで、X社が請求額を増額しました。増額後の当該請求が認容されれば、当社の純資産の18％、向こう3年の各事業年度の売上高の減少が11％と見込まれます。この場合、訴え提起時点では軽微基準に該当したため、重要事実に当たらないという理解でよろしいでしょうか。

A 　請求額が増額された時点で重要事実になると考えられます。

解　説

　【Q81】のとおり、「財産権上の請求に係る訴えが提起されたこと」は、軽微基準に当たらない限り（取引規制府令50条3号）、重要事実に該当します（金商法施行令28条の2第1号）。その軽微基準は、

　「訴訟の目的の価額が最近事業年度の末日における純資産額の100分の15に相当する額未満であり、かつ、当該請求が当該訴えの提起後直ちに訴えのとおり認められて敗訴したとした場合、当該訴えの提起された日の属する事業年度開始の日から3年以内に開始する各事業年度においていずれも当該敗訴による売上高の減少額が最近事業年度の売上高の100分の10に相当する額未

第2章　重要事実　195

満であると見込まれること。」
とされています。

　そして、訴えが提起された当初の段階で軽微基準に該当し、重要事実にならなかったものについても、その後（例えば、訴訟の動向をみながら）、請求額が増額される等により、軽微基準に該当しなくなるものがあることも想定されます。この場合には、軽微基準に該当しなくなった段階から重要事実になると解されます[83]。

　本事例においても、訴え提起当初の訴訟の目的の価額および敗訴した場合の向こう3年の各事業年度の売上高の減少もいずれも軽微基準を満たしてはいますが、増額した請求額を前提にすると、訴訟の目的の価額が18％、向こう3年の各事業年度の売上高の減少が11％になり、軽微基準を満たさなくなります。

　したがって、請求額が増額された時点で、重要事実に該当すると考えられます。

---

[83]　三國谷88頁

Q83 行政庁による処分

私は、A庁に勤める職員ですが、この度、当庁は、B上場会社に対して、3カ月の業務停止命令を発することになりました。行政処分の事実を告知するのは3日後となっていますが、この間に、私が個人的に保有していたB社の株式を売却することはインサイダー取引規制の対象になるのでしょうか。

A インサイダー取引規制の対象になると考えられます。

解 説

「行政庁による法令に基づく処分」は、軽微基準に当たらない限り（取引規制府令50条5号）、重要事実に該当します（金商法施行令28条の2第3号）。

「行政庁」とは、国の行政機関および地方公共団体の機関で処分権限のあるものをいい、裁判所等の司法機関や国会、地方議会等の立法機関は含まれません[84]。

「行政庁による法令に基づく処分」とは、監督上の処分に限られず、法令に基づく処分であればこれに該当し[85]、本事例によるA庁による行政処分も当然に含まれます。

もっとも、行政指導は、行政庁が相手方の任意の協力を得て行う法律上の強制力を伴わない事実行為であるから、「法令に基づく処分」には含まれないと解されます[86]。そして、A庁の職員は、法令に基づく権限の行使に関し知った会社関係者（金商法166条1項3号）に当たります。

「行政庁による法令に基づく処分」が重要事実となる時点が問題となりま

---

84 平野ほか・注解特別刑法（補巻2）243頁、木目田180頁
85 平野ほか・注解特別刑法（補巻2）243頁
86 平野ほか・注解特別刑法（補巻2）243頁

す。これについては、行政庁による取消し等の命令書が上場会社等に到達した時点とする見解もありますが[87]、行政庁による行政処分が発動されることになれば、投資者の投資判断に及ぼす影響が大きいと考えられるため、重要事実となるのは、行政庁が処分をすることを確定した時点とすべきと考えられます[88]。

　本事例でも、B上場会社に対して業務停止命令を発動することが確定した時点で重要事実になるといえ、そのことを知った上で、公表前にA庁の職員たる質問者がB社株式を売却する行為は、インサイダーに取引規制の対象になると考えられます。

---

[87] 東弁・ガイドライン225頁
[88] 平野ほか・注解特別刑法（補巻2）243頁、木目田180頁、取引規制実務Q&A86頁

Q84 不渡り

私は、新興市場に上場しているA社の専務取締役です。近時の資金繰りの悪化から、取引先に3カ月後を満期日とする手形を2通、それぞれ本年11月および12月に振り出しました。2月末に満期日が到来する手形が資金不足を理由に不渡りとなってしまいましたが、まだ3月末が到来していないため、2回目の不渡りにはなっておらず、取引停止処分にはなっていません。このような状況において、上記不渡りの事実を公表する前に、私が保有する当社株式を売却することはインサイダー取引規制の対象になるのでしょうか。

A インサイダー取引規制の対象になると考えられます。

解　説

「手形若しくは小切手の不渡り（支払資金の不足を事由とするものに限る。）又は手形交換所による取引停止処分」は、重要事実に当たります（金商法施行令28条の2第6号）。手形、小切手の不渡り等は、それ自体で投資者の投資判断に重大な影響を及ぼすものであることから、軽微基準は設けられていません[89]。

いわゆる「不渡り」と呼ばれるものには、①適法な呈示でないこと等を事由とする場合を指す、0（零）号不渡り、②不渡事由が「資金不足」または「取引なし」の場合を指す、第1号不渡り、③0号不渡りおよび第1号不渡り以外のすべての不渡事由（契約不履行、詐取、紛失、盗難、印鑑（署名鑑）相違、偽造、変造、取締役会承認等不存在等）を指す、第2号不渡りがあります（東京手形交換所規則63条、同施行細則77条）。

---

[89] 横畠107頁

このうち、「支払資金の不足を事由とするものに限る。」(金商法施行令28条の２第６号)と規定されているように、第１号不渡りのみが、本号における重要事実に該当し、当該事由に該当する限り、１回の不渡りであっても本号に該当すると解されています[90]。支払に応じられないと判断されたという事実自体が、投資者の投資判断に重要な影響を及ぼすと考えられるからです[91]。

　本事例において、いまだ２回目の不渡りを出しておらず、取引停止処分[92]になっていない状況においても、資金不足を理由として、１回目の不渡りを出した時点において、重要事実になるといえます。したがって、その事実をＡ社が公表する前に、質問者がＡ社株式を売却する行為は、インサイダー取引に該当するものといえます。

---

[90] 横畠106頁
[91] 木目田184頁
[92] 「取引停止処分」とは、１回目の不渡届が提出され、不渡報告に掲載された後、当該不渡届に係る手形交換日から６カ月以内に２回目の不渡届が提出された場合に付される処分をいう（東京手形交換所規則62条ないし65条）。

Q85 物上保証を提供した相手先の破産手続開始の申立て

私は、上場会社Aの社長です。当社は、兄弟会社であるB社がC銀行から受けている融資に関して、当社所有不動産に同銀行に抵当権を設定して担保に提供しています。ところが、B社社長からB社が手形の不渡りを出し、近々破産手続の開始申立てを行う意向であるということを聞きました。B社が破産するとなると、将来、この抵当権が実行された場合に当社がB社に対して有することになる求償権も回収できないおそれがあります。私が、この事実を公表しないでA社株式を売却することはインサイダー取引に当たるでしょうか。

A インサイダー取引には当たらないと考えられます。

解 説

　本事例においては、B社が破産手続の開始申立てを行う意向であるとの事実が、インサイダー取引における重要事実である、「債務者又は保証債務に係る主たる債務者について不渡り等、破産手続開始の申立て等その他これらに準ずる事実が生じたことにより、当該債務者に対する売掛金、貸付金その他の債権又は当該保証債務を履行した場合における当該主たる債務者に対する求償権について債務の不履行のおそれが生じたこと。」（金商法施行令28条の2第8号）に該当するかが問題となります。

　A社はB社のためにC銀行に自社の不動産に抵当権を設定して担保に提供しています。このように他人のために抵当権を設定している者を「物上保証人」といいますが、B社は物上保証人であるA社にとって「債務者又は保証債務に係る主たる債務者」に該当するでしょうか。

　この点、「債務者」とは、上場会社が債権を有する債務者をいいます。いかなる「債権」が含まれるかについては、条文上「売掛金、貸付金、その他

の債権」と規定されているところから、売掛金、貸付金等の金銭債権に加え、土地所有件移転登記手続請求権のような非金銭債権も含まれると解されています[93]。また、「保証債務に係る主たる債務者」とは、上場会社が保証をしている債務の債務者をいいます。

他方、物上保証人は、担保物権の範囲で担保権者に対して責任を負っているのみであり、担保されている債権の債務者（B社）に対して債権を有しているものではなく、また、担保債権者に対して保証債務を負っているものでもありません。

よって、B社は物上保証人であるA社にとって「債務者又は保証債務に係る主たる債務者」には該当しません[94]。

以上から、本事例においては、インサイダー取引の要件である重要事実が存在しないため、質問の取引はインサイダー取引には該当しないと考えられます。

93 　横畠108頁
94 　平野ほか・注解特別刑法（補巻2）245頁［土持＝榊原］

Q86　事業再生ADRによる債務免除

　当社は、長引く経営状況の悪化から過剰な金融債務を抱えることとなり、昨年末に事業再生ADR手続の利用申請を行って、債権者である金融機関との協議を行ってまいりましたが、先日、手続の対象となっている全債権者より、事業再生計画案について同意を得て計画案が成立しました。
　計画案においては、債権者が当社に対する債権を一部放棄することが決定されています。この事実は、インサイダー取引規制における重要事実に該当するのでしょうか。

A　事業再生ADR手続において成立した事業再生計画によって、債権者が債権放棄を行うことは、インサイダー取引規制における重要事実である、「債権者による債務の免除又は第三者による債務の引受け若しくは弁済」（金商法施行令28条の2第10号）に該当し得ると考えられます。

解　説

　本事例においては、事業再生ADR手続において成立した事業再生計画案により、当社に対する債権の一部放棄が決定されたとの事実がインサイダー取引における重要事実である、「債権者による債務の免除又は第三者による債務の引受け若しくは弁済」（金商法施行令28条の2第10号）に該当するかが問題となります。
　まず、このような債務免除等がインサイダー取引における重要事実とされた趣旨については、債務超過に陥った上場会社等の再建の過程においては債権者による債務免除等が行われることがあるところ、このような事実は投資者の投資判断に影響を及ぼすべきものであることから重要事実とされたと説明されます[95]。
　ここで「債務の免除」とは、債権を無償で消滅させる債権者の行為をいい

(民法519条)、事業再生の場面で行われる債権放棄はこれに該当すると考えられます[96]。また、「債務」が金銭債務に文言上限定されていないことから非金銭債務も含まれ、「免除」も同じく全部免除に限定されていないことから一部免除も含まれると解されます。「第三者による債務の引受け」には債務者と並んで第三者が同じ債務の債務者となるもの（併存的債務引受）と債務を第三者が引き受け、債務者は債務を免責されるもの（免責的債務引受）とがあります。「第三者による……弁済」とは債務の内容である給付を実現する行為が第三者によってなされることをいいます。

これらの債務免除等は、債権者から当該上場会社等に対して債務免除の意思表示がなされ、それが当該上場会社等に到達した時、または第三者が当該上場会社等の債務の引受けもしくは弁済をなした時点において重要事実となる（発生事実となる。）と解されています[97]。

以上を前提に本事例を検討します。

まず、事業再生ADRとは、過剰債務に陥った企業の再生を目的として、「産業活力の再生及び産業活動の革新に関する特別措置法（平成11年8月13日法律第131号）」および「産活法及び事業再生に係る認証紛争解決事業者の認定等に関する省令（平成19年経済産業省令第53号）」に基づき、経済産業大臣の認定を受けた特定認証紛争解決事業者[98]が事業再生に係る紛争について行う認証紛争解決手続をいいます。

事業再生ADRには、そのメリットとして、

① 原則的に金融機関だけを対象とした手続であるため商取引を円滑に続けられ、会社更生・民事再生といった法的再建手続と比較して事業価値の毀損を回避できること（通常の私的整理と同様に、本業をそのまま継続しながら、金融機関等との話合いで解決策を探ることが可能）

② ①の点から簡易迅速な事業再生の実現を期待できること

---

95 横畠110頁
96 事業再生に係る認証紛争解決事業者の認定等に関する省令（平成19年8月6日経済産業省令第53号）14条1項2号参照
97 東弁・ガイドライン243頁
98 現在認定を受けた事業者として、事業再生実務家協会が事業再生ADRを行っている。

③ 公正中立かつ私的整理手続の経験豊富な実務家が手続主催者となって進められる手続であるため信頼性が高いこと
④ 債務免除に伴う税負担を軽減する税の優遇措置も受けることができること
⑤ 上場会社の場合、法的倒産手続の場合と異なり、手続に入ったことをもって直ちに上場廃止とならないこと

などがあることから[99]、これまでに上場企業においても相当数の活用実績が存在します。

このように、事業再生ADRにおいては、事業再生計画案につき手続に参加した全債権者の同意により成立に至った場合においては申請企業の再生の可能性が大きく高まるものと期待され、また、その手続において債権放棄（債務免除）が実施されることが多く行われますので[100]、事業再生計画において当社に対する債権の一部放棄が実施されることとなったとの事実は「債権者による債務の免除又は第三者による債務の引受け若しくは弁済」（金商法施行令28条の2第10号）に該当するものと考えられます[101]。

なお、債務免除等については、債務の免除または債務の引受けもしくは弁済の額が最近事業年度の末日における債務の総額の10％相当額未満である場合には重要事実に該当しないとの軽微基準が設けられています（取引規制府令50条8号）。債務の総額とは貸借対照表上の負債勘定から各種引当金を控除したものであり、通常保証債務は含まれないと解されています[102]。

本事例における債務免除額がこのような軽微基準を上回る見込みである場合は上記の重要事実に該当することとなると考えられます。

---

[99] 事業再生実務家協会編「事業再生ADR活用ガイドブック」、事業再生実務家協会・事業再生ADR委員会編『事業再生ADRの実践』（商事法務、2009）57、58頁［山宮慎一郎］
[100] 債務免除（債権放棄）等が行われず弁済期限の猶予（返済リスケジュール）が合意されるにとどまる場合もあります（事業再生に係る認証紛争解決事業者の認定等に関する省令14条参照）。
[101] 事業再生ADRにおける事業再生計画案は成立により直ちに効力を生ずるとされるため、計画成立の時点で重要事実の発生があったと考えてよいものと考えられる（前掲『事業再生ADRの実践』46頁［山宮］参照）。
[102] 堀本修「内部者取引規制関係政省令の解説(4)」商事法務1176号30頁

5 重要事実の内容（決算情報）

Q87　業績の修正

　私は、上場会社Ａ社（事業会社）の財務部長です。先般、当社の連結子会社である上場会社Ｂ社がある新技術を導入したところ、当該技術が市場の評価を得られたこととコスト削減効果もあり、公表ずみの直近の予想値と比較して、通期の売上高および経常利益がそれぞれ増加することが確実となりました。具体的には、売上高についてはＢ社単体で15％増、連結ベースで5％増、経常利益についてはＢ社単体で30％増、連結ベース10％増となる見込みです。私は、当社の株式を購入したいと思っているのですが、これらの決算情報については、連結ベースで判断して一定の基準を超えなければインサイダー取引規制の適用がある重要事実には該当しないと記憶しておりますので、この事実を当社が公表する前に私が当社の株式を購入してもインサイダー取引には該当しないと考えてよいのでしょうか。

A　インサイダー取引に該当する可能性があると考えられます。

解　説

　質問者の理解のとおり、売上高、経常利益、純利益または剰余金の配当といういわゆる決算情報については、公表された直近の予想値もしくは当該予想値がない場合は公表された前事業年度の実績値に比較して、新たに算出された予想値または当事業年度の決算において一定の基準を超えた差異が生じた場合に、インサイダー取引規制の適用がある重要事実となります。

　この点、質問者は、連結ベースで判断して一定の基準を超えなければ重要

事実には該当しないと考えてしまっているようです。

しかし、法律上は、決算情報については、原則として、①当該上場会社等の単体ベース、②当該上場会社等の属する企業集団ベース（連結ベース）、および、③当該上場会社等の子会社等の単体ベース（ただし、子会社が「上場会社」に該当する場合および子会社連動株式に係る売買をする場合の当該連動子会社に該当する場合に限る。）[103]、という３つの観点から、以下に記載のとおり規制されていますので（金商法166条２項３号・７号、取引規制府令51条、55条）、連結ベースでのみ判断すれば足りるという上記の質問者の理解には誤りがあります。

〈売上高〉

　新たに算出した予想値または当事業年度の決算数値を公表された直近予想値（ない場合は公表された前事業年度の実績値）で除した数値が1.1以上または0.9以下（±10％）

〈経常利益〉

①　新たに算出した予想値または当事業年度の決算数値を公表された直近予想値（ない場合は公表された前事業年度の実績値）で除した数値が1.3以上または0.7以下（±30％）、

かつ、

②　新たに算出した予想値または当事業年度の決算数値と公表された直近予想値（予想値がない場合は公表された前事業年度実績値）とのいずれか少なくない数値から他方を減じて得た数値を前事業年度末日の純資産額と資本金額のいずれか少なくない額で除して得た額が５％以上。

〈純利益〉

①　新たに算出した予想値または当事業年度の決算数値を公表された直近予想値（ない場合は公表された前事業年度の実績値）で除した数値が1.3以上または0.7以下（±30％）（注）、

---

[103] 上場子会社以外の子会社の決算情報は連結ベースの数値に反映されるため、独立して重要事実とは扱われない。なお、上場子会社の単体の決算情報を独立の重要事実として扱う必要性について疑問を呈するものとして、木目田234頁がある。

かつ、
②　新たに算出した予想値または当事業年度の決算数値と公表された直近予想値（予想値がない場合は公表された前事業年度実績値）とのいずれか少なくない数値から他方を減じて得た数値を前事業年度末日の純資産額と資本金額のいずれか少なくない額で除して得た金額が2.5％以上。
（注）　公表された直近予想値（ない場合の公表された前事業年度の実績値）がゼロの場合はすべてこの基準に該当する。

〈剰余金の配当〉　（注）　当該上場会社等単体ベースのみ適用。
①　新たに算出した予想値または当事業年度の決算数値（決算によらないで確定した数値を含む。）を公表された直近予想値（ない場合は公表された前事業年度の対応する期間に係る実績値）で除して得た数値が1.2以上または0.8以下（±20％）（注）
（注）　公表された直近予想値（ない場合の公表された前事業年度の実績値）がゼロの場合はすべてこの基準に該当する。

【決算情報に係る重要基準】

	売上高	経常利益	純利益	剰余金の配当
単体ベース	適用あり	適用あり	適用あり	適用あり
連結ベース	適用あり	適用あり	適用あり	適用なし
単体ベース（上場子会社）	適用あり	適用あり	適用あり	適用なし

　本事例をみますと、連結ベースでは、売上高、経常利益ともに基準を超えていませんが、Ｂ社単独（単体ベース）でみれば、売上高が15％増、経常利益が30％増というのですから、表中の売上高および経常利益に関する基準の①はそれぞれ超えていると認められます。

　よって、上記各基準の②も満たすようであれば、本事例の事実は子会社の売上高等の予想値等の修正に係る重要事実（金商法166条2項7号、取引規制府令55条2項）に該当することになりますので、この事実が未公表のうちに質問者がＡ社の株式を購入すればインサイダー取引に該当することになります。

なお、質問者が法律の規制の内容を誤解していたために自身の取引がインサイダー取引に該当しないと思っていたことは、インサイダー取引の成否には影響を与えませんので留意が必要です。

Q88 決算短信と重要事実

　私の勤務しているA社は、国内外に多数の子会社を保有している上場会社なのですが、売上高、経常利益、純利益の業績予想については連結ベースの数値のみを開示しており、A社単体ベースの業績予想（個別業績予想）は開示していません。A社はまもなく決算発表を予定しているのですが、連結ベースで直前の事業年度よりも大幅な増益であるほか、A社の単体ベースでも去年の実績値からは大幅に増額する予定です。A社の個別業績予想は公表していないのですが、それでも重要事実に該当するのでしょうか。

A 前事業年度の実績値と比較して重要基準を満たす変動があれば、重要事実に該当するものと考えられます。

解　説

　金商法166条2項3号は、「当該上場会社等の売上高、経常利益若しくは純利益（以下この条において「売上高等」という。）若しくは第1号トに規定する配当又は当該上場会社等の属する企業集団の売上高等について、公表がされた直近の予想値（当該予想値がない場合は、公表がされた前事業年度の実績値）に比較して当該上場会社等が新たに算出した予想値又は当事業年度の決算において差異（投資者の投資判断に及ぼす影響が重要なものとして内閣府令で定める基準に該当するものに限る。）が生じたこと。」を、すなわち、上場会社等の単体ベースの売上高、経常利益もしくは純利益（「売上高等」）もしくは剰余金の配当または上場会社等の連結ベースの売上高等について、公表がされた直近の予想値（当該予想値がない場合には、公表がされた前事業年度の実績値）に比較して上場会社等が新たに算出した予想値または当事業年度の決算において差異が生じたことを重要事実と定めています。この決算情報に関する重要事実の特徴は、

① 金商法166条2項1号の定める決定事実、同項2号の定める発生事実とは異なり軽微基準の定めがない一方で、投資者の投資判断に及ぼす影響が重要なものとして内閣府令で定める基準すなわち重要基準に該当する場合に重要事実に該当すると定められていること
② 金商法166条2項1号の定める決定事実、同項2号の定める発生事実、同項4号のバスケット条項とは異なり、上場会社等の単体ベースの決算情報のみならず、その属する企業集団のすなわち連結ベースの決算情報（ただし、剰余金の配当については単体ベースのみ）を含むこと

があげられます[104]。

インサイダー取引規制が施行された平成元年当時の規制では、決算情報に関する重要事実としては、上場会社等の単体ベースの売上高、経常利益および純利益の業績予想の修正等のみが定められていましたが、開示制度が連結中心になり、投資判断も連結ベースでの経営状況をもとに判断されることが一般的になったことから、平成12年より連結ベースでの売上高、経常利益および純利益の業績予想の修正等も重要事実として定められるようになっています[105]。このように金商法のインサイダー取引規制は、連結ベースの業績予想等に関する情報も重要事実として定められるとともに、単体ベースの業績予想等に関する情報も重要事実として定められています。

一方、上場会社の決算情報の開示に定める証券取引所の開示ルールは、連結財務諸表を作成すべき会社については決算情報の開示は連結ベースで行うことを原則としており、単体ベースの業績予想や実績値を開示することを求めていません[106]。

本事例において、A社は単体ベースの業績予想を開示していないのですから、業績予想の修正が生じることはありません。もっとも、決算短信等の公表資料において、単体ベースの業績予想をしていなかったとしても、実績値の変動に関する重要事実の発生はあり得ます。すなわち、インサイダー取引

---

104 ほかに、金商法166条2項5号〜8号が子会社の重要事実について定めている。
105 平成10年証券取引法改正（平成10年法律第107号）による。
106 例えば、東京証券取引所有価証券上場規程405条1項・2項。

規制上、単体ベースの実績値が前事業年度の公表ずみの実績値[107]との間で大きな差異があり、重要基準を満たす場合には、重要事実に該当することになります。かかる差異が重要事実に該当する場合、決算短信とは別途「公表」をすることによりインサイダー取引規制の適用がないようにする必要があります[108]。

　証券取引所の開示規則に定められる適時開示事項とインサイダー取引規制の重要事実は類似しているのですが、軽微基準がインサイダー取引規制においては単体ベースで定められ、適時開示規則では連結ベースで定められているなど、一致していない点も多いため留意が必要です[109]。

---

[107] 実績値については、有価証券報告書において開示される。
[108] 例えば、東京証券取引所有価証券上場規程405条3項。
[109] インサイダー取引規制上の重要事実については、適時開示規則でも開示が求められている。

Q89 持株会社の売上高と軽微基準

私の勤務している上場会社であるA社は、傘下に銀行や証券会社等の金融会社を保有する持株会社です。A社においては、独自の事業は行っていないのですが、今般、A社単体の売上高が前事業年度の実績を3割強上回ることがわかりました。まもなく決算発表を予定しているのですが、かかる売上高の増加は重要事実に該当するのでしょうか。

A 該当しないものと考えられます。

解説

金商法166条2項3号は、「当該上場会社等の売上高、経常利益若しくは純利益（以下この条において「売上高等」という。）若しくは第1号トに規定する配当又は当該上場会社等の属する企業集団の売上高等について、公表がされた直近の予想値（当該予想値がない場合は、公表がされた前事業年度の実績値）に比較して当該上場会社等が新たに算出した予想値又は当事業年度の決算において差異（投資者の投資判断に及ぼす影響が重要なものとして内閣府令で定める基準に該当するものに限る。）が生じたこと。」を、すなわち、上場会社等の単体ベースの売上高、経常利益もしくは純利益（「売上高等」）もしくは剰余金の配当または上場会社等の連結ベースの売上高等について、公表がされた直近の予想値（当該予想値がない場合には、公表がされた前事業年度の実績値）に比較して上場会社等が新たに算出した予想値または当事業年度の決算において差異が生じたことを重要事実と定めています。本事例では、持株会社であるA社の売上高が前事業年度の実績を3割強上回ることになるため、軽微基準に該当しない限り、重要事実に該当することになりそうです。

もっとも、A社のような持株会社である上場会社等の場合、その株式の投資判断に際して重要であるのは、A社の売上高よりもはるかに大きな規模で

事業を行っている子会社の業績であり、子会社からの配当、賃料や経営指導料名目の収入等で構成されることが多い持株会社の単体ベースの売上高の変動は投資判断にはほとんど影響していないといっても過言ではありません。

従前は、A社のような持株会社における単体ベースの売上高等の変動も重要事実に該当する可能性があり、そのような持株会社においては、実際に投資判断にほとんど影響を与えないにもかかわらず、単体ベースの売上高等を重要事実として情報管理しなければなりませんでした。また、決算情報に限らず、持株会社における重要事実の軽微基準が単体ベースで定められていたことにより、持株会社における情報管理について不必要な負担が生じていました。

そこで、平成25年9月6日に施行された取引規制府令の改正により、純粋持株会社および純粋持株会社に類する会社についての重要事実についての軽微基準等については連結ベースの計数を用いることを定めました。

具体的には、取引規制府令49条2項において、純粋持株会社および純粋持株会社に類する会社を「特定上場会社等」[110]として「その法第24条第1項（法第27条において準用する場合を含む。）の規定により提出した同項の有価証券報告書（法第25条第1項（法第27条において準用する場合を含む。）の規定により公衆の縦覧に供されているものに限る。）のうち、直近のものに含まれる最近事業年度の損益計算書において、関係会社（財務諸表等規則第8条第8項に規定する関係会社をいう。）に対する売上高（製品売上高及び商品売上高を除く。）が売上高の総額の100分の80以上である上場会社等」をいうものと定めています。すなわち、直近の有価証券報告書における最近事業年度の損益計算書において、子会社等からの配当、賃料等による売上高（製品・商品の売上高は含まない。）[111]からの収益が80％以上を占める会社がこれに該当することになります。

そして、取引規制府令における決定事実や発生事実の各軽微基準の規定において、従前「当該会社の」と規定されていた部分を「当該会社の（特定上

110　上場会社等は、自身が「特定上場会社等」に該当する場合、有価証券報告書にその旨記載する必要がある（開示府令第3号様式記載上の注意(7)等）。

場会社等である場合にあっては、会社の属する企業集団とする)」と定めました。例えば、同府令49条1項6号の合併の決定の軽微基準において、従前「合併による資産の増加額が最近事業年度の末日における純資産額の100分の30に相当する額未満であると見込まれ」と定められていたところを「合併による会社(協同組織金融機関を含み、特定上場会社等である場合にあっては、会社の属する企業集団とする。(以下略))の資産の増加額が最近事業年度の末日における純資産額の100分の30に相当する額未満であると見込まれ」に変更されました。

　本事例は、持株会社であるA社の売上高が問題になっているところ、A社は「特定上場会社等」に該当するものと考えられます。そして、売上高を含む決算情報に関する重要基準に関する規定においては、改正後の取引規制府令51条において、「法第166条第2項第3号に規定する投資者の投資判断に及ぼす影響が重要なものとして内閣府令で定める基準のうち当該上場会社等の売上高等(同号に規定する売上高等をいう。以下この条において同じ。)若しくは配当又は当該上場会社等の属する企業集団の売上高等に係るものについては、次の各号(当該上場会社等が特定上場会社等である場合の当該上場会社等の売上高等については第1号から第3号までを除き、当該上場会社等の属する企業集団の売上高等については、第4号を除く。)に掲げる事項の区分に応じ、当該各号に掲げることとする。」と定められ、特定上場会社等の場合には単体ベースの数値は重要基準の適用対象にならないものとされています[112]。したがって、本事例では、A社の売上高の増加は重要事実には該当しないものと考えられます。

111　金融庁HP「平成24年金融商品取引法等改正(1年以内施行)等に係る政令・内閣府令案に対するパブリックコメントの結果等について」(平成25年8月30日)別紙回答6番は、製造業以外の会社等で、製品や商品という科目を使っていない会社は、それらに相当する科目があればそれを除外すべきとしている。ライセンス料の扱いについて議論するものとして、黒沼悦郎=武田太老=木目田裕=中村慎二「座談会　インサイダー取引規制の見直しと今後の課題[上]」商事法務2011号25頁。

112　金商法166条2項3号の文言のとおり、決算情報については取引規制府令の定める重要基準を満たす事実のみが重要事実に該当することになるため、重要基準を満たさないということは重要事実に該当しないということを意味する。

なお、上記の「当該上場会社等の属する企業集団の売上高等については、第4号を除く。」との文言のとおり、剰余金の配当に関するものは、持株会社から行われるものですので、こちらについては引き続き純粋持株会社の単体ベースの計数を用いることになります。

Q90 業績予想と「公表」

3月決算の上場会社であるA社は、平成25年5月に、平成25年3月期の決算発表を行い、平成25年3月期の実績値と平成26年3月期の業績予想値が同時に開示されました。平成25年3月期の実績値は公表ずみの業績予想値とほとんど変わらなかったのですが、平成26年3月期は大幅な売上増が見込まれ、平成26年3月期の売上高の予想値は、平成25年3月期の実績値の3倍になりました。このような差異は、重要事実に該当しないのでしょうか。

A 重要事実に該当しないと考えられます。

解 説

金商法166条2項3号は、「当該上場会社等の売上高、経常利益若しくは純利益（以下この条において「売上高等」という。）若しくは第1号トに規定する配当又は当該上場会社等の属する企業集団の売上高等について、公表がされた直近の予想値（当該予想値がない場合は、公表がされた前事業年度の実績値）に比較して当該上場会社等が新たに算出した予想値又は当事業年度の決算において差異（投資者の投資判断に及ぼす影響が重要なものとして内閣府令で定める基準に該当するものに限る。）が生じたこと。」を、すなわち、上場会社等の単体ベースの売上高、経常利益もしくは純利益（「売上高等」）もしくは剰余金の配当または上場会社等の連結ベースの売上高等について、公表がされた直近の予想値（当該予想値がない場合には、公表がされた前事業年度の実績値）に比較して上場会社等が新たに算出した予想値または当事業年度の決算において差異が生じたことを重要事実と定めています。

本事例では、平成25年5月に同時に公表された平成25年3月期の実績値と平成26年3月期の予想値の間で大幅な差異が生じています。この時点で、A

社の開示情報に着目していた投資家は、平成25年3月期の公表ずみの業績予想値を基準として投資判断をしているのが通常です。平成25年の実績値が従前の予想値とほとんど変わらなかったとはいえ、その翌事業年度である平成26年3月期の業績予想において売上高が平成25年3月期の3倍になるというのは、一般的には株価に対してプラスの影響を与え、その投資判断に大きな影響があると思われます。会社関係者等がそのような情報を知って公表前にA社株式を売買することは、公正ではないとはいえそうです。

　もっとも、それが金商法166条2項3号に規定される重要事実に該当するかが問題ですが、公表された平成26年3月期の業績予想値については初めての開示ですので「公表がされた直近の予想値」が存在せず、業績予想の修正ではありません。そこで、比較の対象となる平成25年3月期の実績値が同号の「公表がされた前事業年度の実績値」といえるかが問題になります。このように同時に前事業年度の実績値と当事業年度の予想値が同時に公表された場合に、前事業年度の実績値は「公表がされた」ものといえるのでしょうか。

　この点、上記のように実際に投資判断に与える影響を重視すると、同時に公表された場合も「公表がされた」ものと扱って前事業年度の実績値と当事業年度の予想値の差異を重要事実と解するべきという考え方もあり得ますが、やはり文言上は同時に公表されたものをすでに公表されたと解することは難しいと考えられます[113]。

　したがって、本事例における平成25年3月期の売上高の実績値と平成26年3月期の売上高の予想値の差異は重要事実には該当しないと考えられます。

113　三國谷36頁

Q91 四半期開示

私の勤務する上場会社は、今事業年度の第2四半期の売上高、経常利益および純利益の予想を大幅に上方修正する見込みです。このことは未公表ですが、第2四半期に関するこれらの予想値の修正も重要事実に該当するのでしょうか。

A 該当しません。

解　説

　金商法166条2項3号は、「当該上場会社等の売上高、経常利益若しくは純利益（以下この条において「売上高等」という。）若しくは第1号トに規定する配当又は当該上場会社等の属する企業集団の売上高等について、公表がされた直近の予想値（当該予想値がない場合は、公表がされた前事業年度の実績値）に比較して当該上場会社等が新たに算出した予想値又は当事業年度の決算において差異（投資者の投資判断に及ぼす影響が重要なものとして内閣府令で定める基準に該当するものに限る。）が生じたこと。」を、すなわち、上場会社等の単体ベースの売上高、経常利益もしくは純利益（「売上高等」）もしくは剰余金の配当または上場会社等の連結ベースの売上高等について、公表がされた直近の予想値（当該予想値がない場合には、公表がされた前事業年度の実績値）に比較して上場会社等が新たに算出した予想値または当事業年度の決算において差異が生じたことを重要事実と定めています。

　もっとも、ここでいう予想値、決算、実績値という文言は、必ずしも四半期の業績に関する業績予想、四半期決算等を含むかどうかが明確ではありません。本事例のように第2四半期の売上高等の予想値について大幅な修正がある場合に重要事実に該当するのかは条文上必ずしも明確ではないように思われます。

第2章　重要事実　219

この点、半期や四半期の業績予想の数値も投資判断には一定程度影響するものと考えられます。しかし、実務上、同号に定められる予想値および実績値は、事業年度単位の数値、すなわち、通期ベースの数値に限られるものと解されています[114]。これは、半期や四半期の決算情報の数値の変動は、通期の予想値等にも影響があるはずであり、半期や四半期の決算情報の数値の変動が大きい場合は通期の予想値等にも大きな変動が生じ、それが重要事実に該当する可能性が多いと考えられるためです。一方、半期や四半期の数値そのものが変動した場合であっても、通期の予想値について大きな変動が生じない程度にとどまるのであれば、そもそも投資判断に影響しないものと考えられます。

　以上より、本事例において、第2四半期に関する予想値の修正は重要事実に該当しません。もっとも、通期の予想値についても修正がなされる場合には（大幅な第2四半期の業績予想の修正ということでしたら、第3四半期以降において見込んでいた売上高等を前倒しで計上するという場合を除けば、通期の業績予想の修正が必要になる可能性も高いと考えられます。）、当該修正については重要事実に該当することになりますので留意が必要です。

---

[114] 取引実務規制Q&A97頁、木目田204頁等

6 重要事実の内容（バスケット条項）

Q92 非包摂事実（製品の売行き）

私は、皮膚科の開業医をしています。かねて取引のある製薬会社であり上場企業のA社の従業員から、A社が開発、製造して販売を開始したばかりの治療薬について、抗がん剤であるH系薬剤と併用すると死亡例も含む重篤な副作用症例が発生するという事実を伝えられたため、当該事実が公表される前にA社の株を対象に信用取引により売付けをしました。A社では、当該事実が公表され、さらにその後調査により、前記副作用症例による損害の規模が同社純資産の1％程度であることが判明しました。私の行為はインサイダー取引に該当するのでしょうか。

A インサイダー取引に該当する可能性が高いと考えられます。

解 説

インサイダー取引規制に関する金商法は、上場会社等の業務等に関する重要事実を列挙しています（金商法166条2項）。A社では、当該事実が公表され、さらにその後の調査により、前記副作用症例による損害の規模が同社純資産の1％程度であることが判明しており、「災害に起因する損害又は業務遂行の過程で生じた損害」（同項2号イ）との重要事実のもとでは、軽微基準（「損害の額が最近事業年度の末日における純資産の額の100分の3に相当する額未満であること」（取引規制府令50条1号））に照らして軽微であるといえ、本事実は「重要事実」に該当しません。

しかし、重要事実を規定した金商法166条2項のうちの4号は、「前3号に掲げる事実を除き、当該上場会社等の運営、業務又は財産に関する重要な事

実であって投資者の投資判断に著しい影響を及ぼすもの」を重要事実と規定しています。同号の規定は、投資者の投資判断に著しい影響を及ぼすという実質に着目して定められたものであり、取引の規制対象となる重要事実を具体的に列挙することができない場合に適用される包括条項であると説明されます[115]。上場会社等の運営、業務または財産に関する事実であればいかなる事実でも包括的に含めるという趣旨から、通称として「バスケット条項」と呼ばれています。

ここで「投資者の投資判断に著しい影響を及ぼす」とは、通常の投資者が当該事実を知った場合に、当該株券等について当然に売買等の判断を行うと認められる場合であると解されています[116]。

裁判例では、新薬で他の薬剤との併用に起因した相互作用に基づく副作用とみられる死亡例が発生した事実について、バスケット条項に該当するとされた例があります（大阪高判平成13年3月16日日本商事事件差戻後控訴審判決）。

問題となるのは、金商法166条2項1号～3号、5号～7号に列挙された重要事実には該当し、それらの軽微基準・重要性基準により外れる事実につき、バスケット条項により重要事実に該当するか、という点です。

この点、立案担当者は、軽微基準・重要性基準により重要事実から外れる事実が、バスケット条項に該当することはないとの前提に立っていると解されます[117]。

しかし、最判平成11・2・16刑集53巻2号1頁は、ある事実が軽微基準に該当するという理由により、「災害に起因する損害又は業務遂行の過程で生じた損害」（金商法166条2項2号イ）に該当しない場合、同号イにより包摂・評価される面につきさらにバスケット条項が問題とされることはないとしながら、同号イの損失の発生として包括・評価される面とは異なる別の重要な面を有している事実であって、同項1号～3号の規定に該当しない事実

---

[115] 横畠119頁。神田秀樹ほか『金融商品取引法コンメンタール4』（商事法務、2011）138頁。
[116] 平野ほか・注解特別刑法（補巻2）255頁
[117] 横畠119頁

については、同項4号のバスケット条項の適用があると判示しました。

本事例と同様の上記最判においては、「当該症例の発生は……同社の特に製薬業者としての信用を更に低下させて、今後の業務の展開及び財産状態等に重要な影響を及ぼすことを予測させ、ひいて投資者の投資判断に著しい影響を及ぼし得るという、同号イによっては包摂・評価されない面をも有する事実であって、これにつき同項4号の該当性を問題にすることが可能である」と示されています。

したがって、本事例も同様に、バスケット条項により重要事実の該当性が認められる可能性が高く、質問者による取引はインサイダー取引に該当する可能性が高いと考えられます。

Q93 過年度決算数値の過誤

　私は、上場会社A社の社員で経理部に所属していますが、当社担当の監査法人から、過年度決算数値に大規模な過誤があり、真実は、すでに公表したものよりも悪くなることを指摘されました。決算の訂正は公表することになるだろうし、その場合は当社の株価が下がるかもしれないので、公表前に、保有している当社株式を売却したいと思っています。これは、インサイダー取引に該当するのでしょうか。

A　インサイダー取引に該当する可能性が高いと考えられます。

解　説

　金商法166条1項は、上場会社等の重要事実を職務等に関し知った「会社関係者」または「会社関係者でなくなった後1年以内のもの」（以下、これらを総称して「会社関係者等」といいます。）が、重要事実が公表される前に当該上場会社等の特定有価証券等の売買等を行うことを、インサイダー取引として規制しています。本事例において、上場会社A社の経理部社員である質問者は、会社関係者等に該当し、その職務に関し、同社の過年度決算数値に大規模な過誤があることが発覚したことを知ったものといえます。

　過年度決算数値に大規模な過誤があることが発覚した事実は、これそのものは金商法166条2項1号ないし3号（およびこれに関連する同法施行令）に個別に列挙された重要事実のいずれにも該当しません。なお、決算数値の変動に関連する重要事実としては、同法166条2項3号の業績修正に係る重要事実がありますが、これは、上場会社が新たに算出した業績の予想値または決算において、それまでに公表していた予想値または前事業年度の実績値と比較して差異が生じたことを重要事実としているのであり、本事例のように、すでに行われた過年度の決算の数値に誤りがあったというのは、同号の

業績修正に係る重要事実でとらえることはできません。

　本事例における過年度決算数値に過誤があることが発覚した事実のように、金商法で具体的に列挙された重要事実には該当しないとしても、「当該上場会社等の運営、業務又は財産に関する重要な事実であって投資者の投資判断に著しい影響を及ぼすもの」（同法166条2項4号、バスケット条項）に該当するのであれば、重要事実となります。この点、平成22年課徴金事例集事例12においては、「過年度決算の過誤が複数年にわたっており、かつ、訂正額が大規模で上場廃止のおそれや信用低下を招くおそれがあったこと、利益水増し等の意図による会計処理ではないかとの疑念がもたれるなど、悪質なものであり、今後の業務展開に重大な支障を及ぼしかねないと判断されたこと」を主な理由として、過年度決算数値に過誤があることが発覚した事実が、投資判断に著しい影響を及ぼす重要事実に該当すると判断されています。なお、上記課徴金事例においては、「当該事実の公表により、取引所において監理銘柄（審査中）に指定されたこと、公表日翌日から当該銘柄の株価が4日連続でストップ安になっていること」等の事実も確認されており、このような株価への具体的な影響を示す事情もバスケット条項への該当性判断において実質的に考慮されているものと考えられます。

　本事例においても、上記課徴金事例において指摘されているような諸事情がみられるような場合には、Ａ社の過年度決算数値に大規模な過誤があることが発覚した事実がバスケット条項の適用により重要事実に該当し、職務に関しこの事実を知っている質問者がＡ社株式を売却することはインサイダー取引に該当すると考えられます。

Q94 事業再生ADRの申請の決定

　私は、上場会社A社の取引先のB会社の営業部長です。私は、A社の役員から、A社が、今後の事業の再構築に向け、強固な収益体質の確立と抜本的な財務体質の改善を図るために、「産業活力の再生及び産業活動の革新に関する特別措置法」（以下、「産活法」といいます。）に定める特定認証紛争解決手続（以下、「事業再生ADR」といいます。）の申請をすることを決定したということを教えてもらいました。私が保有するA社の株式を売却することはインサイダー取引事件に該当するのでしょうか。

A　インサイダー取引に該当する可能性があると考えられます。重要事実としては「破産等の申立て」の事実には該当しませんが、バスケット条項には該当する可能性があると考えられます。

解　説

　事業再生ADRは私的整理の一種ですから、重要事実の1つである「破産手続開始、再生手続開始又は更生手続開始の申立て」（金商法施行令28条8号）には該当しません。

　しかし、インサイダー取引規制に関する金商法は、上場会社等の業務等に関する重要事実を列挙しています（金商法166条2項）。重要事実を規定した同項のうちの4号は、「前3号に掲げる事実を除き、当該上場会社等の運営、業務又は財産に関する重要な事実であって投資者の投資判断に著しい影響を及ぼすもの」を重要事実と規定しています（同号の規定の詳細は、【Q92】の解説を参照）。

　本事例において、まず事業再生ADRとは、「事業再生の専門家が、中立的な立場から、債務者（過剰債務を抱える企業）と債権者（主に金融債権者）間の調整を行なうこと等により、企業の事業再生の円滑化を図ることを目

的」とする制度です[118]。法的整理（破産、民事再生、会社更生）とは異なり、私的整理の一種ですが、純粋な私的整理とは異なり事業再生の専門家が関与すること、債務者企業の債務免除益・債権者の債権放棄の無税償却という税制上の優遇措置が存在します。商取引債権者とは、従来どおり取引を継続することが可能という制度です。

　上場企業が事業再生ADRの申請を行って、申請が事業再生[119]の専門家から受理された場合、過剰な債務の負担に耐え切れなくなったことの証左として売り材料と評価されるときがあり得ます。

　例えば、法的手続を回避するため、苦し紛れに事業再生ADRの申請を行ったと市場から評価され、再生の見込みが低いとみられる場合です。

　他方、事業再生ADRを通じて過剰な債務の負担から免れ、事業が再生するとの期待から、買い材料と評価されるときもあり得ます。

　例えば、債権者全員の合意がすでに得られ、事業再生計画案が承認される可能性が高く、再生の見込みが高いと評価される場合です。

　事業再生ADRの申請が売り材料か買い材料かは、個別具体的な事情に沿ってケースバイケースの判断が必要になり一概にいえませんが、通常の投資者が当該事実を知った場合に、当該株券等について当然に売買等の判断を行うと認められるといえる事例に関しては、「投資者の投資判断に著しい影響を及ぼす」と考えられます。また、事業再生ADRの申請が上場会社等の運営、業務または財産に関する事実であるといえます。よって、「バスケット条項」に該当する可能性があります。

　したがって、質問者が、取引先のA社の役員から、A社が事業再生ADRの申請をする予定であると伝達を受け、その公表前に、保有するA社株式を売却する行為は、インサイダー取引に該当する可能性があると考えられます。

118　法務省「事業再生ADR制度について」http://www.moj.go.jp/content/000108997.pdf
119　経済産業省令の要件を満たした実務家を指す。事業再生実務家協会などがある。

Q95 大株主による売出し

私は大手の電機メーカーのA社の財務部門に勤めているのですが、A社にはいくつかの上場子会社があります。今般、A社では資金調達の一環として、その上場子会社の1つのB社の株式をすべて売出しにより売却することになりました。私は、これが実施される前にB社株式の売買をすることを考えていますが、インサイダー取引に該当するのでしょうか。

A インサイダー取引に該当する可能性があると考えられます。

解説

金商法166条2項4号は、「前3号に掲げる事実を除き、当該上場会社等の運営、業務又は財産に関する重要な事実であって投資者の投資判断に著しい影響を及ぼすもの」を重要事実と定めています。同号の趣旨は、重要事実として具体的に列挙されていない事実であったとしても、投資家の投資判断に著しい影響を及ぼす事実については、例外的に重要事実として規制するものであり、一般にバスケット条項といわれています。

本事例において、B社の親会社であるA社がその保有するB社株式をすべて「売出し」により売却するということですから、これが重要事実に該当しないかが問題になりますが、募集株式を引き受ける者の募集の決定（金商法166条2項1号イ）とは異なり、株式の売出しは、金商法166条2項1号ないし3号に列挙される重要事実には定められていません。

また、B社の親会社であるA社がB社株式をすべて売却した場合には、A社は筆頭株主ではなくなるとともに、主要株主ではなくなってしまいます。そこで、金商法166条2項2号ロの定める「主要株主の異動」に該当するようにも思われますが、同号に列挙される重要事実はいわゆる発生事実であ

り、会社の機関が決定すれば重要事実が発生したことになる同項1号の定める決定事実と異なり、実際に生じてはじめて重要事実に該当します[120]。本事例では、A社がB社の株式を売却することを内部決定しているだけで、実際に株主の異動が生じていませんので、これには該当しないものと解されます。

　もっとも、A社によるB社株式の売却が、B社の「運営、業務又は財産に関する重要な事実」であって「投資者の投資判断に著しい影響を及ぼす」事実に当たれば、金商法166条2項4号のバスケット条項に該当するものとして、質問者の取引がインサイダー取引に該当する可能性があります。

　この点、一般論としては、会社の株式が親会社により全部売却されることは、株主構成の大幅な変動であって、当該会社の運営に関わることですし、また、業務にも影響を及ぼすことですので、「運営、業務又は財産に関する重要な事実」に該当するものと考えられます[121]。

　また、「投資者の投資判断に著しい影響を及ぼす」か否かについては、本事例では、親会社が子会社の株式を全部売却するということですから、今後市場に多数の当該会社の株式が流通する可能性があります。また、売出しの条件でその時点の時価よりも低い価格で売出しがなされる場合には株価にはネガティブなインパクトがあるはずです。さらに、会社によっては、親会社またはグループ会社との取引がその業務の一定割合を占めることも考えられますし、グループ内取引の割合が高くなかったとしても、親会社のグループ会社であるという信用によって取引関係が維持されてきた取引も一定程度ある可能性があります。このように、市場に流通する株式の数が大幅に増加する可能性があり、また、親会社のグループ会社としての地位がなくなることによる影響が相当大きいことも十分にあり得ます。

　したがって、本事例においても、B社とA社の個別の事情によっては、A

---

[120]　松本112頁など
[121]　これに関し、株式の需給に係る情報は、金商法167条の定める公開買付け等事実を除き、インサイダー取引規制の対象にはならないという見解もある（神崎ほか・金商法1269、1270頁参照）。

社によるＢ社株式の全部売却が、Ｂ社の「運営、業務又は財産に関する重要な事実」であって「投資者の投資判断に著しい影響を及ぼす」ものとして、バスケット条項（金商法166条２項４号）に該当する可能性があるものと考えられます。

　以上より、本事例においては、売出しの価格やＡ社とＢ社の業務上の関係等の個別事情が明らかではありませんので、質問者がＢ社株式の売買を行ってよいかは一概にはいえませんが、Ｂ社の親会社の従業員である質問者による取引は、事情によっては、インサイダー取引に該当する可能性がありますので、慎重に検討すべきと考えられます[122]。

122　Ａ社が親会社でなければ、質問者がＢ社の関係者から伝達を受けた場合等インサイダー取引の他の要件を満たす場合に問題になる。

Q96 有価証券報告書の提出遅延

私は、上場会社A社の経理部門に勤務しているのですが、監査を依頼しているB監査法人から適正意見を付した監査証明を予定していた日までに出してもらうことが難しくなり、今月末までに提出が義務づけられている有価証券報告書を期限までに提出できない見込みとなりました。このことは、インサイダー取引規制の対象になる重要事実に該当するのでしょうか。

A 重要事実に該当する可能性があると考えられます。

解 説

インサイダー取引規制において、上場会社についていわゆる上場廃止事由が発生した場合、重要事実に該当します（金商法166条2項2号ハ）。

上場廃止事由は、当該上場会社の株式等が上場している金融商品取引所が定めています。東京証券取引所有価証券上場規程を例にあげますと、本則市場（市場第一部銘柄および市場第二部銘柄）の上場廃止基準では、「有価証券報告書又は四半期報告書の提出遅延」が上場廃止事由とされています（同取引所有価証券上場規程601条1項10号）。そこで、本事例のように有価証券報告書の提出が遅延する見込みが、この上場廃止事由に該当するか否かを検討します。

この点、東京証券取引所上場規程601条1項10号は、有価証券報告書・四半期報告書をこれらの提出期限[123]経過後1カ月以内に提出しなかった場合

---

[123] 有価証券報告書の提出期限は国内上場会社では、原則、当該事業年度経過後3カ月以内とされている（金商法24条1項）。また、四半期報告書の提出期限は国内上場会社（事業年度が3月を超える場合）では、当該事業年度の期間を3月ごとに区分した各期間経過後、原則、45日以内とされている（同条4の7、同法施行令4の2の10第3項）。

には上場廃止基準に該当すると定めていますので、上場廃止事由が発生したといえるのは、提出期限経過後1カ月が経過したときであり、その期間内に提出することが困難になったとの事実だけでは重要事実に当たりません。

　次に、上記の上場廃止事由に該当しないとしても、投資家の投資判断に影響を及ぼすものとして重要事実に該当する余地はないでしょうか。この点、金商法166条2項4号は、「前3号に掲げる事実を除き、当該上場会社等の運営、業務又は財産に関する重要な事実であって投資者の投資判断に著しい影響を及ぼすもの」を重要事実と定めています。同号は、重要事実として具体的に列挙されていない事実であったとしても、投資家の投資判断に著しい影響を及ぼす事実については、例外的に重要事実として規制するとの趣旨で定められたものであり、一般にバスケット条項といわれています。

　そして、有価証券報告書の提出遅滞の見込みが発生していることが「運営、業務又は財産に関する重要な事実」であって「投資者の投資判断に著しい影響を及ぼす」事実に該当すれば、上記のバスケット条項に該当するものとして、重要事実に該当することになります。

　一般論として、上場会社等が法定の開示書類について期限を徒過してしまう見込みが生じている事実は、A社の「運営、業務又は財産に関する重要な事実」に該当することは疑いありません。

　次に、「投資者の投資判断に著しい影響を及ぼす」のか否かについては、通常の投資家が当該事実を知った場合に当然に「売り」または「買い」の判断をすると認められるかにより判断されるべきと解されます[124]。

　まず、有価証券報告書は、法定の開示書類ですので、これを期限内に提出できないということは、法令違反に該当しますし、一般的には、期限が守れない事実が明らかになることは、何か問題があるから提出できないのではないか、という疑念を抱かせ、会社の信用を低下させます。一方、上記のとおり、証券取引所における上場規則においては、有価証券報告書を法定の期限経過後一定の期間が経過するまでに提出できないことは上場廃止事由に該当

---

[124] 横畠119頁、平野ほか・注解特別刑法（補巻2）255頁

するものと定められているものの、期限後すぐに有価証券報告書を提出した場合には上場廃止事由には該当しないのであって、有価証券報告書の提出が遅れる見込みが生じたということだけでは必ずしも通常の投資家が当該事実を知った場合に当然に「売り」の判断をすると認められるとまではいえないと考えられます。

したがって、有価証券報告書の提出が遅れる見込みであることが、重要事実に該当するか否かは、事案ごとに個別の事情をふまえて判断されるべきと考えられます。

例えば、特定の海外子会社における監査が遅れていることにより、有価証券報告書が提出できず、その原因は粉飾決算等ではない事務的な理由であって、財務諸表に対して大きな影響を与える見込みがない場合や、あるいは上場廃止事由に該当するか否かが分かれる期限後1カ月が経過するまでに提出のメドが立っている場合には、投資家の判断に著しい影響を及ぼすとはいえないものと考えられます。

一方で、監査法人より粉飾決算のおそれがあると指摘を受けていたり、財務諸表に関する重要な点の解釈で争いがあるために、監査法人と会社の間で適正意見を出せるかどうかで争いが生じているなどの事情により、期限後1カ月以内に有価証券報告書を提出できるメドが立っていない場合には、後に上場廃止に至る可能性が一定程度認められるわけですから、「投資者の投資判断に著しい影響を及ぼす」ものといえそうです。

以上より、A社による有価証券報告書の提出遅延の見込みが重要事実に該当するか否かは、個別の事情をふまえて判断されると考えられます。特に、会社と監査法人が意見について対立しており、提出のメドが立っていないような場合には、後に適正意見を監査法人に提出してもらうことができず、上場廃止事由が発生する可能性が一定程度あるので、重要事実に該当する可能性が高いものとして慎重に検討すべきと考えられます。

なお、実際に有価証券届出書に虚偽記載がなされていた場合に、虚偽記載について直ちに上場を廃止しなければ市場の秩序を維持することが困難であることが明らかであると取引所が認めたときは、取引所規則において上場廃

止事由に該当します[125]。この場合は、取引所がかかる認定をした時点で重要事実に該当することになりますので留意が必要です。

---

125 例えば、東京証券取引所上場規程601条1項11号ａ。

Q97　第三者委員会の設置

　私は、上場会社A社に勤務しているのですが、現経営陣と対立関係にある役職員から、A社の一部の事業部において長年にわたり循環取引等を通じて架空の売上げが計上されていた旨の内部者告発がされました。A社としてはその嫌疑は極めて小さいと考えているのですが、A社の経営陣は念のため外部の会計士・弁護士を中心とする第三者委員会を設置して事実関係の調査を行うことを決めました。第三者委員会の設置はまだ公表されていないのですが、第三者委員会の設置は重要事実に該当するのでしょうか。

A 　個別の事情にもよりますが、原則としては該当しないものと考えられます。

解　説

　金商法166条2項4号は、「前3号に掲げる事実を除き、当該上場会社等の運営、業務又は財産に関する重要な事実であって投資者の投資判断に著しい影響を及ぼすもの」を重要事実と定めています。同号は、重要事実として具体的に列挙されていない事実であったとしても、投資家の投資判断に著しい影響を及ぼす事実については、例外的に重要事実として規制するとの趣旨で定められたものであり、一般にバスケット条項といわれています。

　本事例では、A社において過去に架空の売上げが計上され、それに基づく決算や開示書類の作成が行われている、いわゆる粉飾決算の疑いが生じています。粉飾決算により、A社の過去の開示書類について意図的な虚偽記載がされてきたと仮定した場合、A社がいままで開示してきた情報が信頼できないということになりますので、一般的には、A社の株価に著しい悪影響を及ぼすと思われ、会社の運営または財産に関する重要な事実で、投資者の投資判断に著しい影響を及ぼすものに該当し、金商法166条2項4号に定められ

第2章　重要事実　235

るいわゆるバスケット条項が適用され、重要事実に該当すると考えられます[126]。

　もっとも、本事例で留意すべきことは、虚偽記載の有無に係る事実関係はいまだに明らかではないことです。本事例では、A社の経営陣が虚偽の売上げの計上の疑いがあるとして、第三者委員会に調査を依頼した段階にとどまります。したがって、この段階で粉飾決算があったものと認めることができませんので、粉飾決算に係る重要事実がこの時点で生じたとするのは難しいと考えられます。では、それとは別途、A社が第三者委員会の設置を決定したという事実を重要事実ととらえるべきでしょうか。

　ここで、第三者委員会とは、会社の経営陣から独立した第三者（社外取締役を含む場合もそうでない場合もあります。）により構成された合議体で、不正行為等の事実関係を調査・解明し、再発防止策等を会社に対して提言する委員会[127]をいいます。

　もちろん、粉飾決算などの不祥事の場合には、事実関係が明らかにはなっていないとはいえ、不祥事の疑いに関して、第三者委員会が設置されるという事実自体、当該不祥事の存在について一定の蓋然性を会社が認めたことと評価され、会社の信用を害し、投資家の判断に一定程度の影響を与えることは否めません。実務上は、この第三者委員会の設置の公表により実際に株価に影響が出ることも多いと考えられます。

　その一方で、第三者委員会の設置自体が重要事実といえるかについては慎

---

[126] 粉飾決算に関する事例として、さいたま地判平成21・5・27（プロデュースの元取締役によるインサイダー取引事件）、平成21年12月11日付課徴金納付命令決定（フタバ産業社員からの情報受領者によるインサイダー取引事案）等がある。いずれの事案でも粉飾決算の事実が実際にあったことが前提となっている。なお、粉飾決算に関する事実が重要事実に該当するとしても、どのように重要事実が構成されるかについては事案ごとに異なる。

[127] 第三者委員会は、法律等により定義されているわけではない。一例として、日本弁護士連合会の「企業等不祥事における第三者委員会ガイドライン」においては、企業等において不祥事が発生した場合および発生が疑われる場合において、企業等から独立した委員のみをもって構成され、徹底した調査を実施した上で、専門家としての知見と経験に基づいて原因を分析し、必要に応じて具体的な再発防止策等を提言するタイプの委員会と定義している。

重に考える必要もあります。すなわち、第三者委員会とは、特に法令等で設置が義務づけられるものではなく、どのような場合に設置されるのか、何を目的として設置されるのか、何が依頼事項か、その規模などは事例によって異なります。しかも、不祥事等の調査が目的で設置されるとしても、どの程度の疑義があれば第三者委員会が設置されるかは上場会社等の経営陣が決めることであり、また、第三者委員会の調査の結果、不祥事等は存在しないという結論が出される可能性もあります。事案によっては、第三者委員会の設置される時点ですでに監査法人から指摘を受けている等、不祥事が存在した可能性が高いケースもあれば、一部の従業員（例えば経営陣と対立関係にある従業員）がさほどの根拠もなく指摘をしているにすぎない蓋然性が高いが、経営陣が念のために第三者委員会に不祥事がなかったことを確認してもらいたいという意図で設置することもあり得ると考えられます。したがって、第三者委員会の設置の決定ということだけをもって一律に重要事実に該当することは難しく、それだけをもって重要事実に該当するとはいえないことが原則であるものの、事例によっては不祥事等があったことが明らかでなかったとしても、その設置理由や経緯によっては、その事実を知れば投資家が確実に株式を売却するといえる程度に投資判断への影響を与えることもあり得ると考えられます。

　以上より、不祥事の存在そのものが重要事実に該当することと独立して、第三者委員会の設置自体が重要事実に該当することは原則としてないものと考えられますが、第三者委員会の設置の目的・設置の経緯等の個別の事情によっては、例外的に不祥事そのものの存在が確定されていない段階であっても重要事実に該当することもあり得ると考えられます。

　本事例においては、粉飾決算の疑いという設置の理由は投資家の判断に悪影響を与えると考えられますが、一部の事業部における調査にとどまること、一部の従業員からの内部告発が理由でありその嫌疑は必ずしも強くないことなどから、原則としては、Ａ社による第三者委員会の設置の決定は、重要事実には該当しないものと考えられます。

7 重要事実の内容（子会社情報）

Q98　新株引受者の募集

　私は上場企業A社の取引先のB社の営業部長をしています。この度、懇意にしているA社の取締役から、A社の子会社について次の情報を聞きました。

　A社には、A社の主力事業とは異なる新規の事業を行う非上場の子会社C社（A社出資比率80％）があります。C社の事業は低迷しており、これをてこ入れするため、C社は類似の事業を行うD社から、10億円の出資を受けることを内容とする第三者割当増資を行うことを決定したとのことです。当該増資が完了すると、A社の出資比率は55％に低下することになるそうです。子会社C社による新株の引受権者の募集はA社にとって重要事実に該当し、私がA社株を買い付けることは、インサイダー取引に該当するのでしょうか。

A　インサイダー取引に該当する可能性があると考えられます。

解　説

　インサイダー取引規制に関する金商法は、上場会社等の子会社の業務等に関する重要事実を列挙しています（金商法166条2項5号ないし8号）。上場会社の子会社の業務執行を決定する機関が行った子会社についての事実は、上場会社自体よりもさらに限定的に列挙された一定の事実が重要事実になるところ、子会社が第三者割当増資を行うことは列挙されておりません。

　しかし、重要事実を規定した金商法166条2項のうちの8号は、「前3号に掲げる事実を除き、当該上場会社等の子会社の運営、業務又は財産に関する

重要な事実であって投資者の投資判断に著しい影響を及ぼすもの」を重要事実と規定しています（同号の規定の詳細は、【Q92】の解説を参照）。

　本事例において、売買の判断材料という観点では、子会社の従前のグループ内の位置づけや、その事業の内容などについて、個別具体的な事例に沿ってケースバイケースの判断が必要になりますが、通常の投資者が当該事実を知った場合に、当該株券等について当然に売買等の判断を行うと認められるといえるときには、「投資者の投資判断に著しい影響を及ぼす」といえる可能性もあります。議決権の80％を保有して支配する子会社が、10億円の第三者割当増資を行って議決権割合が55％に低下するという事実は、上場会社にとって子会社の支配権について特別決議を行うことが困難になる一方、10億円の資金調達を受けて子会社は事業投資を積極化することが可能になること、さらに、同業者から出資を受けることは、将来的には業務提携の可能性も否定できない事情です。また、子会社の第三者割当増資の決定は、上場会社等の子会社の運営、業務または財産に関する事実であると考えられます。よって、C社のグループ内の位置づけやA社グループの事業規模にもよりますが、「バスケット条項」に該当する可能性があると考えられます。

　したがって、質問者が、上場企業A社から、C社が第三者割当増資をする予定であると伝達を受け、A社による公表前に、A社株式の買付けをする行為は、インサイダー取引に該当する可能性があると考えられます。

8 軽微基準に特有の問題

Q99 予測が難しい場合

私の勤務するA社は、上場会社ですが、近く別の地方を本拠とする同業のB社と業務提携をすることになりました。このB社との業務提携は、資本の提携や合弁会社の設立は伴わない予定ですが、どれだけA社の業績に影響を及ぼすのかは未知数です。B社との業務提携の決定は、A社の重要事実に該当するのでしょうか。

A 重要事実に該当するものと考えられます。

解　説

　金商法166条2項本文は、「前項に規定する業務等に関する重要事実とは、次に掲げる事実（第1号、第2号、第5号及び第6号に掲げる事実にあっては、投資者の投資判断に及ぼす影響が軽微なものとして内閣府令で定める基準に該当するものを除く。）をいう。」と定めています。すなわち、インサイダー取引規制は、重要事実のうち、同項1号の決定事実、同項2号の発生事実、同項5号の子会社の決定事実および同項6号の子会社の発生事実について、投資者の投資判断に及ぼす影響が軽微なものとして一定の基準に該当するものを重要事実に該当しないものとしており、かかる基準を軽微基準といいます（同項本文カッコ書）。したがって、上記同項1号・2号・5号および6号に列挙される事由に該当する場合には、軽微基準に該当しない限り、重要事実に該当するということになります。

　本事例では、A社は同業のB社との間で業務提携をすることを決定しており、金商法166条2項1号ヨ、同法施行令28条1号の定める「業務上の提携

又は業務上の提携の解消」に該当するため、原則としてインサイダー取引規制の対象となる重要事実に該当します。

　もっとも、業務提携の決定については、具体的には、取引規制府令49条10号イが軽微基準を規定しており、具体的には「業務上の提携を行う場合にあっては、当該業務上の提携の予定日の属する事業年度開始の日から3年以内に開始する各事業年度においていずれも当該業務上の提携による売上高の増加額が最近事業年度の売上高の100分の10に相当する額未満であると見込まれ、かつ、次の(1)から(3)までに掲げる場合においては、当該(1)から(3)までに定めるものに該当すること。」が軽微基準と定められています。この「(1)から(3)に掲げる場合」とは、業務提携が資本提携や新会社の設立を伴う場合を指しますが、本事例では、A社とB社の提携には資本提携や新会社の設立を伴いませんので、上記の売上げの増加額の基準によって判断することになります。

　そして、本事例では、B社との業務提携がA社の業績に影響を及ぼすのかは未知数ということですので、売上げの増減等への影響については見込みが立てられなかったいうことと考えられ、「当該業務上の提携の予定日の属する事業年度開始の日から3年以内に開始する各事業年度においていずれも当該業務上の提携による売上高の増加額が最近事業年度の売上高の100分の10に相当する額未満であると見込まれ」ることという上記の取引規制府令49条10号イの要件を満たさないことになります[128]。したがって、A社のB社との業務提携の決定は重要事実に該当するものと判定されることになります。

---

[128] 当該事項を行うことを決定したり、発生することを見込んだが、その程度については見込まなかったという場合には、その事実が軽微基準に該当するという要件を満たしていないため重要事実となると解される（三國谷38頁）。また、見込む主体は、原則として会社と考えられる。

Q100　逸失利益と軽微基準

　私が勤務している上場会社A社は、現地子会社を通じて東南アジアの複数の国に工場を保有しています。今般、タイにあるA社の子会社の保有する工場が、洪水の影響を受けて操業を停止してしまい、現地の交通網の混乱で原料の搬入が難しく、再度稼働できるまでにどれくらいの時間がかかるかがわかりません。当該工場の機械等の設備自体の損害は、すでに確定しておりインサイダー取引規制の軽微基準の範囲内なのですが、工場の被った損害は、子会社に生じた損害として重要事実に該当するのでしょうか。

A　該当しないものと考えられます。

解　説

　本事例では、A社の海外子会社の工場が洪水の影響で工場の機械が停止するなどして、当該子会社に損害が生じています。これは、金商法166条2項6号イに定められる子会社に関する発生事実である「災害に起因する損害又は業務遂行の過程で生じた損害」に該当します。もっとも、本事例では、当該子会社の工場の機械等の設備自体が被った損害そのものは軽微であって軽微基準に該当します。同項本文カッコ書が定めるように、軽微基準に該当する場合には、子会社につき「災害に起因する損害又は業務遂行の過程で生じた損害」であったとしても、重要事実には該当しません。

　もっとも、本事例では、洪水の影響で、交通網の混乱で原料の搬入が難しく、再稼働の見込みが立っていません。この工場の操業が停止していることによる損害、すなわち、操業することによって得られるべき利益が得られないことによる損害も金商法166条2項6号イの定める「損害」に含まれるとすると、今回の海外子会社の被った損害はその額が不明確であることにな

り、インサイダー取引規制上の軽微基準に該当しません。取引規制府令53条１項１号の軽微基準では、損害の額が連結の純資産額の３％未満であると見込まれることと定められており、見込まれる損害の額が明確ではない場合は、軽微基準に該当せず重要事実に該当することになります。

　本事例で重要事実が発生しているかどうかについては、工場を操業することによって得られるべき利益が得られないことによる損害、いわゆる逸失利益が、ここでいう金商法166条２項６号イの定める「損害」に含まれるのかにより決されることになります。

　この点、金商法166条２項６号イの定める「損害」とは、種々の自己等の災害または業務執行の過程で生じたすべての損害をいい、営業損失、営業外損失または特別損失に計上されるべきものをいう[129]と解されています。

　そして、これに逸失利益を含むと解するべきかについては、見解が分かれているところですが、逸失利益の算定は容易ではなく、これが確定するまで重要事実に該当するのかどうかが明らかでないことから、逸失利益はここでいう「損害」には含まれないと解するのが一般的です[130]。

　したがって、本事例においては、交通網の混乱が原因で工場の操業が停止したことにより生じた損害は、逸失利益ですので、金商法166条２項６号イの定める「損害」には該当せず、Ａ社の子会社の損失は軽微基準に該当し重要事実には該当しないものと解されます。

　なお、ここでは、金商法166条２項６号イに規定される子会社に生じた「災害に起因する損害又は業務遂行の過程で生じた損害」該当性の問題としてご説明しましたが、上記の考え方は、同項２号イに規定される上場会社自体について生じた「災害に起因する損害又は業務遂行の過程で生じた損害」該当性の問題でも同様に考えられます。

---

[129] 横畠92頁
[130] 金商法166条２項２号イについての議論であるが、木目田158頁、野村・事例306頁

第3章

売　買　等

Q101 担保の差入れ・実行

私は上場会社X社の社長ですが、A証券会社に私が個人で行っている信用取引の担保として個人で保有しているX社の株式を差し入れています。今般、私自身の信用取引で大きな損失が出てしまい、追加の証拠金も払えませんでしたので、A証券会社が私の差し入れた株式を売却しようとしています。X社は近くY社と業務提携を行うことを決定しており、近く公表する予定なのですが、A証券会社が私のX社株式を売却してしまった場合、私自身がインサイダー取引規制違反を問われる可能性があるのでしょうか。

A 特段の事情がない限り、質問者がインサイダー取引規制の対象になることはないと考えられます。

解　説

　金商法166条1項は、会社関係者が未公表の重要事実を同項各号に定めるところにより知った場合、公表されるまで「当該上場会社等の特定有価証券等に係る売買その他の有償の譲渡若しくは譲受け、合併若しくは分割による承継（合併又は分割により承継させ、又は承継することをいう。）又はデリバティブ取引（以下この条において「売買等」という。）を行うこと」を禁止しています。

　本事例では、質問者がA証券会社に担保として差し入れているX社株式について、X社の社長である質問者がY社との業務提携の決定を知っている状況下でA証券会社に強制売却されることが、質問者のインサイダー取引に該当するかをお尋ねです。質問者は、会社関係者に該当し、かつ、業務提携の決定という未公表の重要事実をその職務に関して知っていますので、A証券会社によって強制的に質問者のX社株式を売却されることが、質問者による売却すなわち「有償の譲渡」とみられる場合には、当該業務提携の決定が軽

微基準に該当しない限り、質問者のインサイダー取引に該当し、そうでない場合には該当しないといえそうです。

　この点、金商法166条1項の「売買等」の定義からは必ずしも明確ではありませんが、契約の当事者として権利義務の帰属主体になることに限らず、他人に売買等の委託、指図を行うことや他人のために売買等を行うことも含まれます[1]。本事例において質問者がA証券会社に対して、X社株式をどのような形態で担保提供をしているかは明確ではありませんが、質問者は信用取引で損失を出して追加の証拠金を払えなかったためにA証券会社によって売却がなされているということですので、質問者の意思に基づいてX社株式の売却が行われたわけではないと考えられます。このような担保実行の場合には、事前に期限を設けて追加の証拠金の支払を求められたり、事実上A証券会社から質問者に同意を求められるケースもあると思いますが、担保実行するということはA証券会社が決めたことであり、質問者はこれを拒絶することは難しいと思われますので、やはりこの同意をしたことをもって、質問者による売却とみることは難しいと思われます。

　また、本事例では質問者は追加の証拠金が支払えなかったということですが、そうではなくて、資金があるにもかかわらず、意図的に証拠金の差入れをしない場合については、不作為による売買があったものとして金商法166条1項の「売買等」に該当すると解する余地もあると考えられますが、担保の実行は証券会社が決めることですので、特段の事情がない限り、否定的に解するべきと考えられます。したがって、特段の事情がない限り、質問者がインサイダー取引規制の対象になることはないと考えられます。

　ちなみに、本事例では問題になっていませんが、担保提供そのものは、結論としては「売買等」には該当しないものと考えられます。質権設定の場合は所有権が移転せずデリバティブにも当たらないので「売買等」には該当しないことは明らかです。また、譲渡担保の設定の場合、形式的には株式の所有権は移転しますが、所有権の移転それ自体と対価関係に立つ経済的利益の

1　三國谷129頁、横畠44頁

供与がなく、有償性がないものと考えられ「売買等」に該当しないと考えられます[2]。

---

[2] 木目田255頁

Q102　信託銀行への委託

私は上場会社の財務部に勤務し、自社株買いの業務を行っているのですが、自社株買いについてはインサイダー取引規制に注意をしなければならず、どのタイミングで買付けを行うべきか頭を悩ませています。最近、信託銀行に自社株の買付けを依頼すれば、インサイダー取引違反に該当することを避けることができるというような話を聞いたのですが、留意すべき点について教えてください。

A 会社が信託銀行に買付けを委託する際に重要事実を知らない必要があります。また、買付けを委託する契約につき、個別の買付けの決定について会社から信託銀行に指図ができないかたちにするか、指図ができる契約の場合には指図をする部署が会社の重要事実を知ることがないよう情報遮断されている必要があるものと考えられます。

解　説

　金商法166条1項は、「次の各号に掲げる者（以下この条において「会社関係者」という。）であって、上場会社等に係る業務等に関する重要事実……を当該各号に定めるところにより知ったものは、当該業務等に関する重要事実の公表がされた後でなければ、当該上場会社等の特定有価証券等に係る売買その他の有償の譲渡若しくは譲受け、合併若しくは分割による承継（合併又は分割により承継させ、又は承継することをいう。）又はデリバティブ取引（以下この条において「売買等」という。）をしてはならない。」と定めています。

　本事例のように、株価対策や株主に対する利益還元の一環として、上場会社が自己株式の取得を行うことがあります。質問者は、上場会社の財務部に所属し、自己株買いの業務に従事しているということですが、上場会社自身は「会社関係者」には該当しません。もっとも、上場会社などの法人が行う取引は、その役職員などの自然人により実行されているところ、その自然人

は「会社関係者」に該当することになります。本事例でも、質問者の会社では、財務部の職員が自己買いという当該会社の取引を実行しています。そして、会社関係者に該当する当該役職員が自己株式の取得を行うに際し、未公表の重要事実を知りながら買付けを行った場合には、当該役職員がインサイダー取引規制違反として刑事罰を科される可能性があるほか（金商法197条の2第13号）、当該上場会社自身も罰金刑を科される可能性があります（同法207条1項）。また、上場会社自身が会社関係者には該当しないとはいえ、その役職員が自己株取得に際してインサイダー取引を行った場合には、上場会社自身にも課徴金が賦課されるものと規定されています（同法175条9項）。

　自己株取得とインサイダー取引規制の関係は上記のとおりですが、会社の役職員が上場会社の自己株式の取得を行う場合には、他の有価証券の売買を行う場合とは異なり、重要事実に該当する情報を職務に関して知ることが非常に容易である、あるいは、容易であると疑われる状況にあることが特徴です。したがって、本事例の質問者のように、上場会社の財務部の職員が自己株買いの発注を行う場合には、当該職員が未公表の重要事実を実際に知らないことが必要なことはいうまでもありませんが、上場会社としても、インサイダー取引を疑われないように、売買の発注を行う職員が重要事実を含む未公表の情報を知ることがないように情報遮断措置等の社内制度を整える必要があります[3]。

　もっとも、そのような社内制度の整備が実務的には負担が重いこともあり具体的な自己株式の買付けを信託銀行に委託することも一般的に行われています。すなわち、上場会社等とは直接関係のない信託銀行に対して一定の期間と金額などの大枠の買付方法（個別の売買について指図するわけではありません。）を示した上で、当該上場会社等のために買付けを行うことを委託する方法です。この場合、信託銀行が、委託元の上場会社の計算で、個別の買付けの意思決定を行いますので、委託先の信託銀行の買付けの担当者が重要事実を知らないのであれば、インサイダー取引が行われる心配はありません

---

[3] 例えば、自己株の売買に関わる役職員や部署が社内の重要事実に該当する可能性がある情報から遮断されるように情報障壁を設けるということも考えられる。

し、外部者である信託銀行の担当者が知っている可能性は極めて小さいため、外部からみてもインサイダー取引が疑われることは通常ないといえます。

　もっとも、上場会社が信託銀行に買付けの委託を行った時点で未公表の重要事実を知っていた場合や、委託をした後にも上場会社から信託銀行に売買の指図をすることができるような契約であれば、信託銀行に買付けを委託する場合であっても、上場会社によるインサイダー取引が行われる可能性は残ります。

　金融庁と証券取引等監視委員会は、信託方式または投資一任方式により自己株式取得を行う場合については、例示として、

① 信託契約または投資一任契約の締結・変更が、当該上場会社により重要事実を知ることなく行われたものであって、
② ⅰ 当該上場会社が契約締結後に注文に係る指示を行わないかたちの契約である場合、

または、

　　ⅱ 当該上場会社が契約締結後に注文に係る指示を行う場合であっても、指示を行う部署が重要事実から遮断され、かつ、当該部署が重要事実を知っている者から独立して指示を行っているなど、その時点において、重要事実に基づいて指示が行われていないと認められる場合には、

基本的にインサイダー取引規制に違反しないものと考えられる旨の見解を公表していますので、信託銀行に自己株買いを委託する場合にはこれを参考にすべきと考えられます（自己株買いについての解説は【Q116】を参照）[4]。

---

[4] 金融庁・証券取引等監視委員会「インサイダー取引規制に関するQ&A」（平成20年11月18日・同月25日）参照

Q103 他人名義の取引

先日、私の息子が私に無断で私の名義の口座を用いて売買を行っていたことがわかりました。どうやら、息子は、息子が勤務している上場会社であるX社の株式を私の口座を用いて売買していたようです。万が一、息子がX社の未公表の情報を知りつつ取引を行っていたような場合には、私がインサイダー取引規制違反に問われることもあり得るのでしょうか。

A インサイダー取引規制違反に該当しないものと考えられます。

解　説

　金商法166条1項は、「次の各号に掲げる者（以下この条において「会社関係者」という。）であって、上場会社等に係る業務等に関する重要事実……を当該各号に定めるところにより知ったものは、当該業務等に関する重要事実の公表がされた後でなければ、当該上場会社等の特定有価証券等に係る売買その他の有償の譲渡若しくは譲受け、合併若しくは分割による承継（合併又は分割により承継させ、又は承継することをいう。）又はデリバティブ取引（以下この条において「売買等」という。）をしてはならない。」と定めています。

　このように、インサイダー取引規制は、会社関係者や情報受領者が、未公表の重要事実を知りつつ当該上場会社等の特定有価証券等に係る売買等をすることを禁止するものです。逆にいうと、だれの名義で取引を行うかあるいはだれの計算で取引を行うかは同条の適用には関係ありませんし、逆に自分の名義で取引を行われたとしても、自分で売買等を行っていなければインサイダー取引規制違反に該当することはありません。

　本事例で、質問者の息子さんが、質問者のために少し儲けてあげようとして、質問者の口座で取引を行っていたとしても、質問者が息子さんの取引を

知らないのであれば、質問者がインサイダー取引規制違反に問われることはありません。

　インサイダー取引は、このように本人に無断で行われるケースを含めて、他人の名義で行われることが少なくありません[5]。会社関係者らがインサイダー取引と疑われないのではないかという動機があるものと推察されますが、実際には借名取引はかえって疑わしい取引とみなされやすいのが実情です。

---

[5] 平成25年課徴金事例集によると過去に課徴金勧告の対象となったインサイダー取引事案において、このような借名口座を用いた取引は144件中37件を占める。

Q104 チャイニーズウォール

私はX信託銀行の運用部門に勤めているのですが、私が最近業務の一環としてX信託銀行の名義・計算で売買した上場会社の株式に、今日破産申立てを公表したA社の株式が含まれていました。後で聞いたところによると、X信託銀行はA社の債権者であり、融資部門の社員のなかにはA社の破産申立ての決定の事実を公表前から知っていた者もいたとのことです。私は、A社が破産申立てをすることを全然知らなかったのですが、それでも私の売買はインサイダー取引に該当するのでしょうか。

A インサイダー取引に該当しないものと考えられます。

解　説

金商法166条1項は、「次の各号に掲げる者（以下この条において「会社関係者」という。）であって、上場会社等に係る業務等に関する重要事実……を当該各号に定めるところにより知ったものは、当該業務等に関する重要事実の公表がされた後でなければ、当該上場会社等の特定有価証券等に係る売買その他の有償の譲渡若しくは譲受け、合併若しくは分割による承継（合併又は分割により承継させ、又は承継することをいう。）又はデリバティブ取引（以下この条において「売買等」という。）をしてはならない。」と定めています。このように、インサイダー取引規制は、会社関係者や情報受領者が、未公表の重要事実を知りつつ当該上場会社等の特定有価証券等の「売買等」をすることを禁止するものです。

本事例では、質問者は、勤務しているX信託銀行における運用業務の一環で、A社に関する重要事実を知らずに、A社の株式を売買したところ、X信託銀行の他の社員は当該重要事実を知っていたということですが、だれが重要事実を知っていたらインサイダー取引に該当することになるのでしょ

か。

　本事例では、質問者の勤務するX信託銀行が上場会社であるA社の債権者ということで、X信託銀行とA社の間には融資契約があったものと考えられ、X信託銀行はA社の融資契約の相手方であり、その融資部門の社員は当該契約の履行に関連して、A社の破産申立ての決定の事実を知っていたものと思われます（金商法166条1項4号）。

　金商法166条1項は、上場会社の会社関係者が未公表の重要事実を知りながら当該上場会社の株式を売買することを禁止していますが、質問者は、A社の破産申立ての決定という未公表の重要事実を知ることなく、A社株式の売買を行っていますので、質問者自身は、同項に違反しないと考えられます（同項5号に該当せず）。したがって、質問者自身が、インサイダー取引違反として金商法197条の2に定める刑事罰を科されることはありませんし、質問者がその業務に関してインサイダー取引を行ったとして、X信託銀行が同法207条により罰金刑を科されることもありません。

　そして、質問者自身がインサイダー取引を行ったわけではない以上、行政措置としての課徴金も質問者にもX信託銀行にも課されないのが当然であるように思われます。しかし、課徴金については次のような問題があります。

　課徴金を課す行政法規としての金商法166条は、本事例の質問者の売買のように、法人の役職員がその権限の範囲内で法人のために行った取引に対して、法人の行った取引として適用されることになります[6]（詳細は、【Q160】をご参照ください。）。本事例では、X信託銀行において、融資部門の社員は、A社の破産申立ての決定を知っていたので、法人全体をみれば、A社に関する未公表の重要事実を知りつつ、A社株式の売買を行っていたとみることもでき、その場合には質問者の責任にかかわらず、X信託銀行はインサイダー取引を行ったものとして課徴金を賦課されてしまうようにも思えます（なお、このような立場に立っても、法人に刑法上の犯罪能力は認められません[7]

---

[6] 久保淳一＝佐々木清隆＝鈴木秀昭＝中村聡＝水元明俊＝師尾信寛「〈事例研究座談会〉3　インサイダー取引防止における実務上の留意点と求められる態勢整備」（金法1866号68頁以降）が参考になる。

ので、X信託銀行のみが罰金を科されるということにはなりません。)。

　もっとも、このような立場に立つと、X信託銀行を含む金融機関等は実質的に運用行為を行うことを著しく制約されてしまうことになり、金融機関等の業務に著しい悪影響を及ぼし、現実的ではありません。また、実際に取引を行った役職員がインサイダー取引の要件を満たさないにもかかわらず、法人に対して課徴金を賦課する必要性はないように思われます。実務的には、このような場合にインサイダー取引が成立しないということを前提に、金融機関を始め運用行為を行う法人においては、重要事実を取り扱う可能性がある部署と運用行為を行う部署との間で情報遮断措置（いわゆるチャイニーズウォール）を講じています。

　以上より、本事例で質問者による売却がインサイダー取引とみなされて、X信託銀行に課徴金が賦課されることもないものと考えられます。

7　法人処罰に関しては、高崎秀雄「法人処罰について―実務の観点から」（ジュリスト1383号126頁以降）が詳しい。

Q105　事業譲渡に伴う株式の承継について（金商法166条6項8号）

　私はA社の財務担当取締役です。この度、取引先のB社の事業の一部を譲り受けることになり、B社の賛同を得て、B社のその事業に関する資産査定を行いました。資産のなかには、A社の緊密な取引先である上場会社C社の株式が含まれておりました。A社は、従来C社株式を保有しており、C社から秘密裏に、C社が近いうちに増資する見込みであることを知らされていますが、これをB社に伝えることの承諾は得ていません。

　A社が、B社からの事業譲渡に付随してC社株式を取得することは、インサイダー取引に該当するのでしょうか。

A　C社株式の価値が、事業譲渡によって譲り受ける資産の20％未満にとどまる場合には、インサイダー取引に該当しません。

解　説

　平成24年改正金商法による改正前の金商法166条は、事業譲渡に伴い上場企業の株式を取得する場合に、取得しようとする者が、偶然、当該上場企業の重要事実を知っている場合に、インサイダー取引規制の対象となり事業譲渡が制限される事態となっていました。

　しかし、企業のグループ経営の円滑化の観点から批判が高まり、平成23年の金融庁の金融審議会のインサイダー取引規制に関するワーキンググループによる報告を受けて、平成24年改正金商法は、金商法166条1項を次のように改正しました。すなわち、禁止される行為である「売買等」につき、新たに合併または会社分割による承継を含めた上で、インサイダー取引の危険性が低い場合を適用除外にしました。具体的には同条6項において新たに8号を新設し、「合併、分割又は事業の全部若しくは一部の譲渡若しくは譲受け（以下この項及び次条第5項において「合併等」という。）により特定有価証券等

を承継させ、又は承継する場合であって、当該特定有価証券等の帳簿価額の当該合併等により承継される資産の帳簿価額の合計額に占める割合が特に低い割合として内閣府令で定める割合未満であるとき。」と改正しました。

そして、特に低い割合として内閣府令で定める割合は、20％とされました（取引規制府令58条の2）。

本事例において、Ａ社が事業譲渡によって譲り受けるＢ社の帳簿価額の合計額の資産に占める、Ｃ社株式の帳簿価額の割合が、20％未満である場合には、事業譲渡に伴いＣ社株式の譲受けを受けて取得することは、インサイダー取引に該当しません。

第4章

公　　表

Q106　重要事実の公表の方法

　私は、上場会社A社の広報担当ですが、今日の午後3時頃、かねてから懸案とされていた不採算部門の他社への事業譲渡について、適時開示情報として上場先の証券取引所に通知し、TDnet[1]により公衆の縦覧に供されました。私が翌日に当社株式を買い付けることは、インサイダー取引に該当するのでしょうか。

A　インサイダー取引に該当しないと考えられます。

――― 解　説 ―――

　インサイダー取引規制は、会社関係者や情報受領者といった特別の立場ゆえに上場会社等の業務等に関する重要事実を知った者が、その事実の「公表」前に、当該上場会社等の特定有価証券等の売買を行うことを規制するものです。それゆえ、いったん情報が公表されれば、未公表の重要事実そのものが存在しないことになるため、インサイダー取引規制は解除されます。したがって、インサイダー情報の「公表」は、インサイダー取引規制上、重要な機能を有しているといえます。

　インサイダー取引規制上、何をもって重要事実の「公表」とされるかについては、法律上明示された方法による「公表」に限定されており（金商法166条4項、同法施行令30条）、具体的には以下の公表方法が用意されていま

---

[1] Timely Disclosure networkの略で、適時開示情報伝達システムを指し、各証券取引所は、このシステムを通じて会社情報を適時開示している。なお、開示すべき内容も定められており、その内容が開示されないと「公表」に該当しないと考えられる（公表内容の程度については【Q109】参照）。例えば、東京証券取引所においては、有価証券上場規程施行規則402条の2において、決定事実に関しては、決定理由や概要、今後の見通しその他東京証券取引所が投資判断上重要と認める事項を開示すべき内容として定めている。

す[2]。
① 上場会社等を代表すべき取締役もしくは執行役または当該取締役もしくは執行役から重要事実等を公開することを委任された者が、当該重要事実等を2以上の報道機関に対して公開し、かつ、当該公開された重要事実等の周知のために必要な期間（12時間）が経過したこと（金商法施行令30条1項1号・2項）
② 上場会社等が、その発行する有価証券を上場する各金融商品取引所の規則で定めるところにより、重要事実等を当該金融商品取引所に通知し、かつ、当該通知された重要事実等が、取引規制府令56条に定める電磁的方法により、当該金融商品取引所において日本語で公衆の縦覧に供されたこと（金商法施行令30条1項2号）[3]
③ 上場会社等に係る重要事実等について、当該上場会社等が提出した金商法25条1項に規定する書類[4]にこれらの事項が記載されている場合において、当該書類が同項の規定により公衆の縦覧に供されたこと（金商法166条4項）

このように公表方法が限定されていることから、例えば、上場会社等がHPを開設していて、そのHPに自社に関する重要事実を掲示して開示した場合などは、インサイダー取引規制上の「公表」とは認められません。

質問者は、勤務先の上場会社A社の不採算部門の他社への事業譲渡（金商法166条2項1号ヲ）について、広報という自己の職務に関して知った会社関係者に該当しますから、その公表前にA社株式を買い付けることは、インサイダー取引規制の対象になります。

---

2 公開買付け等事実の公表については【Q130】の解説を参照。
3 なお、上場会社等でその発行する金商法施行令27条の2各号に掲げる有価証券がすべて特定投資家向け有価証券である者の場合は、その発行する有価証券を上場する各金融商品取引所の規則で定めるところにより、重要事実等を当該金融商品取引所に通知し、かつ、当該通知された事実が、取引規制府令56条に定める電磁的方法により、当該金融商品取引所において英語で公衆の縦覧に供されたことも、公表の方法として認められている（金商法施行令30条1項3号）。
4 有価証券届出書、発行登録書、発行登録追補書類、有価証券報告書、四半期報告書、半期報告書、臨時報告書やこれらの訂正報告書等。

しかし、本事例では、事業譲渡の事実を上場先の証券取引所に通知し、TDnetを利用した電磁的方法により公衆の縦覧に供されているので、上記②の方法により、重要事実の「公表」がされたことになります。したがって、質問者においてその公表がされた翌日にA社株式を買い付けることはインサイダー取引に該当しません。

Q107 記者発表

　私は、上場会社A社の財務部門で働いている先輩から、業界大手のB社を割当先とした増資を行う、そして、これについて今日の夕方記者発表をするという話を聞きました。A社は財務状況が悪化しているとも聞いていたので、この増資によってA社の財務状況が改善し、A社の株価が上がると予想されるので、翌日の朝一番でA社株式を買いたいと思います。インサイダー取引に該当するのでしょうか。

A インサイダー取引に該当しないと考えられます。

解　説

　【Q106】の解説に記載されているとおり、インサイダー取引規制上「公表」と認められるのは、法律に定める一定の方法に従った公表が行われた場合です。本事例では、記者発表ですので、上場会社等の代表取締役等による2以上の報道機関に対する公開後12時間経過した場合（金商法166条4項、同法施行令30条1項1号・2項）が問題となり得ます。

　【Q106】でも記載したとおり、報道機関に対する公開は、上場会社等の代表取締役・代表執行役のほか、これらの者から公開について委任された者（広報部等）によっても認められます。

　次に、公開の相手方となる報道機関については、以下のいずれかに該当するものである必要があり、そのうちの2以上に対して公開しなければなりません。なお、公開が同時である必要はありません。

① 国内において時事に関する事項を総合して報道する日刊新聞紙の販売を業とする新聞社および当該新聞社に時事に関する事項を総合して伝達することを業とする通信社
② 国内において産業および経済に関する事項を全般的に報道する日刊新聞

紙の販売を業とする新聞社
③　日本放送協会および基幹放送事業者

　①に関しては、全国紙に限らず、地方紙も含まれ[5]、また、AP通信、ロイター等の外国通信社も含まれると考えられています[6]。②に関しては、日刊工業新聞、日経産業新聞等がこれに該当すると考えられていますが[7]、特定の産業分野に関する事項のみを報道する業界紙は含まれないと考えられています[8]。

　最後に、2以上の報道機関に対する公開後、12時間経過することにより、インサイダー取引規制を解除する「公表」と扱われることになります。

　このような一連の要件が充足されたものが「公表」となります。

　本事例では、質問者は、上場会社Ａ社に勤める先輩から第三者割当増資（金商法166条2項1号イ）という重要事実を聞き及んでおり、Ａ社株式の売買に関し、情報受領者としてインサイダー取引規制を受けることとなりますが、翌日の証券市場が開く頃には、記者会見から12時間が経過しているので、Ａ社株式を買い付けてもインサイダー取引には該当しないと考えられます[9]。

---

[5]　横畠140頁
[6]　木目田273頁
[7]　木目田273頁
[8]　横畠141頁
[9]　通常は、記者発表に先立って適時開示もあわせて行われるため（金商法施行令30条1項2号）、記者発表から12時間が経過する前にインサイダー取引規制は解除されていることが多いと考えられる。

Q108 新聞にスクープの記事が出た場合

私は、上場会社Ａ社のシステム開発を引き受けているＢ社に勤務していますが、いつも業務上やりとりのあるＡ社の担当者から、来週公表する予定だが、今度Ａ社がＣ社と業務提携を行うため、その関係でシステムの変更が必要となるから、その作業をお願いすると話がありました。ところが、その翌日の全国紙の朝刊に、Ａ社とＣ社が業務提携するという記事が掲載されました。Ａ社の担当者に確認したところ、情報がどこかからかもれてスクープされたようだということでしたが、新聞に載ったので、Ａ社株式を買い付けてもインサイダー取引規制の対象にならないのでしょうか。

A インサイダー取引規制の対象になると考えられます。

解説

質問者は、上場会社Ａ社のシステム開発を引き受けているＢ社に勤務しており、Ａ社の担当者から、システム変更の依頼を受ける過程で、Ａ社とＣ社の間の業務提携の話を聞き及んでいます。この業務提携の決定の事実は、軽微基準（取引規制府令49条10号イ）に該当しない限り、重要事実に該当します（金商法166条2項1号ヨ、同法施行令28条1号）。そして、Ａ社とＢ社との間にはシステム開発に関する契約が締結されているでしょうから、質問者はＡ社の契約締結先の従業員（金商法166条1項4号）としてその契約の履行に関しＡ社の重要事実を知ったことになり、その知った時点から公表されるまでの間、会社関係者としてインサイダー取引規制を受けます。

本事例では、質問者がＡ社とＣ社の間の業務提携の話を聞いた日の翌日、全国紙の朝刊にこの業務提携の記事が掲載されました。例えば、質問者がこの業務提携の話を聞いたのと同じ日（全国紙に掲載された日の前日）に、Ａ社

の代表取締役・執行役やこれらの者から公開することを委任された広報部等が報道機関に対する会見を実施したり、あるいは記者クラブの投函ボックスへ投函したりすることで[10]、2以上の報道機関に対して重要事実を公開し12時間経過したということであれば、この業務提携が「公表」されたことになります（金商法166条4項、同法施行令30条1項1号・2項）。そのような場合には、質問者において、業務提携の話を聞いた日の翌日にA社株式を買い付けてもインサイダー取引に該当しないように思われます。

しかし、本事例では、A社の代表取締役等による2以上の報道機関に対する公開後12時間経過したということではなく、新聞記者にスクープされて記事が掲載されてしまったというものであり[11]、金商法が認めている方法での「公表」がされていません。

したがって、この全国紙への掲載があったからといって、「公表」がなされていない以上、会社関係者として重要事実を知っている質問者がA社株式を買い付けることは、インサイダー取引規制の対象になると考えられます。

なお、この全国紙に掲載された業務提携の記事をみて、一般投資家がその情報をもとにA社株式の売買をしたとしても、これはインサイダー取引には該当しません。そのような一般投資家は第1次情報受領者ではなく、第2次以降の情報受領者になるからです[12]。

---

10 なお、重要事実の公開を受けた報道機関により実際に報道されたか否かは「公表」の要件とはされていない（松本189頁）。
11 スクープにより一般の投資家に伝播する情報は、その情報源、記事の正確性、情報の全体性等において千差万別であること等から「公表」に該当しないこととされている（三國谷110頁）。
12 三國谷109頁参照

Q109 インサイダー情報の公表内容の程度

　私は、電機メーカーの上場会社Ａ社の広報担当ですが、今日の午後3時過ぎに、証券取引所の記者クラブで、当社と同業のＢ社との間で業務提携を行うことについてＢ社と共同で記者発表を行いました。この業務提携により当社の売上高は向こう3年間にわたり10％以上の増加が見込まれるのですが、その記者発表の内容は、業務提携により電化製品の原材料の共同購入を行うことやその開始時期等でした。このように、記者発表を行ったので、明日、当社株式を購入しようと思いますが、インサイダー取引に該当するのでしょうか。

A　インサイダー取引に該当すると考えられます。

解　説

　金商法166条1項は、上場会社等の重要事実を知った「会社関係者」または「会社関係者でなくなった後1年以内のもの」（以下、これらを総称して「会社関係者等」といいます。）が、重要事実が公表される前に当該上場会社等の特定有価証券等の売買等を行うことを、インサイダー取引として規制しています。本事例において、上場会社Ａ社の広報担当である質問者は、会社関係者等に該当し、その職務に関し、Ａ社とＢ社の業務提携という重要事実（同条2項1号ヨ、金商法施行令28条1号）を知っていることから、重要事実の「公表」がされていない場合には、質問者によるＡ社株式の買付けはインサイダー取引規制の対象になります。

　本事例では、重要事実の「公表」がされているか否かが問題となります。
　金商法は、「公表」の方法については定めていますが、「公表」の内容については明示していません（同法166条4項参照）。重要事実が「公表」されるまでの間は、その重要事実を知った会社関係者等が上場会社の特定有価証券

第4章　公　表　267

等を売買するとインサイダー取引に該当するのに対し、「公表」がされた後は、会社関係者等が重要事実を知ってこれを売買してもインサイダー取引には該当しないこととなります。このように、重要事実の「公表」は、インサイダー取引に該当するか否かを画するものであるため、どの程度の事実が公表されたら同法166条4項にいう「公表がされた」といえるかを明らかにする必要があります。

上記のとおり、重要事実の「公表」は、端的にいえば、インサイダー取引規制が解除される要件といえますので、どの程度の事実が公表されたら「公表がされた」といえるかを考えるに当たっては、インサイダー取引規制の趣旨から考えるべきです。インサイダー取引が規制されるのは、一般投資家と異なる特別な地位にある者（会社関係者等）がその地位ゆえに入手した情報により取引を行うことは、一般投資家と比べて著しく有利となって極めて不公平であり、市場の公正性に対する信頼を害するからです。したがって、重要事実が「公表」されたといえるためには、それにより上記の不公平が解消され、一般投資家において会社関係者等と対等の立場で投資判断を行うことができるだけの事実が公表されたこと、言い換えれば、「投資者の投資判断」に影響を及ぼすような事実の内容がすべて具体的に明らかにされたことが必要と考えられます[13]。

本事例では、重要事実は業務提携（金商法166条2項1号ヨ、同法施行令28条1号）ですが、これについては売上高基準その他の軽微基準が設けられています（取引規制府令49条10号）。このような重要事実の場合は、少なくとも重要事実として投資者の投資判断に重大な影響を及ぼすこととなるメルクマールと考えられるその事実に係る売上高の増加見込額等についても公表がされていなければ、重要事実の「公表」に該当しないと考えられます[14]。本事例では、業務提携に関する記者発表の内容は、「電化製品の原材料の共同購入を行うことやその開始時期等」を伝える程度のものであり、売上高の増加見込額や、資本提携も並行して行われる場合の株式の取得割合等は示されてい

13　横畠130頁
14　横畠130、131頁

ません。これでは、投資者の投資判断に影響を及ぼすような事実の内容が具体的に明らかにされているとはいえず、「公表」には該当しないと考えられます[15]。

したがって、質問者によるＡ社株式の買付けは、「公表」前の買付けであって、インサイダー取引に該当すると考えられます。

---

15 野村・事例360頁も、「新製品の企業化」の重要事実に関し、発表内容が商品の名称・特徴、発売時期だけでは、「公表」に該当しないとする。

Q110 公表の有無とインサイダー取引の成否

私は、勤めている会社の取引先のX社（上場会社）が大手のメーカーと業務提携をするとX社との商談の場で聞いたので、X社の株式を買いました。結局、その業務提携はなくなったそうで、なんら公表がなされていないのですが、私はインサイダー取引を行ったことになるのでしょうか。

A 業務提携の中止が決定する前の買付けであれば、インサイダー取引に該当すると考えられます。

解　説

　本事例で、質問者は、業務提携の決定という未公表の重要事実を知りながら、当該発行会社の株式を買ったところ、結局当該業務提携は実施されず、その後いっさいその事実に関する公表はなされていないが、それでもその買付けがインサイダー取引に該当するのかということをお尋ねです。確かに、公表がなされなかった場合には、実際に公表により株価の変動はなく、質問者も結果としては特段当該買付けによって利益を得ていないと思われますので、あえてインサイダー取引を行ったものという必要はないのではないかと思われるのかもしれません。

　しかし、会社関係者等によるインサイダー取引の禁止を定める金商法166条も公開買付者等関係者等によるインサイダー取引の禁止を定める同法167条も、いずれも、重要事実または公開買付け等事実を知った者が、これらが公表される前に売買等（同条の場合は買付けまたは売付け）をすることを禁止する規定です。規定上、インサイダー取引として金商法違反に該当するのは、重要事実等が公表される前に売買が行われた時点であって、それらが公表されることを条件としてインサイダー取引に該当するとされているものではなく、未公表の重要事実等が、実際に取締役会等の会社の機関決定を経て

公表されたかどうかについては、理論上インサイダー取引の成否には関係ありません。もっとも、実際に未公表の重要事実について中止の決定がなされたような場合に、その後の売買等についてはインサイダー取引には該当しないものと解するのが妥当であると考えられます。

　本事例では、業務提携の決定後公表前に質問者がX社株式を購入していますので、業務提携が行われないことが決定された後の買付けである場合を除き、インサイダー取引に該当するものと考えられます。

　なお、実務的には、公表されなかった重要事実等についてインサイダー取引が成立したものとして処罰または処分された事例は現時点においては見当たりませんが、これは、証券取引等監視委員会や金融庁が「公表」を処分や処罰の条件と考えているためということを意味するものではないと考えられます。もっとも、課徴金賦課については、自己の計算で行ったインサイダー取引については、公表時をベースに課徴金額が算出されるため、公表されなかった場合には、算出不能になります。

Q111　発行登録の公表

　私は上場している銀行持株会社A社に勤務しているのですが、A社は株式について今年の6月に有効期間が1年間で上限5,000億円の発行登録をし、発行登録の決定について公表しています。実は、A社は、来る今年の12月に4,000億円の増資することを事実上を決定しているのですが、これもインサイダー取引規制の対象になる未公表の重要事実に当たるのでしょうか。発行登録をした時点で、A社の増資は周知の事実のように言われているので、インサイダー取引規制には反しないように思うのですが。

A　該当するものと考えられます。

解　説

　金商法166条1項は、「次の各号に掲げる者（以下この条において「会社関係者」という。）であって、上場会社等に係る業務等に関する重要事実……を当該各号に定めるところにより知ったものは、当該業務等に関する重要事実の公表がされた後でなければ、当該上場会社等の特定有価証券等に係る売買その他の有償の譲渡若しくは譲受け、合併若しくは分割による承継（合併又は分割により承継させ、又は承継することをいう。）又はデリバティブ取引（以下この条において「売買等」という。）をしてはならない。」と定めて、上場会社等の未公表の重要事実を知った当該上場会社等の会社関係者等が「公表」前に当該上場会社等の特定有価証券等を売買することを禁止しています。

　また、金商法166条2項1号イは、「会社法第199条第1項に規定する株式会社の発行する株式若しくはその処分する自己株式を引き受ける者（協同組織金融機関が発行する優先出資を引き受ける者を含む。）の募集（処分する自己株式を引き受ける者の募集をする場合にあっては、これに相当する外国の法令の規

定（当該上場会社等が外国会社である場合に限る。以下この条において同じ。）によるものを含む。）又は同法第238条第１項に規定する募集新株予約権を引き受ける者の募集」と定め、株式の募集の決定を重要事実と定めており、本事例では、Ａ社はすでに本年12月に予定されている新株式の募集を決定しているところ、発行登録の決定のみ公表がなされているため、本年６月の発行登録の決定の公表によって、本年12月に予定されている新株発行の決定の公表がなされたといえるかが問題になります。

発行登録は、株式等の有価証券の発行を予定している者で一定の要件を満たすものが機動的・弾力的に資金調達することを可能にするために、発行予定期間、当該期間における発行予定額または発行残高の上限等を記載した発行登録書を提出し、一定の要件を満たした発行者が、有価証券届出書を提出することなく有価証券を発行することを認めている開示上の制度です（金商法23条の３）。

本事例において、Ａ社が発行登録をしているというのは、Ａ社が、発行予定の有価証券を株式、発行予定期間を提出日から１年間、発行予定額を上限5,000億円と記載した発行登録書を提出してその効力が発生している状況であると考えられますが、このような発行登録がなされているからといって、Ａ社が具体的な新株発行を決定しているとは限りません。

確かに、発行登録を行った会社は一定期間の間に新株発行をすることを視野に入れているものと考えられるため、事例によっては、発行登録をすることの決定を行い、その公表を行った時点で、当該発行登録に基づいて行う個別の新株発行の「決定」がなされていると評価できる場合もあると考えられます[16]。その場合であっても、発行登録を行うことの決定と個別の新株発行の決定は区別して考えるべきですし、インサイダー取引規制を解除する個別の新株発行の決定の公表は、発行登録の決定の公表によって代えることはできないものと考えられます[17]。

---

[16] 過去に、いくつかの金融機関等が個別の株式発行に先立って、調達予定の金額とさほど変わらない発行登録を行い、直後に発行登録を行った金額に近い金額の個別の募集を行うことが相次いだことがあった。

したがって、本事例において、A社が行った本年6月の発行登録の決定の公表によって、本年12月に予定されている4,000億円の新株発行の決定について公表がなされたものとすることはできず、本年12月に予定されている新株発行の決定は未公表の重要事実に該当するものと考えられます。

17　「公表」のあり方について、近時の元経済産業省審議官を被告とするエルピーダメモリー・NECエレクトロニクス株式のインサイダー取引被告事件第1審判決（東京地判平成25・6・28）において、一般投資家が会社関係者らと対等な立場で投資できる必要がある旨判断されたことが参考になる。この判決について、公知の事実であれば、法律上の公表が行われていなくても重要事実に該当しない余地を認めたと読むことができるとする見解もある（黒沼悦郎＝武田太老＝木目田裕＝中村慎二「座談会　インサイダー取引規制の見直しと今後の課題〔上〕」商事法務2011号11頁・黒沼発言）。

第 5 章

インサイダー取引規制の適用除外（金商法166条6項）

Q112 株式買取請求権の行使への対応

私は、上場会社A社の総務部に勤務していますが、臨時株主総会において、A社はB社に吸収合併される決議が行われました。この決議に反対した株主から、当社株式の買取請求が出されました。現在、当社では、業績予想値の大幅な上方修正をするべく見直しが進められているのですが、これを公表する前であっても、この株式買取請求に応じることはインサイダー取引に該当しないのでしょうか。

A 本事例では、金商法166条6項3号（以下、本事例において「本号」といいます。）に定める適用除外の規定により、インサイダー取引に該当しないと考えられます。

解　説

金商法は、会社関係者等が未公表の重要事実を知って売買を行うことを形式的に広く禁じています。そこで、過剰規制を回避するため、形式的にはインサイダー取引に該当するものの、実質的にみて証券市場の公正性、信頼性を害しない行為については、類型的に適用を除外しています（同法166条6項）。同法166条6項3号は、「会社法第116条第1項、第469条第1項、第785条第1項、第797条第1項若しくは第806条第1項の規定による株式の買取りの請求又は法令上の義務に基づき売買等をする場合」を除外しています。

法令が株式等の売買を義務づけている趣旨を重視し、会社やその子会社が未公表の重要事実を知っている場合であっても、当該法令上の義務を果たす限りにおいてインサイダー取引規制を適用しないものとしたと解されています[1]。

1　神田秀樹ほか編『金融商品取引法コンメンタール4』（商事法務、2011）144頁

本事例では、業績予想値の大幅な上方修正の見直しが進められていますので、決算情報としての重要事実が存在する可能性が高く（金商法166条2項3号）、その公表前に買取請求に応じて株式を取得することは形式的にはインサイダー取引に該当しますが、吸収合併における反対株主の買取請求に応じるものですから（会社法785条等）、会社法の義務の履行による売買であり、本事例の取引には適用除外規定が適用され、本件売買はインサイダー取引に該当しないと考えられます。

　なお、本号は「法令上の義務」に基づく場合を広く規制対象から除外していますが、義務の内容・程度は法令に応じてさまざまであることから、本号の適用に際しては実質的にみて証券市場の公正性、信頼性を害しない行為であるか慎重な検討が必要です。

Q113 独占禁止法の定めに基づく株式の売却

私は、銀行の政策投資を担当する部門に勤務しています。当行は、融資先である上場会社A社との関係強化のため、同社の株式を市場で買い進めていましたが、独占禁止法の定める議決権5％の制限をわずかに超えて保有することとなってしまったため、すみやかにA社株式の一部を売却する必要が生じました。その折、当社はA社から、A社の主力事業についてこれまで業務提携を行っていたB社との協業がうまくいかず、業務提携を解消することをあらかじめ当行に報告してきました。このままA社株式の売却を進めても、インサイダー取引にはならないのでしょうか。

A 本事例では、金商法166条6項3号に定める適用除外の規定により、インサイダー取引に該当しないと考えられます。

解説

金商法166条6項3号は、「会社法第116条第1項、第469条第1項、第785条第1項、第797条第1項若しくは第806条第1項の規定による株式の買取りの請求又は法令上の義務に基づき売買等をする場合」を除外しています（金商法166条6項3号の解説は【Q119】を参照）[2]。

本事例では、銀行業または保険業を営む会社は、独占禁止法（私的独占の禁止及び公正取引の確保に関する法律）11条により、原則として他の国内の会社の議決権について、総株主の議決権の5％（保険会社の場合は10％）を超えて保有などをすることが禁止されていますから、法令に違反しない状態にするための売買についても、「法令上の義務」に基づくものと考えられます[3]。

なお、金商法166条6項3号は「法令上の義務」に基づく場合を広く規制

---

[2] 神田秀樹ほか編『金融商品取引法コンメンタール4』（商事法務、2011）144頁
[3] 松本197頁

対象から除外していますが、義務の内容・程度は法令に応じてさまざまであることから、同号の適用に際しては実質的にみて証券市場の公正性、信頼性を害しない行為であるか慎重な検討が必要です。

Q114 親会社株式取得の制限に基づく親会社株式の処分

私は、上場会社A社の取締役であると同時に、A社の子会社であるB社の取締役でもあります。今般B社は、C社の事業を全部譲り受けることになったのですが、これに伴い、C社が保有していたA社の株式も譲り受けました。会社法上、子会社が親会社株式を取得した場合、これを処分することとなっていますが、一方で、B社の業績が予想外に悪かったことを主な理由としてA社は、業績予想値の大幅な下方修正をせざるを得ない状況であり、その予想値の詳細な詰めを行っているところです。私は、A社の取締役でもあるため、この情報を得ています。このような状況で、B社がA社株式を処分することは、インサイダー取引になるのでしょうか。

A 本事例では、金商法166条6項3号に定める適用除外の規定により、インサイダー取引に該当しないと考えられます。

解 説

金商法166条6項3号は、「会社法第116条第1項、第469条第1項、第785条第1項、第797条第1項若しくは第806条第1項の規定による株式の買取りの請求又は法令上の義務に基づき売買等をする場合」を除外しています（金商法166条6項3号の解説は【Q119】を参照）。

本事例では、金商法166条6項が列挙する会社法の具体的条項に基づく買取請求の場合ではありませんから、「法令上の義務に基づき売買等をする場合」に該当するかが問題になります。子会社は、親会社に生じる弊害を防止するためにそもそも親会社株式を取得することは禁じられているところ（会社法135条）、事業譲渡に伴い例外的に許容される類型に該当して取得が許容されているものです（同条2項1号）。そして、会社法135条3項は、「子会社は、相当の時期にその有する親会社株式を処分しなければならない」と規定

し、処分を怠ったときは、取締役は100万円以下の過料に処されます（同法976条10号）。ここで、「相当の時期」とは、遅滞なくというほどの迅速さは要求されず、できるだけ早くかつ処分に有利な時期と解されています[4]。

　本事例において、できるだけ早くB社がA社株式を処分した場合には、一般的にみてインサイダー取引に該当しないと解してよいと考えられます[5]。もっとも、業績予想の大幅な下方修正が見込まれることを理由に、その公表前に有利な価格で処分を行うことは、実質的にみて証券市場の公正性、信頼性を害しない行為であるか慎重な検討が必要です。

4　江頭・会社法267頁
5　松本197頁、横畠148頁

Q115 防戦買いの要請

私は、A社の財務担当取締役ですが、協力関係にある上場会社B社の社長から、B社株式の買増しを進めていたCファンドによる保有比率が10%を超え、さらに買い増す予定であるとCファンドから話が来たため、当社に防戦買いをお願いしたいと依頼されました。インサイダー取引にならないようにするには、どのような点に留意しなければならないのでしょうか。

A A社による防戦買いがインサイダー取引規制の適用除外とされるためには、B社の取締役会の決定による要請を確認した上で実施する必要があります。

解 説

まず、A社によるB社株式の買付けが、インサイダー取引に該当し得るのは、A社がB社のインサイダー情報をもっている場合です。A社がB社のインサイダー情報をもっている場合に、A社が防戦買いの要請に応じられなくなるのでは、B社は有効な防衛措置をとることができなくなり被買収者側が著しく不利になるという不均衡を回避するため、金商法は、防戦買いの要請に基づき買付けを行う場合をインサイダー取引の適用除外としました[6]。そこで同法166条6項4号は、「当該上場会社等の株券等(第27条の2第1項に規定する株券等をいう。)に係る同項に規定する公開買付け(同項本文の規定の適用を受ける場合に限る。)又はこれに準ずる行為として政令で定めるものに対抗するため当該上場会社等の取締役会が決定した要請(委員会設置会社にあっては、執行役の決定した要請を含む。)に基づいて、当該上場会社等の特定有価証券等又は特定有価証券等の売買に係るオプション(当該オプションの

---

[6] 横畠149頁

行使により当該行使をした者が当該オプションに係る特定有価証券等の売買において買主としての地位を取得するものに限る。）の買付け（オプションにあっては、取得をいう。次号において同じ。）その他の有償の譲受けをする場合」と規定しています。

　もっとも、防戦買いの要請があったことが明確である場合に限定されるように、被買収者の取締役会が決定した要請に基づくときに限定されています。

　本事例においても、CによるB社株式の取得が、公開買付けに準ずる行為として政令で定めるもの（いわゆる買集め。金商法施行令31条）に該当する可能性が高いといえます。そこでA社は、B社による防戦買いの要請が、B社の取締役会の決定に基づくものであることを議事録などから確認した上で、B社株式を買い付けることが許容されます[7]。

　なお、A社がB社のインサイダー情報を持っていない場合においても、CによるB社株式の公開買付けまたは買集めについて、その公表前に伝達を受けた点でインサイダー取引が問題になり得ますが、同法167条5項5号は、166条6項4号と同様に適用除外とされることを規定しています。

---

[7] なお、平成25年改正金商法は、取締役会の決定に加え、これに相当するものとして政令で定める機関を含むと規定し、防戦買いの要請を行える機関を拡大している。

Q116 自己株式取得に関する大枠の決定後における個別の買付け

私は、上場会社A社の財務担当取締役ですが、当社の取締役会において、自己株式の取得に関し、取得株式数、買付総額、取得期間を決議し、これを公表した後、この決議内容に基づき、担当取締役として個々の買付けを実施しています。この取得期間中に、この自己株式取得とは異なる別の重要事実が生じた場合でも、上記の決議内容の範囲内で自己株式取得を進めてもインサイダー取引に該当しないのでしょうか。

A 自己株式取得とは異なる別の重要事実が生じた場合には、これが公表されるまでは、取締役会の決議内容に基づく自己株式取得であっても、インサイダー取引に該当します。ただし、個々の買付けについて、取締役会決議に証券会社または信託銀行に委託しており、新たな重要事実が伝達されないような情報遮断措置が講じられている場合には、インサイダー取引に該当しないと考えられます。

解　説

自己株式の取得に関する適用除外を定めた金商法166条6項4号の2は、次のとおり規定しています。

「会社法第156条第1項（同法第163条及び第165条第3項の規定により読み替えて適用する場合を含む。以下この号において同じ。）の規定又はこれらに相当する外国の法令の規定による自己の株式の取得についての当該上場会社等の同法第156条第1項の規定による株主総会若しくは取締役会の決議（委員会設置会社にあっては、執行役の決定を含む。）（同項各号に掲げる事項に係るものに限る。）又はこれらに相当する外国の法令の規定に基づいて行う決議等（以下この号において「株主総会決議等」という。）について第1項に規定する公表（当該株主総会決議等の内容が当該上場会社等の業務執行を決定する機関の決定と同一の内容であり、かつ、当該株主総会決議等の前に当該決定について同項に規

定する公表がされている場合の当該公表を含む。）がされた後、当該株主総会決議等に基づいて当該自己の株式に係る株券若しくは株券に係る権利を表示する第２条第１項第20号に掲げる有価証券その他の政令で定める有価証券（以下この号において「株券等」という。）又は株券等の売買に係るオプション（当該オプションの行使により当該行使をした者が当該オプションに係る株券等の売買において買主としての地位を取得するものに限る。以下この号において同じ。）の買付けをする場合（<u>当該自己の株式の取得についての当該上場会社等の業務執行を決定する機関の決定以外の第１項に規定する業務等に関する重要事実について、同項に規定する公表がされていない場合（当該自己の株式の取得以外の同法第156条第１項の規定又はこれらに相当する外国の法令の規定による自己の株式の取得について、この号の規定に基づいて当該自己の株式に係る株券等又は株券等の売買に係るオプションの買付けをする場合を除く。）を除く。）</u>」（下線は筆者によるものです。）

　自己株式の取得に関する適用除外は、下線部のとおり、自己株式の取得の決定という重要事実との関係でのみ、適用除外とされています。したがって、自己株式取得とは異なる別の重要事実が生じた場合には、これが公表されるまでは、取締役会の決議内容に基づく自己株式取得であってもインサイダー取引に該当します。

　そこで、自己株式の取得の決定や売買に関与する者が、自己株式取得とは異なる別の重要事実を知ることがないように、情報隔壁を構築することにより、重要事実を知って売買を行ったとは認定されないようにする必要があります。

　上場会社が信託方式または投資一任方式によって、信託銀行または証券会社等に委託して行う自己株式の取得について、金融庁は、平成20年11月18日、「インサイダー取引規制に関するＱ＆Ａ」を公表し、次のとおりインサイダー取引規制に違反しない場合の考え方を示しました[8]。

　「この点については、例えば、

---

[8] 金融庁　http://www.fsa.go.jp/news/20/syouken/20081125-1/01.pdf

(1) 信託契約又は投資一任契約の締結・変更が、当該上場会社により重要事実を知ることなく行われたものであって、
(2) ① 当該上場会社が契約締結後に注文に係る指示を行わない形の契約である場合、

又は、

② 当該上場会社が契約締結後に注文に係る指示を行う場合であっても、指示を行う部署が重要事実から遮断され、かつ、当該部署が重要事実を知っている者から独立して指示を行っているなど、その時点において、重要事実に基づいて指示が行われていないと認められる場合、

においては、一般に、上記の会社関係者が重要事実を知って売買等を行う場合に該当しないと考えられることから、基本的にインサイダー取引規制に違反しないものと考えられます。」

　本事例においても、取得期間中に、この自己株式取得とは異なる別の重要事実が生じた場合に備え、信託方式または投資一任方式を採用することにより、A社は自己株式の取得を予定どおり実施することが可能になると考えられます。

　なお、法人が処罰または処分される根拠については、【Q119】の解説をご覧ください。

　また、信託銀行への自社株買いの委託については、【Q102】の解説をご覧ください。

Q117 普通社債の売買

私は、上場会社A社の経理部に勤務する知人から、A社の業績が好調で、売上高が従来予想の1.5倍程度になり、利益も予想以上となると聞きました。このような話を聞いたこともあり、現在販売されているA社の社債を購入しようと思ったのですが、これはインサイダー取引になるのでしょうか。

A 本事例では、金商法166条6項6号に定める適用除外の規定により、インサイダー取引に該当しないと考えられます。

解　説

　社債（新株予約権付社債券を除く）については、インサイダー取引の適用除外の規定が定められており、金商法166条6項6号は、「社債券（新株予約権付社債券を除く。）その他の政令で定める有価証券に係る売買等をする場合（内閣府令で定める場合を除く。）」と規定しています。ただし、適用が除外されない、内閣府令で定める場合とは、「同条第2項に規定する重要事実のうち同項第1号ワ若しくは令第28条第8号に掲げる事項に係るもの又は令第28条の2第5号若しくは第6号に掲げる事実に係るものを知って売買等をする場合」（取引規制府令58条）と規定されています。具体的には、重要事実のうち、いわゆるデフォルト情報に関連する情報を知って売買をする場合です。すなわち、会社の解散（合併によるものを除く）、上場会社自身および債権者による、破産手続開始、再生手続開始、更生手続開始の申立て、債権者による企業担保の実行の申立て・通告、手形・小切手の不渡り（支払資金の不足を事由とするものに限る。）、手形交換所による取引停止処分です。

　社債の価値に影響を与える事実は、これらの限定された列挙事由以外にも多数あり得ると考えられますが、金商法は、限定的に列挙している事項に限り規制しているものと考えられます。

本事例では、売上高が従来予想の1.5倍程度になり、利益も予想以上となるという事実は、金商法が例外的に規制する列挙された重要事実に該当しませんので、質問者によるＡ社の社債の買付けはインサイダー取引に該当しないことになります。

Q118 ストックオプションの行使後の株券売却

私は、数年前から勤務先の上場会社X社からストックオプションとしてX社株を取得できる新株予約権を付与されています。今般、住宅の購入資金の捻出のため、その新株予約権を行使して、X社株式を売却することを考えているのですが、私はインサイダー取引規制に該当する可能性があるのでしょうか。

A ストックオプションの行使のみであればインサイダー取引規制違反に該当することはありませんが、行使して取得したX社株式の売却については該当する可能性があります。

解　説

ストックオプション（新株予約権）については、インサイダー取引の適用除外の規定が定められており、金商法166条6項2号は、「新株予約権を有する者が、当該新株予約権を行使することにより株券を取得する場合」と規定しています。

したがって、仮に質問者がその職務に関してX社の重要事実を知っていたとしても、新株予約権を行使してX社株式を取得することはインサイダー取引に該当しません。

もっとも、ストックオプションの行使により取得した株式の売却は、適用除外の対象ではありませんので留意が必要です。本事例の場合、質問者は、新株予約権自体を譲渡することは通常できない[9]と思われますので、住宅購入資金の捻出のためには、ストックオプションを行使して取得した株式を売却する必要がありますが、その際には、自らがX社の重要事実を保有していないことを確認する必要があります（多くの会社では、社内規則において自社

9　ストックオプションとして発行会社の役職員等に付与される新株予約権については、譲渡制限が付されていることが一般的である。

株の売買について許可制や届出制といった手続が定められており[10]、疑わしい場合には売却を中止するよう指示されるものと思われます。）。

10　第三回全国上場会社内部取引管理アンケート調査報告書（平成23年8月・東京証券取引所自主規制法人、株式会社大阪証券取引所、株式会社名古屋証券取引所、証券会員制法人福岡証券取引所、証券会員制法人札幌証券取引所）28頁

Q119 知る者同士の取引①——立会外取引との関係

私は上場会社A社の財務部に勤務しているのですが、最近、A社はB社との間の業務提携を解消することになり、B社から自社株を買い戻すことになりました。A社では、証券取引所の立会外取引を利用してB社からの買戻しを行うことを考えているのですが、インサイダー取引規制との関係で留意すべきことがあれば教えてください。

A 　立会外取引も市場取引であり、重要事実を知る者の間の市場外における相対取引の適用除外の対象にはなりませんので、本事例においては、立会外取引によって買戻しを行うのであれば、事前に当該業務提携の解消を公表する必要があります。

解　説

　本事例では、発行会社であるA社がB社から自社株式を買い戻す行為がインサイダー取引に該当するかが問題になりますが、まず、自社株取引についてインサイダー取引規制がどのように適用されるかを説明します。

　意外に思われるかもしれませんが、金商法166条1項各号に定められる会社関係者には、発行会社自身は含まれません。しかし、会社が行う取引については、必ず当該取引についての判断をして発注をする役職員、あるいは判断をして発注を指示する役職員がいるはずで、当該役職員が未公表の重要事実を知りつつ取引を行った場合には当該役職員の取引がインサイダー取引規制の適用の対象になります。

　そして、刑事罰との関係では、発行会社の当該役職員が刑事罰の対象となり（金商法197条の2第13号）、さらに、当該役職員がその職務に関して取引を行った場合には、会社が両罰規定を適用されて、罰金刑が科される可能性があります（同法207条1項2号、197条の2第13号）。一方、行政法規との関係では、当該役職員が職務に関して行った行為については会社の行為とみな

され、法人も課徴金納付命令の対象になり得るところ（【Q160】参照）、上記のとおり発行会社自身はインサイダー取引規制の適用対象になっていないのですが、金商法175条9項により、発行会社の役職員によるインサイダー取引については、発行会社に課徴金納付命令が下されることになります。

本事例において、A社がB社から自社株式を買い戻す時には、B社との業務提携の解消という重要事実をA社は知っていますので、インサイダー取引規制について留意する必要があります。もっとも、B社は、当該業務提携の解消の相手方であり、当然この事実を知って売却するのですから、この場合のA社がインサイダー取引規制違反になるのは実情にあわないように思われます。

このような場合に備えて、金商法は、重要事実を知る者の間の市場外における相対取引をインサイダー取引規制の適用除外としています（いわゆるクロクロ取引。金商法166条6項7号）。

そして、質問者は、証券取引所の立会外取引[11]により買戻しを行うことを想定しています。立会外取引とは、証券取引所のオークション時間外の取引であって、各証券取引所の定めたルールに従って、立会市場によらず相対で売買を行う取引をいいますが、立会外市場にはいくつかの種類があって相手方を指定できる取引もあります。もっとも、証券取引所における立会外取引であっても、取引所における取引であることには変わりはありませんので、この適用除外には該当しません。

---

11 立会外取引とは、東京証券取引所におけるToST-Netなどがある。例えば、ToST-Net 1 では、立会市場の直近値から上下7％以内の価格（直近値に7％を乗じた値が5円未満となる場合には、一律、直近値の上下5円以内の価格）で相手方を指定した取引ができる。

Q120 知る者同士の取引②――第1次情報受領者から第三者へ開示しての取引

　私の父は、上場会社X社の創業者なのですが、今般、父からX社株式を対価を払って譲り受けることになりました。私は、X社の役職員ではないので全然知らないのですが、父親によると、X社の業績は急速に悪化しており、近々業績予想の下方修正を公表することになるそうです。父から譲り受けるX社株式の価格はかかる業績の悪化を織り込んだ価格にすることを見込んでいるのですが、父親との売買については、インサイダー取引規制には該当しないということでよいのでしょうか。また、私は、この譲り受けたX社株式を知人に売却することはできるのでしょうか。

A　業績予想の下方修正は、その程度が重要な場合には、重要事実に該当し、質問者が会社関係社の父親からこの事実を伝えられ、その公表前にX社株式を買い付けることは、原則としてインサイダー取引に該当します。しかし質問者は、インサイダー取引の適用除外の1つに依拠し、その要件を充足できる場合には、インサイダー取引規制に該当しません。その要件とは、

① 質問者とその父が、いずれも会社関係者か重要事実の伝達を受けた者になり
② 取引所によらないで売買し
③ この売買について、さらに、インサイダー取引規制違反が行われることになることを双方ともに知らないこと

の3点です。質問者が知人に売却する場合においても同様の例外規定に依拠することが可能です。この要件を充足できない場合には、事前に、X社に業績予想の下方修正を公表してもらう必要があります。

解　説

　本事例のような場合に備えて、金商法は、重要事実を知る者の間の市場外における相対取引をインサイダー取引規制の適用除外としており（いわゆるクロクロ取引。同法166条6項7号）、「第1項又は第3項の規定に該当する者の間において、売買等を取引所金融商品市場又は店頭売買有価証券市場によらないでする場合（当該売買等をする者の双方において、当該売買等に係る特定有価証券等について、更に第1項又は第3項の規定に違反して売買等が行われることとなることを知っている場合を除く。）」と規定しています。この要件は、回答のなかで①〜③に記載したとおりですが、このうちの①については、現行法は、「第1項又は第3項に規定する者の間において」という限定を行っています。この趣旨は、双方が重要事実を知って、取引所外で取引をする場合には、情報が偏在せず対等の関係にあるため、一方が他方に比べ著しく有利な立場にあるとはいえず、証券市場の公正性と健全性を損なうものではないからとされています。

　本事例の質問者は、父親がいまだにX社の役員であるなど、会社関係者の地位を有していれば、父親は「第1項に規定する者」に該当し、質問者は父親から重要事実の伝達を受けた者として、「第3項に規定する者」（第1次情報受領者）に該当し、質問者と父親との間は「第1項又は第3項に規定する者の間」といえ要件を充足します。

　他方、父親がすでにX社の役員を退任して1年以上が経過し、会社関係者から事実上業績予想の下方修正の伝達を受けて知ったにとどまる場合には、父親が「第3項に規定する者」（第1次情報受領者）に該当しますが、質問者は、第2次情報受領者として「第3項に規定する者」に該当せず、適用除外の要件を充足しないことになってしまいます。この不都合を回避するため、父親からX社に頼み、X社から質問者に業績予想の下方修正の事実を伝達してもらい、質問者を「第3項に規定する者」（第1次情報受領者）にするという対応がとられてきました。なお、平成25年改正金商法は、「第3項に該当する者との間において」という規定は修正され、「重要事実を知っている者

との間において」とされており、重要事実を知るに至った経緯について会社関係者からの伝達に限定されないようにする改正が行われています。

Q121 知る者同士の取引③——契約書上の留意点

【Q120】のケースで、父と私の間できちんと契約書を作成したほうがよいのでしょうか。契約書作成について留意するべきことがあれば教えてください。

A 契約書を作成する法律上の義務はありませんが、適用除外に依拠したことを契約書上で明らかにしたほうが安全といえますから、作成したほうがよいでしょう。

契約書の作成に際しては、質問者と父親との間で、相手方が知っている重要事実の内容を相互に認識していることが必要か否か、解釈論上の争いがあります。この点、この適用除外の趣旨は、重要事実について情報の偏在がないことが主な理由ですから、相手方が知っている重要事実の内容について相互に齟齬がないか認識が一致することが必要であると考えるのが、素直な解釈といえます。したがって、契約書の内容として、本事例では業績予想の下方修正の事実を記載することが望ましいと考えられます。

解　説

本事例のような場合に、重要事実を知る者の間の市場外における相対取引をインサイダー取引規制の適用除外としていることは前述しました（いわゆるクロクロ取引。金商法166条6項7号）。契約書作成について実務上問題となる点として、業績予想の下方修正に関し具体的な予想数値の詳細のすべてを記載する必要性があるか否かという点があり、難しい問題があります。本事例のようなケースで売主である父親が業績予想の具体的な数値を知っているような場合には、契約書に具体的な数値の記載がないと、買主が適切な価格を判断できず、情報の偏在が解消されないと考える余地もあります。他方、父親もX社に対して守秘義務を負っている場合には、質問者への株式の売却に必要であることを理由にX社から、質問者への開示について守秘義務を解

除してもらう必要があり、Ｘ社がこれに応じない場合には守秘義務違反が問題となり父親は株式を売却することができません。そこで、業績予想の下方修正があり、それが重要なものとして重要事実に該当する、という限度で、記載することが考えられます。

Q122　新株予約権無償割当（ライツ・オファリング）と「適用除外規定」

当社（上場会社）は、増資による株価下落を防止し、安定した資金調達を行うために、既存の株主を割当先として、コミットメント型のライツ・オファリングを行うことを決定し、公表後、既存株主に一定期間内に権利行使がない新株予約権については、当社が金銭を対価として全部取得する旨の取得条項を付した新株予約権の無償割当を実施しました。その後、指定期間内に権利行使がなされなかった新株予約権については、当社が前記取得条項に基づき、取得することになります。公表後、当社に未公表の重要事実が生じた場合で、以下の者が会社関係者に該当し、その職務等に関し当該重要事実を知っているときに、
① 当社が前記取得条項に基づき、前記新株予約権を取得する行為は、インサイダー取引に該当するのでしょうか。
② また、既存株主が当社に前記新株予約権を譲渡する行為は、インサイダー取引に該当するのでしょうか。
③ その後、当社が引受証券会社に前記新株予約権を譲渡する行為は、インサイダー取引に該当するのでしょうか。
④ さらに、引受証券会社が当社からの前記新株予約権を譲り受けることは、インサイダー取引規制の対象になるのでしょうか。

A いずれもインサイダー取引規制の対象にならないと考えられます。

解　説

平成23年改正金商法以前の金商法では、新株予約権の無償割当は重要事実とはされていませんでしたが、【Q57】で解説したとおり、ライツ・オファリング[12]が、新たな増資手法として認められることに伴って、「新株予約権の無償割当て」が決定事実の対象となることが明記されました（同法166条2

項1号ホ）。

　このライツ・オファリングには、新株予約権を発行する発行会社と証券会社との間で、コミットメント契約[13]を締結し、一定期間の行使期間内に前記新株予約権が行使されなかった場合に、証券会社が未行使の新株予約権をすべて引き受けた上で行使することを約束するタイプの「コミットメント型ライツ・オファリング」と、このような約束のない「ノンコミットメント型ライツ・オファリング」があります。このうち、前者を簡単に図示すると次頁のとおりになります。

　ライツ・オファリングを実施する場合に行われる①発行会社が前記取得条項に基づき、未行使の新株予約権を取得する行為、②既存株主または未行使の新株予約権を取得した新たな投資者が発行会社に前記新株予約権を譲渡する行為、③発行会社が引受証券会社に未行使の新株予約権を譲渡する行為および④引受証券会社が発行会社からの未行使の新株予約権を譲り受ける行為がいずれもインサイダー取引に該当しないかが問題になります[14]。

　ライツ・オファリングを行う場合には、平成23年改正金商法によって、「業務等に関する重要事実を知る前に法第166条第4項に定める公表の措置に準じ公開され、又は公衆の縦覧に供された新株予約権無償割当て（新株予約権の内容として発行者が一定の事由が生じたことを条件として当該新株予約権に係る新株予約権証券の取得をする旨の定めを設けるものに限る。）に係る計画（当該発行者と法第28条第7項第3号に規定する契約を締結した金融商品取引業者に当該取得をした新株予約権証券の売付けをするものに限る。）に基づき当該発行者が次に掲げる行為を行う場合」（取引規制府令59条1項13号）には、「法第

---

[12] 新株予約権を株主に無償で割り当てることを利用した増資手法をいい、会社法第277条に規定する新株予約権無償割当に係る新株予約権証券であって、金融商品取引法上は、取引所金融商品市場において売買を行うこととなるものをいう（開示府令3条5号）。
[13] 当該新株予約権証券を取得した者が、当該新株予約権証券の全部または一部につき、新株予約権を行使しないときに、当該行使しない新株予約権に係る新株予約権証券を取得して、自己または第三者が当該新株予約権を行使することを内容とする契約（金商法2条6項3号）。
[14] 鈴木ほか・ライツ・オファリング205～208頁

【コミットメント型ライツ・オファリング】

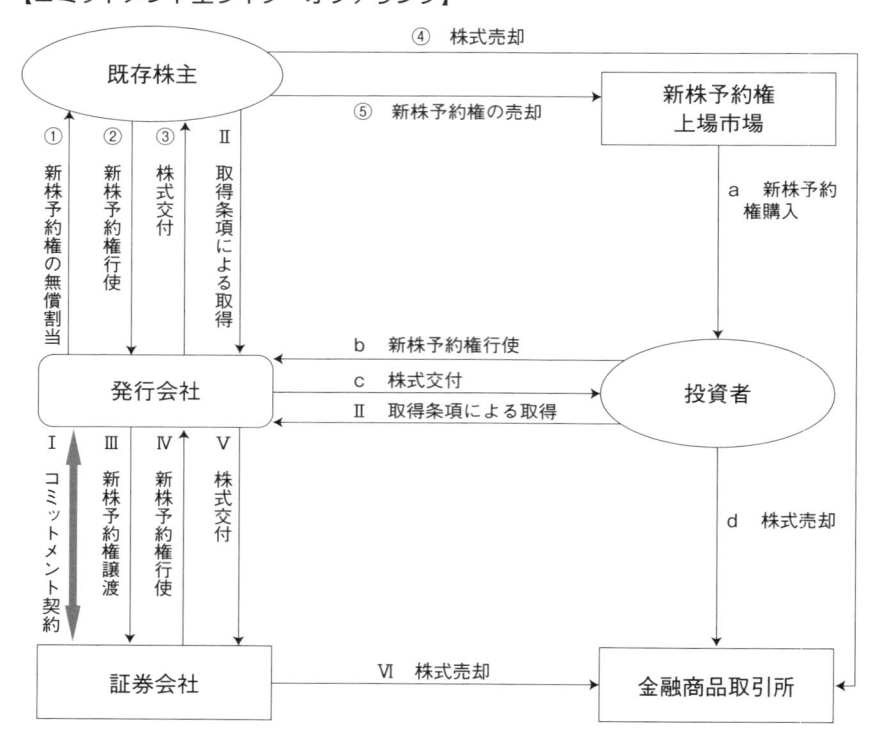

【フロー】
〈既存株主〉
① 発行会社は既存株主に対して新株予約権の無償割当。この際、新株予約権の内容として、一定の期間内に新株予約権の行使がない場合には、発行会社が金銭の支払を対価として、未行使の新株予約権をすべて取得する旨の取得条項を付す。
② 既存株主は、払込みをして前記①の新株予約権の行使が可能。
③ 既存株主は、前記②の新株予約権を行使した結果、発行会社から新株を取得。
④ 既存株主は、前記③を受けて交付された新株を金融商品取引所において売却することが可能。
⑤ 既存株主は、前記①で取得した新株予約権を市場で売却可能。
〈投資者〉
a　投資者は、市場で前記⑤の新株予約権を購入することが可能。

b　投資者は、払込みをして前記aの新株予約権の行使が可能。
c　投資者は、前記bの新株予約権を行使した結果、発行会社から新株を取得。
d　投資者は、前記cで取得した株式を市場で売却可能。
〈発行会社・証券会社〉
Ⅰ　発行会社と証券会社でコミットメント契約の締結。
Ⅱ　発行会社は、既存株主または投資者が一定期間内に前記新株予約権を行使しない場合には、前記取得条項に基づき、未行使の新株予約権を取得。
Ⅲ　コミットメント契約に基づき、証券会社は、発行会社から未行使の新株予約権の譲渡を受ける。
Ⅳ　証券会社は、払込みをして前記Ⅲの新株予約権を行使。
Ⅴ　証券会社は、前記Ⅳの新株予約権を行使した結果、発行会社から新株を取得。
Ⅵ　証券会社は、前記Ⅴで取得した株式を市場で売却可能。

166条第6項第8号に規定する上場会社等に係る同条第1項に規定する業務等に関する重要事実を知る前に締結された当該上場会社等の特定有価証券等に係る売買等に関する契約の履行」に当たるとして、インサイダー取引の規制対象外とされました。

　そして、発行者が行う「次に掲げる行為」として、
「イ　当該計画で定められた当該取得をすべき期日又は当該計画で定められた当該取得をすべき期限の10日前から当該期限までの間において当該取得をすること
　ロ　当該計画で定められた当該売付けをすべき期日又は当該計画で定められた当該売付けをすべき期限の10日前から当該期限までの間において当該売付けをすること」
を規定しています。

　このうち、イは①発行会社が既存株主または投資者から未行使の新株予約権を取得する行為を、ロは③発行会社が引受証券会社に対し、取得した未行使の新株予約権を譲渡する行為をそれぞれ指します。したがって、これら①および③の行為が前記イ、ロの要件を満たす場合には除外規定に該当するため、インサイダー取引には当たりません。ただし、この適用除外規定は、コミットメント型ライツ・オファリングの計画が公表された後に発行会社が知ることとなった重要事実を対象とするものであり、計画の公表時点で発行会

社がすでに未公表の重要事実を知っている場合には、適用除外規定の対象とならないことに留意が必要です[15]。

これに対して、②の行為については、このような除外規定がありませんが、インサイダー取引の規制の対象となる「売買等」（金商法166条1項柱書）に該当するためには、行為者の売買等の意思に基づいて売買等の行為が行われることを要すると解せられるところ[16]、前記取得条項によって前記新株予約権の売付けを行う場合には、行為者の意思に基づくとは言いがたいため、インサイダー取引には該当しないと解せられます[17]。なお、金融庁も、「株主が権利行使しなかった新株予約権証券を発行者が取得条項により取得する場合において、特別の意思表示等を行わない当該株主については、基本的に、インサイダー取引規制の適用はないものと考えられます。」とコメントしています[18]。

また、取引規制府令59条1項13号の主体は、文言上「発行者」となるため、④の行為についても、同号の規定は適用されないと考えられます。しかし、引受証券会社が発行会社から未行使の新株予約権を譲り受ける行為は、前記コミットメント契約に従うものであり、引受証券会社に前記新株予約権の取得について裁量の余地があるわけではありません。したがって、この場合には、同項1号に基づく「知る前契約」の履行に当たるものと解し、インサイダー取引には該当しないと考えられます。なお、金融庁も「当該発行者が取得した新株予約権証券を金商法第28条第7項第3号に規定する契約を締結した金融商品取引業者に売り付ける場合における当該金融商品取引業者の行為については、インサイダー取引規制の適用除外（取引規制府令第59条第1項第1号・第63条第1項第1号）の対象となり得るものと考えられます。」とコメントしています[19]。

---

15 濃川ほか「コミットメント型ライツ・オファリングの実務における留意点」商事法務2011号65頁
16 木目田261頁
17 鈴木ほか・ライツ・オファリング207頁
18 平成24年2月10日パブコメ35頁・87番、88番
19 同上

以上から、ライツ・オファリングを実施する場合には、①〜④の行為はいずれもインサイダー取引には当たらないと考えられます。

Q123 組織再編の対価としての自己株式の交付について

私はA社の財務担当取締役です。この度、取引先のB社を吸収合併することになりました。B社の株主に対して、A社の保有する自己株式を対価として交付することを検討しています。しかし、実はA社は、自社に関する他の重要事実として、主力事業について提携関係にあるC社から、資本業務提携の解消を求められて交渉中であり基本的には解消で一致しているものの、残務処理の細部の詰めがまとまっていない状況にあります。もしC社との提携が解消された場合には、A社にとって非常に大きな打撃になると予想されますが、このことはB社との吸収合併に際して開示することはC社との関係で許されておりません。

A社が、当該吸収合併に伴い保有する自己株式をB社の株主に交付することは、インサイダー取引に該当するのでしょうか。

A 平成24年改正金商法による改正前は、組織再編の対価として行う自己株式の交付は、理論上インサイダー取引規制が適用されていました。しかし、平成24年改正金商法の施行後は、インサイダー取引としての危険性が低い行為として規制の適用から除外されましたので、インサイダー取引に該当しません。

解　説

平成24年改正金商法による改正前の金商法166条は、組織再編の対価として保有する自己株式を交付することは、新株発行ではなく譲渡の一形態であることから、売買の当事者が、上場企業の重要事実を知っている場合には、インサイダー取引規制の対象となり自己株式を対価として交付することが制限される事態となっていました。

しかし、企業のグループ経営の円滑化の観点から批判が高まり、平成23年の金融庁の金融審議会のインサイダー取引規制に関するワーキンググループ

による報告を受けて、平成24年改正金商法は、金商法166条6項11号として次のように新たな適用除外規定を新設しました。すなわち、「合併等又は株式交換に際して当該合併等又は株式交換の当事者である上場会社等が有する当該上場会社等の特定有価証券等を交付し、又は当該特定有価証券等の交付を受ける場合」です。

　本事例においても、この規定によって、A社が、保有する自己株式をB社の株主に交付することは、インサイダー取引に該当しません。

　もっとも、個別具体的事例において、吸収合併に関する開示資料につき全体として虚偽であるか、重要な事項について誤解を生ぜしめると評価できるような場合には、別途、臨時報告書の提出が必要な場合には（開示府令19条2項7号の3）、その虚偽記載（金商法197条の2第6号）あるいは偽計（同法158条）の問題が生じますので、本事例のような場面でA社がC社との事情を秘してB社との吸収合併を実行してよいか、適用除外に関する条項を実際に適用する際には慎重な検討が必要です。

第6章

公開買付け関係

Q124 公開買付けの実施を知りながら買うこと

私は、取引先のA投資ファンドに勤務している知人から、Aファンドが上場企業B社に公開買付けを行う予定であることを聞きました。B社株式が上昇すると思うので、私は、公表前にB社株式を買っておきたいと思うのですが、インサイダー取引に当たるのでしょうか。B社の株式ではなく、B社の社債を買うことはどうでしょうか。

A 質問者がB社株式を買うことはインサイダー取引に該当します。なお、社債を買うことは該当しません。

解説

公開買付けとは、不特定かつ多数の者に対し、公告により株券等の買付け等の申込みまたは売付け等の申込みの勧誘を行い、取引所の市場外で株券の買付け等を行うことをいいます（金商法27条の2第6項）。原則として総議決権の数の3分の1を超える議決権を集める者に、公開買付けが義務づけられます。公開買付けの価格は、市場価格に対し上乗せされた価格が設定されることが多いため、公開買付けは株価の上昇要因となります。そのため、金商法167条1項は、「次の各号に掲げる者（以下この条において「公開買付者等関係者」という。）であって、第27条の2第1項に規定する株券等で金融商品取引所に上場されているもの、店頭売買有価証券若しくは取扱有価証券に該当するもの（以下この条において「上場等株券等」という。）の同項に規定する公開買付け（同項本文の規定の適用を受ける場合に限る。）若しくはこれに準ずる行為として政令で定めるもの又は上場株券等の第27条の22の2第1項に規定する公開買付け（以下この条において「公開買付け等」という。）をする者（以下この条において「公開買付者等」という。）の公開買付け等の実施に関する事実又は公開買付け等の中止に関する事実を当該各号に定めるところにより知ったものは、当該公開買付け等の実施に関する事実又は公開買付け等の中

止に関する事実の公表がされた後でなければ、公開買付け等の実施に関する事実に係る場合にあっては当該公開買付け等に係る上場等株券等又は上場株券等の発行者である会社の発行する株券若しくは新株予約権付社債券その他の政令で定める有価証券（以下この条において「特定株券等」という。）又は当該特定株券等に係るオプションを表示する第2条第1項第19号に掲げる有価証券その他の政令で定める有価証券（以下この項において「関連株券等」という。）に係る買付け等（特定株券等又は関連株券等（以下この条において「株券等」という。）の買付けその他の取引で政令で定めるものをいう。以下この条において同じ。）をしてはならず、公開買付け等の中止に関する事実に係る場合にあっては当該公開買付け等に係る株券等に係る売付け等（株券等の売付けその他の取引で政令で定めるものをいう。以下この条において同じ。）をしてはならない。当該公開買付け等の実施に関する事実又は公開買付け等の中止に関する事実を次の各号に定めるところにより知った公開買付者等関係者であって、当該各号に掲げる公開買付者等関係者でなくなった後1年以内のものについても、同様とする。」と規定しています。そして、「次の各号」について、以下のように規定しています。

号	関係者の属性	知った経緯
1	当該公開買付者等（その者が法人であるときは、その親会社を含む。以下この項において同じ。）の役員等（当該公開買付者等が法人以外の者であるときは、その代理人又は使用人）	その者の職務に関し知ったとき。
2	当該公開買付者等の会社法第433条第1項に定める権利を有する株主又は同条第3項に定める権利を有する社員（当該株主又は社員が法人であるときはその役員等を、当該株主又は社員が法人以外の者であるときはその代理人又は使用人を含む。）	当該権利の行使に関し知ったとき。
3	当該公開買付者等に対する法令に基づく権限を有する者	当該権限の行使に関し知ったとき。
4	当該公開買付者等と契約を締結している者又は締結の交渉をしている者（その者が法人であるときはその役員等を、その者が法人以外の者であるときはその代	当該契約の締結若しくはその交渉又は履行に関し知ったとき。

	理人又は使用人を含む。）であって、当該公開買付者等が法人であるときはその役員等以外のもの、その者が法人以外の者であるときはその代理人又は使用人以外のもの	
5	第2号又は前号に掲げる者であって法人であるものの役員等（その者が役員等である当該法人の他の役員等が、それぞれ第2号又は前号に定めるところにより当該公開買付者等の公開買付け等の実施に関する事実又は公開買付け等の中止に関する事実を知った場合におけるその者に限る。）	その者の職務に関し知ったとき。

　さらに、インサイダー取引規制の趣旨を害する行為を防止するため、公開買付者等関係者から、公開買付けに関する事実の伝達を受けた者も同様に規制されます。金商法167条3項は、「公開買付者等関係者（第1項後段に規定する者を含む。以下この項において同じ。）から当該公開買付者等関係者が第1項各号に定めるところにより知った同項に規定する公開買付け等の実施に関する事実又は公開買付け等の中止に関する事実（以下この条において「公開買付け等事実」という。）の伝達を受けた者（同項各号に掲げる者であって、当該各号に定めるところにより当該公開買付け等事実を知ったものを除く。）又は職務上当該伝達を受けた者が所属する法人の他の役員等であって、その者の職務に関し当該公開買付け等事実を知ったものは、当該公開買付け等事実の公表がされた後でなければ、同項に規定する公開買付け等の実施に関する事実に係る場合にあっては当該公開買付け等に係る株券等に係る買付け等をしてはならず、同項に規定する公開買付け等の中止に関する事実に係る場合にあっては当該公開買付け等に係る株券等に係る売付け等をしてはならない。」と規定しています。

　本事例においては、質問者の知人が勤務する投資ファンドAは、公開買付けを行う者として、「公開買付者等」に該当し、公開買付者等の役員等である知人が、その職務に関しB社への公開買付けを知った場合には、当該知人は「公開買付者等関係者」に該当します（金商法167条1項1号）。この知人から、公開買付けの実施に関する事実を知った質問者は、公開買付けの実施

に関する事実の「伝達を受けた者」として、インサイダー取引規制の対象になり、公開買付けの実施に関する事実が公表される前に、Ｂ社株式を買い付けることは、インサイダー取引に該当します（同法166条３項）。

　Ｂ社の株ではなく、社債を買い付けることは、公開買付けの場合にはインサイダー取引には該当しません。公開買付けに関してインサイダー取引を規制する金商法167条は、同法166条の場合と対象範囲が異なり「株券等」を対象にし、株券、新株予約権、これらに係るオプションなどを対象としていますが、社債を対象にしていないからです。その理由は、①公開買付け等の対象となる有価証券は、株式に化体し得るものとすることで十分であること、②取引規制の対象となる有価証券という点からは、同条における対象事実が、会社の倒産等の情報に係るものではないため、普通社債を含める必要がないから、とされています[1]。

---

[1] 三國谷142頁、木目田355頁

Q125 公開買付け・設立前の公開買付者の意思決定等

私は、A監査法人に所属する会計士で、上場会社B社の監査を担当しています。ある日、B社を担当している他の会計士Xは、B社の社長Yから「B社はMBOの方法で非上場化することを決断しました。MBOの一環として公開買付けを実施するので、私自らが、公開買付者となる特別目的会社C社を設立する準備に取りかかっています。このMBOが成功すれば今後の監査業務に影響するだろうからあらかじめ伝えておきます。」と連絡を受け、この情報を、私を含むB社の担当会計士全員に報告しました。私がこの情報をもとにB社株式を購入した場合、インサイダー取引に該当するのでしょうか。

A インサイダー取引に該当すると考えられます。

解説

金商法167条3項は、公開買付者等関係者から当該公開買付者等関係者が同条1項各号に定めるところにより知った同項に規定する公開買付け等の実施に関する事実の伝達を受けた者または職務上当該伝達を受けた者が所属する法人の他の役員等であって、その者の職務に関し当該公開買付け等の実施に関する事実を知ったものが、公開買付け等の実施に関する事実が公表される前に当該公開買付け等に係る株券等の買付けを行うことを、インサイダー取引として規制しています。

B社の社長Yは、MBOによりB社を非上場化するため、自ら特別目的会社C社を設立し、C社を公開買付者として、B社株式の公開買付けを行うことを決断しています。なお、MBOは、企業買収のうち、売却会社の事業またはその株式をその会社の取締役・使用人等であった者が買収して経営することなどを指します[2]。

C社は、Yが設立の準備に取りかかっている最中であり、会社として成立する前の状態であるため、C社においてB社株式の公開買付けの決定があったといえるかが問題となります。この点につき、成立前の会社では意思決定が可能な機関を観念し得ないとも思われますが、インサイダー取引規制との関係では、実質的に会社の意思決定と同視できるような意思決定を行うことができる立場の者が存在すれば、そのような者による決断をもって、当該会社の意思決定があったと認められる可能性があります[3]。本事例では、公開買付けの実施を予定してC社の設立業務に自ら従事しているYは、実質的にC社の意思決定と同視できるような意思決定を行うことができる立場の者ということができ、Yの上記決断をもって、C社において、B社株式の公開買付けを行うことについての決定があったと考えられます。

　このように考えると、Yは公開買付者等関係者に該当しますが、公開買付者等関係者であるYから、会計士Xは、上記の公開買付け等の実施に関する事実について、監査業務に影響があり得るという理由で職務上の必要性からこれを伝えられ、知ることとなりました。そして、質問者は、Xと同じくA

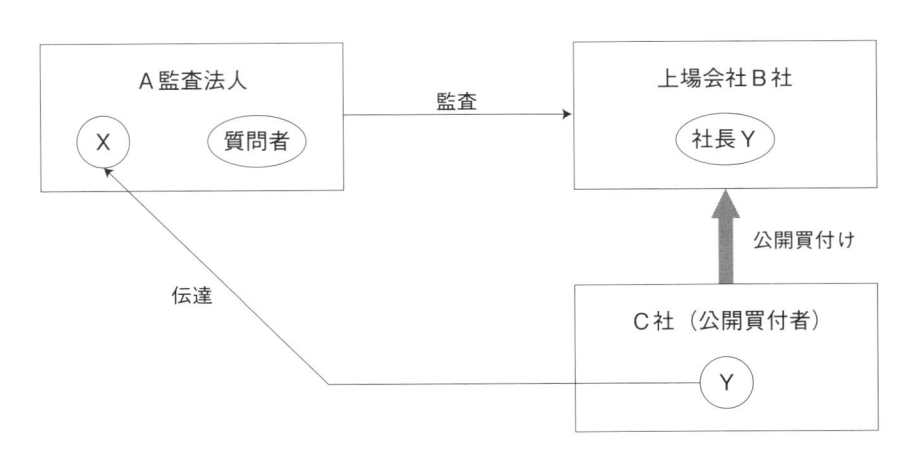

2　江頭・会社法767頁参照
3　本事例と類似する平成23年課徴金事例集事例14で、証券取引等監視委員会も、これと同様の見解を示している。すなわち、「A社〔注：公開買付者としての買収目的会社〕の設立に従事していた者は、実質的にA社の意思決定と同視できるような意思決定を行うことができる機関に該当する。」としている。

監査法人に所属する会計士であり、やはり職務に関してＸから当該公開買付け等の実施に関する事実を聞き及んでいます。したがって、質問者は、金商法167条3項後段の「職務上当該伝達を受けた者（本事例ではＸ）が所属する法人（本事例ではＡ監査法人）の他の役員等」に該当し、その職務に関し当該公開買付け等の実施に関する事実を知ったものであるため、同項に定めるインサイダー取引規制を受けることとなります。

　したがって、質問者がＣ社によるＢ社株式の公開買付けの事実を知りながらその公表前にＢ社株式を買い付けることは、インサイダー取引に該当すると考えられます。

Q126 公開買付者本人からの情報受領者

　私は、非上場会社の社長ですが、知人である上場会社A社の社長Xから、「短期的な業績の変動に左右されない経営体制とするため非上場化する。そのための方法として自分が公開買付者としてA社株式を買い付ける予定である。」との話を聞きました。その際、私は、Xから、「非上場化した後に事業に協力してほしい。」と言われ、これに同意しました。このような経緯があるなかで、私が、A社株式の公開買付けの公表がある前にA社株式を買い付けたとしたら、インサイダー取引に該当するのでしょうか。

A インサイダー取引に該当すると考えられます。

解　説

　金商法167条3項は、公開買付者等関係者から当該公開買付者等関係者が同条1項各号に定めるところにより知った同項に規定する公開買付け等の実施に関する事実の伝達を受けた者が、公開買付け等の実施に関する事実が公表される前に当該公開買付け等に係る株券等の買付けを行うことを、インサイダー取引として規制しています。

　本事例におけるA社の社長Xが質問者に伝えた内容は、X自らが公開買付者としてA社株式を買い付けるというものですので、「公開買付け等の実施に関する事実」（金商法167条2項）に該当するといえます。

　公開買付けが実施される場合、その買付けの主体は法人である場合が多いと思われますが、法人でなければならないという規制はありません。したがって、公開買付者が自然人である場合もあり得ます（金商法167条1項1号は、公開買付者本人が「法人以外の者であるとき」も想定した規定となっています。)。

金商法167条3項によりインサイダー取引規制の対象となる公開買付け等の実施に関する事実の情報受領者は、「公開買付者等関係者から……伝達を受けた者」とされています。「公開買付者等関係者」は同条1項で定義されていますが、これには、公開買付者の役員等（本事例のように公開買付者が法人以外の者であるときは、その代理人または使用人）は含まれますが（同項1号）、公開買付者本人は含まれないと考えられます[4]。これは、公開買付者本人が「公開買付者等関係者」に含まれ、インサイダー取引規制の対象となってしまうと、公開買付者本人が公開買付けの決定をした場合、その公表まで自ら当該公開買付け等に係る株券等を買い進めることができなくなり、実質的な支障が生じるためと考えられます。

　したがって、公開買付者本人から公開買付け等の実施に関する事実の伝達を受けた者は、「公開買付者等関係者から……伝達を受けた者」には該当しないと考えられます[5]。

　もっとも、質問者は、公開買付者であるXとの間で、今後事業に協力することについて合意しているととらえることができますが、そうすると、Xの契約締結先として（金商法167条1項4号、「契約」には口頭の場合も含まれます。）、「公開買付者等関係者」となります。したがって、質問者によるA社株式の買付けはインサイダー取引に該当すると考えられます。

---

[4]　木目田356頁
[5]　なお、仮にXが別途会社を設立して、その代表者等として質問者に本事例と同じ情報を伝えたという場合であれば、Xは「公開買付者等関係者」に該当し、そのXから公開買付け等の実施に関する事実の伝達を受けた質問者は、第1次情報受領者となる。

Q127 買集めの実施を知りながら買うこと

私は、取引先のA投資ファンドに勤務している知人から、Aファンドが上場企業B社の株式を3％保有しているところに買い増しをする方針であり、B社株式について、すでに5％を保有しているC社から1回で買う予定であると聞きました。特定の者から5％取得するのであれば、公開買付けを義務づけられませんし、すでに持っている人から買うだけで市場に影響を与えませんから、個人的にB社株式を買っておきたいと思うのですが、インサイダー取引に当たるのでしょうか。

A インサイダー取引に該当すると考えられます。

解 説

金商法167条における「公開買付け等」には、①同法27条の2に規定される公開買付け、②これに準ずる行為として政令で定めるもの、③同法27条の22の2第1項に規定する公開買付け、の3つが含まれます。このうちの②について同法施行令31条は、「金融商品取引所に上場されており、又は店頭売買有価証券若しくは取扱有価証券に該当する株券（外国の者の発行する証券又は証書で株券の性質を有するものを含む。）の発行者である会社の発行する株券、新株予約権証券、新株予約権付社債券（外国の者の発行する証券又は証書で、これらの有価証券の性質を有するものを含むものとし、内閣府令で定めるものを除く。）その他内閣府令で定める有価証券（以下この条において「株券等」という。）を買い集める者（その者と共同して買い集める者がいる場合には、当該共同して買い集める者を含む。以下この条において同じ。）が自己又は他人（仮設人を含む。以下この条において同じ。）の名義をもって買い集める当該株券等に係る議決権の数（株券（外国の者の発行する証券又は証書で株券の性質を有するものを含む。）については株式に係る議決権（社債、株式等の振替に関する

法律第147条第１項又は第148条第１項の規定により発行者に対抗することができない株式に係る議決権を含む。）の数を、その他のものについては内閣府令で定めるところにより換算した株式に係る議決権の数をいう。以下この条において同じ。）の合計が当該株券等の発行者である会社の総株主等の議決権の数の100分の５以上である場合における当該株券等を買い集める行為（以下この条において「買集め行為」という。）とする。ただし、当該株券等を買い集める者の当該買集め行為を開始する直前における株券等所有割合（自己又は他人の名義をもって所有する当該株券等に係る議決権の数の合計を当該会社の総株主等の議決権の数で除して得た割合をいう。以下この条において同じ。）が100分の５未満である場合には、当該買集め行為のうち株券等所有割合が100分の５を超える部分に係るものに限る。」と規定しています。

　買集めを実施する者の関係者は、「公開買付者等関係者」に該当し、公開買付け等を一定の態様により知ったときは買付等を禁止され、公開買付者等関係者から買集めの実施に関する事実の伝達を受けた者は、買集めの実施に関する事実を知りながらその公表前に、当該株券等を買い付けることは禁止されています。また、買集め行為の態様は特に規定がないため、取引所の市場の内外を問わないと考えられます[6]。

　本事例においては、Ａファンドは、５％以上の議決権を保有することになる買付けをする予定であり、かつ、ＡファンドのＢ社株式の保有割合は３％であり、５％を超える分の取得行為は、「買集め行為」に該当します。仮に何回かに分けて買うケースで、１年間に買い付ける議決権の数が2.5％未満であるときには、「買集め行為」から除外されるという軽微基準がありますが（取引規制府令62条）、本事例は一度に買うためこの軽微基準に該当しません（詳細は【Q133】へ）。したがって、質問者の知人が勤務する投資ファンドＡは、公開買付け等を行う者として、「公開買付者等」に該当し、そして、Ａファンドに勤務する知人が、その職務に関しＢ社への買集め行為の実施を知った場合には、当該知人は「公開買付者等関係者」に該当します。こ

6　木目田354頁

の知人から、買集め行為の実施に関する事実を知った質問者は、公開買付け等の実施に関する事実の「伝達を受けた者」として、インサイダー取引規制の対象になり、買集め行為の実施に関する事実が公表される前にＢ社株式を買い付けることは、インサイダー取引に該当します。

Q128 買集め行為の実施を知りながら売ること

私の会社は、取引先の上場企業A社の株式について、総株主の議決権数の10％を保有しています。近時、取引先のA社の株式を売りたいと思っていたところ、B社から当社に対して、A社株式全部を売ってくれないかと依頼され、当社は売ることを決定しB社との間で売買契約を締結し立会外取引で売ることにしました。これは、B社からすれば買集め行為に該当し、その公表前に当社はA社株式を売ることになるので当社はインサイダー取引に当たるのでしょうか。

A インサイダー取引に該当しません。

解　説

金商法167条は、公開買付け等の実施に関する事実については、株券等の買付けのみを規制対象としており、売付けを対象としていないという特徴があります。また、公開買付け等の中止に関する事実については、同様に株券等の売付けのみを規制対象としており、買付けを対象としていません。この点で、同法166条とは異なる特徴があります。この特徴の理由は、同法167条が、株式等の市場における需給動向（いわゆる市場情報）および会社の経営支配権に関する情報のうち、公開買付けまたは買集め行為に関する情報に限定して規制対象としており、それ以外の市場情報は、上場会社や、公開買付け等をする者の会社関係者としての地位ゆえに得られる情報ではないため、刑事制裁によってまで規制対象とすることが妥当ではないと考えられたことによります[7]。

質問者のケースでは、B社によるA社株式の10％の取得は、5％以上の取

---

[7] 神崎ほか・金商法1269頁、木目田351頁

得となり「買集め行為」に該当します。しかし、質問者の会社が、Ｂ社から伝達を受けてＢ社が買集めを実施することを知りながら、Ａ社株式を売り付けた場合でも、インサイダー取引に該当しません。

　なお、10％の議決権を保有する株主に異動が生じたため、金商法166条の「主要株主の異動」という発生事実が生じたものとして、インサイダー取引に当たるという考えもあります。しかし、異動が「発生」したことをもって重要事実が発生するものといえるため、売買そのものは、異動を発生させるものにすぎず、異動が発生した後に売買されるものではありませんから、売買は依然としてインサイダー取引には当たりません[8]。

　もっとも、新しい株主と、上場企業との間で資本業務提携を行う予定である場合も不自然ではなく、資本業務提携という重要事実には別途留意する必要があります。

　その他の留意点として、質問者の会社とＢ社は、売買によりそれぞれ５％以上の株式の異動が生じますから、売買の日から５営業日以内に、大量保有報告書の提出を行い、売買を公表する義務を負います（金商法27条の23第１項）。

　なお、質問者の会社が、Ｂ社へのＡ社株式の譲渡後、新たにＡ社株式を買い付ける行為は、Ｂ社による買集め行為が公表されていない限り、インサイダー取引に該当します。質問者の会社とＢ社間の売買に関し、それぞれの会社から大量保有報告書が提出されますが、この大量保有報告書の公衆縦覧による公表は、インサイダー取引規制における「公表」には該当しません。したがって、Ｂ社により別途、買集め行為につき所定の方法によって「公表」を行うことにより、買集め行為の伝達を受けた質問者の会社がＡ社株式を買い付けることが可能になります。

---

[8]　河本一郎「主要株主の異動とインサイダー取引規制」河本一郎＝仲田哲編『会社法・金融商品取引法の理論と実務』（商事法務、2002）230頁

Q129 公開買付者等関係者の範囲

私は、親友のAから、Aの友人Bが勤めているC上場企業が、D投資ファンドから公開買付けを受ける予定であることを聞きました。私がC社株式を公開買付けの公表前に買い付けることはインサイダー取引に当たるのでしょうか。

A BからA、Aから質問者へという2段階で、公開買付けの実施の事実が伝達された場合には、質問者は第2次情報受領者として、インサイダー取引に当たりません。しかし、法改正により、今後は当たる可能性があります。

解 説

公開買付けにおける規制対象者は、「公開買付者等関係者」といいます。

ここで「公開買付者等」とは、公開買付けを実施する側を指し、公開買付けを受ける上場企業の側は含まれません。そこで、公開買付けの対象会社は、通常は友好的公開買付けが大部分であるという実態から事前に公開買付けを受けることがわかるため、公開買付者との関係では「契約を締結している者」として、「公開買付者等」に該当します。その場合、当該「公開買付者等」から直接連絡を受けた者は、「伝達を受けた者」（金商法167条3項）、として規制対象になります。この伝達を受けた者からさらに伝達を受けた者は、処罰されません。

なお、この点については、平成25年改正金商法により、公開買付けを受ける上場企業が、公開買付者との間の特段の契約の有無を問題とすることなく公開買付者から伝達を受けた場合において、当該上場企業およびその役職員が公開買付者等関係者になるため、影響を受けます（【Q178】参照）。

Q130 公開買付け等事実の公表

私は、親友のAから携帯電話に電話を受け、Aの勤務する投資ファンドB社が、たったいま、上場企業C社に対して公開買付けを行う旨の記者会見を行ったこと、C社がこれに賛同する旨の適時開示を行ったことを聞きました。私がこれを聞いてすぐにC社株式を買い付けることはインサイダー取引に該当するのでしょうか。公開買付けの実施に関する事実は十分に公表されたと思いますが、急ぐのですぐに教えてください。

A インサイダー取引に該当しないと考えられます。

解　説

　公開買付者が上場企業等以外の者である場合における公開買付けにおける公表の方法につき、金商法167条4項、同法施行令30条1項4号は次のように規定しています。
　「四　公開買付者等（法第163条第1項に規定する上場会社等であるものを除く。次号において同じ。）が、その公開買付け等（法第167条第1項に規定する公開買付け等をいう。次号において同じ。）に係る上場等株券等の発行者である会社又は当該公開買付者等の親会社（法第166条第5項に規定する親会社をいい、法第163条第1項に規定する上場会社等であるものに限る。以下この項において同じ。）に対し、公開買付け等事実を当該会社又は当該親会社の発行する有価証券を上場する各金融商品取引所に通知することを要請し、当該会社又は当該親会社が、当該要請に基づいて、当該金融商品取引所の規則で定めるところにより、当該公開買付け等事実を当該金融商品取引所に通知し、かつ、当該公開買付け等事実が、内閣府令で定めるところにより、当該金融商品取引所において日本語で公衆の縦覧に供されたこと。」
　この規定は、平成25年9月4日に公布された金商法施行令の改正（政令

258号）によって新設されたものであり、平成25年9月6日から施行されています。

改正前は、公表を実施する主体は、公開買付け等を実施する者が行うものである必要があり、対象となる上場企業が実施するものは任意の公表としての意味があるものの、インサイダー取引規制が解除される「公表」とは認められませんでした。

改正により、上場企業等に該当しない公開買付者等による公開買付け等の場合に、公開買付者等による要請に基づき、対象となる上場企業が適時開示を行ったことは、「公表」に該当することになりました。

また、公開買付者等が上場企業である場合には、取引所の適時開示システムを使用することによる開示も「公表」と認められました（金商法施行令30条1項2号）[9]。

本事例においては、インサイダー取引規制が解除される「公表」の有無を検討すると、上場企業C社が行った取引所の適時開示システムを通じた公表は、Bによる公開買付けに賛同するものであり、友好的ですから、Bによる要請に基づくものと考えられます。

したがって、金商法施行令30条1項4号により、「公表」が行われたと考えられ、質問者の取引はインサイダー取引に該当しないと考えられます。

なお、参考までにその他の事情について解説すると、B社が行った記者会見は、会見後直ちに「公表」されたとは認められず、記者会見の場合には会見後12時間の経過が必要です。

また、B社が提出した公開買付届出書などが公衆縦覧に供されていた場合には、そのときに「公表」がされたと認められますから、質問者はインターネットのEDINETのウェブサイトを確認し、B社によるC社株式の公開買付届出書がアップされ、公衆縦覧に供されていることを確認できたときには、C社株式を買い付けることが可能です。

9　金融庁、平成23年度インサイダー規制に関するワーキンググループ報告書11頁

Q131 伝達情報の認識の程度

私は、知人であるA社の役員Xから、「今度、うちの会社が上場会社B社をTOBで子会社化する。これが公表されたら必ず株価が上がるから、B社の株を買っておいたほうがいいよ。」と言われました。私は、「TOB」の言葉の意味は正確にはわかりませんでしたが、B社がA社の子会社になって、株価が上がるならと思い、公表前にB社株式を買い付けました。これはインサイダー取引規制の対象になるのでしょうか。

A インサイダー取引規制の対象になると考えられます。

解　説

　金商法167条3項は、公開買付者等関係者から当該公開買付者等関係者が同条1項各号に定めるところにより知った同項に規定する公開買付け等の実施に関する事実の伝達を受けた者が、公開買付け等の実施に関する事実が公表される前に当該公開買付け等に係る株券等の買付けを行うことを、インサイダー取引として規制しています。

　A社の役員Xが質問者に伝えた内容は、客観的には、A社によりB社株式の公開買付けが行われ、B社がA社の子会社となるという情報で、金商法167条で規制の対象となる公開買付け等の実施に関する事実ということができます。公開買付者であるA社の役員Xから当該公開買付け等の実施に関する事実を聞き及んだ質問者は、情報受領者として同条3項の規制の対象となりそうです。

　しかし、質問者は、役員Xから伝えられた（公開買付けの略称である）「TOB」の言葉の意味については正確には理解していませんでした。このような場合でも、公開買付け等の実施に関する事実の「伝達を受けた」といえるのか検討します。

第6章　公開買付け関係　325

刑事責任を問われる場面では、インサイダー取引規制の構成要件の1つである「伝達を受けた」ことの認識があるかという故意（刑法38条1項）の問題となります。「法の不知は許さず」といわれるとおり、法律を知らなかったとしても故意がないとはされません（同条3項）。もっとも、故意があるとされるには、刑罰規定を理解していることを前提とした上で、その構成要件に当たることを識別できる程度の意味の認識は必要と考えられています[10]。したがって、単に、（インサイダー取引規制の対象となり得る）情報の伝達を受けたという外形的な事実の認識だけでは、故意があるとはされない可能性があるものの、例えば、その情報の意味内容の主要な部分を理解し、また、株価に影響を及ぼす重要な情報であるとの認識（その情報が公表されたら株価が変動するかもしれないとの認識）を有して、そのような情報の伝達を受けたのであれば、未公表の公開買付け等の実施に関する事実の伝達を受けたことの認識があるとされると考えられます。

　質問者は、「TOB」の言葉の意味を正確に知らなかったものの、この「TOB」の結果としてB社がA社の子会社になると理解していることや、これが公表されれば株価が上がるという認識はあったことを考慮すると、公開買付け等の実施に関する事実の伝達を受けたことの認識があったということができると考えられます。したがって、質問者によるB社株式の買付けは、未公表の公開買付け等の実施に関する事実の伝達を受けながら行われたものとして、インサイダー取引規制の対象になり、刑事罰が科される可能性があります。

　課徴金においては、原則として違反行為事実の認識は不要と解されるものの、重要事実について「知った」や「伝達を受けた」という点に関しては、条文上明確に行為者の認識が要求されていることから、当該認識が必要とされると考えられます。上記のとおり、本事例では、質問者について未公表の公開買付け等の実施に関する事実の伝達を受けたことが認められ、インサイダー取引規制の対象になり、課徴金を課される可能性があります。

10　西田典之『刑法総論〔第2版〕』（弘文堂、2010）215頁

なお、平成25年改正金商法により、公開買付け等事実を知った公開買付者等関係者が他人に対し、その公表がされたこととなる前に当該公開買付け等に係る株券等に係る買付けをさせることにより当該他人に利益を得させ、または当該他人の損失の発生を回避させる目的をもって、当該買付けをすることを勧めることは禁止されます（平成25年改正金商法による改正後の金商法167条の２第２項）。そのため、本事例でも、役員Ｘにおいてそのような目的をもって質問者にＢ社株式を推奨し、質問者が同株式を買い付けた場合には、たとえ公開買付け等事実の伝達が認定されなかったとしても、役員Ｘは平成25年改正金商法による改正後の金商法167条の２第２項の規定に抵触し、刑事罰または課徴金の対象となります。

Q132 伝達される情報に関する内容の程度

私は、証券会社A社でM&Aアドバイザリー業務の担当部署に所属していて、公開買付けに関する業務に携わっている友人Xに、株式投資をするのに何かよい銘柄はないかと尋ねたところ、「今度公開買付けがされる上場会社B社の株式がいいよ。」と言われました。そのときはB社株式を買いませんでしたが、しばらくして、Xの言っていたとおり、B社株式の公開買付けが公表されました。その後、私は、Xに同じ質問をしたところ、今度は、単に、「上場会社C社の株式がいいよ。」と言われ、このときは、C社株式を買い付けました。B社のときと同様に、その後、C社株式の公開買付けが公表されました。私のC社株式の買付けはインサイダー取引規制の対象になるでしょうか。

A インサイダー取引規制の対象になると考えられます。

解 説

　金商法167条3項は、公開買付者等関係者から当該公開買付者等関係者が同条1項各号に定めるところにより知った同項に規定する公開買付け等の実施に関する事実の伝達を受けた者が、公開買付け等の実施に関する事実が公表される前に当該公開買付け等に係る株券等の買付けを行うことを、インサイダー取引として規制しています。

　質問者は、証券会社A社でM&Aのアドバイザリー業務に携わっているXに対して、2回にわたって株式投資に適当な銘柄は何かと尋ねました。Xは、1回目は、公開買付けがされる上場会社B社の株式を推奨しましたが、2回目は、公開買付けが予定されているか否かには触れずに、C社株式を推奨しました。そして、その2回目に、質問者はC社株式を買い付けました。B社株式を推奨したときと異なり、XがC社株式の公開買付けの情報を得て

おらず、たまたま推奨した銘柄が公開買付けの対象となったということであれば、質問者は公開買付け等の実施に関する事実の伝達を受けたことにはならず、質問者によるＣ社株式の買付けはインサイダー取引に該当しません。しかし、証券会社Ａ社がＣ社株式の公開買付者との間でアドバイザリー契約等を締結していて、Ｘがその契約の履行に関しＣ社株式の公開買付け等の実施に関する事実を知っていたという状況であれば、質問者のＣ社株式の買付けが、公開買付者の契約締結先である役員等（公開買付者等関係者、金商法167条１項４号）から公開買付け等の実施に関する事実の伝達を受けた者による買付けとして、インサイダー取引規制の対象とならないかが問題となります。

　確かに、質問者がＸから得た情報は、「Ｃ社の株式がいいよ」というものであり、Ｃ社株式が公開買付けされるという情報は直接には伝達されていません。しかし、
① 質問者は、Ｘが公開買付けに関する業務に携わっていることを知っていること
② Ｃ社株式の推奨に先立って、Ｘから公開買付けの対象になることを理由にＢ社株式の推奨を受け、そのＢ社株式について現に公開買付けが行われた事実があること

をふまえると、質問者において、Ｘの推奨した銘柄が公開買付けの対象となるという、Ｘのもたらす情報の確かさを十分理解していたとの事情が見受けられます。そのような事情のもとでは、Ｘから、「Ｃ社の株式がいいよ」という情報を伝えられただけでも、Ｃ社株式に係る公開買付けの（少なくとも一部の）伝達があったものとして、「公開買付け等の実施に関する事実の伝達を受けた」と判断される可能性があります。

　なお、Ｍ＆Ａのアドバイザリー業務に従事している証券会社社員から、公開買付け等の実施に関する事実の一部の伝達を受けた者が５つの銘柄についてインサイダー取引をしたとされる課徴金事例[11]に関し、「当該事実の伝達

11　平成22年課徴金事例集事例18

においては、具体的な内容の全部の伝達は受けていないものもあるが、違反行為者は、情報伝達者が従事している業務の内容を十分に知っていること、また、最初に公開買付け事実を知って買い付けた銘柄について実際に公開買付けが実施されており、情報伝達者のもたらす情報の確かさを十分理解できていたことから、具体的な内容の一部の伝達であっても公開買付け事実の伝達があったものと認定したものである」との証券取引等監視委員会による解説がなされています[12]。

　以上より、質問者によるＣ社株式の買付けは、インサイダー取引規制の対象になると考えられます。

12　なお、金商法166条３項における解釈（横畠123頁参照）と同様に、同法167条３項においても、公開買付け等の実施に関する事実の一部の伝達があればインサイダー取引規制の対象になると考えられる（公開買付者がだれであるかについての情報の伝達を受けていないとしても、インサイダー取引に該当するとされる可能性がある。）。

Q133　買集めの軽微基準

　私は、取引先のA投資ファンドに勤務している知人から、Aファンドがすでに3％保有している上場企業B社の株式について、2.4％を保有しているC社から今年中に2.4％を買い付け、来年に市場から2.6％を買い付け合計8％を取得する予定であると聞きました。1年当り2.5％程度なら、市場に影響を与えませんから、個人的にB社株式を買っておきたいと思うのですが、インサイダー取引に当たるのでしょうか。

A　買集め行為の軽微基準は暦年で2.5％未満の買集めですから（取引規制府令62条）、来年に2.6％を予定している本事例の買集め行為は、軽微基準に該当せず、本事例はインサイダー取引規制の対象になります。

解　説

　買集め行為は、投資者の投資判断に及ぼす影響が軽微である場合には、公開買付けに準ずる事実に該当しません。取引規制府令62条は、次の2つを規定しています。
① 　当該買集め行為により各年において買い集める株券等（令第31条に規定する株券等をいう。以下この条において同じ。）の数が当該株券等の発行者である会社の総株主等の議決権の100分の2.5未満であるものに係ること。
② 　有価証券関連業を行う金融商品取引業者（法第28条第1項に規定する第一種金融商品取引業を行うことにつき法第29条の登録を受けた者に限る。）が有価証券の流通の円滑を図るために顧客を相手方として行うものであって、当該買集め行為により買い集めた株券等を当該買集め行為後直ちに転売することとするものに係ること。

　本事例のケースでは、来年の買付けが2.6％ですから、2.5％未満という軽微基準の要件を超過していますから、軽微基準に該当せず、質問者によるB社株式の取得はインサイダー取引に該当します。

第 7 章

役員および主要株主の売買規制

Q134 短期売買利益の提供義務

私は上場企業A社の株主で、10％の議決権を有しています。この度、さらに2％を取得し、その後も株価が上昇したので、その2％分を取得後4カ月で売却して利益を得ました。私はA社の重要事実は何も知りませんし、売買の後には大量保有報告書の変更報告書も提出しています。インサイダー取引で問題になるのでしょうか。

A 質問者の行為は、インサイダー取引には該当しません。しかし、上場会社等の役員または主要株主（10％以上の議決権を有している株主）が、6カ月以内に、買い付けた後に売付け、または売り付けた後に買付けをして利益を得た場合には、上場会社は、その利益の提供を請求することができます（金商法164条）。

役員または主要株主は、インサイダー取引における重要事実を知らず、まったく無関係に取引を行った場合でも上場会社から利益提供の請求が認められるため、注意が必要です。

解　説

金商法164条は、「上場会社等の役員又は主要株主がその職務又は地位により取得した秘密を不当に利用することを防止するため、その者が当該上場会社等の特定有価証券等について、自己の計算においてそれに係る買付け等をした後6月以内に売付け等をし、又は売付け等をした後6月以内に買付け等をして利益を得た場合においては、当該上場会社等は、その利益を上場会社等に提供すべきことを請求することができる。」と規定しています。ここでいう主要株主とは、「主要株主（自己又は他人（仮設人を含む。）の名義をもつて総株主等の議決権の100分の10以上の議決権（取得又は保有の態様その他の事情を勘案して内閣府令で定めるものを除く。）を保有している株主」を指します（同法163条）。このような6カ月以内の短期間の売買による利益を、「短

期売買利益」と呼びます。

　この規定の趣旨は、上場会社等の役員または主要株主は、一般に、当該上場会社等の内部情報を一般投資家よりも早く、よりよく知ることができる立場にあるところ、これらの者が一般投資家の知り得ない内部情報を不当に利用して当該上場会社等の特定有価証券等の売買取引をすることは、証券取引市場における公平性、公正性を著しく損なうものであり、不当な行為を防止することが目的であるとされています[1]。

　この目的達成のために、請求権の迅速かつ確実な行使が必要となると考えられ、重要事実の認識の有無など、立証や認定に困難が伴う要件は規定されていません。

　本事例においては、質問者は10％の議決権を保有しており、主要株主に該当します。そして、2％相当の株式を買い付け、6カ月以内に売り付けて利益を得ています。したがって、上場会社等から当該利益について返還請求を受けた場合には、返還する義務が生じます。この過程で、質問者がインサイダー取引に関するなんらの重要事実も知らなかったことは、反論として認められません。

　なお、役員または主要株主が、上場会社等の株式を売買したことが上場会社に発覚する端緒は、【Q137】をご覧ください。

---

[1] 最判平成14・2・13民集56巻2号331頁

Q135 役員について

私は、会社法上の「役員」（取締役、監査役、執行役）ではなく、執行役員です。短期売買利益の提供義務があるのでしょうか。

A 執行役員は、会社法上の役員に該当せず、金商法164条の「役員」に含まれないため、短期売買利益の提供義務は負わないと考えられます。

解　説

　金商法21条1項1号は、「役員」について、「取締役、会計参与、監査役若しくは執行役又はこれらに準ずる者をいう。第163条から第167条までを除き、以下同じ。」と定義しています。この定義によれば、執行役員も役員に準ずるものとして含まれ得るのですが、同号は、この役員の定義は金商法163条～167条を除くと規定しているため、短期売買利益の提供を規定する同法164条における「役員」とは、通常の「役員」の意味である、会社法上の「役員」と解釈するべきと考えます[2]。

　そして、会社法上の役員の定義は、一般に取締役、会計参与、監査役または執行役をいい（会社法329条1項、423条2項）、会社法施行規則は、「会社役員」について、当該株式会社の取締役、会計参与、監査役および執行役をいう、と規定しています（同法施行規則2条3項4号）。

　したがって、執行役員は会社法上の役員に該当しませんから、質問者は短期売買利益の提供義務を負いません。

2　神田秀樹ほか編『金融商品取引法コンメンタール4』（商事法務、2011）71頁

Q136 8％から12％に持分比率を上げた場合、いつの取引から対象か

　私は、上場会社Ａ社の株式について議決権の８％を保有しています。この度、Ａ社の株式を４％買い増して12％に引き上げることにしました。４％分の株式について、一度に売ってくれる人がいたら、立会外取引を通じて一度に買い付けるつもりですが、売り手が見つからない場合には、市場で少しずつ買い集めるつもりです。買い付けた株式について、株価が上昇して６カ月以内に売却したときは、私は短期売買利益の提供義務を負うのでしょうか。

A　12％に一度に引き上げた場合には、その後の売付けによる利益について提供義務は負いません。他方、市場で少しずつ買い集めた場合、10％以上となったときに、それ以後の買付けに係るＡ社株式について、６カ月以内における売付けによる利益を提供する義務を負います。

解　説

　金商法164条８項は、短期売買利益の提供の例外について、「前各項の規定は、主要株主が買付け等をし、又は売付け等をしたいずれかの時期において主要株主でない場合及び役員又は主要株主の行う買付け等又は売付け等の態様その他の事情を勘案して内閣府令で定める場合においては、適用しない。」と規定しています。

　したがって、主要株主でなかった者が、買付け等によって新たに主要株主になった場合には、当該買付け等は、主要株主による買付け等に該当しません。

　他方で、主要株主が売付け等によって主要株主でなくなる場合には、当該売付け等は、主要株主としての売付け等に該当します[3]。

3　神田秀樹ほか編『金融商品取引法コンメンタール４』（商事法務、2011）77頁

本事例においては、12％に一度に引き上げた場合には、その取引自体は、「主要株主」としての取引ではないため、その後の売付けによる利益について提供義務は生じません。他方、市場で少しずつ買い集めた場合、10％以上となった瞬間から、質問者は「主要株主」に該当しますので、それ以後の買付けについては主要株主としての買付けに該当し、6カ月以内における売付けによる利益を提供する義務を負います。

　なお、役員については、このような特別の規定がないことから、買付けまたは売付けのいずれかのときに役員であれば、短期売買利益の提供義務が生じますので、注意が必要です[4]。

4　同上

Q137 売買報告書の提出義務

私は上場会社A社の株式の15％を保有しておりますが、今後の買付けについて自分で内閣総理大臣に報告書を出さないといけないのでしょうか。

A 質問者は主要株主ですから売買の報告書を当局に提出する義務を負いますが、その売買を証券会社等に委託して行った場合や、証券会社等との間で売買をした場合には、当該証券会社等を通じて報告書を当局に提出する義務があり、通常は証券会社が行います。

報告を受けた当局は、報告書に基づき短期売買利益を計算し、利益が生じたと認めた場合には、計算結果を記載した書面を本人に交付するほか、本人の異議が出ず、短期売買利益が本人から上場会社に提供されたことを認識しない限り、計算した短期売買利益の金額を上場企業にも伝え上場企業による返還請求を促します。

解 説

金商法163条は、上場会社等の役員および主要株主（10％以上の議決権を保有している者）が、上場会社等の特定有価証券等を買い付け、または売り付けた際には、翌月15日までに、当局に報告することを義務づけています。売買を証券会社に委託して行った際には、証券会社が代わって報告を行います。この報告に基づき、当局が、利益の有無を計算します。計算の結果、短期売買利益があると認めた場合には、利益の額や算定根拠を記載した書類を、役員または主要株主に送付します（同法164条4項）。

役員または主要株主が、問題となる取引を行っていないことを理由として当局に異議を述べることをせず、かつ、当局が短期売買利益につき上場会社に提供されたことを認識しない限り、当局は、当該計算結果を記載した書類の写しを上場会社に送付します。これによって上場会社は自社の株式につい

て役員または主要株主により6カ月以内に売買が行われ、利益を得た者がいることおよび利益の額を認識することになります。

　したがって、質問者が今後の買付けについて証券会社に委託して行うか、あるいは証券会社から相対で買い付ける場合には、証券会社が質問者に代わって報告を行うため、質問者が自分で報告書を提出する必要はありません。

第8章

課徴金制度に特有な事項

1 課徴金額の計算

Q138 課徴金の額の計算方法（買付け）

　私は、上場会社A社に勤務している知人から、A社が同業大手の企業を割当先として新株を発行することを決め、その実施の準備に忙しいと聞きました。そこで、私は、いまのうちにA社株式を買っておけばその後の値上りが見込めると思い、この新株発行の情報が公表される前に、何回かに分けてA社株式150株を156,195円で買い付けました。新株発行についての公表日翌日のA社株式の終値は1,220円で、公表後2週間における最高値は3,720円でした。私は、公表から3週間経った日に1株当り3,800円ですべて売却しました。インサイダー取引として課徴金が課されるとしたら、その額はいくらになるのでしょうか。

A 　課徴金の額は40万円となります。

解　説

　金商法166条3項は、「会社関係者（第1項後段に規定する者を含む。以下この項において同じ。）から当該会社関係者が第1項各号に定めるところにより知った同項に規定する業務等に関する重要事実の伝達を受けた者」は、「当該業務等に関する重要事実の公表がされた後でなければ、当該上場会社等の特定有価証券等に係る売買等をしてはならない。」と規定し、いわゆる会社関係者からの第1次情報受領者によるインサイダー取引を規制しています。質問者は、上場会社A社に勤務している知人がその職務に関して知ったA社の新株発行という重要事実（同条2項1号イ）を、この知人から直接聞き及んでいるため、第1次情報受領者に該当します。したがって、質問者による

A社株式の買付けは、インサイダー取引規制の対象となります。

　そして、質問者によるA社株式の買付けは、金商法「第166条……第3項の規定に違反して、自己の計算において有価証券等の買付け等……をした場合」に該当し、課徴金の対象となります（同法175条1項2号）。

　重要事実を知って行ったインサイダー取引のうち、買付けの場合に課される課徴金の額の計算方法は、同号に規定されています。次の①の額から②の額を控除することで算出されます。

① 　A社株式の買付けについて重要事実の公表がされた後2週間における最も高い価格×A社株式の買付数量
② 　A社株式の買付価格×A社株式の買付数量（すなわち、A社株式の合計買付金額）

　具体的にみてみると、A社株式の買付けについて重要事実の公表がされた後2週間における最も高い価格（①）は3,720円であり、質問者によるA社株式の合計買付金額（②）は156,195円です。したがって、計算式は、以下のとおりです。

　　3,720円×150株（①）－156,195円（②）＝401,805円

　課徴金の額は、1万円未満の端数があるときは、その端数は切り捨てられますので（金商法176条2項）、結局、本事例では40万円となります。

　なお、課徴金の額そのものが1万円未満であるときは、課徴金の納付を命ずることはできません（金商法176条1項）。

　課徴金の額をどう設定するかについては、課徴金制度の趣旨目的が違反行為の抑止であることから、本来的には、違反者の経済的利得には必ずしもとらわれず、抑止効果との兼ね合いで決定されるべきものですが、制度導入の当初は、抑止のための必要最小限の水準として、違反者が違反行為によって得た経済的利得相当額を基準として定めることとされました[1]。このような考え方に基づき、インサイダー取引に係る課徴金の額は、買付けの場合についていえば、インサイダー取引として行われた有価証券の買付けの金額

1　三井・課徴金制度13頁

（②）と、当該取引を適法に行うことが可能となる重要事実が公表された後の価格で買付けをした場合の金額（①）との差額とされています[2]。この考え方は現在においても、基本的には維持されています。

　課徴金制度導入の当初は、上記の①については、重要事実が公表された日の翌日における終値としていましたが、平成20年改正金商法により、現在の規定である重要事実の公表がされた後2週間における最高値に変更されています（同法175条1項2号イ・6項）。これは、実際に課徴金納付命令の対象となったインサイダー取引事案をみると、重要事実の公表による株価の影響が重要事実公表日の翌日より後に現れているとみられるものがあること（インサイダー取引により違反者が実際に得た利得に対し、従来の算定方法による課徴金の額が少ない事例がみられたこと）、また、違反行為抑止の観点からは、違反行為の実施時において違反者が一般的に期待し得る利得に相当する額を課徴金として賦課することが適当と考えられることが理由とされています[3]。もっとも、公表後2週間経過した後に、公表後2週間における最高値よりもさらに株価が上がったとしても、課徴金の計算に用いられる数値としては、公表後2週間における最高値に限定されます[4]。

　なお、課徴金の対象とするインサイダー取引は、重要事実が公表された日前6カ月以内の取引に限定されています。上記のとおり、インサイダー取引時の取引価格と重要事実公表後の価格の差異が課徴金額とされていることから、両者の期間が長期になれば、例えばマクロの経済動向等インサイダー取引以外の要因に課徴金額が左右されること等を勘案したものとされています[5]。

---

[2]　三井・課徴金制度86、93頁
[3]　池田ほか・逐条解説金商法101頁
[4]　なお、本事例では、質問者は1株当り3,800円で売り抜けているため、実際の利得は、3,800円×150株－156,195円＝413,805円になる。
[5]　三井・課徴金制度95頁

Q139 課徴金の額の計算方法（売付け）

　私は、上場会社Ａ社の経理担当ですが、連結売上高の下方修正が必要となることを知り、その公表前に、空売りの方法で同社株式4,300株を1,483,500円で売り付けました。この業績下方修正についての公表日翌日のＡ社株式の終値は320円で、公表後2週間における最安値は288円でした。私は、公表から3週間経った日に、空売りしたのと同数の株式を1株当り280円で買い戻しました。インサイダー取引として課徴金が課されるとしたら、その額はいくらになるのでしょうか。

A　課徴金の額は24万円となります。

解　説

　金商法166条1項は、上場会社等の重要事実を知った「会社関係者」または「会社関係者でなくなった後1年以内のもの」（以下、これらを総称して「会社関係者等」といいます。）が、重要事実が公表される前に当該上場会社等の特定有価証券等の売買等を行うことを、インサイダー取引として規制しています。上場会社Ａ社の経理担当である質問者は、会社関係者等に該当し、その職務に関し、連結売上高の下方修正という重要事実（同条2項3号）を知っていることから、質問者によるＡ社株式の売付けはインサイダー取引規制の対象となります。

　そして、質問者によるＡ社株式の売付けは、金商法「第166条第1項……の規定に違反して、自己の計算において有価証券等の売付け等……をした場合」に該当し、課徴金の対象となります（同法175条1項1号）。

　重要事実を知って行ったインサイダー取引のうち、売付けの場合に課される課徴金の額の計算方法は、金商法175条1項1号に規定されています。次の①の額から②の額を控除することで算出されます。

第8章　課徴金制度に特有な事項　345

① Ａ社株式の売付価格×Ａ社株式の売付数量（すなわち、Ａ社株式の合計売付金額）
② Ａ社株式の売付けについて重要事実の公表がされた後２週間における最も低い価格×Ａ社株式の売付数量

具体的にみてみると、質問者によるＡ社株式の合計売付金額（①）は1,483,500円であり、Ａ社株式の売付けについて重要事実の公表がされた後２週間における最も低い価格（②）は288円です。したがって、計算式は、以下のとおりです。

　　1,483,500円（①）－288円×4,300株（②）＝245,100円

課徴金の額は、１万円未満の端数があるときは、その端数は切り捨てられますので（金商法176条２項）、結局、本事例では24万円となります。

課徴金の額の水準の考え方については、【Q138】で記述したとおりです。そして、買付けに係るインサイダー取引と同様、売付けの場合の課徴金の額は、インサイダー取引として行われた有価証券の売付けの金額（①）と、当該取引を適法に行うことが可能となる重要事実が公表された後の価格で売付けをした場合の金額（②）との差額となります。

課徴金制度導入の当初は、上記の②については、重要事実が公表された日の翌日における終値としていましたが、平成20年改正金商法により、現在の規定である重要事実の公表がされた後２週間における最安値に変更されています（同法175条１項１号ロ・５項）。この改正理由についても、買付けの場合と同様です。なお、公表後２週間経過した後に、公表後２週間における最安値よりもさらに株価が下がったとしても、課徴金の計算に用いられる数値としては、公表後２週間における最安値に限定されます[6]。

【Q138】と本事例で、重要事実を知って行ったインサイダー取引に係る課徴金の計算方法を解説しましたが、公開買付け等事実を知って行ったインサイダー取引（金商法167条違反）に係る課徴金の計算方法も、違反行為が買付けか売付けかの別に応じて、重要事実を知って行ったインサイダー

---

[6] 本事例では、質問者は１株当り280円で買い戻しているため、実際の利得は、1,483,500円－280円×4,300株＝279,500円になる。

取引に係る課徴金の計算方法と同様の規定となっています(同法175条2項)。

Q140　親族等の計算

　私は、上場会社Ａ社の企画管理の部署に勤務していますが、当社がＢ社と業務提携するプロジェクトに関与しており、先日、常務会でその実施が決定されました。ところで、私は、父から、父の証券口座のインターネット取引用のIDとパスワードを知らされており、時々父に代わって株式の売買をしてあげていました。今回、業界大手のＢ社との業務提携が発表されれば当社の株価は上がると思い、父に少し儲けさせてあげたいという気持ちから、公表前に当社株式を父の口座で父の資金を用いて買い付けようと思っています。この場合、私の行為がインサイダー取引規制の対象となるのでしょうか。

A　質問者によるＡ社株式の買付けは、インサイダー取引規制の対象となると考えられます。

解　説

　金商法166条1項は、上場会社等の重要事実を知った「会社関係者」または「会社関係者でなくなった後1年以内のもの」(以下、これらを総称して「会社関係者等」といいます。)が、重要事実が公表される前に当該上場会社等の特定有価証券等の売買等を行うことを、インサイダー取引として規制しています。質問者は、上場会社Ａ社の「役員等」であるため、会社関係者等に該当し、Ａ社とＢ社の業務提携の決定という重要事実(同条2項1号ヨ、同法施行令28条1号)を、当該業務提携のプロジェクトの一員として知ったものです。したがって、本事例の買付けが質問者による買付けと評価されるのであれば、インサイダー取引規制の対象となると考えられます。

　この点、質問者は、自分名義の証券口座ではなく、父親の証券口座で父親の資金を用いてＡ社株式を買い付けています。しかし、インサイダー取引規制の対象となるのは、「売買等をし」た者(金商法166条1項柱書)です。こ

れは、特段の事情がない限りは、取引を現に実行した者であり、その者が他人名義の証券口座を使ったり、他人の資金を用いたりしていたとしても、行為主体の確定には影響しません。本事例では、質問者は、父親の証券口座のインターネット取引用のIDとパスワードを用いて、A社株式の買付けを実行していることから、質問者が「売買等をし」た者であると評価することができます。したがって、質問者によるA社株式の買付けは、インサイダー取引規制の対象となると考えられます。

さらに、インサイダー取引規制の対象となった場合の処分について、刑事処分と行政処分とに分けて検討します。

刑事責任を問われる場面では、自分の資金を用いて売買を行ったか、他人の資金を用いて売買を行ったかにかかわらず、いずれの場合でもインサイダー取引が成立します（すなわち、後述の課徴金を課すための要件である「自己の計算」か否かは、刑事責任を問うための要件ではありません。）。

したがって、質問者は、刑事罰を科される可能性があります。

他方で、行政処分である課徴金が課されるか否かが問題となる場面では、「自己の計算」によって売買が行われたものでなければ、原則として、課徴金は課されません（金商法175条1項）。課徴金制度が違反行為の抑止という行政目的のため、違反者に金銭的負担を課す行政上の措置であり、その金銭的負担の額（課徴金の額）は、違反者が違反行為によって得た経済的利得相当額を基準として定められていることから、「自己の計算」という要件が設けられています。

「自己の計算」か否かの判断では、端的には、買付けに用いられた資金がだれのものであるかということが基準となります。本事例では、質問者は、自分の資金ではなく、父親の資金で買付けを行っていることから、質問者の「自己の計算」ではなく、父親の計算と考えられます。とすれば、質問者のA社株式の買付けが課徴金の対象とはならないようにも思われます。

しかし、違反者がその親族[7]の計算で売買等をした等の場合は、例外的

---

7 「親族」がどの範囲を指すかについては金商法上規定がないため、民法725条の定めに従い、6親等内の血族、配偶者および3親等内の姻族を指すと考えられる。

に、当該違反者の「自己の計算において当該売買等をしたものとみなして」、当該違反者に課徴金が課されます（金商法175条10項、課徴金府令1条の23）。経済的に同一性があると認められる者の計算において違反行為が行われた場合は、違反者が、自己の計算による違反と同様に、違反行為を通じて自己の利益を実現していると評価できるため、このような規定が設けられています[8]。

したがって、質問者は、その親族である父親の計算でA社株式を買い付けているものの、これは質問者の自己の計算において売買したものとみなされて、課徴金を課される可能性があります。

8　大来志郎＝鈴木謙輔「課徴金制度の見直し」商事法務1840号34頁

Q141 親族等の計算・共犯関係

私は、上場会社Ａ社に勤務している叔父と会食をした際、叔父から、Ａ社が業績好調のＢ社を株式交換の方法で子会社化する準備作業の関係で忙しいという話を聞き、Ａ社株式を買っておけば後で値上りして儲かるに違いないと思いました。しかし、自分の証券口座で買い付けるとインサイダー取引であることがすぐにばれてしまうのではないかと思ったため、最近株取引を始めた弟に叔父から聞いた話を伝え、２人で話し合った結果、弟の証券口座で一緒にＡ社株式を買い付けようということになりました。私たちは、それぞれ買付資金を用意して、弟の証券口座でＡ社株式を買い付けるつもりです。この場合、私や弟の行為はインサイダー取引規制の対象になるでしょうか。

A 質問者らによるＡ社株式の買付けは、インサイダー取引規制の対象になると考えられます。

解　説

　金商法166条3項は、「会社関係者（第１項後段に規定する者を含む。以下この項において同じ。）から当該会社関係者が第１項各号に定めるところにより知った同項に規定する業務等に関する重要事実の伝達を受けた者」は、「当該業務等に関する重要事実の公表がされた後でなければ、当該上場会社等の特定有価証券等に係る売買等をしてはならない。」と規定し、いわゆる会社関係者からの第１次情報受領者によるインサイダー取引を規制しています。質問者は、上場会社Ａ社の会社関係者である叔父から、株式交換によってＢ社を子会社化するという重要事実（同条２項１号チ）を聞き及んでいるので、第１次情報受領者に該当します。一方、叔父において質問者の弟に当該重要事実を伝える意図はなかったのであり、質問者の弟は、会社関係者からの第１次情報受領者には該当せず、第１次情報受領者である質問者からさら

に情報を聞いた第2次情報受領者として、インサイダー取引規制の対象にならないとも考えられます。

　本事例では、刑事処分の場合と行政処分の場合で、弟についてインサイダー取引規制の対象となるか否かについて結論が分かれるので、別々に検討します。

　まず、行政処分である課徴金が課されるか否かが問題となる場面について検討します。質問者は、買付行為は自分で行わず弟の証券口座で買い付けてもらうものの、重要事実の情報を弟にもたらし、弟はその情報を利用して自分の資金のみならず質問者の分についても弟自身の証券口座で買付けに充てるつもりでいます。質問者は、買付行為を物理的に自ら行っていないため、金商法「第166条第3項の規定に違反して、売買等をした者」（同法175条1項）に該当するのか問題となりますが、弟の行為を介して、実質的にみれば、（弟の買付行為というだけではなく）質問者自身の買付行為があったと評価することができるので、同法175条1項の「売買等をした者」に該当すると考えられます。

　これに対し、弟については、第2次情報受領者にすぎず、金商法「第166条第3項の規定に違反して、売買等をした者」（同法175条1項）に該当しないため、インサイダー取引規制の対象とならないと考えられます。

　質問者についての課徴金の問題に戻ると、質問者自身の資金が充てられた買付行為については「自己の計算」として課徴金が課されますが、【Q140】で解説したとおり、親族の計算で行われた買付行為であっても自己の計算で行われたものとみなされるため、弟の資金が充てられた買付行為についても、課徴金が課される可能性があります（金商法175条10項、課徴金府令1条の23）[9]。

　次に、刑事処分の場合について検討します。上記のとおり、質問者は、買付行為は自分で行わず弟の証券口座で買い付けてもらうものの、重要事実の情報を弟にもたらし、弟はその情報を利用して自分の資金のみならず質問者の分についても弟自身の証券口座で買付けに充てるつもりであり、互いの行為を利用し合っているといえます。刑事責任を問われる場面では、金商法上

のインサイダー取引規制についても、刑法総則の規定が適用されます（刑法8条[10]）。したがって、刑法総則の一部である共犯の規定（同法60条以下）も適用されるため、共同正犯（同法60条[11]）として質問者と弟の両者に対し刑事罰が科される可能性があります。インサイダー取引規制違反の罪は、構成要件上、行為の主体が一定の立場（身分）を有することを必要とする犯罪（身分犯）ですが、刑法65条1項により、その身分のない者も共犯（共同正犯、教唆犯、幇助犯）として処罰される可能性があります[12]。本事例でも、第1次情報受領者という身分のある質問者の犯罪行為に、（当該身分のない）弟が加担することで、弟も共犯とされる可能性があるのです。

---

9 平成24年課徴金事例集事例7は、公開買付者等関係者から公開買付けの実施に関する事実の伝達を受けた違反行為者がその親族に対し当該事実を伝え、「資金を出し合って（公開買付対象会社の）株式を買い付けようと誘」い、「買付代金、売付代金、手数料を全て折半」とすることとしたうえで、「違反行為者は、買付けのタイミング、買付株数、買付単価等を親族に伝え、親族はそれに従って親族名義の証券口座で本件買付けに及んだ」事案に関し、「違反行為者と親族はお互いの行為を利用し合って両者が共同して本件買付行為をしたものと評価できるから、親族の資金による買付けも、違反行為者が行ったものと認定」している。
10 刑法8条「この編の規定は、他の法令の罪についても、適用する。ただし、その法令に特別の規定があるときは、この限りでない。」
11 刑法60条「二人以上共同して犯罪を実行した者は、すべて正犯とする。」
12 横畠210頁

Q142 自己株式取得・課徴金減額報告制度

私は、上場会社A社の財務部長ですが、資本効率を高めるため、約1カ月間にわたって自社株買いを実施しました。実は、この自社株買いの実施の結果、当社の総議決権数が減少したことにより、当該期間中に、当社の株主Bの議決権保有割合が10％を超えることとなり、株主Bが主要株主に該当することとなりました。私は、このことに気付いていましたが、主要株主の異動の事実を公表するまでの間においても、うっかり、証券会社に買注文を発注して自社株買いを続けてしまいました。これは、インサイダー取引に該当するのでしょうか。

A インサイダー取引に該当すると考えられます。

解　説

　上場会社の10％以上の議決権を保有する株主は、「主要株主」に該当します（金商法163条1項）。本事例では、株主B自身のA社株式の保有数に変動があったわけではないものの、A社が自社株買いを実施したことで、同社の総議決権数（主要株主に該当するか否かの判定のための議決権保有割合を算出する上での分母）が減少し、その結果、株主Bの議決権保有割合が10％を超えたことから、Bはその時点で主要株主に該当することになったため、A社には、「主要株主の異動」という重要事実が発生しています（同法166条2項2号ロ）。

　そして、財務部長は、自社株買いの実施に伴い、株主Bが主要株主に該当することとなることに気付いていました。とすれば、財務部長が会社関係者として（金商法166条1項1号）、A社に関する重要事実を知りながら、その株式の買付けをした行為は、インサイダー取引規制の対象になると考えられます。

また、財務部長は、A社の業務または財産に関し自社株買いを行っているため、財務部長のみならず、両罰規定（金商法207条1項2号）により、A社自体もインサイダー取引規制違反として刑事罰の対象となる可能性があります。

　他方で、課徴金の場合を考えると、財務部長は、自分の資金でA社株式を買い付けているものではないので、「自己の計算」の要件を満たさず、財務部長自身が課徴金を課されることはありません。この場合、A社の計算でインサイダー取引が行われているので、課徴金はA社に対して課されることとなります（金商法175条9項）。

　もっとも、上場会社による自社株買いについては、課徴金減額報告制度の適用があります。すなわち、金商法175条9項に規定する上場会社等が、同条1項（同条9項において準用する場合を含む。）に該当する事実について同法177条各号に掲げる処分のいずれかが行われる前に、当該事実を内閣府令で定めるところにより内閣総理大臣に報告しているときは、同法175条1項（同条9項において準用する場合を含む。）の規定による額（2以上の同法166条1項に規定する売買等について同法185条の7第1項の決定をしなければならない場合には、当該売買等のうち最も遅いものに係る額に限る[13]。）に代えて、当該額に100分の50を乗じて得た額に相当する額の課徴金の納付命令がなされることになります（同法185条の7第12項）。報告の具体的な方法としては、課徴金府令の別紙様式として定められている「課徴金の減額に係る報告書」を、証券取引等監視委員会に対し（同法194条の7第2項9号、同法施行令38条9項1号）、①直接持参する方法、②書留郵便等により送付する方法または③ファクシミリを利用して送信する方法が定められています（課徴金府令61条の7）。

---

[13] 報告時に複数の違反行為を行っている場合、課徴金の減額対象は直近の違反行為に係る課徴金の額に限られる（大来志郎＝鈴木謙輔「課徴金制度の見直し」商事法務1840号38頁）。

【課徴金の減額に係る報告書の様式】

(日本工業規格Ａ４)
年　月　日

証券取引等監視委員会　あて

　　　　　　　　　　住所又は所在地
　　　　　　　　　　　電話番号
　　　　　　　　　　（ふりがな）
　　　　　　　　　　氏名又は名称　　　　　　　　印
　　　　　個人であるときは、生年月日

　　　　　　　課徴金の減額に係る報告書
　金融商品取引法第185条の７第12項の規定による報告を下記のとおり行います。

記

1　違反の類型
2　違反の概要
3　その他参考となるべき事項
（記載上の注意）
〇　一般的事項
　(1)　報告書の提出者本人の氏名又は名称及び住所又は所在地を記載した上、押印すること。
　(2)　法人の場合には、法人の商号又は名称、本店又は主たる営業所若しくは事務所の所在地並びに代表者の役職名及び氏名を記載した上、代表者印を押印すること。この場合においては、併せて担当責任者の氏名、役職名、連絡場所及び電話番号を記載すること。
　(3)　代理人が提出する場合には、上記(1)及び(2)に加えて、代理人による報告である旨及び代理人の氏名を記載した上、本人の押印に代えて代理人が押印すること。この場合においては、併せて委任状を添付すること。
1　違反の類型
　(1)　「発行開示書類等の虚偽記載等」、「継続開示書類等の虚偽記載等」、「大量保有・変更報告書の不提出」、「特定関与行為」、「特定証券等情報の虚偽等」、「発行者等情報の虚偽等」、「自己株式取得の内部者取引」等、報告に

係る違反の類型を具体的に記載すること。
　(2)　複数ある場合にはそのすべてを記載すること。
2　違反の概要
　(1)　報告に係る違反の概要を具体的に記載すること。
　(2)　例えば、
　　イ　当該違反が発行開示書類等又は継続開示書類等の虚偽記載等である場合は、当該虚偽記載等に係る発行開示書類等又は継続開示書類等を特定するに足りる事項、当該虚偽記載等の内容
　　ロ　当該違反が大量保有・変更報告書の不提出である場合は、提出すべき大量保有・変更報告書の提出事由及び当該提出事由が生じた時期、当該大量保有・変更報告書の提出期限
　　ハ　当該違反が特定証券等情報又は発行者等情報の虚偽等である場合は、当該虚偽等に係る特定証券等情報又は発行者等情報を特定するに足りる事項、当該虚偽等の内容
　　ニ　当該違反が特定関与行為である場合は、当該特定関与行為の内容、当該特定関与行為に係る虚偽開示書類等を特定するに足りる事項、当該特定関与行為に係る虚偽記載等又は虚偽等の内容
　　ホ　当該違反が自己株式取得の内部者取引である場合は、当該取引の方法、数量、価格及び時期、違反に係る業務等に関する重要事実の内容、公表がされた時期等が分かるように、具体的に記載すること。

2 課徴金調査（不公正取引調査の実務と対応）

Q143 調査受忍義務

　私の株取引について話を聞きたいと、証券取引等監視委員会の職員らが自宅を訪れました。その職員の1人から、金商法177条に基づく調査であるとの説明を受けました。これを拒んだ場合、何か不利益があるのでしょうか。

A　金商法177条に基づく調査を拒否した場合、罰則が科される可能性があります。

解　説

　金商法177条は、インサイダー取引規制等のいわゆる不公正取引規制に関する課徴金事件について必要な調査権限を内閣総理大臣に付与しています。実際には、委任の規定により証券取引等監視委員会がこの権限を行使します（【Q145】参照）。同条は、上記の調査権限として、①事件関係人・参考人に出頭を求める権限（同条1号前段）、②事件関係人・参考人に対する質問および意見・報告徴取に係る権限（同条1号後段）、③立入検査（同条2号）に係る権限を定めています。なお、①の権限は、平成24年改正金商法により追加されたものです。①の権限を行使する際には、出頭命令書を交付し、または送付して行うこととされています（課徴金府令63条）。

　これらの権限行使は行政処分の1つであり、裁判官が発する令状を必要とする逮捕や捜索・差押えとは異なって、調査対象者の自由な意思に反しても行うことができるという意味での直接的物理的な強制力はありません。しかし、金商法177条に基づく調査に応じない場合、上記の①②については、20万円以下の罰金（同法205条の3第1号）、上記の③については、6月以下の

懲役もしくは50万円以下の罰金またはその併科（同条6号）という罰則が設けられています。

このように、金商法177条に基づく調査は、直接的物理的な強制ではないものの、これを拒むと罰則が科せられる可能性があるということで、間接的心理的な強制であるといえます。裁判官による事前のチェックがないにもかかわらず調査拒否に対する罰則が科せられ得るということが憲法35条[14]との関係で問題となりますが、この点については、税務調査の事案で、最高裁判所[15]は、旧所得税法70条10号、63条の規定が裁判所の令状なくして強制的に検査することを認めているのは憲法35条に違反する旨の当事者の主張に関し、「旧所得税法70条10号の規定する検査拒否に対する罰則は、同法63条所定の収税官吏による当該帳簿等の検査の受忍をその相手方に対して強制する作用を伴うものであるが、同法63条所定の収税官吏の検査は、もっぱら、所得税の公平確実な賦課徴収のために必要な資料を収集することを目的とする手続であって、その性質上、刑事責任の追及を目的とする手続ではない。……さらに、この場合の強制の態様、収税官吏の検査を正当な理由がなく拒む者に対し、同法70条所定の刑罰を加えることによって、間接的心理的に右検査の受忍を強制しようとするものであり、かつ、右の刑罰が行政上の義務違反に対する制裁として必ずしも軽微なものとはいえないにしても、その作用する強制の度合いは、それが検査の相手方の自由な意思をいちじるしく拘束して、実質上、直接的物理的な強制と同視すべき程度にまで達しているものとは、いまだ認めがたいところである。国家財政の基本となる徴税権の適正な運用を確保し、所得税の公平確実な賦課徴収を図るという公益上の目的……、必要性にかんがみれば、右の程度の強制は、実効性確保の手段として、あながち不均衡、不合理なものとはいえないのである。……前に述べた諸点を総合して判断すれば、旧所得税法70条10号、63条に規定する検査は、

---

[14] 憲法35条「何人も、その住居、書類及び所持品について、侵入、捜索及び押収を受けることのない権利は、第33条の場合を除いては、正当な理由に基いて発せられ、且つ捜索する場所及び押収する物を明示する令状がなければ、侵されない。／2　捜索又は押収は、権限を有する司法官憲が発する各別の令状により、これを行ふ。」
[15] 最判昭和47・11・22刑集26巻9号554頁（川崎民商事件）

あらかじめ裁判官の発する令状によることをその一般的な要件としないからといって、これを憲法35条の法意に反するものとすることはできず、前記規定を違憲であるとする所論は、理由がない」と判示し、違憲と判断しませんでした。金商法177条に基づく調査とその拒否の場合の罰則についても、行政処分に関する調査という点で共通することから、上記と同様に考えられます。上記の判決で、「収税官吏の検査は、……刑事責任の追及を目的とする手続ではない」との記載がありますが、金商法においても、同法190条2項で、同条1項に列挙された規定による検査権限（同法177条2号の検査権限を含みます。）について「犯罪捜査のために認められたものと解してはならない」と確認的に規定しています（【Q145】参照）。

　なお、金商法177条に基づく調査に関する処分について、行政手続に係る手続保障に関する一般法である行政手続法の規定は適用されず（同法185条の20）、また、行政処分の事後審査に関する一般法である行政不服審査法による不服申立ては認められません（同法185条の21）[16]。

---

[16] もっとも、証券取引等監視委員会が行う報告または資料の提出命令についての行政不服審査法による不服申立ては、同委員会に対してのみ行うことができるとされている（金商法195条、194条の7第2項8号）。

Q144 弁護士立会い

（【Q143】の続き）私は、証券取引等監視委員会の調査に応じようと思いますが、その調査に知合いの弁護士を立ち会わせることは認められるのでしょうか。

A 課徴金調査において弁護士の立会いが認められる蓋然性は低いと考えられます。

解　説

　課徴金調査に関し、調査対象者以外の第三者の立会いが許容されるか否かについては、金商法でなんらかの規定が置かれているわけではありません。以下に述べる判例等によれば、調査において第三者の立会いを認めるか否かは、調査権限を行使する側の裁量に委ねられているものと考えられます。したがって、質問者が弁護士の立会いを要求したとしても、調査官がこれを認めない限りは、弁護士を調査に立ち会わせることは難しいと思われます。

　【Q143】と同様、税務調査の事案ですが、「質問検査の範囲、程度、時期、場所等実定法上特段の定めのない実施の細目については、質問検査の必要があり、かつ、これと相手方の私的利益との衡量において社会通念上相当な限度にとどまるかぎり、権限ある税務職員の合理的な選択に委ねられている」という判断を最高裁が示しています[17]。第三者の立会いの諾否も調査実施のための細目の1つととらえられる可能性があります。また、同じく税務調査の事案で、本人以外の第三者の立会いは、公平かつ適正な課税の実現を図るために税法上の事実の正しい捕捉を目的とする質問検査権の趣旨に照らすと、特段の事情でもない限り、通常は、被調査者にその必要が認められないという判断を示した裁判例もあります[18]。

17　最決昭和48・7・10刑集27巻7号1205頁（荒川民商事件）
18　広島地裁昭和57・1・28

例えば、調査機関において調査対象者が体験した事実関係を聞き取るための質問調査においては、その株取引をした本人でなければ事実を話すことができないのであり、第三者である弁護士が質問調査に立ち会ってもこれは変わらないから、その立会いを認める意味は乏しいという見方もあるかもしれません[19]。しかし、法律上の解釈が問題となる部分がある場合には、弁護士の立会いを得て質問調査が進められることで、より正確な事実関係の聴取に資するから、そのような場合は、弁護士の立会いが認められる必要性が高いと思われます[20]。

　なお、先に述べたとおり、弁護士の立会いを認めるか否かは調査官の裁量によると考えられることから、調査官を説得するのが功を奏せず立会いが許容されなかった場合、それでも、立会いなしでの調査にはいっさい応じないという姿勢を固持すると、調査を拒否したものとして、罰則を科されるおそれがあります（金商法177条、205条の3第1号、205条6号）。

---

[19] 証券検査に関してのものではあるが、証券取引等監視委員会は、弁護士立会いについて以下のような考え方を示している。すなわち、「証券検査に関する基本指針」を策定するにあたり実施されたパブリックコメントにおいて、「検査官が役職員にヒアリングを行う際、及び講評の際に、法令解釈等の厳密性を期すため、また双方のコミュニケーションの齟齬を回避するため、役職員に加え、顧問弁護士等の法令の専門家の同席を認めて頂きたい。また、ヒアリング及び講評の際に、双方向の正確なコミュニケーション並びに記録を残すため、必要に応じて面談内容等の録音を認めて頂きたい。」との意見に対し、同委員会は「ヒアリングに際しては、正確な事実の把握に支障が生じるおそれがあり、役職員以外の者の立会いや録音を原則として認めることはできませんが、講評に際しては、主任検査官が特段の事情があると判断した場合には、法令の専門家の立会いや必要な録音を認める場合もあります。」と回答している。

[20] なお、日本弁護士連合会（日弁連）は、前記の「証券検査に関する基本指針」等において、被検査先が弁護士に相談することを事前報告・許可制としていることに関し、そのような指針の撤廃を求める意見書（2009年12月17日付）を証券取引等監視委員会等に提出している。そのなかで、日弁連は、「行政調査の対象となった国民が弁護士に相談することが、直ちに憲法によって保障された権利とはいえないとしても、行政調査の一方当事者である行政官庁が弁護士への相談を規制するのは、国民の権利を守る弁護士制度の根幹を揺るがし、法の支配を実現する観点から容認できないことは明らかである」と指摘している。

Q145 課徴金調査で得た資料の犯則事件への利用

私は、証券会社を通じて上場株式の売買取引をしましたが、先日、証券取引等監視委員会の調査に協力して私の出した注文に関する記録等の資料を同委員会の担当の職員に提出しました。私は、課徴金の調査である旨説明を受けて、資料を提出したのですが、この資料が刑事裁判等で用いられることがあるのでしょうか。

A あり得ると考えられます。

解 説

　金商法上、証券取引等監視委員会の調査権限は、課徴金事件に対するものと犯則事件に関するものがあります（両者の違いは、【Q157】参照）。そのうち、課徴金に係る事件について調査する権限は、同法177条に規定されています。同条は、内閣総理大臣に対して、不公正取引に関する課徴金に係る事件について調査権限を与える規定ですが、この内閣総理大臣の権限は、金融庁長官に委任され、さらに、金融庁長官から証券取引等監視委員会に委任されています（同法194条の7第1項・2項8号）。

　そして、この調査権限は、あくまでも課徴金賦課という行政目的のために認められた権限であり、犯罪捜査のために認められたものではありません。金商法190条2項は、同法177条2号の検査権限について犯罪捜査のために認められたものと解してはならないと確認的に規定していますが、このことは、同条1号を含む課徴金賦課目的の調査権限全般に当てはまるものと考えられます。したがって、刑事責任追及の目的で課徴金の調査が行われることはありませんし、万が一当初から刑事責任追及目的で課徴金調査権限が行使された場合には、当該調査権限の行使は違法になります。

　もっとも、課徴金賦課目的で行った検査の結果、犯罪の端緒を発見した場

第8章 課徴金制度に特有な事項 363

合に、検査の結果得た証拠を刑事手続に利用することが許されるかは別の問題といえます。これは、金商法の課徴金に限った問題ではなく、行政調査の成果を刑事手続にどの程度利用することができるかという問題として、税務調査と犯則調査の関係等において過去にも議論されてきた問題です。これについて、最高裁判所の決定[21]は、「質問又は検査の権限の行使に当たって、取得収集される証拠資料が後に犯則事件の証拠として利用されることが想定されるとしてもそのことによって直ちに、……質問又は検査の権限が犯罪事件の調査あるいは捜査のための手段として行使されたことにはならない」と判示しており、裁判所は税務調査の結果得られた資料を犯則事件の証拠とすることも一律に禁止されているわけではないと考えているものと思われます。この考え方によれば、証券取引等監視委員会の調査についても課徴金調査により得た資料を犯則事件の証拠として用いることが認められるように思われます。

21　最決平成16・1・20刑集58巻1号26頁

3 審判手続

Q146 審判手続開始決定に関する除斥期間

私は、証券取引等監視委員会から、私の株取引についてインサイダー取引の疑いがあるとして話を聞かれました。その株取引というのは4年半前のものです。仮にインサイダー取引であると認定された場合、課徴金の対象となるのでしょうか。

A 特定有価証券等に係る売買等が行われた日から5年を経過するまでに審判手続が開始されない場合、その売買等がインサイダー取引に該当するとしても、課徴金は課されません。

解　説

　課徴金の納付を命ずる処分は行政処分ですが、証券取引法のもとでの課徴金制度の導入時、新しい制度の運用に慎重を期する観点から、処分の事前手続として、審判手続（金商法178条以下）を経ることとされました[22]。現在もこの枠組みは維持されています。

　証券取引等監視委員会による勧告を受けて、内閣総理大臣（委任により金融庁長官）は、インサイダー取引規制違反の事実があると認めるときは、審判手続開始の決定をします（金商法178条）。しかし、法的安定性や認定の難易度などをふまえると、違反行為から一定期間が経過したものについては課徴金を課すことができないこととすべきであり、現行法では、違反行為があったとされる日から5年を経過したときは、審判手続開始決定ができないとされています（同条26項、除斥期間）。課徴金制度導入当時は、除斥期間は

22　三井・課徴金制度104頁

3年とされていましたが、違反抑止の実効性をいっそう確保するという観点から、平成20年改正金商法[23]において、5年に引き上げられました[24]。

したがって、本事例では、質問者の株取引の実施日から5年経過するまでに審判手続開始決定がされない場合は、その株取引に係る行為がインサイダー取引に該当するとしても、課徴金が課されることはないと考えられます。

なお、刑事責任を問われる場面では、金商法上の除斥期間ではなく、刑事訴訟法上の公訴時効が問題となります。インサイダー取引規制違反の罪は、5年以下の懲役が科される罪であるため（金商法197条の2第13号）、「長期10年未満の懲役……に当たる罪」に該当し、公訴時効も5年とされています（刑事訴訟法250条2項5号）。

---

[23] 同改正の施行日は、平成20年12月12日。同改正前の金商法166条1項に規定する売買等であって、同改正の施行の際、同改正前の金商法178条1項の規定による審判手続開始の決定がされることなくその行為が行われた日から3年を経過しているものについては、同改正後の金商法178条26項の規定にかかわらず、審判手続開始の決定をすることができない（平成20年法律第65号附則18条6項。公開買付事実に関するインサイダー取引についても同様（同条7項参照）。）。
[24] 池田ほか・逐条解説金商法377頁

Q147 審判手続開始決定

私は、A社株式の取引について、証券取引等監視委員会の調査を受けました。私がA社に勤める友人から重要情報を聞いてA社株式を売買したのではないかとのことでしたが、そのような事実はないと否定していました。しかし、証券取引等監視委員会による課徴金納付命令発出の勧告があり、後日、私のもとに金融庁から審判手続開始決定書という書面が届きました。この後の手続はどうなるのでしょうか。

A 審判手続開始決定書記載の違反事実を認めない場合は、その旨の答弁書を金融庁審判官に提出します。この否認の答弁書が提出されると、審判官主宰のもと、審判手続において具体的な審理が開始します。

解 説

証券取引等監視委員会がインサイダー取引の事実があると認定した場合、内閣総理大臣および金融庁長官に対し課徴金納付命令発出の勧告を行います（金融庁設置法20条1項）。これを受けて、金融庁長官は、審判手続開始の決定を行い（金商法178条1項）、違反行為者（審判手続において「被審人」と称されます。）に対し、審判手続開始決定書の謄本を送達します。これによって、審判手続が開始します（同法179条3項）。審判手続開始決定書には、

① 第1回の審判の期日および場所
② 違反事実
③ 納付すべき課徴金の額およびその計算の基礎
④ 法令の適用

が記載され（同条2項・4項、課徴金府令14条1項）、審判手続開始決定書に添付される通知書には、

⑤ 被審人またはその代理人が審判期日に出頭すべき旨
⑥ 答弁書を提出すべき期限

が記載されます（課徴金府令14条2項）。

審判手続とは、課徴金制度の慎重な運用を期すため、事件との関係で第三者的立場にある審判官（審判官については【Q148】参照）の主宰のもとに行われる、課徴金納付命令という行政処分のための事前手続であり[25]、勧告を受けた被審人にとって、不服申立ての場となります。

被審人として、まず行うべきことは、審判手続開始決定書記載の違反事実の有無や納付すべき課徴金の額が正しいかどうかを確認することです。そして、違反事実として記載されている内容が事実と異なる場合や、課徴金の額について計算方法に誤りがある場合等には、その旨と理由を記載した答弁書を提出期限までに審判官に提出します（金商法183条1項）。なお、答弁書に記載が求められる事項の詳細は、

① 納付すべき課徴金の額に対する答弁
② 違反事実に対する認否
③ 法令の適用および課徴金の計算の基礎に関する主張
④ 被審人の主張

とされています（課徴金府令16条1項）。被審人が、違反事実および納付すべき課徴金の額を認める旨の答弁書を提出したときは、審判の期日を開くことを要しないとされているため（金商法183条2項）、この点留意が必要です。

本事例では、まずは、違反事実を認めない旨とその理由を簡潔に記した答弁書を提出しておき、その後、詳細な反論をするにあたって、第1回の審判期日前に、審判官に対し、証券取引等監視委員会が認定した事実および課徴金の計算の基礎を証する資料の閲覧または謄写を申し立てるのが有益と考えられます（課徴金府令30条4項）[26]。このような申立てがあると、審判官は指定職員（指定職員については【Q149】参照）に対し、被審人に閲覧または謄写させることを求めることができます。通常、被審人の株取引の経過を示す資料や質問調書等が開示されると思われます。

被審人は、弁護士、弁護士法人または内閣総理大臣の承認を得た適当な者

---

[25] 三井・課徴金制度104頁参照。

を代理人とすることができます（金商法181条1項、課徴金府令9条）。

　審判期日（原則として公開、金商法182条）の開催の前に、争点および証拠の整理を行うため、準備手続（非公開）が1回または複数回開かれるのが通常です（課徴金府令30条1項）。この場合、審判手続開始決定書に記載された第1回の審判期日は変更されます（同府令15条。「追って指定」とされることが多いと思われます。）。準備手続において、審判官から準備書面の提出が求められることがあります（同条2項。準備書面の提出方法や提出期限等について、課徴金府令28条、29条参照）。

　なお、審判期日の開催以後に関する手続の概要については、【Q150】および【Q152】をご参照ください。

26　なお、利害関係人は、内閣総理大臣（委任により金融庁長官）に対し、審判手続開始の決定後、事件記録の閲覧もしくは謄写または課徴金納付決定書等の謄本もしくは抄本の交付を求めることができる（金商法185条の13）。「利害関係人」は、審判手続に参加する関係人および事件の被害者を指すとされる（三井・課徴金制度141頁）。また、「事件記録」は、民事訴訟における「訴訟記録」（民事訴訟法91条1項）に該当するものと考えられるところ、審判事件について審判官や被審人その他の関係人が作成・提出した書類の総体ということができ、答弁書や準備書面、証拠申出書や書証の写し、参考人審問調書や被審人審問調書等が該当すると考えられる。

Q148 審判手続の主宰者

課徴金に関する審判手続は、だれが主宰するのでしょうか。

A 審判手続は、審判手続開始の決定および課徴金納付命令の決定等を除き、金融庁の審判官が行います。原則として、3人の審判官をもって構成する合議体によって行われます。

解　説

　金商法の規定による審判手続の一部を行わせるため、金融庁に審判官5人以内を置くとされ、審判官は、金融庁職員のうちから、「審判手続を行うについて必要な法律及び金融に関する知識経験を有し、かつ、公正な判断をすることができると認められる者」が、金融庁長官から命ぜられます（金融庁設置法25条）。

　審判手続のうち、審判手続開始の決定および課徴金納付命令の決定等は内閣総理大臣（委任により金融庁長官）が行いますが、それ以外は、3人の審判官をもって構成する合議体によって行われます（金商法180条1項本文）。簡易な事件については、1人の審判官が単独で行うことも認められていますが（同項ただし書）、これまでにその例は見受けられません[27]。

　個別の審判事件ごとに、内閣総理大臣（委任により金融庁長官）が合議体を構成する3人の審判官を指定した上、そのうち1人を審判長として指定します（金商法180条2項・3項）。審判長は、審判手続の指揮権を有し（課徴金府令21条）、また、事実関係を明瞭にするため、事実上および法律上の事項に関し、被審人または指定職員（指定職員については【Q149】参照）に対し釈明を求めることができます（同府令22条）。

　上記のとおり、審判官は、審判手続を行うについて必要な法律および金融

27　課徴金制度の運用に慎重を期す観点からと考えられる。

に関する知識経験を有し、かつ、公正な判断をすることができると認められる者である必要があることに加えて、審判手続が準司法手続的な側面を有するため、合議体を構成する審判官の一部または単独事件の審判官には、検察官、弁護士または弁護士となる資格を有する者が選任されることとなっています（課徴金府令6条2項）[28]。

　審判官は、金融庁職員のうちから選任されるため、あくまで金融庁に所属する者ですが、課徴金府令6条2項の存在等にかんがみると、金融庁のプロパーの職員というよりも、外部からの出向者である場合が多いというのが実状と推察されます。また、審判官は、その職務を公正迅速に、かつ、独立して行わなければならないとされています（同条1項）。加えて、個別の審判事件ごとの審判官の指定に関し、当該事件について調査に関与したことのある者を審判官として指定することはできないとされています（金商法180条4項）。このように所定の要件を満たし、所定の義務を負う審判官を審判手続の主宰者とすることで、制度上、審判手続の公正性および中立性が確保されるよう配慮されているといえます。審判期日が公開されることもこれに資するものです（同法182条）。

　また、課徴金納付命令の決定あるいは違反事実がないと認める旨を明らかにする決定それ自体は金融庁長官が行いますが、その決定は審判官の提出に係る決定案に基づいて行うこととされており（金商法185条の7第17項、185条の6）、審判官の判断を金融庁長官が合理的な理由なく覆すことは通常考えられないため、これもまた、審判手続の公正性および中立性の担保につながるものと考えられます。

---

[28] このほかに、金融機関出身者や証券取引所出身者等も、審判官としての適性のある者としてその候補となり得ると考えられる。

Q149 指定職員

〈【Q147】の続き〉私のA社株式の売買について、課徴金に関する審判手続が開始された件で、金融庁審判手続室から、「指定職員」作成の準備書面を受領しました。この指定職員というのはどのような立場の人たちで、審判手続においてどのような役割を担っているのでしょうか。

A 金融庁（証券取引等監視委員会を含む。）の職員が、指定職員として審判手続に参加します。指定職員は、審判に立ち会い、証拠の申出その他必要な行為をします。

解 説

【Q147】でも述べたとおり、審判手続は、行政処分の事前手続であるから、その本質としては、審判手続の当事者は、被審人であり、審判手続は、被審人に課徴金の納付を命ずべき原因があるかどうかを審判官が自ら主体的に審理する手続であり、したがって、審判手続は、本質的には、審判官と被審人により成立し得るものといえます[29]。

しかしながら、この本質を貫くと、以下のような不都合が生じます。すなわち、審判手続の公正性および中立性の確保の一環として、個別の審判事件についての予断を排除するため、当該事件について調査に関与したことのある者を審判官として指定することはできないとされています（金商法180条4項）。審判官と被審人のみで審判手続を進めなければならないとすれば、すでに証券取引等監視委員会によって課徴金事件の調査が行われているにもか

---

[29] 三井・課徴金制度105頁。なお、審判手続は、「2当事者間の権利義務関係について両当事者が主張・立証を行い、その結果に基づいて裁判官が権利義務関係の存否を判断する民事訴訟の手続とは根本的に異なるものであり」、また、「公訴事実の存否について検察官と被告人が主張・立証を行い、その結果に基づいて裁判官が国家刑罰権の存否について判断する刑事訴訟の手続とも基本的構造を異にするものである」との記載もされている。

かわらず、再び一から審判官が当該事件を調査しなければならないこととなり、被審人にとっての負担も過大なものとなり得ます。すなわち、金商法規制の実効性を確保し、証券市場の信頼性を確保するという課徴金制度の趣旨を実現するには、審判手続の公正性および中立性の確保のみならず、課徴金制度の迅速かつ効率的な運営にも配慮することが不可欠と考えられるところ[30]、審判官と被審人のみでの審判手続では、後者の要請を満たせないという不都合が生じます。

そこで、金商法は、この両者の要請をともに実現すべく、上記の審判手続の本質的な構造を一部修正し、内閣総理大臣（委任により金融庁長官）が、「当該職員でその指定する者」（指定職員）を審判手続に参加させることを可能としています（金商法181条2項）。

指定職員は、審判に立ち会い、証拠の申出その他必要な行為をすることができます（金商法181条3項）。「その他必要な行為」として、被審人による違反事実の存在等を主張するため準備書面を作成し、審判官に提出する行為等が考えられます（課徴金府令28条）。

また、指定職員は、違反事実、法令の適用ならびに納付すべき課徴金の額およびその計算の基礎について、事件の同一性を失わせることとならない範囲内で変更の必要があると認めるときは、その変更を主張することができるとされています（金商法181条4項本文、課徴金府令23条の2第1項）。もっとも、その変更により著しく審判手続を遅延させることとなる場合や、被審人の防御に実質的な不利益を生ずる場合には、審判官は、当該変更の主張を許さない場合があります（金商法181条4項ただし書、課徴金府令23条の2第2項・3項）。

---

[30] 三井・課徴金制度104頁

Q150 審判期日

〈【Q149】の続き〉私のA社株式の売買について、課徴金に関する審判手続が開始された件で、審判期日が開かれることとなりました。審判期日ではどのようなことが行われるのでしょうか。

A 公開の金融庁審判廷で、証拠書類等の取調べ、被審人審問（本人審問）や参考人審問等が行われます。

解説

【Q147】で述べたとおり、審判手続開始決定書に記載された違反事実について争う場合は審判期日が開かれることになりますが、一般的には、審判期日の開催の前に、争点および証拠の整理を行うため、準備手続（非公開）が開かれます（課徴金府令30条1項）。準備手続において、準備書面等により被審人の主張やこれに対する指定職員の反論等が尽くされ、審判官が争点および証拠の整理が十分になされたと判断すれば、審判期日が開催されます。

審判期日は、審判手続の適正性・公正性の確保のため、原則として、公開されます（金商法182条本文）。金融庁の庁舎内に設置された審判廷で行われますが（課徴金府令18条）、民事訴訟における口頭弁論期日や刑事訴訟における公判期日と同様に、原則としてだれでも傍聴することができます。ただし、公益上必要があると認めるときは、非公開とされます（金商法182条ただし書）。被審人から非公開の申出を行うこともできますが、その申出は、非公開とすべき範囲、理由および期間を明らかにして行う必要があります（課徴金府令19条1項）[31]。

審判期日においては、準備手続において確定した争点および証拠の整理の確認、被審人による意見の陳述（金商法184条）、証拠書類および証拠物の取

---

31 インサイダー取引規制違反の事案で、審判期日が非公開とされた例は確認されていない。

調べ（同法185条の3、課徴金府令50条以下）、参考人審問（金商法185条、課徴金府令36条以下）、被審人審問（本人審問。金商法185条の2、課徴金府令49条）等が行われ、必要があれば、学識経験者に対する鑑定人審問（金商法185条の4第2項、課徴金府令57条）が行われることもあります。

　審判期日において重要性の高い手続は、参考人審問と被審人審問であると考えられます。上記のとおり、審判期日が開かれる場合というのは、違反事実の存否等について被審人が争っている場合です。本事例では、質問者は、A社に勤める友人からA社の重要事実を聞いてA社株式を購入したという違反事実で審判手続開始決定がされています（【Q147】参照）。この友人が、課徴金調査の段階で、重要事実を質問者に伝えたと供述していたとすれば、その真偽を確かめるべく、友人を参考人として審問することが考えられます[32]。

　また、被審人の審判廷での供述も証拠となり得るので、被審人である質問者自身が審問の対象となることも考えられます。被審人に代理人が選任されていれば、代理人が主審問を行い、次いで指定職員による反対審問、審判官による補充審問が順に行われます。代理人が選任されていない場合は、審判官が主審問に相当する審問を行います。

---

[32] 参考人が出頭を求められたにもかかわらず、出頭せず、陳述をせず、または虚偽の陳述をした場合は、20万円以下の罰金に処せられる（金商法205条の3第2号）。宣誓（同法185条2項、民事訴訟法201条1項）をした参考人が虚偽の陳述をした場合は、3月以上10年以下の懲役に処せられる（金商法200条の3第1項）。

Q151 情報伝達者の不服申立ての機会の有無

私は、上場会社A社に勤務しています。友人Xが、私からA社の重要事実を聞いてA社株式に関してインサイダー取引をしたとして、課徴金納付命令の勧告が出されました。Xは証券取引等監視委員会の調査で事実を認めているようです。その勧告が出る前に、私も証券取引等監視委員会の調査を受け、私の上司Yも事情を聞かれていました。私は結局この件で降格処分となりました。私は、審判手続でXの行為がインサイダー取引に当たらないと争って、降格処分の取消しにつなげたいのですが、どうすればよいのでしょうか。

A 重要事実の伝達行為が課徴金の対象とならない場合、情報伝達者が審判手続を利用して不服を申し立てることはできないと考えられます。

解　説

　質問者の友人Xは、質問者から重要事実を聞いてインサイダー取引をしたことを認めていることから、Xに対して審判手続開始決定書が送達されれば、Xは、同書記載の違反事実および納付すべき課徴金の額を認める旨の答弁書を提出すると思われます。その場合、Xのインサイダー取引に関する審判事件については審判期日が開かれることなく（金商法183条2項）、課徴金納付命令の決定（同法185条の7第1項）がなされます。

　A社の内部から重要情報がもれて、それをもとにインサイダー取引が行われたと当局から認定されたとすれば、その重要情報の漏えい元と疑われた社員についてA社においてなんらかの処分が行われる可能性があります。質問者は、本事例で証券取引等監視委員会の調査を受けており、また、質問者の上司Yも証券取引等監視委員会から事情を聞かれているので、漏えい元と疑われた社員がだれであるかもA社において把握されていると思われます。

質問者としては、Ｘの行為のインサイダー取引への該当性を争い、証券取引等監視委員会の認定を覆すことで、自分の降格処分を免れたいと考えての質問と思われます。

　この点に関し、平成25年改正金商法は、一定の要件を満たす重要事実の伝達行為について、違反行為として課徴金の対象としています（平成25年改正金商法による改正後の金商法175条の２第１項、167条の２第１項。詳細は【Q175】参照）。質問者について、平成25年改正金商法による改正後の金商法175条の２第１項の適用があって、質問者のＸに対する伝達行為について課徴金の勧告がされていれば、審判手続が開始するため、質問者は、その手続において違反事実の有無を争うことができます。

　しかしながら、その適用がない場合[33]や、当局において、課徴金の対象となる伝達行為の要件の立証が困難とみて情報伝達者である質問者に対しては課徴金の勧告をしない場合も考えられます。そのような場合には、課徴金納付命令の対象となるのは、あくまでもインサイダー取引を行ったＸのみであるため、審判手続開始決定がされた後に不服を主張する機会が与えられるのもＸであって、Ｘに対する情報伝達者とされている質問者ではありません。そして、審判手続開始を受けて、Ｘが違反事実を争わない限りは、審判期日が開かれることもなく、質問者としては、Ｘに対して情報伝達をした事実がないことについてあらためて主張する機会は得られないことになります。

---

[33] 平成25年改正金商法による改正後の金商法175条の２第１項は、同改正法の施行期日以後に行われる同法167条の２第１項に違反する行為について適用される（平成25年改正金商法附則６条３項）。

Q152 審判手続の終結

〈【Q150】の続き〉私のA社株式の売買について、課徴金に関する審判手続が開始された件で、審判期日が終結しました。その後の手続はどうなるのでしょうか。

A 審判官は、課徴金納付を命ずる決定その他の決定をするに足りる主張および証拠の提出がされたと認めるときは審判手続を終結し、決定案を作成の上、金融庁長官にこれを提出します。金融庁長官は、この決定案に基づき、違反事実の有無を判断し、違反事実があると認めるときは、課徴金を国庫に納付するよう命じる旨の決定をします。

解　説

　審判官は、審判期日等において、課徴金納付を命ずる決定その他の決定をするに足りる主張および証拠の提出がされたと認めるときは審判手続を終結します（課徴金府令60条1項）。なお、被審人が審判期日に出頭しない等の場合において、審判官は、審理の現状等を考慮して相当と認めるときは、審判手続を終結することができます（同条2項）。また、被審人が連続して2回、審判期日に出頭しなかった等の場合は、審判官は審判手続を終結するのが原則です（同条3項、必要的な終結）。

　審判官は、審判手続を終結した後、決定案を作成します。審判手続の終結後2カ月程度の期間をかけて決定案が作成されているようです。そして、審判官は、作成した決定案を内閣総理大臣（委任により金融庁長官）に提出します（金商法185条の6）。

　金融庁長官は、この決定案に基づき、違反事実の有無を判断し、違反事実があると認めるときは、被審人に対し課徴金を国庫に納付するよう命ずる旨の決定をします（金商法185条の7第1項・17項）。これとは反対に、違反事実がないと認めるときは、金融庁長官は、その旨を明らかにする決定をしなけ

ればなりません（同条16項・17項）。金融庁長官は、あくまでも審判官の作成した決定案に基づいて決定しなければならないものであり（同条17項）、通常は、決定案がそのまま金融庁長官による決定の内容となると思われます。

　金融庁長官によるこの決定は、被審人に当該決定に係る決定書の謄本を送達することによって、その効力が生じます（金商法185条の7第20項）。

　課徴金の納付を命ずる旨の決定がなされた場合、その決定書には、金融庁長官が認定した事実、これに対する法令の適用、課徴金の計算の基礎、納付期限が記載されます（金商法185条の7第19項、課徴金府令61条）。課徴金の納付期限は、決定書の謄本を発した日から2カ月を経過した日に設定されるので（金商法185条の7第19項）、当該納付期限までに所定の方法で課徴金を納付します。なお、被審人がこの判断を不服とするときは、決定の送達を受けた日の翌日から30日以内に、管轄の地方裁判所に取消しの訴えを提起することができますが（同法185条の18、【Q155】）、この場合でも、納付期限までに課徴金を納付しなければなりません。

　違反事実がない旨を明らかにする決定がなされた場合は、これにより被審人に対し課徴金が課されないことが確定的となります。すなわち、課徴金納付命令の発出の勧告を行った証券取引等監視委員会から、違反事実なしとする決定を覆すことを裁判所その他の機関に求めることはできません。

Q153　証拠の開示

　私は、X社の法務部に勤務しているのですが、今般、X社において運用を担当している社員Aが会社の財産の運用においてインサイダー取引を行ったとして、証券取引等監視委員会による勧告がなされ、これを受けて、金融庁長官からX社に対して審判開始決定が送達されました。Aはインサイダー取引の事実を認めているのですが、X社としては、Aの供述だけで会社として課徴金を支払うと判断することは難しく、証拠等を開示してもらって判断したいと考えています。金商法上、何か証拠の開示の手続は定められていないのでしょうか。

A　被審人またはその代理人は、第1回の審判の期日前に、審判官に対して申立てを行うことによって、証拠の全部または一部の閲覧謄写をさせることを指定職員に求めることができます。

解　説

　本事例では、法人であるX社が被審人となっています。【Q160】の解説において詳細をご説明しているとおり、社員が会社の業務としてインサイダー取引の実行行為を行った場合、課徴金納付命令の対象になるのは、当該社員ではなく、会社になります。したがって、審判手続において被審人として扱われるのは、Aではなく、X社になります。

　課徴金に係る審判手続は、金融庁長官により審判手続開始決定がなされ、被審人に対して審判手続開始決定書の謄本が送達されることにより開始します（金商法178条1項、179条3項）。インサイダー取引の場合は、通常、金融庁長官の審判手続開始決定は、証券取引等監視委員会の勧告を受けて、勧告と同日付で行われることになります。被審人は、審判手続開始決定書の謄本の送達を受けたときは、事実関係や課徴金額等についての認否を行う答弁書を遅滞なく（実務上は提出期限が指定されます。）審判官に対して提出する

必要があります（同法183条1項）。この答弁書において、インサイダー取引に係る事実等および課徴金の額を認める旨の記載がある場合には、審判の期日を開くことを要しないものとされており（同条2項）、実務上も認めた場合は通常は審判の期日は開かれることなく、審判手続が終結し、課徴金納付命令が発令されることになります。

　被審人が認諾の答弁書を出さずに審判の期日が開かれると、審判は公開して行われますので、X社の立場からすると、公にすることを避けたい事実まで場合によっては公になるリスクがあります。仮にAの言うとおりインサイダー取引が認められるのであれば、認諾して審判の期日の開催を避けたいと考えられます。一方、Aの話だけに依拠して、認諾することは、会社の取締役らの注意義務違反等のリスクもあります。そこで、証券取引等監視委員会が勧告に至った根拠となる証拠について開示を求め、その上で認諾の答弁書を提出するか否かを検討したいという意向があるものと考えられます。

　この点、課徴金府令30条4項は、被審人またはその代理人は、第1回の審判の期日前に、審判官に対して申立てを行うことによって、証拠の全部または一部の閲覧謄写をさせることを指定職員（証券取引等監視委員会の職員が指定されることが通常です。）に求めることができるものと定めています。

　以上より、本事例では、X社は、この規定に従って、第1回の審判の期日前に、審判官に対して申立てを行うことによって、証拠の全部または一部の閲覧謄写をさせることを指定職員に求めることができます。なお、X社が証拠を閲覧した結果、Aのインサイダー取引の事実が認められないと判断する場合には、Aが認めていても当然審判で事実関係を争うことができます。一方で、Aが仮に事実を認めていない場合であっても、X社が証拠等からインサイダー取引の事実があったと判断する場合には、X社は認諾の答弁書を出すことができます。

4 課徴金に関するその他の手続

Q154 課徴金の納付・徴収

私の株取引について課徴金納付命令が出されましたが、納付期限までに支払わないとどうなるのでしょうか。

A 課徴金の納付の督促が行われ、課徴金の額につき年14.5％の延滞金が発生します（金商法185条の14）。督促に応じない場合は、民事執行法等の規定に従って強制執行されます。

解　説

　課徴金納付の決定がなされた場合、課徴金の納付期限は、決定書の謄本を発した日から2カ月を経過した日に設定されます（金商法185条の7第19項）。決定書の送達を受けた被審人は、当該納付期限までに課徴金を納付しなければなりません。当該決定の取消しの訴えを提起する場合でも同様です。

　しかし、この納付期限までに課徴金を納付しない者があるときは、内閣総理大臣（委任により金融庁長官）は、督促状により期限を指定してその納付を督促します（金商法185条の14第1項）。そして、この督促をしたときは、課徴金の額につき年14.5％の割合で、納付期限の翌日からその納付の日までの日数により計算した延滞金を徴収することができるとされています（同条2項本文）。ただし、延滞金の額が1,000円未満であるときは延滞金を徴収せず、また、延滞金の額に100円未満の端数があるときは、その端数は切り捨てられます（同項ただし書、同条3項）。

　さらに、督促を受けた者がその指定する期限までにその納付すべき金額を

納付しないとき（すなわち、課徴金を任意に納付しないとき）は、民事執行法その他強制執行の手続に関する法令の規定に従って、強制執行されます（金商法185条の15第1項・2項）。この強制執行は、内閣総理大臣（委任により金融庁長官）の執行命令に基づいて実施されることになりますが（民事執行法25条本文）、この執行命令には、執行力のある債務名義と同一の効力が付与されるためです（金商法185条の15第1項）。罰金、過料等の請求権の強制徴収方法が民事執行の例によるとされているため（刑事訴訟法490条）、金商法上の課徴金の強制徴収方法もこれに倣ったとされています[34]。

　課徴金納付命令の執行にあたり、その執行を受ける者の所在や資産等の調査を行う必要が生じ得るため、そのような必要がある場合には、内閣総理大臣（委任により金融庁長官）は、税務署等の公務所や、銀行等の公私の団体に照会して必要な事項の報告を求めることができるとされています（金商法185条の15第3項）。

　なお、課徴金およびその延滞金の請求権は、倒産法との関係では、過料の請求権とみなされます（金商法185条の16）。過料の請求権とみなされることの主な効果は、例えば、破産手続においては、劣後的破産債権とされ、一般債権者が配当を受けて、なお残余財産がある場合に限り配当を受けることができるにとどまること（破産法99条1項1号、97条6号）、免責の対象とはならないこと（免責許可決定が確定しても破産者はその支払を免れない。同法253条1項7号）等があげられます。

---

[34] 三井・課徴金制度143頁

Q155 取消訴訟

〈【Q152】の続き〉私のA社株式の売買について、課徴金に関する審判手続が行われた後、金融庁長官から課徴金納付を命ずる旨の決定が出ました。金融庁においては私の言い分が認められませんでしたが、私はさらに不服を申し立てることができるのでしょうか。

A 決定書の送達を受けた日の翌日から30日以内に、裁判所に取消しの訴えを提起できます。

解　説

　金融庁長官が被審人に対し課徴金納付を命ずる決定をした場合、被審人は、当該決定に不服があるときは、その決定書の送達を受けた日の翌日から30日以内に裁判所に取消しの訴え（以下、本事例において「課徴金取消訴訟」といいます。）を提起することができます（金商法185条の18第1項）。

　課徴金取消訴訟は、行政事件訴訟法上の「処分の取消しの訴え」（行政事件訴訟法3条2項）に該当します。この処分の取消しの訴えは、同法においては、処分があったことを知った日から6カ月を経過する前に提起することとされています（同法14条1項）。金商法185条の18第1項は、行政事件訴訟法の特例として、この出訴期間について短縮したものといえます。

　金商法において課徴金取消訴訟に係る出訴期間を短縮した趣旨は、①通常の処分手続より慎重な手続で行われる課徴金納付命令については、処分を受けた者が訴えの提起の要否を短期間で判断することができると考えられ、また、②証券市場の信頼性の確保のためには、違反事実の有無を早期に確定させ、法的安定性の確保を図る必要があると考えられるからです[35]。そして、法律関係を早期に安定させるという趣旨は、この出訴期間が、裁判所が伸長

35　三井・課徴金制度147頁

し、または短縮できない不変期間[36]とされている点にも現れています（同法185条の18第2項）。

　課徴金取消訴訟の被告は、国であり（行政事件訴訟法11条1項1号）、その訴状には、民事訴訟の例により記載すべき事項のほか、処分をした行政庁として、金融庁を記載します（同条4項1号）。処分行政庁である金融庁は、課徴金取消訴訟について、裁判上のいっさいの行為をする権限を有します（同条6項）。

　課徴金取消訴訟を提起すべき裁判所は、被告である国または行政処分庁である金融庁の所在地を管轄する裁判所としての東京地方裁判所（行政事件訴訟法12条1項）と、「原告（被審人）の普通裁判籍の所在地を管轄する高等裁判所の所在地を管轄する地方裁判所」（同条4項）のいずれかを選択できます。例えば、原告が京都に住所を有する場合、東京地方裁判所に加えて、当該原告の住所地を管轄する大阪高等裁判所の所在地を管轄する大阪地方裁判所にも提起することができます。

---

[36] 裁判所は、法定の期間を伸縮することができるのが原則であるが（民事訴訟法96条1項本文）、この伸縮が許されていないものを不変期間という。なお、当事者が、その責めに帰することができない事由で不変期間を遵守することができなかった場合には、その事由が終わってから1週間以内にその訴訟行為の追完をすることが許されている（同法97条）。

5 刑罰法規と行政法規

Q156 課徴金事件と刑事事件の関係

インサイダー取引の事案では、行為者に課徴金が賦課されるものと刑事裁判により刑罰が科されるものがありますが、課徴金制度が刑事罰とどのように異なるのか教えてください。

A 課徴金は、インサイダー取引規制の実効性を確保するという行政目的を達成するための「行政上の措置」であり、道義的な非難を目的とする刑事罰とは区別されます。

解　説

　インサイダー取引規制は、昭和63年の証券取引法改正により導入されましたが、平成16年の証券取引法改正により課徴金制度が導入されるまでは、インサイダー取引規制に違反した場合には刑事罰が科される刑罰法規でした。罰則については、インサイダー取引規制の導入当初は6カ月以下の懲役または50万円以下の罰金でしたが、その後数次の改正を経て法定刑が加重され、現在は、5年以下の懲役もしくは500万円以下の罰金またはこれらの併科となっています（金商法197条の2第13号）。さらに、インサイダー取引により得た財産等は原則として没収され、没収できないときはその価額が追徴されます（金商法198条の2）。この刑事罰を科すことを念頭に調査される事案を、犯則事件といいます。

　これに対して、課徴金制度は、平成16年の証券取引法改正で導入されたものですが、刑事罰とは異なり、違反行為を抑止し、規制の実効性を確保する観点から、違反者に対して金銭的負担を課す行政上の措置です[37]。課徴金制度に基づいて課される課徴金の額は、違法行為の抑止のための必要最小限の

水準として、違法行為ごとに一般的・抽象的に想定し得る違反者の経済的利得相当額を基礎として金商法172条以下に詳細に規定されており、インサイダー取引については、金商法175条に定められています。

犯則事件と課徴金事件の主な違いについては、以下の点があげられます。
- 犯則事件については、証券取引等監視委員会による調査に加えて、司法警察員・検察官の捜査の対象にもなるのに対して、課徴金の調査は証券取引等監視委員会によって行われること。
- 犯則事件については、検察官による起訴の後、裁判所における裁判により刑罰を科され、罰金に加えて懲役刑もあること（通常は、証券取引等監視委員会が検察官に対して告発しますが、証券取引等監視委員会の関与なしに捜査・起訴されることもあり得ます。）。これに対して、課徴金はあくまでも行政措置であり、金融庁長官により経済利得相当額の支払を命ぜられるものであること。

課徴金事件	犯則事件
処分も行政措置であり、行政手続で完結する経済利得相当額の課徴金納付命令。	刑事裁判で懲役刑・罰金刑（没収追徴あり）を科される可能性があり、司法手続の一部。
すべて任意の調査。逮捕はない。	原則として任意の調査だが、令状に基づく強制調査があり得る。逮捕もあり得る。
警察官・検察官による調査はない。	警察官・検察官による調査があり得る。
行政による処分の裁量の有無は不明確。	検察官に起訴の有無につき裁量あり。
故意は必要ない。共犯規定の適用はない。	故意が必要。共犯規定の適用あり。
比較的軽微事案が多い。	より重大な事案を扱うことが多い。
手続が比較的迅速に進むことが多い。	一般的には時間がかかることが多い。
民事訴訟と同水準の立証が必要。	「疑わしきは被告人の利益に」が妥当。

37　三井・課徴金制度13頁

- 犯則事件の場合には、他の刑事事件と同様に、原則としては任意調査ではあるものの、令状に基づく強制調査が行われることがあり、警察官・検察官による逮捕がなされることもあること（証券取引等監視委員会には逮捕の権限はありません。）。これに対して、課徴金調査は任意の調査であり、出頭命令、質問権や立入検査権に限られており、これらの調査には強制力はないこと（金商法177条）。
- 犯則事件において、刑事罰を科すに際しては、刑法総則の規定が適用されるため、インサイダー取引の成否に際しては故意（刑法38条１項）が求められるほか、共犯の規定も適用されること。これに対して、課徴金事件については、刑法総則の適用はないため、故意は必要ないと考えられるほか、共犯規定の適用はないこと。
- 犯則事件と課徴金事件では、法人の扱いに差があること（【Q173】、【Q174】の解説参照）。
- 犯則事件のほうが重大な事案を扱う傾向があること（【Q157】参照）。
- 課徴金事件のほうが迅速な処理がなされる傾向があること。
- 犯則事件は、「疑わしきは被告人の利益に」という刑事裁判の原則の適用を受けるため、インサイダー取引の認定のために厳格な証明を要するのに対し、課徴金事件はインサイダー取引の認定のために民事訴訟で要求される立証水準で足りること。
- 犯則事件については、検察官に違法行為につき、不起訴処分とする裁量があるが、課徴金事件については、証券取引等監視委員会に違法行為につき勧告しないという裁量があるか不明確なこと。

Q157 証券取引等監視委員会における課徴金事件と犯則事件の区別

インサイダー取引の事案において、課徴金勧告がなされるものと検察官に告発されるものとどのように区別されているのでしょうか。それぞれの事案の処理の流れについて教えてください。

A 課徴金事案として処理されるか犯則事件として処理されるかについては、証券取引等監視委員会が判断しています。証券取引等監視委員会においては、個別の事案について、課徴金勧告がなされるか刑事告発がなされるかについては、事案の重大性、社会的影響、悪質性、金額等を総合的に勘案して判断しているものと考えられます。

解　説

インサイダー取引の疑いのある事案については、原則として証券取引等監視委員会において扱われます。

課徴金事件の調査については、調査権限を有するのは原則として証券取引等監視委員会に限られています（金商法194条の7第1項・2項8号、177条）。

また、刑事事件については、証券取引等監視委員会ではなく、一般的な刑事事件同様に、証券取引等監視委員会の関与なしに司法警察員や検察官によって調査がなされ、検察官により起訴されるケースも考えられますが、証券取引等に関する専門知識が要求されることもあり、実務的には証券取引等監視委員会が中心となって調査を行い、証券取引等監視委員会の告発を受けて検察官が起訴することが近年では一般的です。もっとも、捜査段階で、証券取引等監視委員会と司法警察員または検察庁が合同で捜査を行うこともあります。

インサイダー取引の証券取引等監視委員会における取扱いは、一般的には以下のとおりです。

まず、市場分析審査課において、疑わしい取引に関する情報収集を行い、

証券取引等監視委員会において調査をするべき事案に相当するか否かを審査します[38]。違法行為が行われた疑いが認められ調査すべき事案と判断されたものについては、事案の性質に応じて、課徴金事件として扱われるべきものと犯則事件として扱われるべきものと区別され、前者については、取引調査課において、後者については特別調査課において調査がされます。

　課徴金事件については、取引調査課において調査がなされ、違法行為事実ありと判断された場合には、証券取引等監視委員会は、内閣総理大臣および金融庁長官に対して課徴金納付命令を発出するように勧告をします（金融庁設置法20条1項）。勧告を受けて、金融庁長官は、審判開始決定を行い（金商法178条）、金融庁長官の指定する審判官によって審判が行われ、かかる審判において違法行為事実ありと認定された場合には、審判官から提出される決定案（同法185条の6）に基づき、金融庁長官から課徴金納付命令が被審人に対して発令されます（同法185条の7）。

　一方、犯則事件については、特別調査課において調査がなされ、証券取引等監視委員会が犯則の心証を得た時は、検察官に告発することになります（金商法226条）。告発を受けて、検察官は、必要があれば補充調査を行った上で起訴するか否かを判断し（検察官に起訴するか否かの裁量があります。）、起訴した事件について刑事裁判が行われることになります。

　このように、課徴金事件および犯則事件のいずれも証券取引等監視委員会が中心になって調査・捜査が行われることになりますが、課徴金事件として扱うか犯則事件として扱うかについては、事案の重大性、社会的影響、悪質性、金額等を総合的に勘案して判断されているようです（【Q158】の解説で言及するように、課徴金事件および犯則事件の両方として処理されることもあり得ます。）。

　なお、金商法40条2号を受けて定められた業等府令123条1項5号は、「その取り扱う法人関係情報に関する管理又は顧客の有価証券の売買その他の取引等に関する管理について法人関係情報に係る不公正な取引の防止を図るた

---

[38] 平成23年度、平成24年度は、インサイダー取引のみで年間800件以上が審査の対象となっている。

めに必要かつ適切な措置を講じていないと認められる状況」に該当することのないように業務を行わなければならないと定めており、法人関係情報や顧客の売買の管理について、インサイダー取引を含む不公正な取引の防止を図るために必要かつ適切な措置を講じる態勢を整備することを、証券会社に義務づけています。証券取引等監視委員会の証券検査課による検査において、法人関係情報の管理・営業の実態把握・法令遵守確認等を十分に行っていないなど、証券会社の不公正な取引の防止を図るための態勢に不備があることが明らかになった場合には、証券取引等監視委員会より内閣総理大臣および金融庁長官に対して行政処分を行うように勧告されることがあります（金融庁設置法20条1項）。

Q158 課徴金納付命令と刑事告発の併存の有無

課徴金納付命令を受けた人が、別途同じ行為について裁判所で有罪判決を受けて刑事罰を受けることもあるのでしょうか。

A あり得ます。

解　説

【Q156】において説明したとおり、課徴金と刑事罰は、その主たる目的も性質も異なります。すなわち、課徴金はインサイダー取引規制の実効性を担保するための行政措置であって、道義的非難を主たる目的とする刑事罰とは異なります。

したがって、主たる目的も性質も異なる制度ですので、同一事案について、刑事罰と課徴金の双方が適用されたとしてもおかしくはありません。金商法も、罰金が科された場合に課徴金を減額する調整規定（金商法185条の7第14項・15項）を置くなど、同一事案について課徴金と刑事罰が双方適用されることがあることを前提としています。

課徴金制度については、特定の行為について刑罰が科された者に同じ行為を理由にさらに課徴金が課される点が、憲法39条の禁止する二重処罰の禁止に反しないかも問題にはなり得ます。この点、法人税法の追徴税（現在の加算税）が二重処罰の禁止に抵触しないとする最高裁判所の判例もあり[39]（その後独占禁止法上の課徴金と刑罰に関する最高裁判例[40]もあります）、行政目的を達成するための行政措置であるため刑罰には該当しないと解することが通説です。もっとも、課徴金も刑事罰もインサイダー取引抑止の目的という点では共通しているため、政策的に上記のように刑罰が科された場合に課徴金を

---

[39] 最判昭和33・4・30民集12巻6号938頁
[40] 最判平成10・10・13判時1662号83頁

減額する調整規定が定められています。

このように、制度上、同一の事案について、課徴金の賦課と刑事罰の双方が適用されることはあり得ます。もっとも、【Q157】で述べたとおり、実務的には、インサイダー取引を始めとする不公正取引については、課徴金事件または犯則事件のいずれかとして取り扱われていますが、開示に係る事案としては、有価証券報告書への虚偽記載に関して、オリンパス株式会社に対して、課徴金の賦課と刑事告訴の双方が行われたことがあります[41]。

---

41 課徴金につき、証券取引等監視委員会HP「オリンパス株式会社に係る有価証券報告書等の虚偽記載に係る課徴金納付命令勧告について」（平成24年4月13日付）参照。刑事告発については、証券取引等監視委員会HP「オリンパス株式会社に係る虚偽有価証券報告書提出事件の告発について」（平成24年3月6日付）参照。

Q159　法人としての取引①

私は、非上場会社X社の財務部に勤務しております。X社の財務部は、X社の有価証券の運用を行う権限を有し、部員が、証券会社に発注して、X社の保有する上場株式の売買等を行っています。同部署における私の同僚のYは、先日、取引先の上場会社のA社がもうすぐ破産申立てをするという情報をA社の社員から聞きつけ、X社が保有していたA社株式をX社の名義で全部売却しました。この場合、YとX社の負う刑事責任について教えてください。

A　Yは、インサイダー取引規制違反として、5年以下の懲役もしくは500万円以下の罰金に処されるか、またはこれらの刑を併科される可能性があります。X社は、5億円以下の罰金刑を科せられる可能性があります。

解　説

本事例では、Yは、もうすぐA社が破産申立てをするという情報をA社の社員から聞きつけて、X社の保有するA社株式を売却していますので、破産手続等の申立て（金商法166条2項1号ヨ、同法施行令28条8号）の決定の事実を、職務に関してこれを知ったA社の会社関係者から伝達を受けていると評価される可能性が極めて高く、Yの売却行為は、情報受領者によるインサイダー取引として金商法166条3項に違反する可能性があります。

もっとも、Yは、自分のA社株を売って自分が損失を回避したのではなく、X社の名義で、同社の保有するA社株式を売却しています。以下、本事例のように、会社の業務として、会社の名義・計算で取引を行った社員についてもインサイダー取引規制違反となって刑事罰が科されるのか、また、社員がこのような取引を行った会社にも刑事罰が科されるのかを順に説明します。

まず、金商法166条1項は、「次の各号に掲げる者（以下この条において「会社関係者」という。）であって、上場会社等に係る業務等に関する重要事実（当該上場会社等の子会社に係る会社関係者（当該上場会社等に係る会社関係者に該当する者を除く。）については、当該子会社の業務等に関する重要事実であって、次項第5号から第8号までに規定するものに限る。以下同じ。）を当該各号に定めるところにより知ったものは、当該業務等に関する重要事実の公表がされた後でなければ、当該上場会社等の特定有価証券等に係る売買その他の有償の譲渡若しくは譲受け、合併若しくは分割による承継（合併又は分割により承継され、又は承継することをいう。）又はデリバティブ取引（以下この条において「売買等」という。）をしてはならない。」と定めています。YによるA社株式の売却がインサイダー取引に該当するかは、同項で禁止される行為である「売買等」に、自己の名義または自己の計算以外の売買も含まれるかという問題になりますが、「売買等」は、他人名義で行う場合、他人の計算で行う場合も含むと解釈されます[42]。言い換えると、同項は、取引の名義やだれの計算で行われたかにかかわらず、インサイダー取引を禁止しています。したがって、本事例におけるYによるA社株式の売却は、X社名義でX社の計算で行われていますが、Yの行為はインサイダー取引規制違反として、Yに対して5年以下の懲役もしくは500万円以下の罰金またはこれらの併科の刑罰が科される可能性があります（同法197条の2第13号）。

　加えて、金商法198条の2の規定は、

「次に掲げる財産は、没収する。ただし、その取得の状況、損害賠償の履行の状況その他の事情に照らし、当該財産の全部又は一部を没収することが相当でないときは、これを没収しないことができる。

　一　第197条第1項第5号若しくは第2項又は第197条の2第13号の罪の犯罪行為により得た財産
　二　（略）
2　前項の規定により財産を没収すべき場合において、これを没収すること

---

[42] 三國谷129頁、横畠44頁、木目田250頁等

ができないときは、その価額を犯人から追徴する」
と定めており、インサイダー取引を行った者がインサイダー取引によって得た財産については没収（没収することができないときは追徴）されます。もっとも、本事例では、Y自身はA社株の売却により自ら財産を得たわけではないため、この没収・追徴の対象にはならないものと考えられます。

次に、X社の刑事責任に関連して、刑法の原則では、法人には犯罪能力はなく[43]、原則として法人は処罰されません。例えば、窃盗罪（刑法235条）について、従業員等がその業務に関して窃盗を行ったとしても、法人が当該窃盗について罰せられることはありません。

この点、金商法207条１項は、

「法人（法人でない団体で代表者又は管理人の定めのあるものを含む。以下この項及び次項において同じ。）の代表者又は法人若しくは人の代理人、使用人その他の従業者が、その法人又は人の業務又は財産に関し、次の各号に掲げる規定の違反行為をしたときは、その行為者を罰するほか、その法人に対して当該各号に定める罰金刑を、その人に対して各本条の罰金刑を科する。

一　（略）

二　第197条の２（第11号及び第12号を除く。）　５億円以下の罰金刑」
と定めています。

この規定は、法人の業務または財産に関し、その代表者または従業者等がインサイダー取引を行った場合には、その行為者個人を罰するほか、法人に対して罰金刑を科すいわゆる両罰規定です。その根拠は、法人について、当該従業者等の選任・監督その他違反行為を防止するために必要な注意を尽くさなかった過失の存在が推定されることによると解されています[44、45]。

さらに、上記の没収・追徴に関する金商法198条の２の規定は、法人にも適用されると解されています[46]。

---

[43] 大判昭和10・11・25刑集14巻1217頁
[44] 横畠214頁
[45] 従業者等の選任・監督その他違反行為を防止するために必要十分な注意を尽くしたとして過失がなかったことを立証した場合には、法人は処罰を免れることができると解される。横畠214頁等参照。

本事例においては、Ｙは、Ｘ社の財務部員ですので、従業者に該当し、また、Ｙの売却は、Ｘ社の業務に関して行われていますので、Ｘ社にも５億円以下の罰金が科される可能性があり、さらに得た売却金額について没収追徴がなされます。

46　大塚ほか・大コンメ刑法(1)424頁

Q160 法人としての取引②

【Q159】の場合で、課徴金がX社に課される可能性があるかを教えてください。

A X社に対して課徴金が課される可能性があります。

解 説

インサイダー取引規制違反に対しては、課徴金が課される場合と刑事罰が科される場合があります。法人の場合は、課徴金と刑罰の場合で適用についてやや異なる点があります。刑事罰については【Q159】において説明したとおりですが、ここでは、課徴金が課される場合について説明します。

課徴金の賦課に関しては、金商法166条1項は、刑罰法規ではなく、行政法規ですので、刑法の総則の適用はありません。したがって、課徴金の賦課に際しては、犯罪能力の有無は問題にならず、他の行政法規と同様、法人も規制対象になると解されています[47]。条文上も、同項2号・4号または同条3項前段の会社関係者や情報受領者は、法人を含んでいるものと読めます[48][49]。したがって、法人が法人の取引として行った売買については、法人が同条1項または3項違反を行ったものとみることができ、それがインサイダー取引規制違反に該当する取引であれば、刑罰法規における両罰規定のような規定なくして法人に対して課徴金が課されると考えられます。

本事例では、Yは、X社の財務部員として与えられた職務の範囲内でX社

---

[47] 木目田427、428頁、三井・課徴金制度94頁
[48] 例えば、金商法166条1項4号括弧書は、「(その者が法人であるときはその役員等を(略)含む。)」と定めており、同号の会社関係者に法人が含まれるものと読める。
[49] 法人に対して、インサイダー取引に係る課徴金納付命令が発出された実例としては、近時の増資インサイダーの事案等がある(詳細は、平成25年課徴金事例集〔不公正取引編〕参照)。

の保有するA社株式の売却を行っているということですので、X社自身が売却したものと考えられます。それがインサイダー取引に該当する可能性がありますので、X社自身の取引としてX社が自己の計算で行った売却取引として、金商法175条1項1号に基づいて課徴金を課される可能性があります。

なお、課徴金の賦課に関しても、Y自身に課徴金が課される可能性も念のため検討します。Yは、X社という他人の計算でA社株の売却を行っていますので、金商法175条1項3号により課徴金を課される可能性があります。もっとも、他人の計算で行われたインサイダー取引に対する課徴金は、手数料をベースに計算されますので、Yは手数料を得て売買をしているわけではありませんので、結論としては課徴金を課されないことになります[50]。

---

[50] 平成25年9月6日施行の平成24年改正金商法施行前は、他人の計算による取引について課徴金を課されるのは金商業者がその行う金商業の顧客等の計算において行う場合に限られていたが、平成24年改正金商法による変更後は、かかる限定がなくなった。

第9章

国際関係

Q161 国外から発注された取引

私の日本人の知人のXは、外国に住んでいるのですが、日本国内の上場会社A社の社員YからYが業務に関して知ったA社の未公表の業務提携（軽微基準には該当しないものとします。）の話を聞いて、外国の証券会社に発注を出して日本の証券取引所でA社の株式の売買を行ったようです。Xの行為はインサイダー取引に該当するのでしょうか。Xが外国人の場合はどうでしょうか。

A XによるA社株式の売買は、インサイダー取引に該当するものと考えられます。また、Xの国籍が日本であってもなくても結論には影響しません。

解　説

本事例では、Xが日本国外に居住しており、Xの行った取引は、発注行為が日本国外で行われて日本国内で約定が成立しているクロスボーダー取引の一つです。このようなクロスボーダー取引に対するインサイダー取引規制の適用範囲が問題になります。

インサイダー取引規制は、金商法に規定されているものであり、まず、金商法が国外で行われた行為等について適用があるか否かが問題になります。この点、金商法の国際的適用範囲については、規制対象行為の一部が国内で行われていれば適用があるという属地主義、規制がそれにより守ろうとする利益に対する侵害の可能性があれば適用されるという効果主義、属地主義を基本としつつ効果主義的なアプローチを加味する折衷的な立場など見解が分かれており、必ずしも定説があるわけではありません[1]。また、インサイダー取引規制を含む金商法の不公正取引に関する規定は、刑事法の側面も有

---

[1] 松尾・金商法75～79頁、金融法委員会「金融関連法令のクロスボーダー適用に関する中間論点整理―証券取引法を中心に―」等が詳しい。

しており、インサイダー取引規制違反として刑事罰を科す場合には、刑事法の国際的適用範囲（属地主義。刑法1条）についても考慮する必要があります。

　もっとも、金商法の国際的適用範囲についていずれの見解に立った場合も、国内の証券取引所で行われたインサイダー取引については、国内の証券取引所で約定が成立しているという意味で取引の一部が国内で行われており、かつ、日本の証券市場の公正性とそれに対する投資家の信頼という保護法益を侵害することは明らかである[2]ことから、金商法のインサイダー取引規制の適用があることは明らかであるといえます。

　そして、インサイダー取引規制は、会社関係者および情報受領者を対象にした規制であって、違反者の国籍により区別をしていません。

　以上より、本事例においては、Xの国籍にかかわらず、Xの売買はインサイダー取引に該当するものと考えられます。

---

[2] 金商法1条が国民経済の健全な発展および投資者の保護を目的にしていることから、国内の市場や国内の投資家の保護に影響しない行為も結果も国外で生じる取引については、金商法の適用はないものと解するのが通説であると思われるが、不公正取引規制については国外で行われた取引についても適用があると考える余地もあろう。

Q162　外国法規との関係

【Q161】のXのように、海外に居住する者が、海外から日本株の注文を出して、日本の取引所でインサイダー取引を行った場合、その発注が行われた国の法律に違反するのでしょうか。その場合、日本と発注が行われた国のいずれで処罰または処分されることになるのでしょうか。

A 発注が行われた国の法律に反するか否かは、発注が行われた国の法令によります。いずれの国の法令で実際に処罰・処分されるかは事案ごとに異なるものと考えられます。

解　説

【Q161】の解説で述べたとおり、発注行為が国外で行われたとしても、国内の証券市場で約定が成立した取引については、国内で行われた取引同様、要件を満たせば金商法の定めるインサイダー取引に該当することになります。

　一方、このようなクロスボーダーの取引について、発注を行った国の法律に反するかどうかについては、その国の法令によって決まります。すなわち、その国（以下、Xが発注を行った国を「A国」といいます。）からみた場合には、日本は外国であり、外国の証券市場において外国の市場に上場する株式について外国法のインサイダー取引の要件を満たすような取引を行うことがA国の法令に違反することになるかという問題です。法令は各国により異なりますので、外国で外国株の不公正な取引をすることがA国で禁止されている可能性もありますし、A国において許認可を受けている証券会社等が外国において不公正な取引を行った場合、A国の証券会社等に対する信頼を害するものとしてA国の法令違反になる可能性もあります[3]。あるいは、直接的にA国の投資家やその証券市場の公正性を害したわけではないものとしてA国の法令違反にはならない可能性もあります。

Ａ国においてXの行為がなんらかの法令違反に該当する場合には、日本でもＡ国でもいずれの法令によっても処分することができることになります。このような事例では、日本における法執行を管轄する証券取引等監視委員会とＡ国の監督当局の間でなんらかの協議をすることによりいずれの法令により処分されるか、あるいは、両方で処分するのかが決められるものと考えられます。

　クロスボーダー取引への対応について、証券取引等監視委員会は、個別の事案に応じて、事案の悪質性、調査に要する人的・物的コスト、処分の実効性、海外当局の対応等を総合的に勘案し、海外当局と密接に連携しながら証券取引等監視委員会が主体となって調査・処分を行うか、海外当局への調査要請とともに現地での処分に協力をするかを含めて、事案ごとに最も適切な対応を行うことになると思われます。

3　近年においては、相場操縦の事案であるが、香港の証券監督当局である香港証券先物委員会（SFC）により日本の証券取引所で日本株の相場操縦を行った香港の投資会社およびその代表者の行為が香港の法令に違反するものとして行政処分がなされた事案がある（平成23年９月15日公表、証券取引等監視委員会HP参照）。

Q163 海外市場における株取引

私は先月末まで米国に駐在しており、現在は東京に住む日本人ですが、先日、米国人の友人から彼の勤務する米国の証券取引所に上場する米国の会社であるX社が配当を大幅に増額するという情報を聞きました。そこで、国内から発注して、当該米国証券取引所でX社株式を買うことを考えているのですが、私の行為は金商法違反に該当する可能性があるのでしょうか。

A X社株式またはその預託証券等が国内の証券取引所に上場していない場合には、インサイダー取引規制違反には該当しないものと考えられます。X社株式またはその預託証券等が国内の証券取引所に上場している場合には、インサイダー取引規制違反に該当する可能性があるものと考えられます。

解説

金商法166条1項は、会社関係者が未公表の重要事実を各号に定めるところにより知った場合、公表されるまで「当該上場会社等の特定有価証券等に係る売買その他の有償の譲渡若しくは譲受け、合併若しくは分割による承継（合併又は分割により承継され、又は承継することをいう。）又はデリバティブ取引（以下この条において「売買等」という。）を行うこと」を禁止し、同条3項は会社関係者からの情報受領者による重要事実の公表前の売買等を禁止しています。本事例においては、質問者は米国の証券取引所に上場する米国会社であるX社に関する未公表の内部情報を聞きながら、X社の株式を買うことを検討されているようですので、まず、そもそも外国株式が上記の条文で定められる上場会社等の特定有価証券等に該当するかかが問題になります。加えて、質問者は、日本国内から発注をして米国の証券取引所でX社株式を売買することを考えていますので、海外の取引所で売買をすることについてイ

ンサイダー取引規制が適用されるかも問題になります。これらについて順に検討していきます。

　ここで、金商法166条でいう「上場会社等」とは、社債券、株券、新株予約権証券で金融商品取引所に上場されているもの、店頭売買有価証券または取扱有価証券に該当するもの、その他の政令（同法施行令27条の2）で定める有価証券の発行者と定められています（同法163条1項）。少し細かくなりますが、外国会社の株式に関しては、①当該株式が金融商品取引所（日本の証券取引所）に上場しているか、店頭売買有価証券（現在は存在しません。）または取扱有価証券（グリーンシート銘柄等）に該当するもの（同法施行令27条の2第3号）、または、②(i)当該外国株式を受託有価証券とする有価証券信託受益権もしくは(ii)当該株式に関する権利を表示する預託証券（証券の預託を受けた者が当該証券の発行された国以外の国において発行する証券または証書で、当該預託を受けた証券または証書に係る権利を表示するもの）が金融商品取引所に上場しているか、店頭売買有価証券もしくは取扱有価証券に該当するもの（同条4号・5号）、のいずれかを発行する者が「上場会社等」に該当します。現時点では、②に相当するような有価証券信託受益権または預託証券で国内の金融商品取引所に上場等しているものはありません。なお、外国会社で「上場会社等」に該当する発行者が発行する株式は、「特定有価証券等」に該当します（同法施行令27条の3第2号）。

　本事例では、①に該当するか、すなわち、X社の株式が日本の証券取引所に上場しているか否かによりX社が「上場会社等」に該当するか否かが判断されます。

　X社の株式が国内の証券取引所に上場している場合には、X社は「上場会社等」に該当し、かつX社株式は「特定有価証券」に該当することになり、インサイダー取引規制の対象になる可能性があります。一方で、X社の株式が国内の証券取引所に上場していない場合には、X社は「上場会社等」には該当しませんので、金商法の定めるインサイダー取引規制の適用の対象になりません。

　ちなみに、本事例では、質問者は日本ではなく、国外の証券取引所におい

て取引を行うことを考えておられますが、発注行為という取引の一部が国内で行われているため、インサイダー取引規制の適用対象になると考えられ、国外の取引所における取引であることのみを理由にインサイダー取引規制違反にならないということはないと考えられます（詳細は、【Q161】の解説参照）。

　なお、インサイダー取引規制の適用対象になるかは別として、質問者の行為は、米国法に反する可能性がありますので、このような取引を行うべきでないことは言うまでもありません。

Q164 執行管轄権・当局間の協力関係

【Q163】の場合で、私が米国の証券取引所で行った売買が、米国の証券法に違反する疑いがあるとの指摘を受けました。米国の証券監督当局が私の取引を調査するとして、私が日本の証券会社に出した発注の記録などが、米国の当局に提供されることはあるのでしょうか。

A 証券取引等監視委員会を通じて提供される可能性があります。

解 説

質問者は、自分の取引に米国の証券法違反の疑いがある場合に、米国の当局に対して日本の証券会社から発注記録が提供されることがあるかをお尋ねです。これに関しては、

① 外国当局が日本国内で直接調査を行うことができるかどうかという問題
② 国内の行政機関等が外国当局に協力することができるかという問題

があります。

①については、外国の当局は、疑わしい取引を行った者や関係者に対して、日本国内において権限に基づいて報告や資料の提出を求めることはできません。このことは、金商法違反の場合に限った話ではなく、国際法上、各国の政府・行政機関が自国法を適用して逮捕、捜査など物理的措置を講じることは、原則として当該国の領域に限定されており（執行管轄権）[4]、外国の当局が外国の法令に従って日本において調査権限を含む公権力を行使することは日本の国家主権を侵害することになるために原則として認められていません。逆に、日本の証券取引等監視委員会を含む行政当局が、日本の法令違反の疑いがあっても、外国にいる者に対して法令に基づく調査権限を含む公

---

[4] 金商法の執行管轄権につき、松尾・金商法80頁

権力を行使して直接資料の提出を求めることは、相手国の主権との関係で原則として認められていません。

このような執行管轄権の問題があるため、国境をまたぐインサイダー取引等を含む不公正取引の調査に際しては、当局間の協力が必要不可欠になります。具体的には、調査を行っている当局が調査の対象者が所在する国の当局等に対して協力を要請し、要請を受けた当局が協力して報告や資料の提出を求めるなどして、その結果を提出するなどの協力をしています。

次に、②の問題になりますが、日本の行政機関であっても、対象者に日本の法令違反の事実がない場合には、外国法違反の疑いがあるからといって調査を行うことはできず、外国当局の要請に基づく調査を日本の行政機関が行うためには、法令上の根拠が必要です。この点、金商法189条1項は、「内閣総理大臣は、この法律に相当する外国の法令を執行する当局（以下この条において「外国金融商品取引規制当局」という。）から、その所掌に属する当該この法律に相当する外国の法令を執行するために行う行政上の調査に関し、協力の要請があった場合において、当該要請に応ずることが相当と認めるときは、当該要請に応ずるために必要かつ適当であると認められる範囲内において、当該外国にある者を相手方として有価証券の売買その他の取引若しくはデリバティブ取引を行う者その他関係人又は参考人に対して、参考となるべき報告又は資料の提出を命ずることができる。」と定めています。そして、この内閣総理大臣の権限は、金融庁長官に委任され、さらに、証券取引等監視委員会に委任されています（金商法194条の7第2項9号、同法施行令38条9項2号）。もっとも、金商法189条4項は、「第1項の規定による処分により提出された報告又は資料については、その内容が外国における裁判所又は裁判官の行う刑事手続に使用されないよう適切な措置がとられなければならない。」と定めており、調査については、かかる制約に服することになります。外国における裁判所または裁判官の行う刑事手続に関する協力要請への協力は、金商法ではなく、国際捜査共助等に関する法律という別の法令に基づいて行われます。

このようにクロスボーダー取引の監視や調査については、当局間の協力が

必要ですが、世界の主要な証券規制当局は、証券監督者国際機構（IOSCO）に加盟し、これを中心として協力の枠組みをつくっています。金融庁は正会員、証券取引等監視委員会は準会員[5]として、IOSCOに加盟しており、IOSCOの加盟国の間の多国間情報交換枠組み（MMOU）に従った情報交換や、2国間の情報交換枠組みに従って情報交換を行っています。

　以上より、本事例では、米国の証券監督当局である米国証券取引委員会（SEC・IOSCOの正会員）の調査協力要請に従って、証券取引等監視委員会が証券会社等に対して発注記録等の提出を要請し、それにより入手した記録を米国の当局に提供する可能性があります。

5　他に商品先物を所掌している経済産業省および農林水産省が準会員、日本取引所グループおよび日本証券業協会が協力会員となっています。

Q165 被審人が外国会社の場合の手続

私の勤務するX社の海外子会社Y社が、日本の取引所でインサイダー取引を行ってしまったようで、証券取引等監視委員会の勧告に基づき、金融庁長官から、Y社に対して課徴金の審判開始決定が出されました。このように海外の会社が審判手続の被審人になった場合、審判期日への出頭等、どのように手続を進めればよいのでしょうか。

A Y社が日本国内に代理人を選任するかどうかで異なります。国内に代理人を選任している場合は、当該代理人が審判期日に出頭すれば足り、審判手続開始決定等の関係書類も当該代理人に対して送達されます。国内に代理人を選任していない場合には、原則として、代表者が審判期日に出頭することを要し、関係書類は、金融庁長官または審判官が当該会社の所在国の管轄官庁またはその国に駐在する大使等に嘱託して送達されます。

解　説

本事例では、外国所在の外国会社であるY社が課徴金の審判手続の被審人となっています。この場合に手続上留意すべき点として、
① Y社という法人が審判の当事者になっていること
② Y社が国外に所在していること
の2つがあります。

①について、法人が審判の当事者になっている場合、本人として審判の期日に出頭できるのは、原則として法人の代表者であると考えられます（これに加えて、会社の支配人その他法人のために裁判上の行為をすることができる使用人も同様と解すべきという見解もあります[6]。）。もっとも、一定規模以上の法人の場合に、代表者が期日に出頭して審判の内容について細かいやりとり

6　河本＝関・逐条解説証取法1402頁

をすることは難しいことも多いと思われますので、そのような場合は代理人を選任して代理人に期日に出頭したり、その他必要な手続を行わせることが現実的であると思われます。金商法は、審判手続の代理人として、弁護士、弁護士法人または金融庁長官の承認を得た適当な者を選任することができると定めています（同法181条１項）。法人の代表者以外の職員が手続を行う場合には、前述のとおり、本人として出頭することはできませんので、法人がその職員を代理人として選任することになりますが、弁護士の場合とは異なり、適当な者として金融庁長官の承認を得る必要があり、この手続に一定の時間を要するほか、承認を得られない可能性も考慮する必要があります。

　次に、②については、基本的には、民事裁判の手続に準じて考えることになります。国内に代理人がいれば、当該代理人が期日に出頭すれば足り、関係書類も代理人に対して日本語のまま送達されます。一方、国内に代理人がいない場合には、原則として、審判手続開始決定等の書類は、法令に従って、金融庁長官または審判官が当該会社の所在国の管轄官庁またはその国に駐在する大使等に嘱託して送達されます（金商法185条の10により民事訴訟法108条が準用されています。具体的な手続については、日本と相手国間の条約等の取決めに委ねられることになります。）。これらの手段によることができず、またはそれでも送達ができないと認められる場合には公示送達により行われます（金商法185条の11）。もっとも、このような送達については、相手国との調整や翻訳の作成等に時間を要することがあります。

　本事例において、Ｙ社は、迅速な手続進行の観点から、国内に代理人を選任し、当該代理人に対して送達がなされるようにするのが実務上適当であると考えられます。

第10章

証券会社等における インサイダー取引の防止に関する その他の規制等

Q166 証券会社のアウト部門によるイン情報の入手と「職務に関し知った」

　私は、10年以上勤続しているＸ証券会社の営業員ですが、特定の銘柄についてＸ証券会社が公開買付代理人などで関与する公開買付けが行われる場合には、その公表の１週間程前から毎週の部内ミーティングで配付される資料の銘柄一覧表からその銘柄が削除されます。Ｘ証券会社が関与する公開買付けが実施される場合に銘柄一覧表からその銘柄が削除されるということは、公式には何も言われていないのですが、経験上おそらく多くの社員は気付いているのではないかと思います。また、銘柄一覧表から特定の銘柄が削除されるのは、公開買付けの場合に限られませんが、公開買付け以外の場合には削除された理由を別途確認することが可能です。

　先日、買収されるという噂のあったＡ社について、部内ミーティングで配付された資料の銘柄一覧表からその名前が削除されていました。削除された理由が確認できないので、Ａ社株式について公開買付けがなされる可能性が高いと思います。私の部署は、その業務において公開買付けには関与しませんし、公開買付けに関与する部署の人から直接聞いたわけではありませんが、私がＡ社株式の買付けを行った場合、インサイダー取引に該当する可能性があるのでしょうか。

A　インサイダー取引に該当する可能性があります。

解　説

　金商法167条１項は、公開買付け等の実施に関する事実を知った公開買付者等関係者が、その公開買付け等の公表前に当該公開買付けの対象となる株式を買い付けることを禁止しています。

　本事例で、質問者は、Ｘ証券会社に勤務しており、その社内の資料の銘柄

一覧表からＡ社が削除されたことからＡ社株式に対する公開買付けが実施されるであろうということに気付いたということですが、質問者は誰かから情報を受領したわけではないので、金商法167条１項１号〜５号の公開買付者等関係者に当たるかがまず問題になります。

本事例では、Ｘ証券会社は、公開買付けに関与していると思われますので、Ｘ証券会社がＡ社株式に対する公開買付けを行う予定の公開買付者との間でなんらかの契約を締結している可能性があります。その場合、Ｘ証券会社は、Ａ社に対する公開買付けを行う者の契約締結者（金商法167条１項４号）に該当し、Ｘ証券会社の公開買付けに関する契約を担当している部署の社員は当該契約の締結もしくはその交渉または履行に際して公開買付けの実施を知ったということになります。

質問者は、直接公開買付けに関与していないということですので、質問者が「契約の締結若しくはその交渉又は履行」に関して公開買付けの実施を知ったということではないと思われますので、質問者は金商法167条１項５号に定められる「契約締結者等の他の社員」に該当することになります。そうしますと、質問者によるＡ社株式の買付けが同項のインサイダー取引規制の適用対象となるか否かは、質問者がその社内の資料をみてＡ社株式に対する公開買付けが実施されるであろうということに気付いたことが「その者の職務に関して知った」といえるかにかかってくるということになります。

この点、本事例の場合は、質問者は、職務に関して内部資料をみて気付いているのですが、Ａ社の公開買付けについて、直接関与している部署の人から言葉で聞いたわけでもなければ、資料に直接Ａ社の公開買付けについて言及してあったものをみたわけでもなく、社内資料の記載から経験則上気付いたということですので、それを「知った」と評価できるかどうかは、法律の文言上明確ではありません。

もっとも、質問者の気付いた根拠が、「Ｘ証券会社が公開買付代理人などで関与する公開買付けが行われる場合には、毎週の部内ミーティングで配付される資料の銘柄一覧表からその銘柄が削除され」るという状況があることであり、また、公開買付け以外の理由で当該銘柄が削除されたわけではな

く、かつ、他の職員もだいたいそれをわかっていたという状況であるとすると、質問者の適用した経験則は単なる質問者の推測を超えたものであると思われます。そのような状況では、質問者でなくとも、直接聞いたり、資料に直接的な言及がなかったとしても、内部資料をみて、状況を総合的に判断すると公開買付けが行われる可能性が相当程度認められ、A社の公開買付けの実施に関する事実を「知った」と評価される可能性も否定できないものと考えられます[1]、[2]。

したがって、質問者のA社株の買付行為については、インサイダー取引に該当する可能性があるといえます。

---

[1] 一連の増資インサイダー事案の1つについての平成25年4月16日付課徴金納付命令決定は、証券会社のアナリストが顧客に対して配付する予定の資料から特定の銘柄が削除されていたという事実関係において、かかる銘柄リストから特定の銘柄が削除されている場合にはその銘柄についてエクイティファイナンスが実施される確率が高いことを当該アナリストが認識していたこと等の事情から、同アナリストが当該銘柄についての重要事実(公募増資の予定)の本質的内容を知ったと認定している。その他、同様に銘柄リストから特定の銘柄が削除されていた事案として、平成25年課徴金事例集事例1がある。本設問は同事例集事例1および5をベースに改変したものである。
[2] 増資インサイダー事案に関連して、「職務に関し知った」「伝達を受けた」の解釈について詳しいものとして、松葉知久「情報受領者によるインサイダー取引事案の諸論点」(商事法務2010号15頁)がある。

Q167 インサイダー取引に該当する場合およびそのおそれがある場合の受託等の禁止

近時、公募増資に係るインサイダー取引事件に関連して、証券会社の法人関係情報の管理についても不備があったことが問題視され、証券会社に対して行政処分が発出されるとともに、制度の見直しが図られているとも聞いています。

そこで、あらためて法人関係情報に関して証券会社に課せられている主な規制について質問します。

まず、証券会社は、顧客の有価証券の売買その他の取引等がインサイダー取引規制に違反することまたは違反するおそれのあることを知りながら、当該有価証券の売買その他の取引等の受託等をすることが禁止されると理解していますが、その規制内容について、インサイダー取引規制との関係を含めて説明してください。

A 証券会社等の金融商品取引業者等またはその役員もしくは使用人は、インサイダー取引の未然防止のため、顧客の有価証券の売買その他の取引等がインサイダー取引規制に違反することまたはそのおそれがあることを知りながら、当該有価証券の売買その他の取引等の受託等をすることを禁止されています（金商法38条7号、業等府令117条1項13号）。なお、「おそれがあること」を知っている場合にも受託等が禁止されることに留意する必要があります。

解　説

証券会社等の金融商品取引業者等またはその役員もしくは使用人は、以下のとおり、インサイダー取引規制に違反することまたはそのおそれがあることを知りながら顧客の注文を受託等する行為を禁止されています（金商法38条7号、業等府令117条1項13号（以下、本事例において「本号」といいます。））。

第10章　証券会社等におけるインサイダー取引の防止に関するその他の規制等　419

「顧客の有価証券の売買その他の取引等が法第166条第1項若しくは第3項又は法167条第1項若しくは第3項の規定に違反すること又は違反するおそれがあることを知りながら、当該有価証券の売買その他の取引等の受託等をする行為」

　この規制の趣旨は、インサイダー取引の未然防止のため、金融商品取引業者等に対しインサイダー取引の未然防止体制の充実強化を図らせることにあると考えられます[3]。いってみれば、投資家と証券市場との仲介者たる金融商品取引業者等に対して、インサイダー取引のような不正な取引が証券市場で行われないようにするための「ゲートキーパー」としての役割を果たすことを期待するものということもできるでしょう[4]。

　本号については、このような趣旨にかんがみ、違反する場合だけでなく「違反するおそれがある」場合にも受託等をすることが禁止されていることに留意しなければなりませんが[5]、この意義についてどのように理解すべきでしょうか。

　この点、どのような場合に「違反するおそれがあることを知りながら」と認められるのかについては、一概に基準を示すことは困難ですが、「おそれがある」とは、単に上場会社の役員による注文である等形式的に可能性があれば妥当するというものではなく、インサイダー取引となる可能性が相当程度ある場合を指し、また、「知りながら」については、役職員など内部者からの注文を受けて、業者が顧客に対して重要事実の把握の有無を調査し、合理的にインサイダー取引に該当しないとの判断に至った場合には、仮に後

---

[3] 岸田・注釈(2)336頁
[4] 証券取引等監視委員会が公表する平成25年度証券検査基本方針には「金融商品取引業者などが……ゲートキーパーとしての機能を発揮するなど、市場における仲介者としての役割を適切に果たすよう促すことにより、投資家が安心して投資を行える環境を保つこと」が「証券検査の目的」であるとされ（平成25年度証券検査基本方針及び証券検査基本計画第1－1．－(1)「証券検査の役割」）、かかる役割を金融商品取引業者等が果たしているかどうかを検査により重点的に検証するとしている（同第1－2．－(1)－①－イ．「金融商品取引業者等の市場仲介機能に係る検証」）。
[5] 岸田・注釈(2)336頁も同旨の指摘をしている。

日、インサイダー取引であったことが判明しても、過失がないものとして本規定の適用を受けることはないといった見解[6]もみられます。この解釈は、インサイダー取引に該当することを知らなかったことまたはそのおそれがあったことを知らなかったことにつき過失がない場合は本号の適用を受けない、という限定解釈であると理解されますが、証券会社が合理的な注意義務を尽くしても知り得なかった場合は客観的に「違反するおそれ」がなかったと認定することも可能であると考えられます。

なお、客観的には「違反するおそれがある」にもかかわらず不注意でそのようなおそれがあることを知らなかったという場合、本号の文言からすると、本号は「知りながら」受託等をする行為を禁止する規制であるため、このような場合に本号は適用されず、法人関係情報の適切な管理態勢の構築を求める業等府令123条1項5号の適用の有無の問題となると考えられます。

もっとも、金融庁が公表している「証券法令解釈事例集」には、証券会社が親法人等に対する借入金に係る債務を有する者が発行する有価証券の引受人となり、その調達資金が当該借入金の弁済に充てられることを十分知り得る状況において、社内管理の怠慢に起因して、その事実を確認していないことから、その事情を顧客に告げずに当該有価証券を売却した、という事例について、このような場合は「有価証券の発行による調達資金が親法人等への弁済に充てられることを知りながら、その事情を顧客に告げることなく有価証券を売却することを禁止」（行為規制府令12条1項1号、現行法の業等府令153条1項3号）という規制における「知りながら」に該当する旨の解釈が示されており、その理由として、当該規制が投資家の利益を犠牲にして親法人等の利益を図るという利益相反の問題を排除する規定であり、当該趣旨にかんがみ、調達資金が親法人等への弁済に充てられることの蓋然性が相当程度ある状況において、証券会社に一般に求められている責任を果たさないことによる不知の場合、「知りながら」に該当する、との説明がなされています。

上記の説明は本号に関するものではありませんが、金融庁が、このような

---

[6] 三浦・行為規制142頁

考え方が本号やその他の同様の文言の規定にも妥当すると解釈しているとすれば、本号の「知りながら」には少なくとも重過失により知らなかった場合も含まれるとの解釈が成り立つ余地があることになるでしょう。

Q168 法人関係情報を提供した勧誘（業等府令117条1項14号）

【Q167】に続きお尋ねします。

証券会社は、顧客に対して法人関係情報を提供して勧誘することが禁止されていると理解していますが、その規制内容をインサイダー取引規制との関係を含めて説明してください。

A 証券会社等の金融商品取引業者等またはその役員もしくは使用人は、インサイダー取引の未然防止のため、有価証券の売買その他の取引または有価証券に係るデリバティブ取引もしくはその媒介、取次もしくは代理につき、顧客に対して当該有価証券の発行者の法人関係情報を提供して勧誘する行為をすることを禁止されています（金商法38条7号、業等府令117条1項14号）。

「法人関係情報」の意義をインサイダー取引規制の対象となる「重要事実」と比較して理解しておくことが重要と考えられます。

解　説

証券会社等の金融商品取引業者等またはその役員もしくは使用人は、以下のとおり、有価証券取引等につきブローカー業務を行うに当たり、法人関係情報（上場会社等の運営業務等に関する未公表の重要情報）を提供して顧客を勧誘する行為を行うことを禁止されています（金商法38条7号、業等府令117条1項14号（以下、本事例において「本号」といいます。））。

「有価証券の売買その他の取引又は有価証券に係るデリバティブ取引若しくはその媒介、取次ぎ若しくは代理につき、顧客に対して当該有価証券の発行者の法人関係情報を提供して勧誘する行為」

本号の趣旨も、【Q167】の規制と同様、インサイダー取引の未然防止体制

の充実強化を図ることにあり7、インサイダー取引規制の対象である重要事実よりも広い概念である法人関係情報を提供して顧客を勧誘する行為を禁止するものです8。

ここで、「法人関係情報」とは、「法第163条第１項に規定する上場会社等の運営、業務又は財産に関する公表されていない重要な情報であって顧客の投資判断に影響を及ぼすと認められるもの並びに法第27条の２第１項に規定する公開買付け（同項本文の規定の適用を受ける場合に限る。）、これに準ずる株券等（同項に規定する株券等をいう。）の買集め及び法第27条の22の２第１項に規定する公開買付け（同項本文の規定の適用を受ける場合に限る。）の実施又は中止の決定（法第167条第２項ただし書に規定する基準に該当するものを除く。）に係る公表されていない情報をいう。」と規定されています（業等府令１条４項14号）。

インサイダー取引規制の対象範囲を決定する「重要事実」（金商法166条２項等）が、基本的に、重要な「事実」であって、また、バスケット条項については投資者の投資判断に「著しい影響」を及ぼすもの（同項４号等）とされていることに比べれば、重要な「情報」であって、投資者の投資判断に「影響」を及ぼすものとされている点で、法人関係情報の対象は、インサイダー取引規制における重要事実を含むがこれに該当しないものも含まれ得る幅広いものと解されます（規定上も、上場会社等の運営、業務または財産に「関する」情報とされており、この点からも広範な情報が含まれ得るものであることに留意すべきです。）9。

具体的にいかなる情報が「顧客の投資判断に影響を及ぼすと認められるもの」と考えるべきか、特に、インサイダー取引規制における「重要事実」に含まれない情報であっていかなる情報が「顧客の投資判断に影響を及ぼす」ものであるのかは一概に基準を示すことは困難です。

7　岸田・注釈(2)336頁
8　また、本号の「有価証券」はインサイダー取引規制の適用対象有価証券である「特定有価証券等」（金商法163条）に限定されていません（平成19年７月31日付パブリックコメント397頁91番）。

しかし、例えば、機関決定がなされていない等の理由から「重要事実」にいまだなっていない事実や「重要事実」には含まれないものの取引所の規則に基づいて適時開示が求められる事実などについても「法人関係情報」には該当し得ることに留意する必要があると考えられますので、証券会社としては、当該情報の発生の背景、取得経緯、情報入手先の地位・立場、当該証券会社と当該上場会社等との関係から総合的に判断して「顧客の投資判断に影響を及ぼすと認められるもの」については法人関係情報として扱う必要があると考えられます[10]。

次に、「公表されていない」の意義については、「公表」の方法（どういった方法で行われれば公表されたといえるか。）および内容（どの程度の情報であれば公表されたといえるか。）をどう理解すべきかが問題となります。この点、インサイダー取引規制においては構成要件の明確化等の観点から「公表」の方法が具体的に規定されていますが（金商法166条4項等）、法人関係情報については「公表」の方法も内容も規定されていません。これは前述のように法人関係情報の対象が重要事実の対象よりも幅広いこと等に起因するものと考えられ、インサイダー取引規制の対象となる重要事実に該当しない法人関係情報については、同項等に規定する方法以外の方法によっても「公表」される場合があると考えられます。もっとも、例えば、公募増資に関する法人関係情報は、株式会社の発行する株式の募集についての決定が重要事実に該当することにかんがみれば（同条2項1号）、すでに発行登録がなされ

---

9 三國谷181頁。なお、平成19年7月31日付パブリックコメント397頁91番における回答には、本号について「市場の公正性を確保する観点から……刑事罰の対象となるインサイダー取引規制よりも幅広い取引を規制対象とするものです。」との説明がなされており、この点からも「法人関係情報」がインサイダー取引規制の対象となる重要事実以外の情報も含まれることが理解される。また、同パブリックコメント398頁93番は、本号の趣旨がこのようなものであることから、「有価証券の売買その他の取引又は有価証券に係るデリバティブ取引」が普通社債の売買等であった場合の「法人関係情報」は、インサイダー取引規制における重要事実と異なりデフォルト情報に限定されないとの解釈を示している。
10 なお、「業者の予測可能性の観点からは、将来的に重要事実となり得ないものを法人関係情報として勧告・行政処分することには慎重であるべきである。」とする見解もある（三浦・行為規制144頁）。

ているような場合や新聞報道等により市場に噂として広まっている場合[11]であっても、それをもって直ちに公表がなされているとはいえないと考えられます。

　このような法人関係情報を提供して勧誘する行為を本号は禁止しているため、単なる提供にすぎない場合は、規定上は本号に該当しないと考えられます。しかし、この場合であっても、提供を受けた側が、これを奇貨として法人関係情報に係る不公正な取引を行う可能性などは存在するため、提供行為の状況によっては別途「その取り扱う法人関係情報に関する管理について法人関係情報に係る不公正な取引の防止を図るために必要かつ適切な措置を講じていないと認められる状況」（業等府令123条１項５号）に該当する場合があることには留意すべきです。

　また、「勧誘」が具体的にどのような行為であるかについて法律上定義規定はありません。金商法の情報開示に関する規制における「勧誘」の意義については、一般的には特定の有価証券についての投資者の関心を高め、その売買を促進することとなる行為のように解されていると考えられ[12]、「企業内容等の開示に関する留意事項について（企業内容等開示ガイドライン）」（金融庁総務企画局編）によると、「有価証券の募集又は売出し（法第４条第４項に規定する有価証券の売出し（法第２条の２第５項に規定する特定組織再編成交付手続を除く。）をいう。）に関する文書（新株割当通知書及び株式申込証を含む。）を頒布すること、株主等に対する増資説明会において口頭による説明をすること及び新聞、雑誌、立看板、テレビ、ラジオ、インターネット等により有価証券の募集または売出しに係る広告をすることは「有価証券の募集又は売出し」行為に該当するので、同条第１項、第２項または第３項の届出をした後でなければすることができない（企業開示ガイドラインＢ４－１）」とされているところです。本号における「勧誘」をこれと同様に解するべきかどうかは見解が定まっていないと考えられますが、これを参考にすると「勧誘」は「●●株を買いませんか。」といった、積極的な意思表示に必ずし

11　岸田・注釈(3)160頁［行澤一人］、神崎ほか・金商法1256頁
12　神崎ほか・金商法317頁

も限定されるものではないと考えられます。

Q169 法人関係情報に基づく自己取引（業等府令117条1項16号）

【Q169】に続きお尋ねします。
　証券会社は、法人関係情報に基づき自己取引を行うことが禁止されていると理解していますが、その規制内容をインサイダー取引規制との関係を含めて説明してください。

A　有価証券関連業を行う第一種金融商品取引業者（証券会社）またはその役員もしくは使用人は、インサイダー取引の未然防止のため、法人関係情報に基づき自己取引を行うことが禁止されます。

解　説

　有価証券関連業を行う第一種金融商品取引業者（証券会社）またはその役員もしくは使用人は、【Q168】までの規制の趣旨同様、インサイダー取引の未然防止のため、以下のとおり、法人関係情報に基づき自己取引を行うことが禁止されます（金商法38条7号、業等府令117条1項16号（以下、本事例において「本号」といいます。））。

　「法人関係情報に基づいて、自己の計算において当該法人関係情報に係る有価証券の売買その他の取引等（当該有価証券の売買その他の取引等が有価証券の売買である場合にあっては、オプション（オプションと類似の権利であって、外国市場デリバティブ取引のうち法第28条第8項第3号ハ(1)と類似の取引に係るものを含む。）が行使された場合に成立する有価証券の売買を除く。）をする行為（有価証券関連業を行う金融商品取引業者（第一種金融商品取引業を行う者に限る。）又はその役員若しくは使用人が行うものに限り、取引一任契約に基づくこれらの取引をする行為を含む。）」

　本号は、「法人関係情報に基づいて」と規定されているため、法人関係情

報を要因として取引をしたことが要件であり、この点が「重要事実」を「知りながら」取引をすれば適用対象となるインサイダー取引規制との重要な相違となります。

また、もう一点、インサイダー取引規制との相違をあげると、インサイダー取引規制における適用除外規定（金商法166条6項等）のような規定は本号には規定されていないため、インサイダー取引規制におけるかかる適用除外規定が適用されるような取引であっても、本号の適用が自動的に除外されることにはならないことがあります[13]。

これについては、取引規制府令59条1項3号（クレジットイベントの発生による有価証券の移転に当たり、当該有価証券の発行体に関するインサイダー情報を有していた場合の適用除外）に相当する規制は本号にはないが、このような取引は単に契約に定められた条件が成就することによって起きるものであるから「法人関係情報に基づいて」には該当しないと解されるといった指摘をする見解もみられます[14]。

13　平成19年7月31日付パブリックコメント399頁99番、100番
14　三浦・行為規制157頁

Q170 法人関係情報の適切な管理態勢等の構築義務（業等府令123条1項5号）①

【Q169】に続きお尋ねします。
証券会社は法人関係情報の適切な管理態勢を構築することが義務づけられていると理解していますが、その規制内容について、インサイダー取引規制との関係を含めて教えてください。また、証券取引等監視委員会が、法人関係情報の管理不備について指摘した検査事例についても教えてください。

A 証券会社その他の金融商品取引業者等は、その業務の運営の状況が公益に反し、または投資者の保護に支障を生ずるおそれがある場合として内閣府令で規定される一定の状況に該当することのないように業務を行わなければならないこととされており（金商法40条柱書および同条2号）、業等府令においては、その1つとして、「その取り扱う法人関係情報に関する管理又は顧客の有価証券の売買その他の取引等に関する管理について法人関係情報に係る不公正な取引の防止を図るために必要かつ適切な措置を講じていないと認められる状況」が規定されていること（業等府令123条1項5号（以下、本事例において「本号」といいます。））から、かかる状況に該当することのないよう、適切な法人関係情報の管理態勢等を構築することが義務づけられます。

また、証券取引等監視委員会がこのような観点から証券会社等に対して法人関係情報の管理態勢の不備について指摘を行った事例も多数存在します。

解　説

回答に記載のとおり、証券会社その他の金融商品取引業者等には、法人関係情報に係る不公正取引防止のために必要かつ適切な措置を講じ、適切な法人関係情報の管理態勢等を構築する義務があります。

この規制の趣旨は、【Q169】までに説明の各規制と同様、市場の仲介者で

ある証券会社におけるインサイダー取引の未然防止体制の充実強化を図ることにあると解されます[15]。ただし、本号は「法人関係情報に係る不公正な取引」を防止するために「必要かつ適切な措置」を講ずるよう求める規定ですので、ここでいう「不公正な取引」はインサイダー取引のみに限定されるものではなく、前述の法人関係情報を提供して勧誘する行為（業等府令117条1項14号）や法人関係情報に基づき金融商品取引業者等が自己の計算において行う売買等（同条16号）といった行為も含まれると解されることには留意が必要です[16]。

それでは、具体的にどのような場合に本号に該当する態勢面の不備があると考えられるでしょうか。

まず、証券取引等監視委員会が本号を適用して行った過去の行政処分勧告事例をみてみます。

本号は、近時問題となった公募増資に係るインサイダー取引事件に関連して証券会社に対して行政処分勧告が発出された事例等[17]においても適用されていますが、当該事例においては、法人関係情報管理に関する社内手続の不履行および管理者による厳格な情報管理指示等の不足、内部管理部門による牽制不備（コンプライアンス態勢の不十分性）、チャイニーズウォールを越えた情報の伝達、セールス側による社内アナリストからの積極的な情報取得、機関投資家営業部署内での情報共有といった問題が認められています。過去に行政処分勧告がされた事例をみても、取得した法人関係情報の登録もれ（なお、登録もれには登録遅延も含まれ得ると考えられます。）の事例[18]、社内規程に基づく自己売買等の禁止措置をとっていないとされた事例[19]、法人関係

15 　岸田・注釈(2)381頁
16 　金融商品取引法施行前の旧証券取引法において、証券会社の行為規制等に関する内閣府令4条9号および10号に規定する取引が「法人関係情報に係る不公正な取引」に該当するとするものとして、河本＝関・逐条解説証取法586頁
17 　「SMBC日興証券株式会社に対する検査結果に基づく勧告について」（平成24年4月13日公表）および「野村證券株式会社に対する検査結果に基づく勧告について」（平成24年7月31日公表）
18 　「ウェル・フィールド証券株式会社に対する検査結果に基づく勧告について」（平成20年2月15日）
19 　「三田証券株式会社に対する検査結果に基づく勧告について」（平成13年6月22日）

情報が記載されたままのアナリスト・レポートを自社のウェブサイト上に掲載等した事例[20]、法人関係情報の報告未了および漏えい事例[21]、代表取締役社長が自ら法人関係情報を提供して勧誘を行い、また、営業会議の場で当該法人関係情報を提供した勧誘を役職員に推奨する状況をつくりだしていた事例[22]など多数の指摘事例があります。

　また、金融庁が過去の行政処分等において行った法令解釈についてまとめた「証券法令解釈事例集」という公表資料[23]には「法人関係情報に係る不公正取引の防止上不十分な管理の状況」に該当する事例として以下の例があげられています。

① 　X証券アナリストAは5月に上場会社Yを取材し、同社経理部マネージャーから同社の自己株式取得に係る情報を入手し、「6月の株主総会で承認を得られれば自社株買いを実施したいとしている。同社によると規模は発行済み株式総数の5％以上10％未満になる模様である。」とのレポートを発表した。なお、Yは当該情報をXのレポート発表の翌週に公表した。

② 　上記Aは、3月に上場会社Zを取材し、同社財務部長より同社決算の下方修正に係る情報を入手し、「今期純利益目標を（略）下方修正：3月26日の時点で同社は保有株式の評価損が17億円に達すると予想、今期の最終損益を15～16億円の赤字と見ている。」とのレポートを発表した。なお、Zは当該情報をレポート発表の翌々週に公表した。

③ 　上記Aは、上場企業から法人関係情報を入手し、アナリストレポートに記載した。当該レポートは審査担当者の審査を経て、当該情報を掲載したまま当社顧客および役職員が閲覧可能なHPに掲載されるとともに多数の顧客にメール等で送付され、Aにより営業担当者等に説明されていた。

20　「UBSセキュリティーズ・ジャパン・リミテッドに対する検査結果に基づく勧告について」（平成16年5月21日）
21　「東海東京証券株式会社に対する検査結果に基づく勧告について」（平成16年6月30日）
22　「飯田証券株式会社に対する検査結果に基づく勧告について」（平成16年6月30日）
23　http://www.fsa.go.jp/common/law/jireishu/sec/

法人関係情報の管理態勢に関する一般的な留意点としては、「金融商品取引業者等向けの総合的な監督指針」Ⅲ－2－4(1)および(3)、ならびに日本証券業協会が定めている「協会員における法人関係情報の管理態勢の整備に関する規則」、「法人関係情報管理規程（社内規程モデル）」および「『協会員における法人関係情報の管理態勢の整備に関する規則』に関する考え方」などが基本的な指針となりますので、これらの考え方に沿って態勢の充実を図っていく必要があります[24]。

　いずれにせよ、本号は個別具体的な業者の実勢あるいは時々の状況に応じて臨機応変に「必要かつ適切な措置」を求めるものであり、上記のような過去の事例あるいは各金融商品取引業者等が自らの一般的な業容および自主規制機関が一般的水準として求める措置を講じていると考えられる場合であってもこれで一概に足りるとするものではないことに留意する必要があります。

　よって、必要に応じて当該顧客に対する照会（あるいは警告）を実施した上取引がインサイダー取引等の不公正取引に該当する可能性があるかどうかの審査（売買審査）を適切に実施し、その結果に応じて取引停止等の措置を講ずることが必要となる場合もあると解されることに留意が必要です。

---

[24] 日本証券業協会は公募増資インサイダー問題を受けて証券会社の法人関係情報に係る管理態勢の強化をいっそう促すため、「有価証券の引受け等に関する規則」および「協会員における法人関係情報の管理態勢の整備に関する規則」の改正ならびに「『協会員における法人関係情報の管理態勢の整備に関する規則』に関する考え方」の新設などの対応を実施し、平成25年7月1日からこれらを施行している。

Q171 法人関係情報の適切な管理態勢等の構築義務（業等府令123条1項5号）②

私は証券会社の内部管理統括責任者です。当社では、インサイダー取引に係る売買審査態勢について、重要事実の公表日の一定期間よりも前の期間において、内部者登録のある顧客が行った当該登録銘柄の取引を抽出し、抽出されたすべての取引について不公正取引の可能性がないかどうか審査をすることなどの規定を設けています。

近時、不公正取引防止のための法人関係情報の管理態勢について証券会社に求められる水準がいっそう厳しいものとなっていることをふまえ、あらためて、①法人関係情報の適切な管理態勢、②法人関係情報の管理態勢の構築に影響する近時の動向、の2つの点についてポイントを教えてください。

A 法人関係情報の適切な管理態勢としては、
① 経営陣の認識、組織体制の確立および社内規程の策定
② 社内規程における取扱基準等の明記ならびにその確実な運用および周知徹底
③ 情報の管理状況の検証体制の整備
④ 情報の管理状況の検証体制の整備
⑤ 内部監査態勢

といった点が重要となると考えられます。

また、近時、法令改正や自主規制規則などの重要な改正が相次いでおり、これらの内容を理解して自社の内部規程等のアップデートを行っていく必要があります。

解　説

1　法人関係情報の適切な管理態勢のポイント

【Q170】で解説したとおり、証券会社を始めとする金融商品取引業者等に対しては、インサイダー取引の未然防止などのため、法人関係情報の適切な管理態勢等の構築義務が課せられています。

具体的に、どのような観点から法人関係情報の管理態勢を構築しなければならないかについては、行政監督上の指針である「金融商品取引業者等向けの総合的な監督指針」Ⅲ－2－4(1)「顧客等に関する情報管理態勢に係る留意事項」および、同(3)「法人関係情報を利用したインサイダー取引等の不公正な取引の防止に係る留意事項」などの規定や日本証券業協会などの業界団体が定めた自主規制規則（「協会員における法人関係情報の管理態勢の整備に関する規則」など）などが実務的な指針となります。

各証券会社等においては、これらをふまえて各社の実状に応じて法人関係情報の適切な管理態勢等の構築を図っていかなければなりません。また、証券会社等以外の投資家側でも証券会社等が具体的にどのような観点から法人関係情報を管理しているのかについて知っておくことは有益であると考えられます。

ここでは、そのポイントについて説明します。

① 　経営陣の認識、組織体制の確立、社内規程の策定

まず、平成24年の大手証券会社に対する行政処分事例において、内部管理部門の役職員が自社の管理態勢の適正性を過信していたと指摘されていたこと[25]をふまえると、法人関係情報を含む社内の情報管理態勢の適切性を確保する必要性および重要性に関して経営陣がしっかりと認識した上で、具体的な組織体制の確立および社内規程の策定等を行っていかなければならないことをあらためて認識する必要があります。

---

[25] 「野村證券株式会社に対する検査結果に基づく勧告について」（平成24年7月31日公表）

② 社内規程における取扱基準等の明記、その確実な運用および周知徹底

　社内規程においては具体的な法人関係情報の取扱基準（特に他者への情報伝達については、近時の法令改正等をふまえてこれらの規定に従い手続が行われるよう十分な検討を行った上で取扱基準を規定する必要があると考えられます。）、役職員およびその関係者による有価証券の売買その他の取引等に係る規定が明記されている必要があります。そして、その確実な運用が図られなければならないことは当然ですが、そのために社内研修等、役職員職員への周知徹底措置が実行されなければなりません。なお、社内研修等においては、あわせてそもそもインサイダー取引がなぜ許されないのかなど法令遵守意識や職業倫理意識の強化を図るための内容が含まれることが望ましいと考えられます。

③ 情報の管理状況の検証体制の整備

　社内規程の実効性確保の観点からは、情報へのアクセス管理、内部関係者による情報持出し防止対策、外部からの不正アクセスの防御等の対策など情報の管理状況を適時・適切に検証できる体制の整備や権限等の分散、幅広い権限等を有する職員への管理・牽制の強化を図るなど、不正行為防止のための適切な措置がさらに整備される必要があります。ここには、法人関係情報を入手し得る立場にある役職員およびその関係者による有価証券の売買その他の取引等の実態把握を行うことができる措置を構築することも含まれると考えられます。

④ 内部監査態勢

　独立の内部監査部門等が、定期的または随時に監査を実施して上記までの措置が実効性を確保しているかどうかを検証する態勢となっていることは管理態勢の適切性を確保するための重要な要素であると考えられます。監査従事職員の専門性を高めるため、別途研修の実施等の方策を講じることも必要となると考えられます。

2　法人関係情報の管理態勢の構築に影響する近時の動向

　【Q170】で説明しましたとおり、増資インサイダー問題に関連して大手証

券会社が行政当局に法人関係情報の管理態勢の不備を指摘されたことをふまえて、近時、法人関係情報の適切な管理態勢の構築に当たって留意すべき重要な法令改正等が相次いでいます。
　主要なものをあげれば次表のとおりです。
　これらの内容は、もちろん証券会社にとっては極めて重要性の高いものであり、それぞれよく理解した上で各社の社内規程において反映させるべきものです（適切に反映されていない場合、行政当局から業等府令123条１項５号に該当するとの指摘を受ける可能性も考えられるでしょう。）。また、証券会社以外の市場参加者（例えば上場企業など）がインサイダー取引防止のための社内規程を作成するに当たっても参考となるべき部分が多いと考えられます。
　この点、上記「会員の公募増資等の引受けに係る行動規範」の制定などに現れているとおり、個別具体的なルールを遵守することの重要性はもとより、ルール上明記されていない点があったとしても規制の趣旨をふまえて当該行為が許されるかといった発想からのコンプライアンス（プリンシプル・ベースによるコンプライアンス）が近時の動向であることには留意しなければならないと考えられます。
　また、平成25年６月に成立した改正金商法では、未公表の重要事実を知っている会社関係者が他人に対し、公表前に取引させることにより利益を得させる目的をもって、情報伝達・取引推奨行為を行うことが禁止され（平成25年改正金商法167条の２）、実際に取引が行われた場合には刑事罰・課徴金の対象となります（同法197条の２第14号・15号、同法175条の２）。なお、課徴金額については、証券会社が対象となる場合は仲介関連業務の月額対価相当額の３倍、募集等業務に関し違反行為がなされた場合はそれに募集等業務および引受業務の対価相当額の２分の１を加えた額と規定されています。また、違反者の氏名公表措置（同法192条の２）が新たに設けられましたが、これにより情報伝達・取引推奨行為を行った者の氏名が公表されるなどのペナルティ措置が講じられるものと考えられます。
　ここで留意すべきは、罰則および課徴金対象となること（取引が実際に行われたこと）と取引伝達・推奨行為が法律上許されないこと（違法行為である

平成24年10月	日本証券業協会「インサイダー取引防止及び法人関係情報管理の徹底に向けた対応方針について」 　①法人関係情報の取扱いの厳格化、②営業部門と法人関係部門の関係の見直し、③営業部門における内部管理態勢の強化、④営業部門と顧客との関係の見直し、⑤調査部門およびアナリストに対する規制の見直し、および、⑥社内のモニタリング態勢の強化について、日本証券業協会の対応方針として公表。
平成25年3月	「会員の公募増資等の引受けに係る行動規範」 　証券会社が公募増資等の引受けを行うにあたって、プリンシプル・ベースでの共通の倫理・行動規範として規定されたもの。
平成25年4月	「有価証券の引受け等に関する規則」の改正（平成25年7月1日施行）。 　以下の規定が同規則に追加。 ① 引受証券会社は、その役職員により募集等に係る法人関係情報の外部への漏洩が公表前に判明した場合、当該募集等の引受けを行ってはならないこと（ただし、引受会員が漏洩を発行者に報告し、発行者が引受けを行うことを要請した場合はこの限りでない。）、この場合引受会員は主幹事会員に報告を行うこと（34条の2第1項）。 ② 主幹事会員は、募集等の公表前に、募集等が行われることを知った者による取引が行われたことを判明した場合または当該募集等に係る発行者の株価に大幅な下落が認められた場合、募集等の日程について発行者と協議すること（34条の2第2項）。
	「協会員における法人関係情報の管理態勢の整備に関する規則」の改正（平成25年7月1日施行）。 　以下の規定が同規則に追加。 ① 法人関係情報の管理に関し、定期的な検査等のモニタリングを行わなければならないこと（7条）（従前は「検査」にとどまりモニタリングは明記されていなかった。）。 ② この規則の運用等に関する事項について、「『協会員における法人関係情報の管理態勢の整備に関する規則』に関する考え方」において定めること（8条）。
	「『協会員における法人関係情報の管理態勢の整備に関する規則』に関する考え方」の制定（平成25年7月1日より施行）。
平成25年6月	「金融商品取引法等の一部を改正する法律」の成立。 　未公表の重要事実を知っている会社関係者が他人に対し、公表前に取引させることにより利益を得させる目的をもって、情報伝達・取引推奨行為を行うことを禁止（取引が行われた場合には刑事罰・課徴金の対象となる。）。

こと）とは別の問題であると解されるということです。
　つまり、もし公募増資の引受幹事証券会社の職員が当該情報を漏えいすると、当該職員は情報伝達・推奨行為を行ったことになり、その情報伝達等を受けた者が実際にインサイダー取引を行ったかどうかに関わりなく、情報伝達・推奨行為を行った時点で違法行為となりますので、このような行為が行われた証券会社に対して法人関係情報の適切な管理態勢の構築義務（業等府令123条１項５号）が果たされていないとして行政処分等が発出される可能性が高いと考えられるということです。

Q172 インサイダー取引の未然防止態勢と取引時確認等および疑わしい取引の届出義務との関係

証券会社は犯罪による収益の移転防止に関する法律に基づく取引時確認等を行う義務および疑わしい取引の届出を行う義務を負っていると理解しています。これらの義務とインサイダー取引の未然防止措置とは何か関係があるのでしょうか。

A 「犯罪による収益の移転防止に関する法律」（平成19年3月31日法第22号）（以下、「犯収法」といいます。）に基づき、証券会社は取引時確認等の義務（犯収法4条）および疑わしい取引の届出義務（同法8条）の義務を負いますが、これらの義務を果たすことがインサイダー取引の未然防止のために資するということができると考えられます。

なお、平成25年4月1日から施行されている改正犯収法により、この関係はいっそう強化されているということができると考えられます。

解　説

これまで他の事例でも何度か登場したところですが、現実にインサイダー取引が行われる際には、取引者が、不公正取引の発覚を免れるために自分の名義の証券口座でなく、他者になりすまして、あるいは第三者から名義使用の許諾を受けたりするなどして他人の名義を用いた口座を利用することがしばしばあります（いわゆる仮名口座や借名口座の利用）。

このように仮名口座や借名口座はインサイダー取引を含む不公正取引に用いられるおそれやそれによって得た利益の隠匿行為（いわゆるマネーローンダリング等）に用いられるおそれが非常に高いため、口座開設者である証券会社は、口座開設時や口座開設後であっても当該口座が仮名口座や借名口座の疑いがあると認識した場合、口座の開設者に対して犯収法に基づき、①本人特定事項（自然人については氏名、住居および生年月日等、法人については名称および本店または主たる事務所の所在地）、②取引を行う目的、③当該顧客等

が自然人である場合は職業、当該顧客等が法人である場合は事業の内容、および④当該顧客等が法人である場合でその事業経営を実質的に支配することが可能となる関係にあるものとして主務省令で定める者（実質的支配者）があるときは、その者の本人特定事項の確認を行わなければなりません（犯収法4条。なお、これらを取引時確認等といいます。）。

上記のうち、②〜④については平成23年に犯収法が改正された際に確認事項として追加された事項であり、平成25年4月1日より全面施行されています。

また、証券会社が、自社の開設する口座においてインサイダー取引が行われた疑いがあると認識した場合、「特定業務において収受した財産が犯罪による収益である疑いがあり、又は顧客等が特定業務に関し組織的犯罪処罰法第10条の罪若しくは麻薬特例法第6条の罪に当たる行為を行っている疑いがあると認められる場合」（犯収法8条1項）に該当するため、証券会社は犯収法に基づく疑わしい取引の届出を実施しなければなりません[26]。

なお、取引時確認等の義務に係る上記②〜④は上記のとおり平成23年の犯収法の改正で新たに設けられた確認事項ですが、その趣旨については金融庁担当官により事後的な資金トレースを可能とし、疑わしい取引の届出を促すことにあるといった説明もなされています[27]。

これらの点からすると、証券会社は、取引時確認等を通じて、仮名口座や借名口座がないかどうかを検証する態勢を構築し、適時適切に疑わしい取引の届出を行うことができる態勢を構築する義務があるということができ、かかる態勢を構築して、取引時確認等および疑わしい取引の届出を適切に行うことはインサイダー取引の未然防止を図る効果があるということができると考えられます。過去の金融庁の行政処分事例をみても、証券会社がなりすましの疑いのある取引について本人確認（平成23年の犯収法改正前の上記①の本

---

[26] なお、インサイダー取引は組織的犯罪処罰法10条、2条、および、同法別表13号により「組織的犯罪処罰法第10条の罪」に該当する。
[27] 國吉政男「改正犯収法を踏まえた態勢整備の留意点―監督指針の一部改正内容の解説―」金法1966号36頁

人特定事項の確認義務）を十分に行わなかった点について指摘したものが多数みられますが、このような観点もふまえたものと考えられます[28]。

よって、証券会社が取引時確認等の義務や疑わしい取引の届出義務を適切に実施し得る態勢を構築することは、インサイダー取引を未然に防止し、証券市場に対する投資家の信頼を確保するための意義を有しているという関係があるということができます。

---

[28] 「カブドットコム証券株式会社に対する行政処分について」（平成15年4月4日）、「マネックス証券株式会社に対する行政処分について」（平成16年6月25日）など

Q173　上場会社としての情報管理態勢

当社は、近く、会社更生手続の申立てを行うことを決定しております。

ところが、先日、担当役員が、対象者を限定して送信しなければならない、手続申立てのスケジュールが決定した旨を連絡するためのメールを準備していたところ、誤って無関係な社内外の者に送信してしまいました。

後日、証券取引等監視委員会が当社に対して調査に訪れたのですが、これによるとどうやら上記のメールの誤送信をきっかけに会社更生申立てに係る情報を入手した者のなかに、インサイダー取引を行った者がいたようです。

インサイダー取引を実施した者がだれであるかはわかりませんが、このような場合で、当社自身もインサイダー取引を行った者として刑事責任やその他の責任を負うことになるのでしょうか。

A 上記の事情に照らせば、当社自身が当該インサイダー取引の実行者としての法的な責任を問われることはないと考えられます。

もっとも、上場会社としての情報管理態勢の不備を問われる可能性はあります。

解　説

【Q159】および【Q160】で解説しましたとおり、インサイダー取引の刑事責任については、法人の代表者または法人の代理人、使用人その他の従業者が、その法人の業務または財産に関し、インサイダー取引を行った場合に、法人に5億円以下の罰金刑が科されるという両罰規定が定められています（金商法207条1項2号）。また、課徴金については、当該取引が法人の取引として行われたと認められる場合については、法人が金商法166条1項ま

たは3項違反を行ったものとして、それがインサイダー取引規制違反に該当する取引であれば、刑罰法規における両罰規定のような規定なくして法人に対して課徴金が賦課されると考えられます。

本事例をみると、担当役員が対象者を限定して送信しなければならない会社更生申立てに係るスケジュール連絡のためのメールを準備していたところ、誤って送信してしまい、無関係の社内外の者にこの事実がもれてしまい、それが端緒となってインサイダー取引を行った者が現れたということですので、取引実施者がその当社の業務または財産に関して当該取引を行った、あるいは当該取引が当社自身の取引と認められるといった事実は存在しないものと考えられます。

よって、当社自身が当該インサイダー取引の実行者としての刑事上、または行政法上の法的責任を問われることはないと考えられます。

ところで、金融商品取引所が定める有価証券上場規程により、上場会社は、その役員らによる内部者取引の未然防止を図るべき一定の義務を負っています。

例えば、東京証券取引所は「有価証券上場規程」の第4章第4節「企業行動規範」の第1款「遵守すべき事項」の442条において「内部者取引の禁止」を規定し、「上場会社は、当該上場会社の役員、代理人、使用人その他の従業員に対し、当該上場会社の計算における内部者取引を行わせてはならない。」と規定し、また、449条においては当該上場会社の計算によらない場合であっても役員らによる内部者取引の未然防止に向けた体制整備を図るべき努力義務も規定しています。そして、442条の義務に違反したと取引所が認めた場合には改善報告書の提出を求めることができること（同規程502条）、上場契約違約金の支払を求めることができること（同規程509条）といった措置を講ずることができることをも規定しています。もっとも、449条の規定も役員らに「当該上場会社の計算」によるインサイダー取引を行わせてはならないとの規定ですので、本事例のような事情の場合に当該規定に違反するものではないと考えられます。

このように、本事例の事情に照らせば、当社自身が当該インサイダー取引

の実行者としての法的な責任を問われることはないと考えられます。

　もっとも、本事例のもととした課徴金事例集（平成22年6月）の事例7において証券取引等監視委員会が「企業の情報管理における些細なミスが、多数の者の法令違反行為を惹起することにもなることから、当該情報管理・提供のあり方には、会社関係者は十分な注意が必要である。」と述べていることなど、上場企業に対する適切な情報管理態勢が求められる傾向は強まる一方ですので、会社の信頼維持の観点から本事例のようなケースの防止も視野に情報管理態勢を構築することを企業としては考えていかなければなりません。

　さらに、平成25年改正金商法により情報伝達・取引推奨行為が独立の違法行為として規定されたことに照らせば、社内の者が、会社の情報管理態勢の不備をついて情報伝達・取引推奨行為を行ったなどという事実が社会に公表された場合の当該企業に対する社会的信用への影響は非常に大きなものと考えられますので、企業がインサイダー情報の適切な管理態勢を構築することは必要不可欠なこととなっているといっても過言ではないと考えられます。

第11章

平成25年金商法改正

1 総　論

Q174 平成25年金商法改正の経緯・インサイダー取引規制に関する改正事項等

インサイダー取引規制については平成25年の金商法の改正で大きな制度改正が行われたと理解していますが、改正が行われた目的や改正の内容はどのようなものでしょうか。

A 　情報受領者によるインサイダー取引の増加、いわゆる公募増資インサイダー取引の発覚、および資産運用業者が顧客の計算でインサイダー取引を行った場合の課徴金額が違反抑止の観点から著しく低いこと、といった問題に対処するため、

① 　情報伝達・取引推奨行為に対する規制の導入
② 　資産運用業者の違反行為に対する課徴金の引上げ
③ 　注意喚起のための氏名公表

の改正が行われました。

　また、近年の金融・企業実務をふまえて規制の見直しを行うため、

④ 　インサイダー取引規制の対象者の見直し（公開買付けの被買付企業を、「公開買付者等関係者」とします。）
⑤ 　重要事実を知っている者同士の取引の適用除外
⑥ 　公開買付け等事実の伝達を受けた者の適用除外

の改正が行われました。

　さらに、これまで上場投資法人の発行する投資証券（例えば、「Ｊリート」が典型例として想定）はインサイダー取引規制の対象ではありませんでしたが、実際の価格動向をみると、上場投資法人に係る情報の発表等によって、投資口価格が大きく変動した事例もみられるといった事情があることから、

⑦ 　投資法人の発行する投資証券等の取引をインサイダー取引規制の対象と

する

との改正が行われました[1]。

解　説

1　改正の経緯

　最近のインサイダー取引事案においては、会社関係者等からの情報受領者によるインサイダー取引が多くみられ[2]、また、上場会社の公募増資に際し、引受証券会社を務めていた大手証券会社から当該公募増資に関する情報が漏えいし、当該情報に基づくインサイダー取引が行われていた事案（いわゆる「公募増資インサイダー取引事案」）も発覚し、インサイダー取引に関する規制強化の声が高まっていました。また、これらの事案においては資産運用業者が顧客の計算でインサイダー取引を行った場合の課徴金額が違反抑止の観点から著しく低いという問題も指摘されていました。

　このような状況をふまえ、金融担当大臣より諮問を受けた金融審議会においてインサイダー取引規制の見直しの検討について諮問が行われました[3]。

　この金融審議会における議論等をふまえ、「金融商品取引法等の一部を改正する法律案」が平成25年4月16日に閣議決定の上国会に提出され、同年6月12日、国会において可決成立し、同月19日に公布されました（平成25年法律第45号）。

---

[1]　平成25年改正金商法の経緯、内容等については、立案担当官による解説（澤飯敦＝上島正道「平成25年改正金商法等の解説(1)　金融商品取引法等の一部を改正する法律の概要」商事法務2006号6頁以下）が詳しい。

[2]　「証券取引等監視委員会の活動状況」（平成25年6月）によると、平成24年度のインサイダー取引事案に係る課徴金納付命令勧告事案13件の違反行為者のうち情報受領者は8名、平成23年度は14件のうち情報受領者は11名となっている（「対象者属性別の勧告件数の推移」74頁）。

[3]　金融審議会金融分科会「インサイダー取引規制に関するワーキング・グループ」において、平成24年7月31日から7回にわたり審議が行われ、同年12月25日に報告書（「近年の違反事案及び金融・企業実務を踏まえたインサイダー取引規制をめぐる制度整備について」）が取りまとめられ、平成25年2月27日、金融審議会総会・金融分科会合同会合において報告・承認された。

2 改正の内容

平成25年改正金商法におけるインサイダー取引規制関連の改正の内容はおおむね以下の内容となっています（なお、それぞれの内容の詳細は【Q175】以降で解説します。）。

(1) 公募増資インサイダー取引事案等をふまえた改正（上記A①～③）
① 情報伝達・取引推奨行為に対する規制の導入

インサイダー取引に結びつく不正な情報伝達・取引推奨行為として、上場会社等の未公表の重要事実を知っている会社関係者（上場会社や主幹事証券の役職員）が、他人に対し、重要事実の公表前に取引させることにより利益を得させ、または損失を回避する目的をもって、情報伝達・取引推奨することを禁止しました。

実際にインサイダー取引等が行われた場合に刑事罰（違反行為者につき5年以下の懲役・500万円以下の罰金、法人につき5億円以下の罰金）、課徴金（証券会社等の違反の場合は情報受領者等から支払われる違反をした日の属する月の仲介手数料の3倍、さらに増資の引受業務に関わる違反の場合はこれに加え、引受手数料の2分の1、証券会社等以外の者の違反の場合は情報受領者等が取引により得た利益の額の2分の1）の賦課がなされることとなります。

② 資産運用業者の違反行為に対する課徴金の引上げ

最近の資産運用業者によるインサイダー取引違反事案に対しては、業者が「他人の計算」で違反を行った場合の課徴金額が低すぎ、抑止効果が十分に期待できないとの指摘がありました。

そこで、平成25年改正金商法は、「違反行為が行われた月の運用報酬相当額の3倍」の額の課徴金を賦課することとしています[4]。

③ 注意喚起のための氏名公表

平成25年改正金商法では、法令違反行為を行った一定の者について、証

---

[4] 国会における金融担当大臣の答弁によると、課徴金額が低いと指摘された事例のうちの1つ（課徴金額12万円）を改正法の方式で計算すると2億8,560万円（2380倍）となるといった例があげられている（平成25年5月24日財務金融委員会議事録第11号9頁）。

券会社や投資家に対する注意喚起の観点から個人名を公表できることしています。

詳細は、内閣府令において定められますが、情報伝達・取引推奨行為に対する規制違反行為に関わった証券会社等の役職員（補助的な役割を担った者を除く。）、取引上の立場を利用して未公表の重要事実を要求することなどにより、インサイダー取引を行った者、インサイダー取引等の不公正取引を反復して行った者等について、その氏名等が公表されることとなります。

(2) 近年の金融・企業実務をふまえて規制の見直し（A④～⑥）

④ インサイダー取引規制の対象者の見直し

これまで公開買付けの対象となる企業（被買付企業）は、「公開買付者等関係者」に含まれておらず（金商法167条1項1号～5号）、実際には被買付企業は公開買付者からの事前告知によりあらかじめ公開買付け等がなされることを知っているにもかかわらず、被買付者が公開買付者の契約締結者または契約の交渉を行っている者などと認められない限り（同項4号）、被買付企業からの情報受領者がインサイダー取引規制の対象とならないこととなっていました（ただし、通常は、秘密保持契約などのなんらかの契約の存在が認められると思われます。）。

そこで、平成25年改正金商法は、上記のとおり、実際には被買付企業は公開買付者からの事前告知によりあらかじめ公開買付け等がなされることを知っていることが通常であることをふまえ、被買付企業を「公開買付者等関係者」に含まれるとの改正を行いました。

⑤ 重要事実を知っている者同士の取引の適用除外

会社関係者によるインサイダー取引規制の適用除外については、現行法は会社関係者または第1次情報受領者の間の取引についてのみ適用除外の対象となっており、第1次情報受領者と第2次情報受領者の間の取引は適用除外とされていません。これに対しては、本適用除外の趣旨である、情報の偏在がなく一方が他方に比べ著しく有利な立場で取引を行うという関係にはない上、証券市場の公正性と健全性を損なうこともないという点に

おいて区別する理由はなく立法的手当が望ましいといった指摘もなされていました[5]。

そこで、平成25年改正金商法は、第1次情報受領者と第2次情報受領者との間における市場外の取引等についてもインサイダー取引規制の適用除外としました。

⑥ 公開買付け等事実の伝達を受けた者の適用除外

公開買付けの実務においては、公開買付者が、被買付企業の株式につき、競合相手による買付けを阻止する目的で、当該競合相手に未公表の公開買付け等事実（インサイダー情報）をあえて伝達して、その動きを封じるといった公正な競争、有価証券の円滑な取引を阻害する事案が生じているとの指摘がなされていました[6]。

これをふまえ、公開買付者等関係者から未公表の公開買付け等事実の伝達を受けた者が、情報受領者が自ら公開買付けを行おうとする際に当該伝達を受けた事実を「公開買付開始公告」において明らかにし、かつ当該伝達を受けた事実を記載した「公開買付届出書」が公衆縦覧に供された場合、または、情報受領者が伝達を受けてから6カ月以上経過した場合に行う買付けは、インサイダー取引規制の適用除外の対象とされました。

(3) Jリートなどに対するインサイダー取引規制の導入（A⑦）

上場投資法人の発行する投資証券は、これまでインサイダー取引規制の対象である「上場会社等」（金商法163条1項）の「特定有価証券等」（同項）に含まれていなかったため、インサイダー取引規制の対象とはされていませんでした。

しかし、実際の投資口の価格動向においては、スポンサー企業の変更、公募増資、大口テナントの退去等の上場投資法人に係る情報の発表等によって投資口価格が大きく変動した事例もみられるとの事情等をふまえ、投資法人の発行する投資証券等の取引がインサイダー取引規制の対象とされました。

---

5 木目田316、317頁
6 木目田382頁は敵対的買収者と友好的買収者の例をあげ、この点を指摘、検討している。

3　施　行　日

　以上の改正のうち、Ｊリートに対するインサイダー取引規制の導入については平成25年改正金商法の公布（平成25年6月19日）後1年6月以内に政令で定める日から、その他については公布後1年以内の政令で定める日から施行することとされています。

2　公募増資インサイダー取引事案等をふまえた改正

Q175　情報伝達行為と推奨行為

　私は上場会社の財務部に勤務しており、決算情報に係る重要事実を職務上知る立場にあります。今般の金商法の改正により、私が会社の決算情報について会社が公表する前に第三者に伝えることは違法になると聞きましたが、いままでとどう違うのでしょうか。

A　従前、会社関係者による情報の伝達行為は、刑法上の共犯として罰される可能性があること以外は、直接インサイダー取引規制の適用の対象にはなっていませんでしたが、今般の改正により、未公表の重要事実を金商法166条1項各号に定める事由により知った会社関係者が、他人に対して、当該重要事実が公表される前に売買等をさせることにより、当該他人に利益を得させ、または当該他人の損失の発生を回避させる目的で、重要事実を伝達することが禁じられることになりました。また、重要事実を直接伝達しない場合でも、かかる会社関係者が、当該重要事実が公表される前に売買等をさせることにより当該他人に利益を得させ、または当該他人の損失の発生を回避させる目的で、当該特定有価証券の売買等をすることを勧めることも禁止されることになりました。

解　説

1　規　定

　平成25年改正金商法167条の2第1項は、「上場会社等に係る第166条第1項に規定する会社関係者（同項後段に規定する者を含む。）であって、当該上場会社等に係る同項に規定する業務等に関する重要事実を同項各号に定める

ところにより知ったものは、他人に対し、当該業務等に関する重要事実について同項の公表がされたこととなる前に当該上場会社等の特定有価証券等に係る売買等をさせることにより当該他人に利益を得させ、又は当該他人の損失の発生を回避させる目的をもって、当該業務等に関する重要事実を伝達し、又は当該売買等をすることを勧めてはならない。」と規定し、会社関係者が、未公表の重要事実を他人に売買等を伝達することおよび売買等を推奨することを禁止しました。また、同条2項は、同様に公開買付者等関係者が未公表の公開買付け等事実を他人に伝達することおよび推奨することを禁止しました。

2　趣　　旨

　従前、インサイダー取引規制は、金商法166条と同法167条の規定により、会社関係者もしくは公開買付者等関係者またはこれらの者からの情報受領者による売買等を規制しており、会社関係者や公開買付者等関係者による情報伝達行為を直接規制していませんでした[7]。しかしながら、最近の証券取引等監視委員会によるインサイダー取引に係る課徴金勧告・刑事告発事案では、会社関係者や公開買付者等関係者から情報伝達を受けた者（情報受領者）による違反行為が増加しており、違反行為の多数を占めるようになっていました。また、平成24年には、上場会社の公募増資に際して引受主幹事証券会社の職員による情報伝達に基づいたインサイダー取引事案が相次いで摘発される事態が生じました。こうした状況をふまえ、情報受領者によるインサイダー取引の発生を防止していくために、不正な情報伝達を抑止する必要があると考えられ、情報伝達を禁止する規制が新たに導入されることになったものです[8]。また、上記のような情報伝達行為の規制を行ったとしても、重要

---

[7]　刑法の共犯規定に基づいて情報伝達者が金商法166条違反または167条違反の共同正犯（刑法60条）、教唆犯（同法61条）または幇助犯（同法62条）として処罰されることはあり得るが、現在まで情報伝達者が共犯として摘発された事例は非常に少ない。近時では元証券会社の執行役員が顧客に対してインサイダー情報を提供し、顧客がインサイダー取引を行っていた事案において、裁判所が当該執行役員の行為について教唆に該当すると判断した裁判例がある（横浜地判平25.9.30）。

[8]　平成24年インサイダーWG報告書1頁

事実そのものは伝えず、その存在をほのめかしたり、重要事実を知り得る立場であることを示しつつ取引を推奨することにより、実質的に重要事実を伝達しているのと同様の結果を招くおそれがあり、内部情報を知り得る特別な立場にある者が不正な取引推奨が行われることが、証券市場の公正性・健全性に対する投資家の不信感を惹起するおそれがあることから重要事実を知る会社関係者による推奨行為も禁止されることになりました[9]。以下、会社関係者の情報伝達等を禁じる167条の2第1項を取り上げて説明しますが、公開買付者等関係者についても同条2項において同様の規制が定められています。

3　規制内容

平成25年改正金商法167条の2第1項により、具体的には、

① 「上場会社等に係る第166条第1項に規定する会社関係者（同項後段に規定する者を含む。）であって、当該上場会社等に係る同項に規定する業務等に関する重要事実を同項各号に定めるところにより知ったもの」が（主体）
② 「他人に対し」（相手方）
③ 「当該業務等に関する重要事実について同項の公表がされたこととなる前に」（時期）
④ 「当該上場会社等の特定有価証券等に係る売買等をさせることにより当該他人に利益を得させ、又は当該他人の損失の発生を回避させる目的」で（主観的要件）
⑤ (i)「当該業務等に関する重要事実を伝達」すること、および
　　(ii)「当該売買等をすることを勧め」

ることが禁止されています。

① 　規制の対象（主体）
　　いわゆる会社関係者で未公表の重要事実（軽微基準に該当するものは含ま

9　平成24年インサイダーWG報告書2頁

れない。）を金商法166条１項各号の事由により知った者がこの新しい情報伝達規制の対象です。同条３項によりインサイダー取引規制の対象となる情報受領者は、同法167条の２の適用を受けません。これは、インサイダー取引の発生防止という趣旨から、情報伝達の相手方が売買等を行った場合にインサイダー取引規制違反に該当する場合を適用対象としているものと考えられます。

　会社の役職員に限らず、上場会社等と顧問契約を締結している弁護士やエクイティファイナンスを行う場合の引受証券会社などの契約締結先やこれらの職員も会社関係者として適用対象になり得ますので、この点について留意が必要です。

② 行為の相手方

　「他人に対し」ということですので、情報伝達の相手方について制限はありません。上場会社等の外部の者に対する伝達や推奨行為に限らず、会社関係者に対する伝達・推奨行為についても適用の対象になります。例えば、上場株式の発行会社である上場会社等の従業員間の情報伝達も、違法になる可能性があることに留意する必要があります（上場会社における情報管理について【Q173】参照）。

③ 時　　　期

　「同項の公表がされたこととなる前に」との要件がありますので、未公表の重要事実に限られます。条文のとおり、「公表」は、金商法166条１項の公表を意味します。原則としては、証券取引所における適時開示等を意味します。

④ 主観的要件（目的）

　後述のとおり、伝達相手や推奨相手が取引を行わない限り、課徴金を課されたり、刑罰を科されたりすることはないのですが、上記①～③および後述の⑤の要件を満たす行為は、金商法167条の２違反の行為に該当することになりかねません[10]。そうすると、実際にはインサイダー取引を誘発するおそれがないようなM&Aの過程において必要な情報伝達や、企業の投資家に対する説明等の業務における一般的な推奨行為であったとして

も、違法になりかねないこととなり、企業等のIR活動を始め、通常の業務・活動を萎縮させてしまうおそれがあります。そこで、企業の通常の業務・活動のなかで行われる情報伝達・取引推奨に支障をきたすことなく、他方で、未公表の重要事実に基づく取引を引き起こすおそれの強い不正な情報伝達・取引推奨行為を規制対象とするため[11]、「当該上場会社等の特定有価証券等に係る売買等をさせることにより当該他人に利益を得させ、又は当該他人の損失の発生を回避させる目的」という主観要件が設けられました。

この要件においては、「売買等をさせることにより」伝達や推奨の相手方に利益を得させたり損失を回避させたりする目的が必要とされ、売買等と相手方の利益や損失回避との因果関係が求められています。

したがって、例えば、情報管理を適切に行った上で、M&Aに先立ち関係者に事前に情報を伝える場合や、情報伝達の相手方に当該情報が重要事実に該当し、公表までは売買をしないことを約束させた上で伝達する場合など、相手方が売買等をさせることを想定していない場合はかかる目的が認められないものと考えられます。

また、推奨行為においても、当該主観要件が設けられた趣旨にかんがみると、IR業務における推奨行為については、原則として上記の主観的要件に該当するものではないと考えられます。この点について、金融庁は、IR活動における自社への投資を促すような一般的な推奨に関しては、情報伝達・取引推奨Q&A問3の回答において、基本的に規制対象にならないものとの見解を示しています。

実務的には、情報の管理態勢を適切に行っていることを社内制度等において明確にし、配付資料に注意書きを記載して「当該上場会社等の特定有価証券等に係る売買等をさせることにより当該他人に利益を得させ、又は

---

10 伝達相手や推奨相手が取引を行う取引要件を満たさない限り、処罰や課徴金の賦課がなされることはないのですが、違法行為に該当することに留意する必要があります。特に、情報伝達・取引推奨Q&A問6回答にあるとおり、金商業者等がこのような行為を行った場合には、行政処分の対象になり得ます。
11 平成24年インサイダーWG報告書3頁

当該他人の損失の発生を回避させる目的」ではないことを証拠化しておくこと等が考えられます[12]。
⑤ 禁止される行為
(i) 情報伝達

「当該業務等に関する重要事実を伝達」することが禁止されています。「伝達」の意義については特に条文上定義されていませんが、金商法167条の2の趣旨が情報受領者によるインサイダー取引の抑止であることにかんがみると、同法166条3項の「伝達」と同じ意義であると解されます。「伝達」に該当するかどうかについては、その手段、方法を問われませんし、重要事実のすべてを伝達せず、その一部を伝達した場合でも、伝達したものと評価されることがあります。また、ある相手方への伝達について、第三者を介在させても、具体的な態様によっては、当該相手方への「伝達」と評価されることがあり得ると考えられます。

(ii) 推奨行為

「勧め」ることの意義については、特に規定されていませんが[13]、重要事実の存在をほのめかす場合や重要事実を知り得る立場であることを示しつつ売買を勧める場合に限定されませんので、特定有価証券等の売買を勧めるいっさいの行為をいうものと考えられます。したがって、上記のようなほのめかしや示唆がなされなくても、売買を勧めた場合には改正金商法167条の2第1項の「当該売買等をすることを勧め」に該当するものと解されます。この点について、情報伝達・取引推奨Q&A問5の回答が、「明示的に取引推奨を行わなかったとしても、顧客に対して早期の、一定期間内の売買を促すような言動等を行った場合には、規制違反となるおそれがある」としている点に留意が必要です。

なお、例えば、ある上場株式の購入を検討している者に対して当該上

---

12 実務における留意点について具体的に検討するものとして、中村聡「インサイダー取引規制の平成25年改正と実務上の諸問題」商事法務1998号33頁
13 「勧める」の解釈について、金商法の開示規制や業規制における「勧誘」の文言解釈が参考になるとするものとして、松尾・最新インサイダー33頁

場会社等の会社関係者が「今後株価が下がる可能性が高いのでやめておいたほうがよい。」と告げるなど、売買等を行わないことを勧めることについては、「当該売買等をすることを勧め」には文言上該当しないものと解されます[14]。

4　取引要件

上記のとおり、金商法167条の2第1項は、会社関係者による情報伝達や取引推奨行為そのものを禁じていますが、通常の業務・活動に影響を与えるおそれがあることをふまえ、課徴金の賦課や刑罰を科すことについては不正な情報伝達・取引推奨が投資判断の要素になって実際に行われたことを要件とすることとし、具体的には以下のような規定を設けました[15]。

① 課徴金

　金商法175条の2第1項本文は、同法167条の2に違反して情報伝達または取引推奨行為を行った者に対する課徴金について、次のように定めています。

　「第167条の2第1項の規定に違反して、同項の伝達をし、又は同項の売買等をすることを勧める行為（以下この項において「違反行為」という。）をした者（以下この項において「違反者」という。）があるときは、当該行為により当該伝達を受けた者又は当該売買等をすることを勧められた者（以下この項及び第三項において「情報受領者等」という。）が当該違反行為に係る第166条第1項に規定する業務等に関する重要事実について同項の公表がされたこととなる前に当該違反行為に係る特定有価証券等に係る売買をした場合（同条第6項各号に掲げる場合に該当するときを除く。）に限り、内閣総理大臣は、次節に定める手続に従い、当該違反者に対し、次の各号に掲

---

[14] 金商法166条1項の「売買等」は、売買等を取りやめることは含まれておらず、重要事実を知って売買をやめることがインサイダー取引規制違反とはされていないことからも、そのように解される。

[15] 平成24年インサイダーWG報告書3頁。もっとも、課徴金や刑罰の対象にならなくとも、金商法違反に該当することは変わらないため、萎縮効果の緩和については限定的であると考えられる。

げる場合の区分に応じ、当該各号に定める額に相当する額の課徴金を国庫に納付することを命じなければならない。」

このように、情報伝達または取引推奨行為を行った違反者に課徴金が課されるのは、違反者より伝達を受けた者または取引推奨行為を受けた情報受領者等が、重要事実の公表前にその伝達や推奨の対象となった特定有価証券等の売買（適用除外を除く。）をした場合に限定されます。

② 刑事罰

また、刑事罰についても、インサイダー取引規制違反に対する罰則を定めた金商法197条の2第1項13号の次に、以下の同項14号・15号が追加されました。このように、違反者より伝達を受けた者または取引推奨行為を受けた情報受領者等が、重要事実の公表前にその伝達や推奨の対象となった特定有価証券等の売買（適用除外を除く。）をした場合に限定されます。

「第197条の2　次の各号のいずれかに該当する者は、5年以下の懲役若しくは500万円以下の罰金に処し、又はこれを併科する。

（1～13）（略）

14　第167条の2第1項の規定に違反した者（当該違反により同項の伝達を受けた者又は同項の売買等をすることを勧められた者が当該違反に係る第166条第1項に規定する業務等に関する重要事実について同項の公表がされたこととなる前に当該違反に係る特定有価証券等に係る売買等をした場合（同条第6項各号に掲げる場合に該当するときを除く。）に限る。）

15　第167条の2第2項の規定に違反した者（当該違反により同項の伝達を受けた者又は同項の買付け等若しくは売付け等をすることを勧められた者が当該違反に係る公開買付け等事実について第167条第1項の公表がされたこととなる前に当該違反に係る株券等に係る買付け等又は売付け等をした場合（同条第5項各号に掲げる場合に該当するときを除く。）に限る。）」

なお、法人の役職員が職務に関して金商法167条の2に違反した情報伝達や取引推奨を行い、満たした場合には、法人に対する両罰規定の適用もあることに留意する必要があります。

処罰条件等の取引要件で定められる伝達を受けた者や推奨を受けた者の

「売買等」については、平成24年インサイダーWG報告書の「不正な情報伝達・取引推奨が投資判断の要素になって実際に行われたことを要件とする」という趣旨からすると、「売買等」については金商法166条6項に定められる適用除外に該当する取引は除外されるべきと思われますが、条文の文言上は限定がなく、インサイダー取引規制の適用除外となる「売買等」であっても課徴金や刑罰の対象となることになる点に留意が必要です（情報伝達・取引推奨Q&A問7参照）。

Q176 「他人の計算」による違反行為に対する課徴金の引上げ・氏名公表

　私は、A信託銀行でアセットマネージャーを務めていて、A信託銀行が運用するBファンドを担当しています。Bファンドの成績が上がらないことから、株取引の発注先であるC証券会社の担当者Xから何かよい情報を引き出せないかと思い、「何か儲かりそうな銘柄はないか。そのような情報を提供してもらえたら、取引発注量を今後ふやしていきたいと思っている。」ということをXに話したところ、「現在、業績不振の上場会社D社が業績好調のE社を吸収合併する交渉を進めており、C証券会社はこの件でD社にアドバイスしている。」という話を聞き出せました。そこで、私は、いまのうちに株価が低迷しているD社株式を買い付け、合併の公表後に株価が上がったところで売り抜けようと思い、合併の情報が公表される前に、Bファンドの計算でD社株式を買い付けました。インサイダー取引として課徴金が課されるとしたら、その額はいくらになるのでしょうか。Bファンドに関する運用報酬の月額は1,000万円であり、この買付けを行った日からその月の末日までの間でD社株式の総額の最高額は3億円で、Bファンドの運用財産の総額は1,000億円でした。また、A信託銀行の社員としてその運用するファンドのために行った買付けであり、課徴金はA信託銀行に対し課されると思いますので、私個人の氏名が当局から公表されることはないのでしょうか。

A　平成25年改正金商法による改正前では3万円ですが、同改正後では3,000万円となります。また、同改正後では、質問者の氏名が公表される場合もあると考えられます。

解　説

1　課徴金の額

　金商法166条3項は、「会社関係者（第1項後段に規定する者を含む。以下この項において同じ。）から当該会社関係者が第1項各号に定めるところにより知った同項に規定する業務等に関する重要事実の伝達を受けた者」は、「当該業務等に関する重要事実の公表がされた後でなければ、当該上場会社等の特定有価証券等に係る売買等をしてはならない。」と規定し、いわゆる会社関係者からの第1次情報受領者によるインサイダー取引を規制しています。本事例では、質問者は、D社の契約締結先（M&Aの助言契約）であるC証券会社の社員Xから、吸収合併の事実（軽微基準に該当しない限り、重要事実に該当します。）を聞き及んでいるため、質問者によるD社株式の買付けは、インサイダー取引規制の対象になると考えられます。金商法166条3項の規制対象となる情報受領者には法人も含まれるため（【Q160】の解説を参照）、質問者の計算で買付けをしたものではない本事例のような場合には、課徴金が課されるのはA信託銀行となると考えられます。

　まず、平成25年改正金商法による改正前における課徴金の額の計算方法を検討します。A信託銀行は、Bファンドを運用していて、D社株式の買付けをBファンドの計算で行っているため、「自己以外の者の計算において、当該売買等をした場合」（金商法175条1項3号）で、かつ「運用対象財産の運用として当該売買等をした場合」（課徴金府令1条の21第1号）に該当します。したがって、同改正前における課徴金の額の計算方法は、次の①×②÷③の計算式で表されます。

① 売買が行われた月について違反者に運用財産の運用の対価として支払われ、または支払われるべき金銭その他の財産の価額の総額（運用報酬の月額）。

② 当該売買が行われた日からその月の末日までの間の当該運用財産である当該売買の銘柄の総額のうち最も高い額。

③　当該取引が行われた月の末日における当該運用財産の総額。

　本事例では、①1,000万円×②3億円÷③1,000億円＝3万円となります。

　これに対し、平成25年改正金商法による改正後の金商法175条1項3号イは、「運用対象財産の運用として当該売買等を行った者」について、「当該売買等をした日の属する月（当該売買等が2以上の月にわたって行われたものである場合には、これらの月のうち最後の月）における当該運用対象財産のうち内閣府令で定めるものの運用の対価の額に相当する額として内閣府令で定める額に3を乗じて得た額」を課徴金の額と規定しています。したがって、平成25年改正金商法による改正後における課徴金の額の計算方法は、インサイダー取引に該当する売買等が行われた月の運用対象財産の運用の対価に相当する額の3倍、すなわち、運用報酬月額の3ヵ月分となるため、本事例では、1,000万円×3＝3,000万円となります。

　この改正の背景として、平成24年インサイダーWG報告書では、「資産運用業者は、違反行為によって将来にわたり継続的に運用報酬を維持・増加させることが可能であり、その利得は違反行為に係る対象銘柄に対応する部分だけでなく、顧客からの運用報酬全体に及んでいるものと考えられる。このため、現行の課徴金額の計算方法は、資産運用業者が一般的に享受する利得を十分に捉えたものとなっていない。資産運用の委託は継続的な契約であり、投資家と資産運用業者の間で運用委託契約が締結されれば、相当の期間、運用報酬を継続的に得ることが可能であることを踏まえ、課徴金額については、一定期間（例えば3ヶ月）の運用報酬額を基準とする計算方法に見直していくことが適当である。」と説明されています。

2　氏名の公表

　確かに、本事例で、課徴金が課されるのは、上記のとおり、A信託銀行であると考えられるため、これまでは、A信託銀行がインサイダー取引規制に違反したというかたちで当局により公表されるにとどまっていました。しかし、平成25年改正金商法による改正後においては、「機関投資家等の運用担当者等が取引上の立場を利用して未公表の重要事実を要求するなどにより、

インサイダー取引を行ったような事案については、違反行為において中心的な役割を担った者等の氏名を明らかにし、将来の取引相手となり得る証券会社や投資家等に対して注意喚起していくことが適当」（平成24年インサイダーWG報告書）との考えから、同改正により金商法192条の2が新設されました。当該規定により、一定の場合には、「法令違反行為を行った者の氏名その他法令違反行為による被害の発生若しくは拡大を防止し、又は取引の公正を確保するために必要な事項」が「一般に公表」される可能性があります。

　本事例では、質問者は、C証券会社の担当者Xに対し、取引発注量を今後ふやすことの見返りに重要事実を要求しているといえ、「機関投資家等の運用担当者等が取引上の立場を利用して未公表の重要事実を要求する」場合に当たる可能性があり、課徴金勧告時において、質問者の氏名が公表されることが考えられます[16]。

　なお、この氏名公表の制度に関して、「インサイダー取引など不公正取引を反復して行った者については、違反行為を繰り返すおそれがあることに鑑み、違反抑止の観点から違反行為を行った個人名も明らかにし、将来の取引相手となり得る証券会社や投資家等に対して注意喚起していくことが適当」との考えが示されていることから（平成24年インサイダーWG報告書）、機関投資家等の運用担当者等の場合に限らず、個人の違反行為者についても、反復してインサイダー取引を行っているような場合には、改正後の金商法192条の2の規定により、個人名が公表される可能性があります[17]。

---

[16] なお、平成25年改正金商法による改正後の金商法192条の2に規定する内閣総理大臣の権限は、金融庁長官に委任され、さらに、証券取引等監視委員会に委任されている（同改正後の194条の7第3項参照）。

[17] 法令上の根拠を設けなくても行政機関による氏名公表は可能とも考えられる（黒沼悦郎他「インサイダー取引規制の見直しと今後の課題〔下〕」商事法務2012号18頁）。しかし、「個人名等の公表は、その対象者の社会的信用等に影響を与えるものであり、特に課徴金事案に係る違反行為者は、必ずしも法令上の参入規制に服している資格者ではないこと等から、法令上の根拠を設けることとした」とされる（齋藤将彦他「公募増資に関連したインサイダー取引事案等を踏まえた対応」商事法務2012号34頁）。

3 近年の金融・企業実務をふまえた規制の見直しについて

Q177 重要事実を知っている者同士の取引の適用除外について（金商法166条6項7号）

　私は中小企業の経営者です。この度、取引先で上場企業のA社の創業者である元取締役のXから、A社を退任して10年以上が経過し、高齢となったため、今般、保有している大量のA社株式を買ってもらえないか打診を受けました。私は恩義のあるXの頼みであり、A社株式を対価を払って買うことにしました。私は、A社の役職員ではないのでまったく知らないのですが、Xから内々に聞いたところによると、A社の業績は急速に悪化しており、近々業績予想の下方修正を公表することになるそうです。Xから譲り受けるA社株式の価格はかかる業績の悪化を織り込んだ価格にすることを見込んでいるのですが、私がA社株を買い付けることは、インサイダー取引に該当するのでしょうか。また、私は、この譲り受けたA社株式を知人Yに売却することは、どうでしょうか。

A　インサイダー取引の適用除外の1つである、いわゆる知る者同士の市場外取引（金商法166条6項7号）の要件を満たす場合には、質問者による売買はインサイダー取引に該当せず、質問者はA社株式を取得することができます。

　また、知人Yに売却する際も同様の適用除外条項に依拠することが可能です。

　平成25年改正金商法により、会社関係者または会社関係者から伝達を受けた者同士の間の取引に限定されていた当該適用除外規定が、会社関係者等の身分にかかわらず、重要事実を知っている者同士の間の取引に拡大されることになり、適用除外規定の適用範囲が広がりました。

解　説

　業績予想の下方修正は、その程度が重要な場合には、重要事実に該当し、質問者がＡ社の会社関係者からこの事実を伝えられ、その公表前にＡ社株式を買い付けることは、原則としてインサイダー取引に該当します（【Ｑ87～91】参照）。

　しかし、平成25年改正金商法による改正前の金商法166条6項7号は、インサイダー取引の適用除外の要件として、「第1項又は第3項の規定に該当する者の間において、売買等を取引所金融商品市場又は店頭売買有価証券市場によらないでする場合（当該売買等をする者の双方において、当該売買等に係る特定有価証券等について、更に第1項又は第3項の規定に違反して売買等が行われることとなることを知っている場合を除く。）」と規定していました。

　このように、平成25年改正金商法による改正前は、「第1項又は第3項の規定に該当する者の間において」と規定されており、売買の当事者がいずれも、会社関係者か、会社関係者から重要事実の伝達を受けた者（第1次情報受領者）という身分を有することが要件でした。したがって、第1次情報受領者から伝達を受けた者（第2次情報受領者）がいる場合は要件を満たすことができませんでした。本事例でも、Ｘは10年以上前にＡ社を退任した者であり、会社関係者から伝達を受けた第1次情報受領者です。そして、質問者はそのＸから伝達を受けた第2次情報受領者にすぎませんから、適用除外規定の要件を満たしていません。そこで、この適用除外規定の要件を満たすため、あえて第2次情報受領者に対し会社関係者から同じ重要事実を伝え直し、第1次情報受領者にするという迂遠な手続を行うことにより、要件を満たす場合があったといわれています。

　平成25年改正金商法は、迂遠な手続が必要となっている現行の規制の障害を解消するため[18]、重要事実を知る者の間であれば適用除外に依拠できるように改正し、改正後は次のようになります。

18　平成24年インサイダーＷＧ報告書10頁より。

「第1項に規定する業務等に関する重要事実を知った者が当該業務等に関する重要事実を知っている者との間において、売買等を取引所金融商品市場又は店頭売買有価証券市場によらないでする場合（当該売買等をする者の双方において、当該売買等に係る特定有価証券等について、更に同項又は第3項の規定に違反して売買等が行われることとなることを知っている場合を除く。）」[19]。

本事例においては、質問者とXは、取引所市場の外で、相対でA社株式を売買すること、およびその際に、質問者がさらにインサイダー取引規制違反を行うこととなることを質問者とX双方が知らない場合に限り、インサイダー取引規制は適用されません。

質問者が知人Yに売却する場合においても、平成25年改正金商法の施行後は同じ例外規定に依拠することが可能です。この適用除外規定の要件を満たすことができない場合には、事前に、A社に業績予想の下方修正を公表してもらう必要があります。

なお、このような知る者同士の市場外取引に先立つ重要事実の伝達と平成25年改正により新たに導入される情報伝達規制との関係については、金融庁の平成25年9月12日付「情報伝達・取引推奨規制に関するQ&A」問7に留意する必要があります。

情報伝達・取引推奨規制は、「重要事実の公表前に売買等をさせることにより他人に利益を得させる」等の目的があることが要件であるため、知る者同士の市場外取引についても、目的の有無によって判断されることになります。

---

[19] なお、公開買付けについては、平成25年改正金商法の施行前から、第1次情報受領者と第2次情報受領者の間も適用除外の対象になっている（金商法167条5項7号）。

Q178 公開買付者等関係者の範囲の拡大

私は、上場会社A社に勤務する知人のXから、今度A社がB社から公開買付けを受ける予定であると聞きました。A社とB社の間には、まだ特段の契約締結や締結交渉も行われていないとのことです。私が、公開買付けの実施に関する事実の公表前にA社株式を買うことは、インサイダー取引として規制対象になるのでしょうか。

A 平成25年改正金商法による改正前は、上場会社A社が、公開買付者B社と契約関係にある場合には、当該契約に関してA社が公開買付け等の実施に関する事実を知ったときに、A社から公開買付け等の実施に関する事実の伝達を受けた者（質問者）がA社株式を買い付けることは、インサイダー取引として規制されていました。しかし、上場会社A社が、公開買付者B社と契約関係にない場合には、A社のXが公開買付者から伝達を受けた者として第１次情報受領者に該当し、そのXから伝達を受けた質問者は、第２次情報受領者としてインサイダー取引の規制対象になりませんでした。

しかし、平成25年改正金商法により、上場会社A社と公開買付者B社との間の特段の契約関係の有無を問題とすることなく、上場会社A社（その役員等を含む）が、公開買付者から公開買付け等の実施に関する事実の伝達を受けた場合において、当該上場会社A社およびその役職員は公開買付者等関係者に該当し、それから伝達を受けた者（質問者）がA社株式を買い付けることは、インサイダー取引の規制対象になります。

解　説

平成25年改正金商法の施行後の金商法167条１項５号は、「公開買付者等関係者」について、次のように規定を新設しその範囲を拡大しています。

「当該公開買付け等（上場株券等の第27条の22の２第１項に規定する公開買付けを除く。）に係る上場等株券等の発行者（その役員等を含む）　当該公開買付

者等からの伝達により知ったとき（当該役員等にあっては、その者の職務に関し当該公開買付者等からの伝達により知ったとき。）。」

　この改正の趣旨は、公開買付け等の対象となる上場会社は、公開買付者からの事前告知により、あらかじめ公開買付け情報を知っていることが一般的であるにもかかわらず、公開買付者と上場会社との特段の契約関係がない限り、上場会社の役職員から公開買付けの実施に関する事実の伝達を受けた第三者を第１次情報受領者として規制対象にできないという不都合を解消するものです[20]。

　本事例においては、平成25年改正金商法による改正前は、上場会社Ａ社が、公開買付者Ｂ社と契約関係にないため、上場会社Ａ社は「公開買付者等関係者」に該当しません。したがって、上場会社Ａ社は、公開買付け等の実施について伝達を受けた者に該当し、第１次情報受領者であると考えられます（金商法167条３項）。ゆえに、第１次情報受領者から伝達を受けた質問者は、第２次情報受領者として、インサイダー取引規制の対象にならないと考えられます。

　他方、平成25年改正金商法による改正後は、公開買付者Ｂ社から伝達を受けた上場会社Ａ社は「公開買付者等関係者」に該当し、質問者がＡ社から公開買付け等の実施に関する事実の伝達を受けたときには質問者は「第１次情報受領者」に該当します。したがって、質問者がＡ社株式を買い付けることは、インサイダー取引規制の対象になります。

---

[20]　平成24年インサイダーWG報告書８頁参照。

Q179 公開買付情報の伝達を受けた者の適用除外

　私は、勤務先の企業B社の企画部において、M&Aを含む企業戦略を担当しています。B社は、上場会社A社について議決権の15％の株式を保有しており、両社の関係も良好で将来的にはA社との事業提携なども視野に入れております。他方、A社にはかつてのオーナー一族から株式を取得した筆頭株主の投資ファンドC（A社の20％の株主）がいます。A社は、近年業績不振で株価も低迷しており、投資ファンドCは、A社に対して不採算事業からの撤退を強硬に主張し、拒否されたとみるや水面下でA社に対し公開買付けの実施の可能性を伝えたほか、わがB社にも、A社に公開買付けを実施する可能性がある旨を伝達し、仮に実施した場合には応募をするように要請してきました。

　わがB社は、投資ファンドCの動きを直ちにA社に知らせると、A社の社長が飛んできて、CのA案はA社の事業価値を毀損すると説明し、仮に公開買付けが実施されたとしても、応募しないでほしいこと、そしてその際には、A社株式を買い増してほしいと依頼してきました。ただし、A社は社内の都合で、防戦買いの要請はできないとのことでした。

　これに応じてB社は、投資ファンドCの動きに対抗し、A社の現経営陣を応援することに決定しました。そこで、A社に対する公開買付けを実施するか、市場で買い増しをすることを検討しています。しかし、投資ファンドが私の勤務するB社に公開買付けの実施の可能性を伝達してきたことにより、わがB社は公開買付けの実施の事実について第1次情報受領者としてインサイダー取引の規制対象になるのでしょうか。

　また、B社が投資ファンドCから伝達を受けた後、6カ月を経過してもCによる公開買付けが実施されない場合にはどうでしょうか。

A　B社は、公開買付情報の伝達を受けた者であるため、原則として、A社株式を買い付けることはインサイダー取引規制の対象になりま

す。しかし、平成25年改正金商法による改正後は、Ｂ社が自らＡ社株式の公開買付けを行う際に、「公開買付届出書」等に伝達を受けた情報を記載した場合には、インサイダー取引規制の適用が除外され公開買付けを実施することが可能です。

　また、Ｂ社が、投資ファンドＣから伝達を受けてから、Ｃによる公開買付けが実施されないまま６カ月が経過した場合、Ｃによる公開買付けの実施という情報が陳腐化したと考えられ、仮にＣが公開買付けの実施を断念していなかったとしても、Ａ社株式を買い付けることはインサイダー取引規制の対象から除外されます。

解　説

　平成25年改正金商法による改正後の金商法167条６項８号・９号は、公開買付情報に関するインサイダー取引の適用除外について、
① 　情報の周知が行われた場合
② 　情報が陳腐化した場合
の２つの場合を新規に定めて、範囲を拡大しています。
① 　情報の周知が行われた場合（金商法167条５項８号）
　　「特定公開買付者等関係者（公開買付者等関係者であって第１項各号に定めるところにより同項に規定する公開買付け等の実施に関する事実を知ったものをいう。次号において同じ。）から当該公開買付け等の実施に関する事実の伝達を受けた者（その者が法人であるときはその役員等を、その者が法人以外の者であるときはその代理人又は使用人を含む。）が株券等に係る買付け等をする場合（当該伝達を受けた者が第27条の３第１項の規定により行う公告において次に掲げる事項が明示され、かつ、これらの事項が記載された当該伝達を受けた者の提出した同条第２項の公開買付届出書が第27条の14第１項の規定により公衆の縦覧に供された場合に限る。）
　　イ　当該伝達を行った者の氏名又は名称
　　ロ　当該伝達を受けた時期
　　ハ　当該伝達を受けた公開買付け等の実施に関する事実の内容として内閣

府令で定める事項」

　この適用除外規定の趣旨は、公開買付けの実施に関する事実の伝達を受けた情報受領者が、自ら公開買付けを実施する場合に、公開買付開始公告や公開買付届出書に、当該情報受領者が伝達を受けた情報を記載したときには、一般投資家に対する取引の有利性が相当程度解消されていると考えられる点にあります[21]。

　本事例において、B社が公開買付開始公告や公開買付届出書に、投資ファンドCの名称や伝達を受けた時期、その他内閣府令で定める事項を記載した場合には、Cが公開買付けの実施に関する事実を公表しないときでも、B社はA社株式の公開買付けを実施し買い付けることが可能です。

　なお、これはB社が公開買付けを実施せず、買集め行為を行う場合には、同様の枠組みが設けられていないため、適用除外にならないと解されるため留意が必要です。

② 情報が陳腐化した場合（金商法167条5項9号）

「特定公開買付者等関係者であって第1項第1号に掲げる者以外のもの又は特定公開買付者等関係者から同項に規定する公開買付け等の実施に関する事実の伝達を受けた者（特定公開買付者等関係者を除き、その者が法人であるときはその役員等を、その者が法人以外の者であるときはその代理人又は使用人を含む。）が株券等に係る買付け等をする場合（特定公開買付者等関係者にあっては同項各号に定めるところにより同項に規定する公開買付け等の実施に関する事実を知った日から、当該伝達を受けた者にあっては当該伝達を受けた日から6月が経過している場合に限る。）」

　この適用除外規定の趣旨は、「一般に、公開買付け等はその実施決定後、ある程度短期間の内に公表・実施されることを踏まえると、未公表の公開買付け等事実の情報受領者が伝達を受けた後、相当の期間が経過しても公開買付者等により当該事実が公表されない場合には、伝達を受けた情報の価値は劣化しており、情報受領者が過去に伝達を受けた未公表の公開

21　平成24年インサイダーWG報告書9頁

さらに、上場投資法人等の投資主および会計帳簿閲覧等請求権を有する親法人の投資主なども会社関係者に含まれることになりました（同項2号の2）。
　以上の改正によって、上場投資法人等に関連する「会社関係者」は以下のとおりとなります[27]。

① 　上場投資法人等の役員等または上場投資法人等の資産運用会社もしくはその特定関係法人の役員等（平成25年改正金商法による改正後の金商法166条1項1号）

② 　上場投資法人等の資産運用会社またはその特定関係法人に対する会計帳簿等閲覧請求権を有する株主等（同項2号）

③ 　上場投資法人等の投資主または会計帳簿閲覧等請求権を有する投資主等（同項2号の2）

④ 　上場投資法人等、上場投資法人等の資産運用会社またはその特定関係法人に対する法令等に基づく権限を有する者（同項3号）

⑤ 　上場投資法人等、上場投資法人等の資産運用会社またはその特定関係法人と契約締結・交渉をしている者（その役員等を含みます。）で、当該上場投資法人等、上場投資法人等の資産運用会社またはその特定関係法人の役員等以外の者（同項4号）

⑥ 　平成25年改正金商法による改正後の金商法166条1項2号・2号の2・4号に掲げる者であって法人であるものの役員等（その者が役員等である当該法人等の他の役員等が、それぞれ同条1項2号・2号の2・4号に定めるところにより当該上場会社等に係る業務等に関する重要事実を知った場合におけるその者に限ります。）（同項5号）

　このように、平成25年改正金商法では、「会社関係者」の範囲が広がったことから、同法が施行されるまでに、当該上場投資法人等のみならず、当該上場投資法人等から委託を受けて資産運用を行う投資運用業者や当該上場投

---

[26] 特定関係法人は、上場投資法人等の資産運用会社を支配する会社（スポンサー企業）等を予定しているが、詳細は政令に委ねられている（平成25年改正金商法による改正後の金商法166条5項）。なお、平成25年改正金商法（1年以内施行）に係る政令案が平成25年10月28日付で金融庁のHPに公表され、パブリックコメントに付されている。

[27] 松尾・最新インサイダー68頁

資法人等のスポンサー等については、その役職員等がインサイダー取引を行うことを防止するために、重要事実を含む情報の管理態勢を整備する必要があります。

4 「重要事実」の内容に係る改正（平成25年改正金商法による改正後の金商法166条2項9号〜14号）

平成25年改正金商法によって、
① 上場投資法人等における決定事実（平成25年改正金商法による改正後の金商法166条2項9号）
② 上場投資法人等における発生事実（同項10号）
③ 上場投資法人等における決算情報（同項11号）
④ 上場投資法人等の資産運用会社における決定事実（同項12号）
⑤ 上場投資法人等の資産運用会社における発生事実（同項13号）
⑥ 上場投資法人等の運営、業務または財産に関する重要な事実であって投資者の投資判断に著しい影響を及ぼすもの（バスケット条項）（同項14号）

が、上場投資法人等に関する重要事実として新たに規定されました。具体的には、以下のとおりとなります。
① 上場投資法人等における決定事実（同項9号）
　イ　資産の運用に係る委託契約の締結またはその解約
　ロ　投資信託および投資法人に関する法律第82条第1項に規定する投資法人の発行する投資口を引き受ける者の募集
　ハ　投資口の分割
　ニ　金銭の分配
　ホ　合併
　ヘ　解散（合併による解散を除く。）
　ト　イからヘまでに掲げる事項に準ずる事項として政令で定める事項[28]
② 上場投資法人等における発生事実（平成25年改正金商法による改正後の金

---

[28] 平成25年改正金商法（1年以内施行）に係る政令案が平成25年10月28日付で金融庁のHPに公表され、パブリックコメントに付されている。

商法166条2項10号)
- イ　災害に起因する損害または業務遂行の過程で生じた損害
- ロ　特定有価証券または特定有価証券に係るオプションの上場の廃止または登録の取消しの原因となる事実
- ハ　イまたはロに掲げる事実に準ずる事実として政令で定める事実[29]

③　上場投資法人等における決算情報（同項11号）

　　当該上場会社等の営業収益、経常利益もしくは純利益（平成25年改正金商法による改正後の金商法166条第4項第2号において「営業収益等」という。）または同第9号ニに規定する分配について、公表がされた直近の予想値（当該予想値がない場合は、公表がされた前営業期間（投資信託及び投資法人に関する法律第129条第2項に規定する営業期間をいう。以下この号において同じ。）の実績値）に比較して当該上場会社等が新たに算出した予想値または当営業期間の決算において差異（投資者の投資判断に及ぼす影響が重要なものとして内閣府令で定める基準に該当するものに限る。）が生じたこと。

④　上場投資法人等の資産運用会社における決定事実（平成25年改正金商法による改正後の金商法166条2項12号）
- イ　当該上場会社等から委託を受けて行う資産の運用であって、当該上場会社等による特定資産（投資信託及び投資法人に関する法律第2条第1項に規定する特定資産をいう。第5項第2号において同じ。）の取得もしくは譲渡又は貸借が行われることとなるもの
- ロ　当該上場会社等と締結した資産の運用に係る委託契約の解約
- ハ　株式交換
- ニ　株式移転
- ホ　合併
- ヘ　解散（合併による解散を除く。）
- ト　イからヘまでに掲げる事項に準ずる事項として政令で定める事項[30]

⑤　上場投資法人等の資産運用会社における発生事実（平成25年改正金商法

---

[29] 前掲・脚注28
[30] 前掲・脚注28

による改正後の金商法166条2項13号）
　　イ　金商法第52条第1項の規定による同法第29条の登録の取消し、同項の規定による当該上場会社等の委託を受けて行う資産の運用に係る業務の停止の処分その他これらに準ずる行政庁による法令に基づく処分
　　ロ　特定関係法人の異動
　　ハ　主要株主の異動
　　ニ　イからハまでに掲げる事実に準ずる事実として政令で定める事実[31]
⑥　上場投資法人等の運営、業務または財産に関する重要な事実であって投資者の投資判断に著しい影響を及ぼすもの（バスケット条項）（同14号）
　　第9号～13号に掲げる事実を除き、当該上場会社等の運営、業務または財産に関する重要な事実であって投資者の投資判断に著しい影響を及ぼすもの
　このように上場投資法人等の投資口に対するインサイダー取引規制における重要事実については、上場投資法人等および資産運用会社には、いずれも決定事実、発生事実がある一方で、決算情報およびバスケット条項については、上場投資法人等にしか存在しないことに留意を要します。

5　「公表」に係る改正（平成25年改正金商法による改正後の金商法166条4項）

　平成25年改正金商法によって、上場投資法人等の投資口のインサイダー取引規制を解除する「公表」措置についても、規定されました（平成25年改正金商法による改正後の金商法166条4項2号～4号）。

6　「適用除外規定」に係る改正（平成25年改正金商法による改正後の金商法166条6項3号）

　平成25年改正金商法によって、上場投資法人等の投資口のインサイダー取引規制の適用除外規定について、投資口の買取請求に基づき売買等をする場

---

[31]　前掲・脚注28

合等（同法166条6項3号）、対抗買いの要請に基づいて売買をする場合（同項4号。政令によって要請を行う機関に、上場投資法人等の機関が定められるものと考えられます。）および投資法人債券その他の政令で定める有価証券（内閣府令で定める場合が除かれます。）に係る売買等をする場合が新設されました。

7　「売買報告義務・短期売買利益提供義務」に係る改正（平成25年改正金商法による改正後の金商法163条1項）

　平成25年改正金商法によって、上場投資法人等および上場投資法人等の資産運用会社の役員は、当該上場投資法人等の投資証券、投資法人債券、外国投資証券の売買等をした場合には、売買報告書の提出義務（同法163条）および6カ月以内の短期売買を行った場合の利益提供義務（同法164条）の対象とされます。

5 その他

Q181 課徴金調査に関する見直し

平成25年改正金商法において、課徴金に関する調査について、どのような改正がなされたのでしょうか。

A 平成25年改正金商法では、課徴金に関する調査において、内閣総理大臣の権限として、物件の提出を命じることができることとするともに、当該調査に関し公務所等に照会して報告を求めることができることとされました。

解　説

1　物件提出命令の追加（平成25年改正金商法による改正後の金商法177条1項2号）

平成25年改正金商法による改正前の金商法177条は、金商法における不公正取引に係る課徴金調査に関し、当局の権限として、①「事件関係人若しくは参考人に出頭を求め、質問し、又はこれらの者から意見若しくは報告を徴すること」、および、②「事件関係人の営業所その他必要な場所に立ち入り、帳簿書類その他の物件を検査すること」を規定していました。なお、①の権限のうち、事件関係人・参考人に出頭を求める権限は、平成24年改正金商法で追加されたものです（【Q143】参照）。

平成25年改正金商法では、上記の2つの権限に加えて、「事件関係人に対し帳簿書類その他の物件の提出を命じ、又は提出物件を留めておくこと」ができる権限が設けられました。より実効性のある課徴金調査を行うための制度整備を図る観点からの改正とされています[32]。

平成25年改正金商法による改正前も、「帳簿書類その他の物件を検査する」権限が規定されていたことから、物件の検査の前提として、事件関係人に物件の提出を事実上求めていたものと考えられますが、今般の改正で、物件の提出を命じることと、その提出物件をとどめておくことが、当局の権限として明確に規定されたものと考えられます[33]。

平成25年改正金商法による改正後の金商法177条1項2号の規定に基づく事件関係人に対する処分に違反して物件を提出しない者については、20万円以下の罰金が科されます（同法205条の3第2号）。

2 公務所等への照会の追加（平成25年改正金商法による改正後の金商法177条2項）

上記1の改正と同様に、より実効性のある課徴金調査を行うための制度整備を図る観点から[34]、平成25年改正金商法は、当局の権限として、課徴金調査について、「公務所又は公私の団体に照会して必要な事項の報告を求めることができる」とする規定を追加しました[35]。この規定により、証券取引等監視委員会は、課徴金調査に必要な限りで、税務署等の公務所や、銀行等の民間企業に必要な事項を照会して、その報告を求められるようになります。

平成25年改正金商法による改正前も、「参考人」に対する質問や意見・報告の徴取が可能とされていましたが（同改正前の金商法177条1号）、この「参考人」に公務所が含まれるか否かが不明確であったため、同改正により金商法177条2項が追加されたと考えられます[36]。

32　増田昌樹「金融商品取引法等の一部を改正する法律の概要（下）」週刊金融財政事情2013年8月19日号（3037号）35頁
33　なお、緊急差止命令の申立て等を行うのに必要となる調査に関しては、これと同様の権限がすでに規定されていた（平成25年改正金商法による改正前の金商法187条3号参照）。
34　前掲・増田35頁
35　なお、平成25年改正金商法による改正前においても、課徴金納付命令の執行に当たり必要があると認められる場合における公務所または公私の団体への照会権限はすでに規定されていた（金商法185条の15第3項参照）。
36　前掲・齋藤34頁

事例詳解 インサイダー取引規制

平成26年2月14日　第1刷発行

著　者　白　井　　　真
　　　　大久保　暁　彦
　　　　渋　谷　武　宏
　　　　加　藤　　　豪
　　　　長谷川　紘　之
発行者　倉　田　　　勲
印刷所　株式会社太平印刷社

〒160-8520　東京都新宿区南元町19
発　行　所　一般社団法人 金融財政事情研究会
　　　編集部　TEL 03(3355)2251　FAX 03(3357)7416
販　　売　株式会社きんざい
　　　販売受付　TEL 03(3358)2891　FAX 03(3358)0037
　　　URL http://www.kinzai.jp/

・本書の内容の一部あるいは全部を無断で複写・複製・転訳載すること、および磁気または光記録媒体、コンピュータネットワーク上等へ入力することは、法律で認められた場合を除き、著作者および出版社の権利の侵害となります。
・落丁・乱丁本はお取替えいたします。定価はカバーに表示してあります。

ISBN978-4-322-12403-3